„Worte klingen, Töne sprechen"

Richard Strauss und die Oper

Symposium anlässlich der Richard Strauss-Ausstellung im Theatermuseum Wien, 22.–23. Jänner 2015

Herausgegeben von
Christiane Mühlegger-Henhapel
und Alexandra Steiner-Strauss

HOLZHAUSEN
DER VERLAG

THEATER
MUSEUM

Inhalt

Christiane Mühlegger-Henhapel
Alexandra Steiner-Strauss
Vorwort   5

Christa Ludwig
Eröffnungsrede zur Strauss-Ausstellung im Theatermuseum, 11. Juni 2014   9

Gernot Gruber
Die aktuelle Diskussion um Strauss und die Moderne   13

Reinhold Kubik
„Feuer und Feuerwerk" – Gustav Mahler und Richard Strauss   21

Michael Walter
Die österreichische Erstaufführung von Richard Strauss' *Salome*
und ihre Rezeption in der Presse   29

Karin Martensen
Bühnenkostüm und Klavierauszug als Charakterstudien:
Überlegungen zu Anna Bahr-Mildenburg als Klytämnestra
in Richard Strauss' *Elektra*   39

Adrian Kech
Komponierte Anagnorisis. Zur Wiedererkennungsszene
in der Hofmannsthal-Oper *Elektra* von Richard Strauss   49

Ursula Renner
Die Inszenierung von Verwandlung.
Hugo von Hofmannsthal und Alfred Roller   67

Jürgen Maehder
Nostalgische Erinnerungen an die Donaumonarchie -
Arabella von Hugo von Hofmannsthal und Richard Strauss   85

Oswald Panagl
Intermezzo oder Die Liebe zur Autobiografie   103

Arturo Larcati
Die schweigsame Frau als Politikum:
Stefan Zweig, Richard Strauss und der Nationalsozialismus   113

Andrea Amort
Auch Richard Strauss wollte den Tanz erneuern.
Wie Choreograf Heinrich Kröller die *Josephs Legende*
ab 1921 in Mitteleuropa durchsetzte   125

Nina Noeske
Sentimentalität und Parodie:
Strauss' Opern im Kitsch-Diskurs   139

Matthias Herrmann
„... uns Jüngeren ein leuchtendes Vorbild!"
Der Dresdner Strauss-Dirigent Ernst von Schuch und Wien   149

Peter Dusek
Joseph Gregor – ein Kulturvisionär?   159

Kurzbiografien der Autoren   165

Werkverzeichnis zu den Richard Strauss-Beständen des
Theatermuseums in Wien   168

Impressum   256

Richard Strauss, um 1930. Foto: Atelier Edith Barakovich, Wien.
Theatermuseum

Vorwort

„Trägt die Sprache schon Gesang in sich…" war der Titel der Jubiläumsausstellung, die das Wiener Theatermuseum 2015 anlässlich des 150. Geburtstages von Richard Strauss veranstaltete. Zu Ehren des bis heute weltweit geschätzten Komponisten wurden dabei erstmals die reichen Strauss-Bestände des Hauses gezeigt: Wertvolle Autographen sowie zahlreiche Bühnenbild- und Kostümentwürfe des österreichischen Bühnenbildners Alfred Roller bildeten den Schwerpunkt der Präsentation, die vorwiegend dem Opernschaffen des Komponisten gewidmet war. Der Titel, ein Zitat aus Strauss' letzter Oper *Capriccio*, sollte das Konzept der Ausstellung verdeutlichen: Besondere Aufmerksamkeit galt nämlich der Zusammenarbeit des Komponisten mit seinen Librettisten, vor allem mit Hugo von Hofmannsthal. Die herausragende Stellung, die auch Alfred Roller bereits bei der Konzeption mancher Strauss-Opern einnahm, konnte durch seine Korrespondenz mit dem Komponisten sowie seine Skizzen und Entwürfe sichtbar gemacht werden.

Die Präsentation hatte eine Auswahl von Wiener Ur- und Erstaufführungen zum Inhalt: Dem (vergeblichen) Kampf Gustav Mahlers um die Aufführung der *Salome* an der Wiener Hofoper sowie der legendären Produktion der *Elektra*, die vor allem durch das eindrucksvolle Bühnenbild Rollers und die schauspielerischen Leistungen von Marie Gutheil-Schoder und Anna Bahr-Mildenburg zur Sternstunde wurde, galt ein erster Schwerpunkt. Die Entstehung und die Aufführung des *Rosenkavalier* konnte durch zahlreiche schriftliche und visuelle Dokumente vermittelt werden, ebenso wie die umstrittene Wiener Uraufführung der *Frau ohne Schatten*, an deren schwieriger technischer Umsetzung Alfred Roller als Bühnenbildner erstmals scheiterte. Bislang kaum bekannte Materialien wurden zu den selten gespielten Balletten *Josephs Legende* und *Schlagobers* gezeigt. Die geplante Zusammenarbeit mit Hermann Bahr sowie die Opern der Librettisten Stefan Zweig und Joseph Gregor bildeten einen eigenen Schwerpunkt, da das Theatermuseum dank der Nachlässe von Bahr und Gregor hier aus dem Vollen schöpfen konnte. Ebenso wurde auch die Diskussion um die umstrittene Rolle von Richard Strauss in der NS-Zeit thematisiert. Eine kurze Dokumentation der schwierigen Direktionszeit von Richard Strauss und seine Zusammenarbeit mit Franz Schalk sowie ein Blick auf die letzten Lebensjahre des Komponisten bildeten den Ausklang der Präsentation.

Viele der rund 300 gezeigten Objekte waren bislang selbst Strauss-Kennern unbekannt – so konnte sich das Theatermuseum mit dieser Ausstellung auch als wichtiger Ort der Strauss-Forschung etablieren.

Den Abschluss der Ausstellung und gleichzeitig auch des Strauss-Jahres bildete ein zweitägiges, international besetztes Symposium, das sich analog zum Thema der Präsentation hauptsächlich mit dem Opernkomponisten Strauss auseinandersetzte. Der vorliegende Band beinhaltet sämtliche Vorträge dieser Tagung. Als einleitendes Grußwort stellte uns Frau Kammersängerin Christa Ludwig ihre Eröffnungsrede zur Ausstellung zur Verfügung, wofür wir ihr sehr herzlich danken.

Als Auftakt untersucht Gernot Gruber in einer allgemeinen Betrachtung die Auseinandersetzung mit dem Phänomen Strauss, das seit jeher vor allem in Hinblick auf seine Positionierung in der musikalischen Moderne lebhaft diskutiert wird. Den frühen Jahren sind die folgenden vier Beiträge gewidmet. Während Reinhold Kubik die beiden großen Komponisten Mahler und Strauss sowohl in ihrer Persönlichkeit als auch bezüglich ihres unterschiedlichen musikalischen Schaffens gegenüberstellt und biografische Berührungspunkte herausarbeitet, beschäftigt sich Michael Walter mit den Ereignissen rund um die aufsehenerregende österreichische Erstaufführung der *Salome* in Graz im Jahr 1906, deren Zustandekommen sowie den unterschiedlichen Pressereaktionen. Karin Martensen widmet ihren Beitrag Anna Bahr-Mildenburg, der bevorzugten Klytämnestra Richard Strauss', die diese Rolle besonders eindrucksvoll zu verkörpern verstand. Die handschriftlichen Eintragungen im Klavierauszug der Sängerin sowie die überlieferten Fotos und Kostüme geben einen lebhaften Eindruck ihrer Darstellung. Adrian Kech unterzieht anhand der vorhandenen Quellengrundlagen eine der eindrücklichsten Szenen der Operngeschichte, die Erkennungsszene zwischen Elektra und Orest, einer genauen Analyse.

Mit der „Inszenierung von Verwandlung" und den Bühnenbildern Alfred Rollers zu *Die Frau ohne Schatten* setzt sich Ursula Renner in ihrem Beitrag auseinander. Der bis dato unpublizierte Briefwechsel zwischen Richard Strauss, Hugo von Hofmannsthal und Alfred Roller gibt einen Einblick in den spannungsreichen Meinungsaustausch zwischen Komponist, Dichter und Bühnenbildner. Die folgenden drei Texte behandeln die Opern *Arabella*, *Intermezzo* und *Die schweigsame Frau*: Jürgen Maehder befasst sich mit der Entstehungsgeschichte, vor allem aber mit den mannigfaltigen literarischen und musikalischen Anspielungen von *Arabella*, der letzten gemeinsamen Oper von Strauss und Hofmannsthal. Oswald Panagl untersucht Strauss' „Liebe zur Autobiografie" und beleuchtet neben der Oper *Intermezzo* auch autobiografisch gefärbte Orchesterwerke wie *Ein Heldenleben* oder die *Symphonia domestica*. Strauss' gemeinsame Arbeit mit Stefan Zweig, *Die schweigsame Frau*, steht im Zentrum von Arturo Larcatis Beitrag. Vor dem Hintergrund des Nationalsozialismus erörtert er die politische Dimension von Entstehung und Aufführung der Oper sowie die Zusammenarbeit zwischen Komponist und Dichter.

Während Andrea Amort Richard Strauss' Bestrebungen, den Tanz zu erneuern, nachgeht und dies exemplarisch vor allem an dem Ballett *Josephs Legende* und der Zusammenarbeit mit dem Choreografen Heinrich Kröller aufzeigt, befasst sich Nina Noeske mit „Sentimentalität und Parodie" in Strauss' Opern. Gerade Werke wie *Der Rosenkavalier*, *Arabella* und *Schlagobers* standen nicht erst seit Adorno unter „Kitsch-Verdacht". Noeske geht der Frage nach, ob dieses Urteil in der aktuellen Diskussion nach wie vor Bestand hat.

Abschließend widmen sich Matthias Herrmann und Peter Dusek zwei langjährigen Weggefährten von Richard Strauss: Zum einen dem aus Graz stammenden Dirigenten Ernst von Schuch, der als Generalmusikdirektor über vierzig Jahre an der Hofoper Dresden wirkte und dort mit den Uraufführungen von *Feuersnot*, *Salome*, *Elektra* und *Rosenkavalier* Strauss' Durchbruch als Opernkomponist mitbegründete. Zum anderen dem Theaterwissenschaftler, „Kulturpionier", Direktor der Theatersammlung der Nationalbibliothek und unermüdlichen Sammler Joseph Gregor, der als letzter Librettist des Komponisten die Texte zu den Spätwerken *Friedenstag*, *Daphne* und *Die Liebe der Danae* verfasste.

Neben den Beiträgen des Symposiums beinhaltet der vorliegende Band ein reich bebildertes Werkverzeichnis: Aus der Erfassung und Digitalisierung der hauseigenen Strauss-Bestände entstand ein Katalog der wichtigsten Straussiana des Theatermuseums, der der weiteren wissenschaftlichen Erschließung der Werke des Komponisten in Zukunft dienlich sein soll.

Wir danken sämtlichen Referenten bzw. Autoren für ihre Beiträge, die sowohl ein gelungenes und von zahlreichen interessierten Zuhörern besuchtes Symposium im Theatermuseum als auch den vorliegenden Tagungsband möglich machten. Weiters danken wir Gerhard Marschik für die grafische Gestaltung der Publikation, Annette Schäfer für das umsichtige und genaue Lektorat, dem Team der Reproabteilung und des Fotoateliers im Kunsthistorischen Museum für die Bereitstellung des Bildmaterials und die Bildbearbeitung sowie dem Verlag Holzhausen für die Realisierung dieses Projektes. Unser Dank gilt auch der Familie Strauss und dem Richard Strauss Archiv Garmisch, die uns für den vorliegenden Band die Abdruckgenehmigung für die Strauss-Dokumente erteilt haben. Abschließend bedanken wir uns ganz besonders herzlich beim Verein der Freunde des Kunsthistorischen Museums, der durch einen großzügigen finanziellen Beitrag die Publikation dieses Tagungsbandes unterstützt hat.

Christiane Mühlegger-Henhapel
Alexandra Steiner-Strauss

Kammersängerin Christa Ludwig bei ihrer Eröffnungsrede im Theatermuseum

*Eröffnungsrede zur Strauss-Ausstellung im Theatermuseum, 11. Juni 2014**

Christa Ludwig

Liebe Freunde! Um mit Hofmannsthal zu beginnen: Mir ist die Ehre widerfahren, heute zu Ihnen über Richard Strauss zu plaudern. Eigentlich sollen Sänger nur singen, aber da ich das nicht mehr tue, rede ich halt.

Über Musik zu reden, ist eigentlich ganz unmöglich, genau wie über Malerei oder Gott. Max Liebermann wurde einmal aufgefordert, über seine Bilder zu reden, aber er hat gesagt, er male nur... Der Geist, der aus bildender Kunst oder Musik spricht, ist unfasslich im wahrsten Sinne des Wortes. Hofmannsthal sagt: „Die Zeit, die ist ein sonderbar Ding..." Ein Ding ist sie sicher nicht, Musik auch nicht, nichts, was man anfassen könnte. Aber was ist Musik? Schwingungen, die uns bis ins tiefste Innere bewegen? Eine Leinwand kann man anfassen, aber nicht den Geist, der das Bild beseelt. Warum steht man erschüttert vor *Guernica* von Picasso oder dem Dom von Florenz? Warum ist man von Musik zu Tränen gerührt? Richard Strauss war ein Meister darin, uns mit einem Akkord zu berühren. Ich denke da z. B. an einen Akkord in der Erkennungsszene Orest/Elektra, wo mir die Tränen kommen. Marcel Prawy sagte, er weine da 33 Takte lang. Oder der Akkord, bevor das *Rosenkavalier*-Terzett beginnt, wo Octavian nur sagt: „Marie Theres...". Ich wollte unbedingt die Ariadne singen – wegen einer Stelle: „Gibt es kein Hinüber...".

Strauss hatte ja das Glück, hervorragende Dichter als Librettisten zu haben, Stefan Zweig oder Hofmannsthal, und Strauss konnte die Figuren wunderbar in Musik umsetzen. Denken Sie an *Salome*, wo er selbst den Text nach Oscar Wilde geschrieben hat. Die kindlich perverse Sexualität der Salome, wenn sie den toten Kopf des Jochanaan küsst, hat er da in höchste erotische Musik gebracht. Andererseits schrieb er die wirklich kindliche Musik, wenn Sophie und Octavian sich umarmen, im letzten Duett im *Rosenkavalier*. Er war ein Meister der Bühnentheatralik, um das Publikum jeweils in die verschiedensten Gefühle zu versetzen. Er hat ja, wie auch Wagner, mit den üblichen Nummernopern gebrochen. Es sind immer durchgehende musikalische Szenen. Besonders bei seiner letzten Oper *Capriccio*. Sie ist ein reines Konversationsstück. Was ist wichtiger, Wort oder Ton? Dazu meinte Wagner: zuerst das Wort und dann die Musik; Verdi sagte: zuerst die Musik und dann das Wort, genau wie Mozart; Goethe meinte: nur das Wort! Strauss konnte wirklich beides großartig verbinden.

Er hat auch Gestalten Musik verliehen, die nie auf der Bühne erscheinen. Man denke da nur an die ersten Takte in *Elektra*: Agamemnon! oder in *Die Frau ohne Schatten*: Keikobad! Agamemnon und Keikobad sind während der ganzen Oper nur musikalisch vorhanden. Oder denken Sie an das Vorspiel zum *Rosenkavalier*, wenn der Vorhang noch geschlossen ist – der Liebesakt findet im Orchester statt, nur wenn der Vorhang aufgeht, sieht man Octavian und die Marschallin im Bett. Es sind oft die ersten Takte, auch bei seinen symphonischen Werken, die sich einprägen, wie bei *Also sprach Zarathustra* oder *Till Eulenspiegel*. Danach führt er die Komposition in allen Farben weiter.

Ich frage mich oft: Wie geschieht das? Ist es ein konstruktives Durchdenken der Tonfolgen und Harmonien oder einfach Talent? Strauss selbst schrieb: „Ich schreibe an meinem Arbeitstisch, entweder im Hausrock oder auch im englischen Cheviot-Anzug. Ich bin niemals fieberhaft erregt. Man muss schon Herr über sich selbst sein, wenn man das wechselnde in ewiger Bewegung befindliche flussartige Schachbrett, so da Orchester heißt, in Ordnung halten will. Ich komponiere überall, auf dem Spaziergang oder auf der Fahrt, beim Essen oder Trinken, zu Hause oder auswärts in lärmigen Hotels, in meinem Garten, im Eisenbahnwagen. Mein Skizzenbuch verlässt mich nie. Sobald sich ein Motiv einstellt, schreibe ich es auf. Eine der wichtigsten Melodien des Rosenkavaliers fiel mir ein, während ich ein bayerisches Kartenspiel spielte... Musikalische Ideen müssen wie junger Wein gelagert werden, und erst nachdem man ihnen erlaubt hat, zu gären und zu reifen, wieder aufgenommen werden. Ich schreibe oft ein Motiv oder eine Melodie nieder und lege sie dann ein Jahr weg. Wenn ich sie dann aufgreife, finde ich, dass ganz unbewusst etwas in mir – die Phantasie – an ihr gearbeitet hat."

Ja, was er Phantasie nennt, ist das der sogenannte göttliche Funken? Wir Hörer können nur dankbar sein, dass es doch Dinge gibt zwischen Himmel und Erde, die wir nicht erklären können – und eventuell auch nicht sollten. Goethe sagte einmal, er glaube an Gott, Bach und Mozart. Natürlich ist die Musik von Strauss ganz anders gelagert mit ihren riesigen orchestralen Wogen. Es mussten ja Schönberg oder Webern versuchen, einen ganz anderen Weg einzuschlagen. Aber ich denke, Strauss war eben auch Wegbereiter z. B. für Reimann oder Ligeti.

Aber wir dürfen über dem Komponisten nicht vergessen, dass er auch ein hervorragender Dirigent war. Auch in Bayreuth hat er dirigiert. Seine Vorliebe war jedoch Mozart. Karl Böhm, der ihm sehr verbunden war, hat viel von ihm gelernt. Einmal sagte Strauss zu ihm: „Böhmerl, nur die rechte Hand ist zum Dirigieren da, die linke Hand nur zum Abdämpfen des Orchesters." Aber als Böhm einmal in der Proszeniumsloge saß, sah er, dass Strauss auch die linke Hand zum Dirigieren genommen hatte. Als er jedoch Böhm sah, hat er sie schnell in die Hosentasche gesteckt...

Es gibt Strauss-Liebhaber und Strauss-Ablehner, aber keiner bleibt unberührt von seiner Musik. Nicht umsonst singt man bei Liederabenden in der letzten Gruppe Strauss-Lieder. Auch unbedeutende Texte hat er in herrliche, publikumswirksame Musik gesetzt, so dass man den Text vergisst. Ich persönlich liebe die *Vier letzten Lieder* mit den Texten von Hesse und Eichendorff, obwohl ich sie leider nicht singen konnte.

Wir alle können uns glücklich schätzen, Ohren zu haben zum Hören und Strauss so zu nehmen, wie er war, ist und bleibt, als bis zum Innersten des Menschen dringenden Komponisten, der uns erschüttern kann. Er hat von sich selber gesagt: „Für einen Komponisten der zweiten Reihe habe ich es doch weit gebracht!" Man kann die Raffinesse seiner Orchestrierung nur staunend bewundern, den Reichtum seiner Klänge, die eingebauten Soli einiger Instrumente wie z. B. das Cello-Solo in der *Frau ohne Schatten* oder das Streicher-Sextett in *Capriccio*. Wir alle können nur dankbar sein, seine Musik immer hören zu können, und heute wollen wir seiner gedenken zum 150. Geburtstag! Danke.

* Wir danken Frau Kammersängerin Christa Ludwig für das freundliche Entgegenkommen und die Überlassung des Textes.

Richard Strauss, um 1922. Foto: Franz Löwy. Theatermuseum

Die aktuelle Diskussion um Richard Strauss und die Moderne

Gernot Gruber, Wien

In den letzten Jahren zeichnet sich ein Wandel im Richard-Strauss-Bild ab – ausdrücklich wird nun sogar ein „neues" Bild angestrebt. Dieser Wandel hat eine lange Vorgeschichte. Strauss war ja zu seinen Lebzeiten sehr erfolgreich: sowohl als Komponist von Opern, Tondichtungen und Liedern wie als Dirigent in großen Opernhäusern. Der Erfolg vor allem seiner Opern aus dem Zeitraum von *Salome* bis *Arabella* hält, wenn auch mit unterschiedlicher Intensität, im Repertoire weltweit bis heute an. In dieser selbstverständlichen – von vielen auch als unvermeidlich gesehenen – musikalischen Präsenz seines Œuvres bot das Phänomen Strauss durch lange Zeit weit weniger Reibeflächen und damit Anlass zu tiefer gehenden Reflexionen von verschiedenen Parteien als etwa das gleichzeitige Phänomen Arnold Schönberg und dessen Wiener Schule. Nach Ende des Zweiten Weltkriegs gewann die europäische Avantgarde der musikalischen Komposition und Musik-Reflexion auch in deutschen Ländern an Bedeutung und profilierte sich in den 1950er Jahren, also in der Zeit nach dem Tod von Strauss 1949 sowie jenem von Schönberg 1951. Damit war Distanz geschaffen und die Möglichkeit gegeben, ein abgeschlossenes Leben als Ganzes zu betrachten und zu bewerten.

Nach dem Tod von Richard Strauss setzte also eine reflektierende Auseinandersetzung mit ihm ein, aus der heraus sich ein kritisch-distanzierendes Strauss-Bild verfestigen sollte. Nicht zufällig berühmt wurde Theodor W. Adornos sehr kritischer Essay anlässlich von Strauss' 100. Geburtstag 1964.[1] Es waren vor allem zwei Positionen – eine politisch-weltanschauliche und eine speziell musikästhetische –, von denen aus er die Resonanzgeschichte des Komponisten betrachtete: Adornos Reserve gegenüber Strauss betraf zum einen den typischen Vertreter einer deutschen bürgerlichen Gesellschaft seit der Gründerzeit sowie deren und speziell Straussens Verstrickungen in den Nationalsozialismus und dessen Kulturpolitik. Doch darüber hinaus betonte er, Richard Strauss sei nicht kommensurabel mit den damals noch zeitgemäßen teleologischen Vorstellungen von einer Geschichtsentwicklung durch Avantgarden: Strauss stehe außerhalb einer Geschichte der Musik des 20. Jahrhunderts als eine der „Moderne", er sei vielmehr ein – freilich erfolgreicher – Überhang vergangener Zeiten der „Spätromantik". Diese beiden Kritikpunkte – Nähe zum Nationalsozialismus und mangelnde Theoriefähigkeit seiner Musik – werden noch durch den Vorwurf seiner Selbstüberheblichkeit, seines lebenslangen Sich-Inszenierens als „Großkünstler", ergänzt.

Diese besonders von Adorno und dann von seinen intellektuell ebenso wie politisch aufstrebenden Adepten vorgebrachten Vorbehalte wurde im Vorfeld der 1968er-Bewegung deutlich artikuliert und über Jahrzehnte weitergetragen. Sie sind ja auch nicht rundweg falsch. So wirken sie bis heute, zumindest als Impuls für eine freilich differenzierter historisch ausgreifende Reflexion, verschiedentlich weiter. Spürbar ist dies etwa in dem 2014 von Walter Werbeck herausgegebenen *Richard Strauss Handbuch*.[2] Aber in den grundlegenden Voraussetzungen hat sich zwischen dem 100. und dem 150. Geburtstag von Richard Strauss doch vieles gewandelt. Womit eine Reflexion über diesen Komponisten in einer vielleicht wirklich neuen Art herausgefordert ist.

Allgemeine Voraussetzungen

Die äußeren Beweggründe für diesen aktuellen Wandel des Strauss-Bildes liegen weniger in politisch-weltanschaulichen Umgewichtungen als in den ins Gleiten geratenen Vorstellungen von teleologischen Verläufen in der Geschichte der Musik der letzten 100 Jahren sowie von verlässlichen und allgemein einforderbaren ästhetischen Wertmaßstäben überhaupt.

Dazu einige Stichworte: Durch die enorme Verfügbarkeit von Musik aller Art, die die Tonträgerindustrie ermöglichte, durch die Vielfalt an Strömungen im musikalischen Geschmack wie in den Musiziergewohnheiten und durch die Abspaltung einer Unterhaltungsindustrie sind noch gar nicht so alte Ausprägungen eines auf Kunstmusik bezogenen „historischen Bewusstseins" sowie eines „Kanons musikalischer Meisterwerke" wohl nicht verschwunden, aber in ein unübersichtliches Geflecht unterschiedlichster Strömungen geraten. Eine „Musikgeschichte des 20. Jahrhunderts" lässt sich daher nicht mehr in sinnvoller Weise auf ein Telos in der Entwicklung der Kunstmusik hin ausrichten.

Für solch ein Faktum spricht ein merkwürdiges Phänomen heutzutage: Was aktuell ist, was Musik „unserer Zeit" ist, das weiß man eher in der Popularmusik (welche Strömungen, welche Hits jeweils „in" sind) und weniger in der Kunstmusik (da Kategorien wie die der „Materialästhetik" gebrochen erscheinen – oder Adornos Ausweg, in Hinblick auf die elitäre Verengung der Avantgarde in die Funktion einer „negativen Dialektik" zu flüchten, nicht mehr greift). Bezeichnend dafür ist die heute übliche umgangssprachliche Gegenüberstellung von „moderner Musik" (als aktuelle Popularmusik verstanden) und „Klassik" (als Oberbegriff für anspruchsvolle, vor allem ältere Musik, siehe etwa „Classic Contest" in Relation zu „Song Contest"!).

Neue Impulse in der Strauss-Forschung

Einen Überblick über das Thema „Strauss und die Musikwissenschaft" gibt Wolfgang Rathert im *Richard Strauss Handbuch*. Er weist darin besonders auf die Rolle der US-amerikanischen Strauss-Rezeption und auf die Impulse von Michael Walter in seinem Buch *Richard Strauss und seine Zeit*[3] hin.

Einen dringenden Nachholbedarf in der Forschung befriedigen die Aktivitäten zur Erschließung, Kritik und Dokumentation von Quellen zu Werk und Biografie von Richard

Strauss. Hervorzuheben sind die Arbeiten an einem „Richard-Strauss-Quellenverzeichnis" seit 2009 und an der „Richard-Strauss-Gesamtausgabe" seit 2011. Es ist doch erstaunlich, wie spät etwa in Relation zu Schönberg solche für eine seriöse Interpretation eigentlich unverzichtbare Voraussetzungen schaffenden Initiativen überhaupt erst einsetzen.

Dennoch wagte es Reinhold Schlötterer bereits 1977, eine „Richard-Strauss-Arbeitsgruppe" an der Ludwig-Maximilians-Universität in München zu gründen, die eine breite, vor allem werkbezogene musikwissenschaftliche Forschung verfolgt. Daraus ging im Jahre 1999 der Plan und die Verwirklichung einer Münchner Tagung mit dem bezeichnenden Titel *Richard Strauss und die Moderne*[4] hervor. Der ja zuvor Richard Strauss nicht zuerkannte, sondern nur gegen ihn gerichtete Begriff der „Moderne" wurde nun zu einem Ansatz für die Veränderung des Strauss-Bildes. Adorno hatte 1964 bezüglich Strauss noch betont: „Der Idee nach monopolisiert sein Werk das Wort Moderne, chronologisch nicht, sondern qualitativ: Altvertrautes als Neues."[5] War das für Adorno ein süffisant formulierter Ansatz für seine Kritik, wird dieses Wort nunmehr im positiven Sinne ins Zentrum für den Nachweis der Qualität der Musik von Strauss gesetzt, bis hin zu dem 2014 in Stuttgart erschienenen und viel diskutierten Buch von Laurenz Lütteken mit dem herausfordernden Titel *Richard Strauss. Musik der Moderne*.

Sicherlich sind derartige Initiativen mit ihrer Umkehr einer kritischen Pointe von zuvor als ein Fanal zur intellektuellen Rehabilitierung von Strauss zu verstehen. Und diese Vorgangsweise führt naheliegenderweise dazu, Strauss an sich ins Zentrum zu stellen sowie seine Ansichten und sein Werk zu einem eigenen Begriff von „Moderne" zu synthetisieren. Dazu einige Beispiele und Stichwörter, die die Situation der Interpretation skizzieren:

Als Einstieg sehr nützlich ist das Werk *Richard Strauss. Meister der Inszenierung* von Daniel Ender (Wien 2014). Dieser erzählt die Biografie von Strauss vor allem aus der Sicht von zahllosen Äußerungen der Zeitgenossen. Das Buch ist also eher eine Resonanzgeschichte des Wirkens von Strauss als eine interpretierende Rezeptionsgeschichte.

Ein Angelpunkt als künstlerischer Gegenstand ist bei jeder Diskussion der „Moderne" in Hinblick auf Strauss, kaum überraschend, der *Rosenkavalier*. Diese zuvor häufig als Rückfall und Anachronismus bezeichnete Oper wird nun zum Zentrum einer Argumentation für eine eben andere Moderne. So sieht etwa Laurenz Lütteken im *Rosenkavalier* einen „Auftakt der Moderne".[6] Auch bei Walter Werbeck wird in seinem 2014 in München erschienenen Büchlein *Richard Strauss. Facetten eines neuen Bildes* der *Rosenkavalier* zum Beweis für ein „neues aufklärerisches Komponieren" von Strauss.[7] Argumente dafür ergeben sich einerseits aus dem, stark von Hofmannsthal geprägten, „Weg ins Soziale", andererseits verweist Werbeck auf ein Pendant des „Aufklärerischen" in der Musikdramatik in Straussens Abkehr vom Christentum und überhaupt von der Metaphysik.[8]

Eine, über das omnipräsente Thema des Nationalsozialismus hinausgehende, interpretierende Konfrontation von Strauss mit seiner musikalischen Zeitgeschichte wird kaum intensiviert. Werbeck erwähnt zwar derartige Bezüge in seinem Buch (und kaleidoskopartig reicher im *Richard Strauss Handbuch*) immer wieder, Lütteken aber auffallend wenig. Wirkliche Polarisierungen zu anderen musikalischen Protagonisten der Zeit oder überhaupt zur umfassenden Kultur- und Sozialgeschichte werden eher zugunsten einer Fixierung auf Strauss vermieden.

Eine andere Position in der aktuellen Diskussion nimmt der Münchner Leiter der Richard-Strauss-Gesamtausgabe Hartmut Schick ein. Für ihn generiert das „Spiel mit der Historizität" und die „Selbstreflexion als ästhetische Substanz" eine „post-moderne" Musik, die „uns Heutigen näher steht als den unmittelbaren Zeitgenossen von Strauss".[9] Doch auch dafür ließe sich Hofmannsthal anführen, um Strauss wieder in die Zeitstimmung einer Verunsicherung bei Intellektuellen der 1920er Jahre einzubinden. Dieser sieht in seinem viel zitierten Essay zur *Ägyptischen Helena* (1928) als „Signatur unseres Leben": ein „Umgebensein mit Jahrtausenden", „ein Hereinfluten von Orient und Okzident in unser Ich", eine „ungeheure innere Weite" in „rasenden inneren Spannungen", ein „Hier und Anderswo".[10]

Strauss lässt sich aber auch als „moderner" Komponist im herkömmlichen Sinne bezeichnen, solange man ihn und seine Werke vor dem *Rosenkavalier* (Tondichtungen, *Salome*, *Elektra*) betrachtet. Selbst der zehn Jahre jüngere Arnold Schönberg hat Strauss in den Jahren um 1890 und danach bewundert und als Vorbild gesehen und sich von ihm erst nach dessen *Rosenkavalier* distanziert.

Insgesamt ergeben diese stichwortartigen Hinweise einen verwirrenden Befund. Der Grund liegt darin, dass die verschiedenen Interpreten bei ihren Argumentationen dazu neigen, jeweils bei ihnen geeignet erscheinenden biografischen Phasen, vor allem in der Zusammenarbeit von Strauss und Hofmannsthal, anzusetzen und diese dann zu verallgemeinern, sie sozusagen „hochzurechnen" und zu Thesen über den „ganzen" Strauss zu verschärfen.

Wie kommt man aus diesem Dilemma mit verschiedenen „Moderne"-Begriffen heraus? Wenigstens in Stichworten sei versucht, etwas historisch-biografische Ordnung in diesen Befund zu bringen.

Phasen in der Entwicklung von Richard Strauss

Als Ansatz für eine Differenzierung soll der Aufsatz *Gibt es für die Musik eine Fortschrittspartei?* von Richard Strauss aus dem Jahr 1907 dienen.[11] Er stammt aus der Zeit zwischen *Salome* und *Elektra*, als Strauss die damals aktuelle Moderne-Position einnahm.

1. Phase:
Strauss spricht sich in diesem Aufsatz sehr für das Erkunden von Neuem aus, aber lehnt Parteiungen jeglicher Art in der Kunst ab. Außerdem betont er sehr die entschei-

dende Funktion der Rezeption durch die Hörer/das Publikum. Des Weiteren vertraut Strauss darauf, dass das Publikum früher oder später eine vorhandene Qualität des Neuen in noch unbekannten, neuartigen Werken als solche instinktiv erkennt! Darin liege das Kriterium für „großer Kunst". Offensichtlich ist Strauss zuversichtlich, dass sich Gutes durchsetzt, im Bewusstsein seiner eigenen Erfahrungen mit dem Erfolg seiner Tondichtungen und der *Salome*. In diesem Vertrauen wurde er danach auch bei *Elektra* und *Rosenkavalier* bestätigt – wenngleich er mit letzterem Werk nicht mehr ein Vertreter der „Moderne" vor dem Ersten Weltkrieg war.

Es ergibt sich damit folgende Konstellation: Auf der einen Ebene bleibt Strauss bei seinem Vertrauen, Gutes setze sich durch – auf der anderen, inhaltlichen Ebene vollzieht er in Zusammenarbeit mit Hofmannsthal nach der *Elektra* einen grundsätzlichen Wandel des Konzeptes von Musiktheater.

2. Phase:
Für dieses neue Konzept von Moderne im Musiktheater betont vor allem Hofmannsthal die Spannung zwischen Individuum und Gesellschaft. Aus ihr heraus ergäbe sich die Möglichkeit, einen „Weg ins Soziale" und in der Folge einen „Weg ins höhere Selbst" zu eröffnen. Strauss und Hofmannsthal setzen im *Rosenkavalier* einerseits dieses Konzept als einen im Drama zu gestaltenden Weg zu einem sozialen Humanum um, andererseits kontrapunktieren sie diesen Vorgang durch eine „musikalische Komödie" mit der Zentralfigur des Ochs auf Lerchenau.

Als Komponist löst sich Strauss vom Weg der Avantgarde und damit von der bisherigen „Moderne" (besonders der Wiener Schule Schönbergs). Vielmehr strebt er ein reflektierendes Spiel mit der Operntradition an, vor allem mit dem Bezugsfeld der „Spieloper" des früheren 19. Jahrhunderts.

Dieser Weg wird von Strauss und Hofmannsthal in *Ariadne* und *Frau ohne Schatten* fortgesetzt – aber mit deutlich geringerem Publikumserfolg als beim *Rosenkavalier* zuvor.

3. Phase:
Nach Ende des Ersten Weltkriegs änderte sich bekanntlich die historische Situation grundlegend. Dies hatte auch auf das Musikleben und Musikschaffen vielfältige Auswirkungen. Strauss versucht teilweise (und ohne Hofmannsthal!) darauf zu reagieren: So griff er die starke Tendenz zu einem Eigenleben der musikalischen Unterhaltungsindustrie und des Showgeschäfts mit seinem Ballett *Schlagobers* 1924 auf.

Eine der neuen historischen Situation angemessene Sozialkritik, verbunden mit Fasslichkeit und Eindeutigkeit der musikalischen Aussage, strebten etwa Kurt Weill und Paul Hindemith an. Auch Strauss wollte eine politisch-satirische Operette komponieren, fand aber keinen dafür geeigneten Librettisten als Partner. Einen Mittelweg versuchte er zusammen mit Hofmannsthal in der Oper *Arabella*. Doch eine Kritik an der

Walzer- und Operettenseligkeit der Wiener Gesellschaft der Zeit vor dem Ersten Weltkrieg erwies sich nun als teils anachronistisch, teils sentimentalisch.

So verfolgten Dichter und Komponist weiter den Weg einer Überhöhung hin zu einem „Mythischen", in dem nach Hofmannsthal „alles im Gleichgewicht" stand: zwischen antiken Mythen als Sujets und einem forciert komplexen Spiel mit der Historie. Sie verstanden diese Vorgehensweise aber nicht als Flucht in fiktionale Welten der Vergangenheit. Vielmehr sollte der Theater-Gegenwart etwas Anspruchsvolles kritisch entgegengesetzt werden, aber auch ein Aufbruch zu einer kulturellen Regeneration initiiert werden (ähnlich wie in der Programmatik für die Salzburger Festspiele).

Die neuen Konzepte und Opern von Strauss und Hofmannsthal hatten jedoch geringen Erfolg – und widersprachen damit Straussens altem Vertrauen auf eine sich in der Rezeption durchsetzende Qualität.

4. Phase:
Während der zwanzig Jahre von Hofmannsthals Tod 1929 bis zum eigenen Ableben versuchte Strauss in seinen Opern zum Teil ein Weiterführen alter Konzepte und Pläne mit anderen Librettisten. Im musikalischen Stil blieb Strauss seinen kompositorischen Ansprüchen treu, wenn auch vieles locker, beweglicher gestaltet ist. In manchen Werken griff er den inhaltlichen Selbstbezug, wie schon früh in der *Symphonia domestica* praktiziert, wieder auf, so in *Intermezzo* (mit selbst verfasstem Libretto) und auch in *Capriccio*.

Eine die eigene Position als Komponist verklärende Resignation wird spürbar. Sah sich Strauss doch, wie er wiederholt äußerte, als eine Gestalt „am Ende der Musikgeschichte". Nostalgie konnte verschiedene Formen annehmen: in den *Metamorphosen* mit Bezug auf München nach dem Zweiten Weltkrieg oder im Oboenkonzert, in dem er sich, wie sonst kaum, der ein Leben lang hochgehaltenen „platonischen Idee" Mozart hörbar klanglich anzunähern suchte.

Fazit

Um eine einseitige Konzentration auf die Persönlichkeit von Strauss zu überwinden, seien aus persönlicher Erfahrung heraus einige Vorschläge gemacht: Polare Bezüge zwischen Persönlichkeiten erweitern und differenzieren das Strauss-Bild. Bei einem Seminar im Wiener Schönberg-Center (SS 2014) stellten wir als Thema „Schönberg und Strauss" gegenüber. Dabei zeigten sich sehr unterschiedliche Phasen in ihrer Beziehung – aber auch bleibende Gemeinsamkeiten in ihrem emphatisch einbekannten Verwurzelt-Sein in der deutsch-österreichischen Musiktradition. – Oder eine historisch vergleichende Perspektive auf Vorstellungen von Spätzeitlichkeit und „Ende der Kunstmusik" von Johannes Brahms und Friedrich Nietzsche bis zu Richard Strauss könnte eine Entwicklungslinie aufzeigen. Freilich wären hier präzis differenzierende Studien im Detail nötig. – Bei der näheren Betrachtung des „Spiels mit Historie" in der Musik von Strauss wären die Perspektiven zu erweitern. Statt der häufig zu findenden Fixierung auf Tonalität, Harmonik und Tonartencharakteristik böte sich an, den von Strauss oft verwendeten Begriff der „Tonsymbole" als Einstieg heranzuziehen. Strauss verstand Verschiedenes darunter: melodische Wendungen, Akkordfolgen, Rhythmen, Tempi und Klangfarben. Wie dann diese „Tonsymbole" in seinem stark polyphonen Satz zusammenwirken, könnte ein komplexer und damit weiterführender Ansatz für strukturanalytische Untersuchungen seiner Musik sein.

Ein letztes Fazit liegt aber in folgender Einsicht: Weder die Begriffe der „Moderne" noch der „Postmoderne" sind in ihrer Vielfalt geeignet, um das Phänomen Strauss insgesamt zu charakterisieren. Daher stellt sich die Frage: Muss es denn einen übergeordneten Begriff geben? Oder ist es nicht besser, Strauss differenzierend in die Geschichte einzuordnen? Und das heißt auch, gerade seine Musik mit der seiner Umgebung gezielt zu konfrontieren.

Wolfgang Rathert hat wohl recht, dass derzeit die Gegensätze der Deutungen unüberwindlich sind. Was da hilft, sind allein Bemühungen, im Detail die „komplexe künstlerische Existenz" von Strauss und seinem Werk „so sorgfältig wie möglich zu bestimmen".[12]

---

1 Theodor W. Adorno, *Richard Strauss. Zum hundertsten Geburtstag: 11. Juni 1964*, in: *Gesammelte Schriften*, Bd. 16, Frankfurt a. M. 1978, 565–606. Kritisch äußerte sich Adorno bereits in *Richard Strauss. Zum 60. Geburtstage: 11. Juni 1924*, in: *Gesammelte Schriften*, Bd. 18, Frankfurt a. M. 1984, 254–262.
2 Walter Werbeck (Hg.), *Richard Strauss Handbuch*, Stuttgart – Kassel 2014.
3 Michael Walter, *Richard Strauss und seine Zeit* (Große Komponisten und ihre Zeit), Laaber 2001.
4 Bernd Edelmann – Birgit Lodes – Reinhold Schlötterer (Hgg.), *Richard Strauss und die Moderne*, Berlin 2001.
5 Siehe Adorno 1978 (zit. Anm. 1), 565.
6 Laurenz Lütteken, *Das andere 20. Jahrhundert. Der Rosenkavalier und der Auftakt der Moderne*, in: Susanne Schaal-Gotthardt – Luitgard Schader – Heinz-Jürgen Winkler (Hgg.), *„… dass alles auch hätte anders kommen können." Beiträge zur Musik des 20. Jahrhunderts*, Mainz u. a. 2009, 82–93.
7 Werbeck 2014 (zit. Anm. 2), 48.
8 Ebenda, 34.
9 Hartmut Schick, *Von der neuen Aktualität eines widersprüchlichen Komponisten*, in: Akademie Aktuell 02, 2011 (Bayerische Akademie der Wissenschaften), 6 ff., bes. 9.
10 Hugo von Hofmannsthal, *Sämtliche Werke. Kritische Ausgabe*, Bd. XXXI, hg. von Ellen Ritter, Frankfurt a. M. 1991, 216–227, bes. 227.
11 Erschienen in: Morgen. Wochenschrift für deutsche Kultur 1, 1907, 15–18.
12 Siehe Werbeck 2014 (zit. Anm. 2), 544.

Richard Strauss und Gustav Mahler im Mai 1906 in Graz.
Internationale Gustav Mahler Gesellschaft, Wien

„Feuer" und „Feuerwerk" – Gustav Mahler und Richard Strauss

Reinhold Kubik, Wien

Im Jänner 1907 besuchte Gustav Mahler eine von Richard Strauss geleitete *Salome*-Vorstellung in Berlin. Danach schrieb er an seine Frau Alma: „Es arbeitet und lebt da unter einer Menge Schutt ein Vulcan, ein unterirdisches Feuer – nicht ein bloßes Feuerwerk!"[1] Ich habe mir die Freiheit genommen, die Begriffe „Feuer" und „Feuerwerk" aufzugreifen und weiter zu fassen. Sie dienen mir als Metapher für eine zentrale unterscheidende Charakterisierung der beiden Komponisten – zumindest so, wie Mahler sie gesehen hat. Ich bin überzeugt, dass er keinen Einspruch gegen meine Generalisierung erhoben hätte – und so entstand der Titel der nachfolgenden Ausführungen. Diese sind eigentlich nicht als eigenständiger Essay zu sehen, sondern lediglich als Begleittext zu einer Powerpoint-Präsentation mit über 60 Bildern, die beim Symposium am 22. Jänner 2015 gezeigt wurde.

In äußerster Knappheit wird zuerst der biographische Rahmen der Begegnungen zwischen Mahler und Strauss skizziert: Sie reichen von brieflichen Kontakten über flüchtige Momente kurzer Treffen bis hin zu längerem Beisammensein, sowohl beruflich wie privat. Eine konstitutive Komponente war dabei unbestreitbar das wechselseitige Bestreben, das Schaffen des anderen mit Wort und Tat zu unterstützen.

Am 13. Oktober 1887 lernten sich der 27-jährige Gustav Mahler und der 23-jährige Richard Strauss in Leipzig persönlich kennen. Mahler war 1. Kapellmeister am dortigen Stadttheater und Strauss war nach Leipzig gekommen, um in einem Gewandhauskonzert seine *f-Moll-Symphonie* Op. 12 zu dirigieren. Hans von Bülow erhielt dazu die folgende briefliche Information: „Eine neue, sehr reizende Bekanntschaft machte ich in Herrn Mahler, der mir als höchst intelligenter Musiker u Dirigent erschien; einer der wenigen modernen Dirigenten, der von Tempomodifikation weiß u überhaupt prächtige Ansichten, besonders über Wagners Tempi (entgegen den jetzt akkreditierten Wagnerdirigenten), aufwies. Mahlers Bearbeitung von Webers ‚3 Pintos' scheint mir ein Meisterstück; von dem ersten Akt, den Mahler mir vorspielte, bin ich ganz entzückt."[2] Bei Bülow fiel dieses Urteil – nebenbei bemerkt – auf unfruchtbaren Boden, denn er lehnte die Komplettierung der *Pintos* ebenso ab wie später auch alle anderen kompositorischen Ergüsse Mahlers, die er kennenlernte.[3] Er wies Strauss rigoros zurecht, worauf dieser sich beeilte, dem geschätzten Mentor das glatte Gegenteil zu versichern: „Gestern auf der Probe habe ich nun zum ersten Male 2. u 3. Akt gesehen und begreife vollkommen Ihr Entsetzen, die beiden sind wirklich höchst mäßig u ledern. In der Instrumentation hat Mahler furchtbare Dummheiten gemacht. […] Von der orthographischen Unreinlichkeit habe ich nun auch Einsicht genommen, alles richtig."[4] Schon hier zeigt sich die geradezu diplomatische Wendigkeit von Strauss. Im selben Jahr hatte er dennoch in München mit Hermann Levi den 4. Satz aus Mahlers *I. Symphonie* „aus der Manuscriptpartitur 4händig vom Blatt"[5] gespielt, wobei er auch dieses Mal versuchte, eine Aufführung von Mahlers Werk zu propagieren – übrigens nach einer Bitte Mahlers, doch abermals vergebens.

Die *I. Symphonie* ist dennoch das erste Werk Mahlers, dem Strauss zu einer Aufführung verhelfen konnte. Nachdem Mahler die immer noch fünfsätzige Symphonie in Hamburg grundlegend überarbeitet und unter dem Titel „Titan" im Oktober 1893 aufgeführt hatte, wurde er auf Empfehlung von Strauss vom Weimarer Intendanten Hans Bronsart eingeladen, das Werk im Rahmen eines Konzertes des Allgemeinen Deutschen Musikvereins beim *Musikfest der Tonkünstlerversammlung* aufzuführen. Zwischen Mahler, Bronsart und Strauss entspann sich daraufhin ein intensiver Briefwechsel. Hauptsächlich ging es dabei um die Regelung der Aufführungsmodalitäten, der Notenmaterialien und der Probenvorbereitung. Strauss leitete Orchesterproben, noch ehe Mahler nach Weimar kam. Mahler war Strauss dankbar für seine Hilfe und Freundlichkeit – „immerhin ein lieber Kerl"[6] –, andererseits gibt er einer künstlerischen und menschlichen Distanziertheit Ausdruck: „Ich müßte jedoch lügen, wenn ich sagen wollte, daß zwischen uns sich viele Berührungspunkte ergeben haben. […] Ob alles echt ist, muß sich erst erweisen."[7] Schließlich wurde der *Titan* am 3. Juni 1894 in einem vom Weimarer Hofkapellmeister Eduard Lassen dirigierten Konzert mit einem Monsterprogramm als vorletztes von neun Stücken aufgeführt, unter Mahlers Leitung. Es war ein krachender Misserfolg. –

Am 4. März 1895 leitete Mahler die Sätze 1 bis 3 aus seiner *II. Symphonie* in Berlin, in einem ansonsten von Richard Strauss dirigierten Konzert.[8] In diesen Jahren spielte für beide Komponisten die Auseinandersetzung mit Friedrich Nietzsche eine Rolle, die zu – wenn auch sehr unterschiedlichen – Ergebnissen führte: Strauss vollendete 1896 seine Tondichtung *Also sprach Zarathustra*, Mahler seine *III. Symphonie*, in deren 4. Satz er einen Nietzsche-Text aufnahm: „O Mensch, gib acht!" für Altsolo.

1899 übernahm Mahler die Philharmonischen Konzerte in Wien, in denen er sogleich Werke von Richard Strauss aufführte: Am 19. Februar 1899 dirigierte er in einem „Novitäten"-Konzert neben Stücken von Siegfried Wagner, Humperdinck und Kienzl die Vorspiele zum 1. und 2. Akt der Strauss-Oper *Guntram* Op. 25[9], am 19. November 1899 die Wiener Erstaufführung der Tondichtung *Aus Italien* Op. 16[10]. Und bei einem Konzert der Vereinigung schaffender Tonkünstler in Wien dirigierte Mahler am 23. November 1904 die österreichische Erstaufführung der *Symphonia domestica*.[11] Als Operndirektor konnte er 1902 die Oper *Feuersnot* Op. 50 (Libretto von Ernst von Wolzogen) herausbringen. Am 5. Juni 1906 sprang Mahler übrigens für Richard Strauss ein und dirigierte an dessen Stelle in Graz die *Feuersnot*. Die nächste Begegnung erfolgte in Krefeld, wo Mahler beim Tonkünstlerfest des Allgemeinen Deutschen Musikvereins seine *III. Symphonie* uraufführte. Auch dieses Mal war eine Empfehlung von Strauss ausschlaggebend für das Engagement gewesen. Nach dem 1. Satz „brach ein ungeheurer Jubel aus. Richard Strauss trat ganz vorne an das Podium heran und applaudierte ostentativ so, dass er eigentlich den Erfolg dieses Satzes besiegelte."[12]

Internationale Gustav Mahler Gesellschaft, Wien

Mahlers Bemühung, die *Salome* an der Hofoper aufzuführen, scheiterte leider am Einspruch des Hofzensors Emil Jettel von Ettenach. „Die Darstellung von Vorgängen, die in das Gebiet der Sexualpathologie gehören, eignet sich nicht für unsere Hofbühne."[13] Dies teilte der Zensor dem „sehr geehrten Direktor" Mahler nach einer zweiten Prüfung des Librettos am 31. Oktober 1905 mit.

Mahler hatte die unangenehme Aufgabe, den Einspruch des Zensor an Richard Strauss weiterzuleiten. Er hatte hierzu ein offizielles Schreiben aufgesetzt, datiert schon mit 22. September 1905, das er indes nicht abschickte, sondern offenbar um eine weitere Prüfung bat. Schließlich verfasste er einen persönlich gehaltenen Brief (datiert 11.10.1905), in dem er das Scheitern seiner Bemühungen einbekannte. So wurde die *Salome* am 9. Dezember 1905 in Dresden uraufgeführt. Die österreichische Erstaufführung fand ein halbes Jahr später, am 16. Mai 1906, am Stadttheater Graz unter der Leitung von Strauss statt. Mahler fuhr mit dem Komponisten per Bahn nach Graz, um dieser Aufführung beizuwohnen; bei dieser Gelegenheit entstand das bekannte Foto beim Grazer Bühnentürl, das sehr schön die unterschiedliche Körpergröße der beiden Komponisten zeigt. Am Tag der Aufführung fand sich die Gelegenheit für einen Ausflug der beiden Ehepaare (Mahler und Strauss) mit dem Strauss'schen Automobil in die Kesselbach-Klamm und für eine Jause beim dortigen Sandwirt.[14]

Schon wenige Tage nach diesem Treffen sahen sich Mahler und Strauss wieder – beim Tonkünstlerfest des Allgemeinen Deutschen Musikvereins in Essen, bei dem Mahler seine *VI. Symphonie* uraufführte (27.5.1906). Strauss meinte, der 1. Satz sei „überinstrumentiert".[15] Mahler scheint sich das Urteil des kompetenten Kollegen zu Herzen genommen zu haben, denn bei der nach der Essener Uraufführung erfolgten Umarbeitung des Werkes sind schon auf den ersten Blick deutliche Reduzierungen der Instrumentation erkennbar.

Im August 1906 dirigierte Mahler zwei Vorstellungen des *Figaro* in Salzburg; in der eleganten Pension „Villa Savoy" des Hotels Nelböck[16] traf er Richard Strauss zu einem gemeinsamen Mittagessen mit Alfred Roller. Mahler schrieb seiner Frau: „Strauss ist jetzt auch immer dabei, und überhaupt sehr lieb, wie immer, wenn er allein mit mir ist. Sein Wesen aber wird mir immer fremd bleiben. Diese Denk- und Empfindungsart ist von der meinen weltenweit entfernt. Ob wir beide uns noch einmal auf demselben Stern begegnen werden?"[17]

Am 26. und 27. August 1909 besuchte das Ehepaar Strauss Gustav und Alma Mahler in Toblach, wo Mahler in seinem Komponierhäuschen am *Lied von der Erde* und an der *IX. Symphonie* arbeitete.[18]

Mahler verließ bekanntlich Ende 1907 Europa und dirigierte bis zu seinem Tod während der Wintermonate in den USA, wo er als Opernkapellmeister an der Met begann. A propos Oper: Mahler hatte Gelegenheit, im Frühjahr 1910 in der New Yorker Manhattan Opera die *Elektra* zu hören; Alma zufolge lehnte er das Werk ab.[19] Ab November 1909 ging für Mahler endlich ein Lebenswunsch in Erfüllung: Er wollte schon immer hauptsächlich Konzerte dirigieren, hatte dazu auch hin und wieder Gelegenheit, aber das Hauptgewicht seiner Dirigiertätigkeit war bis dahin immer auf die Oper gefallen. Nun schufen reiche Amerikaner für ihn ein Orchester – die New Yorker Philharmoniker[20], mit denen er in jeder Saison an die 50 Konzerte aufführte. Die Programme reichten dabei von Barockmusik bis zu den Zeitgenossen, und unter diesen findet sich nun auch Richard Strauss, von dessen Werken Mahler die folgenden in Amerika aufführte:

4. & 5.1.1909	New York: *Till Eulenspiegel*[21]. Schon in diesem ersten Subskriptionskonzert dirigierte Mahler ein Werk von Strauss.
12.12.1909	New York: *Till Eulenspiegel*[22]
8. & 17.1.1910	New York: *Till Eulenspiegel*[23]
3. & 4.2.1910	New York: *Don Juan* und ein Orchesterlied (*Hymnus* Op. 33/3)[24]
23.2.1910	New Haven: *Till Eulenspiegel*[25]
24.2.1910	Springfield: *Till Eulenspiegel*[26]
25.2.1910	Providence: *Till Eulenspiegel*[27]
26.2.1910	Boston: *Till Eulenspiegel*[28]
10. & 11.3.1910	New York: *Tod und Verklärung*[29]
30.3.1910	New York: *Guntram*-Vorspiele und *Till Eulenspiegel*[30]; Mahler dirigierte *Till Eulenspiegel* auch bei seinem Rom-Gastspiel am 28.4.1910 im Anfiteatro Correa („Augusteo").[31]
1. & 4.11.1910	New York: *Also sprach Zarathustra*[32]
6.11.1910	Brooklyn: *Also sprach Zarathustra*[33]
17. & 20.1.1911	New York: *Ein Heldenleben*[34]
7. & 10.2.1911	New York: *Pilgers Morgenlied* (Goethe) Op. 33/4[35]

12.2.1911 Brooklyn: *Pilgers Morgenlied* (Goethe) Op. 33/4[36]. Dies war neun Tage vor Mahlers letztem Dirigat (21.2.1911) – somit begleiteten vom ersten bis fast zum letzten amerikanischen Konzert Werke von Richard Strauss Mahlers Tätigkeit.

Umgekehrt führte Strauss in diesen Jahren in Berlin Werke Mahlers auf: am 19. Jänner 1909 die *Vierte*, am 3. Dezember desselben Jahres die *Erste*. Die letzten persönlichen Begegnungen von Strauss und Mahler waren in München. Vom 23. bis zum 28. Juni 1910 fand dort eine „Richard Strauss-Woche" statt. Mahler wiederum hielt sich in der bayerischen Hauptstadt vom 16. bis 26. Juni wegen Proben zu seiner *VIII. Symphonie* auf. Er wohnte im Regina Palast-Hotel[37] und besuchte am 25. Juni ein Strauss-Konzert, in dem der Komponist u. a. seinen *Don Quixote* Op. 35 dirigierte. Nach dem Konzert folgte ein festliches Essen im Park-Hotel. Dabei soll Mahler über Schmerzen in seinem rechten Arm geklagt haben: „Beim Dirigieren habe ich so herumgefetzt, daß ich irgendeine Muskelzerrung am Oberarm mir zugezogen habe."[38]

Vom 3. bis zum 14. September 1910 war Mahler in München, um seine *VIII. Symphonie* zur Uraufführung zu bringen. Diese fand in der 3.200 Personen fassenden Neuen Musik-Festhalle auf der Theresienhöhe statt. Richard Strauss, dem Mahler einen Klavierauszug des neuen Werkes schicken ließ, war unter den vielen prominenten Besuchern dieses herausragenden Ereignisses. Wir wissen leider nicht, welchen Eindruck die *Achte* damals auf ihn gemacht hat.

Nach Mahlers Tod (am 15. Mai 1911 in Wien) schrieb Richard Strauss an Hugo von Hofmannsthal: „Mahlers Tod hat mich sehr ergriffen: nun wird er wohl auch in Wien der große Mann werden."[39] Bis zu seinem Lebensende propagierte Strauss seine Lieblingswerke: die *I.* und *IV. Symphonie* sowie *Das Lied von der Erde*. Mahlers Bewusstsein grundsätzlicher Unterschiede zwischen ihm und Strauss haben wir schon angesprochen. „Schopenhauer gebraucht irgendwo das Bild zweier Bergleute, die von zwei entgegengesetzten Seiten in einen Schacht hineingraben und sich dann auf ihrem unterirdischen Wege begegnen. So kommt mir mein Verhältnis zu Strauss treffend gezeichnet vor."[40] Das schrieb Mahler am 17. Februar 1897 an Arthur Seidl. Trotz Kollegialität, Respekt und Beinahe-Freundschaft gab es Vorbehalte, vor allem seitens des moralisch rigorosen Mahler. Seine Skala an Gefühlsregungen Richard Strauss gegenüber reicht von beruflicher Anerkennung und dem Wunsch nach „menschlicher Wärme" bis hin zu Verständnislosigkeit und harscher Kritik. In der Folge seien diesbezüglich Mahlers Äußerungen zu *Salome* an seine Frau Alma zusammengefasst. Sie zeichnen in ihrer Echtheit und ihren Zweifeln das Bild einer gewissen Unsicherheit.

22.5.1906: „Deine Äußerungen über *Salome* hat [sic] mich sehr interessiert. Ich habe Dir das Alles vorhergesagt. Aber jetzt unterschätzt Du das, trotz alledem sehr bedeutende, und, wie Du richtig herausgefühlt, im schlechten Sinn ‚virtuose' Werk. Da ist Wagner ein anderer Kerl. Je weiter Du im Leben als Mensch gelangst, desto deutlicher wirst Du den Unterschied zwischen diesen wenigen Großen, Wahren und den bloßen ‚Virtuosen' empfinden. Ich bin glücklich, wie schnell Du zur Klarheit gelangst. Die Kühle im Wesen Straussens, die nicht im Talent sondern im Menschenthum liegt, spürst Du eben und sie stößt Dich ab."⁴¹

10.1.1907: „Mein liebes Almschili, das Werk unterschätzt Du ganz gewaltig! Es ist ein ganz geniales, sehr starkes Werk, das entschieden zu dem Bedeutendsten gehört, was unsere Zeit hervorgebracht! Es arbeitet und lebt da unter einer Menge Schutt ein Vulcan, ein unterirdisches Feuer – nicht ein bloßes Feuerwerk! Mit der ganzen Persönlichkeit Straussens verhält es sich wol ebenso! Daher ist es so schwer bei ihm Spreu von Weizen zu scheiden. Aber ich habe einen Riesenrespect vor der ganzen Erscheinung gewonnen und auf's Neue befestigt. Ich freue mich riesig darüber!"⁴²

13.1.1907: „Mein Eindruck hat sich immer noch verstärkt, und ich bin fest durchdrungen davon, daß das eines der größten Meisterwerke unserer Zeit ist. – Ich kann es mir nicht zusammenreimen und nur ahnen, daß aus dem Innern des Genies die Stimme des Erdgeistes tönt."⁴³

16.1.1907: „Mit Strauss bin ich selbst in's Unklare gekommen. Wie soll man sich diese Ungleichheit und Mischung erklären? Aber mein Urtheil über die Salome steht doch fest."⁴⁴

Die Zeitgenossen haben diese Spannungen mitunter genau so gesehen. Ludwig Schiedermair (1876–1957), der beide Komponisten persönlich erlebt hat, schreibt: „Richard Strauss, der sicher und besonnen sein Ziel verfolgende produktive Künstler, der trotz aller Höhenflüge nicht den Boden unter den Füßen verlor, – Gustav Mahler, der in künstlerischer Hochglut sich selbst verzehrte und ruhelos nach den höchsten Zielen rang ..."⁴⁵ – kurz: Feuer gegen Feuerwerk ...

---

1 Brief vom 10.1.1907. *Ein Glück ohne Ruh'. Die Briefe Gustav Mahlers an Alma*, hg. und erläutert von Henry-Louis de La Grange und Günter Weiß, Redaktion: Knud Martner, Berlin 1995 [in Hinkunft: GMBA], 304.
2 Brief vom 29.10.1887, zit. nach Kurt Blaukopf, *Gustav Mahler*, Wien 1976, 178 f.
3 Das waren im Wesentlichen die *I. Symphonie* und die *Todtenfeier* (die zum 1. Satz der *Zweiten* wurde).
4 Brief vom 7.4.1888, zit. nach *Gustav Mahler – Richard Strauss. Briefwechsel 1888–1911*, hg. von Herta Blaukopf, München – Zürich 1980 [in Hinkunft GMRS], 138 f.
5 Richard Strauss, *Blaues Tagebuch*, IV, 25, mitgeteilt von Alice Strauss; zit. nach GMRS, 140.
6 Brief an Mahlers Schwester Justine, Mai 1894, zit. nach GMRS, 152.
7 Ebenda.
8 Hier und im Folgenden wird der Katalog der von Mahler dirigierten Konzerte verwendet, den Knud Martner erstmals 1985 vorgelegt hat; er erschien 2010 auf Englisch in erweiterter und revidierter Neuausgabe in New York unter dem Titel *Mahler's Concerts* [in Hinkunft: MMC]. In diesem wichtigen Nachschlagewerk ist jedem Konzert eine chronologische Nummer zugeordnet, die wir verwenden. Das hier genannte Konzert hat die Nummer MMC 75.
9 MMC 107.
10 MMC 118.
11 MMC 169.

12 Alma Mahler-Werfel, *Gustav Mahler. Erinnerungen und Briefe*, Amsterdam 1940, 54.
13 Brief an Mahler vom 31.10.1905, Haus-, Hof- und Staatsarchiv Wien, Hofoper Zl. 1168/1905; s. hierzu und zu den anderen Dokumenten dieses Vorgangs: Ausstellungskatalog Reinhold Kubik–Thomas Trabitsch (Hgg.), *„leider bleibe ich ein eingefleischter Wiener". Gustav Mahler und Wien*, Wien (Österreichisches Theatermuseum) 2010, 282.
14 Helmut Brenner – Reinhold Kubik, *Mahlers Welt. Die Orte seines Lebens*, St. Pölten – Salzburg 2011, 296.
15 Klaus Pringsheim, *Zur Uraufführung von Mahlers Sechster Symphonie*, in: Musikblätter des Anbruchs 2, Nr. 14, 1920, 497.
16 Brenner – Kubik 2011 (zit. Anm. 14), 304 f.
17 GMBA, 283 f.
18 Mahler-Werfel 1940 (zit. Anm. 12), 188 f.
19 Ebenda, 206.
20 Das Orchester existierte zwar seit 1842, war aber um 1900 in keinem professionellen Zustand. Zu einem Spitzenorchester wurde es erst durch die Vergrößerung von 1909 und die Leitung durch Mahler.
21 MMC 221 & 222.
22 MMC 230.
23 MMC 237 & 240.
24 MMC 247 & 248.
25 MMC 253.
26 MMC 254.
27 MMC 255.
28 MMC 256.
29 MMC 260 & 261.
30 MMC 265.
31 MMC 269.
32 MMC 274 & 275.
33 MMC 276.
34 MMC 304 & 305.
35 MMC 314 & 315.
36 MMC 316.
37 S. dazu Brenner – Kubik 2011 (zit. Anm. 14), 350.
38 Janko Cádra, *Auszüge der unveröffentlichten Tagebücher*, in: Slovak Foundation, Janko Cádra Collection, Nr. 55, 26.
39 München, Handschriftensammlung der Bayerischen Staatsbibliothek; s. AK Wien 2010, 328.
40 *Gustav Mahler Briefe*, Neuausg., erw. und rev. von Herta Blaukopf, 2., nochmals rev. Ausg., Wien – Hamburg 1983, 224.
41 GMBA, 279.
42 GMBA, 304.
43 GMBA, 308.
44 GMBA, 312.
45 Ludwig Schiedermair, *Musikalische Begegnungen*, Köln 1948, 46.

Heinrich Lefler, Figurine „Salome", undatiert. Theatermuseum

Die österreichische Erstaufführung von Richard Strauss' Salome und ihre Rezeption in der Presse

Michael Walter, Graz

Die Uraufführung der *Salome* hat bekanntlich am 9. Dezember 1905 in Dresden stattgefunden und war ein sensationeller Erfolg, aber kein Skandalerfolg. Wie überhaupt – und entgegen sich hartnäckig haltenden Darstellungen – *Salome* niemals einen Skandal verursacht hat. Das gilt selbst für die Aufführung an der Metropolitan Opera in New York[1] im Jahr 1907. Die Tochter J. Pierpont Morgans, eines der Hauptaktionäre des Opernhauses, hielt allerdings die Oper für skandalös und ihr Vater sorgte darum für ihre Absetzung vom Spielplan, wobei ein erheblicher Teil des Aufsichtsrats, der allerdings in der Minderheit blieb, ihm nicht zustimmte. Die Berichte zur Aufführung selbst sind widersprüchlich, lassen aber jedenfalls nicht den Schluss zu, dass es einen Skandal gab. Die französischen Journalisten, die ihre Berichte aus New York an die Pariser Presse depechierten, machten sich maliziös über die prüden Amerikaner lustig, die sich über einen harmlosen Bauchtanz aufregten.[2] Dass es noch puritanischer zugehen konnte als in New York, erwies sich im Mai 1907 in Wilmington, wo nicht nur der Direktor des Opernhauses und der Regisseur, sondern auch die Sängerin der Salome und die sie im Schleiertanz vertretende Tänzerin wegen „disorderly conduct" von der Polizei auf Betreiben der Stadtverwaltung festgenommen und angeklagt wurden.[3] Die Aufführung selbst scheint allerdings auch hier unskandalös verlaufen zu sein.

Die Erstaufführung der deutschen Version in Paris 1907 war ebenfalls skandalfrei, aber enttäuschenderweise auch erfolglos. In London verlangte der Lord Chamberlain als Zensurbehörde einige Änderungen im deutschen Text, die allerdings in der Aufführung ignoriert wurden. Angesichts der Tatsache, dass der deutsche Text in London ohnehin überwiegend nicht verstanden wurde, war das Einschreiten des Lord Chamberlains bestenfalls überflüssig. Kurioser war da schon, dass er verlangte, Salome dürfe in der Schlussszene nicht gegenüber einer Schale mit dem Kopf des Jochanaan singen, was dazu führte, dass sie einen Teller mit einer roten Flüssigkeit, die Blut darstellen sollte, ansang.

Unpassend war das Sujet allerdings zunächst für die deutschsprachigen Hoftheater. Im Berliner Hoftheater konnte die Oper darum erst im Dezember 1906 aufgeführt werden und das auch nur, weil dem Intendanten Georg von Hülsen-Haeseler die rettende Idee gekommen war, über dem Nachthimmel den Stern von Bethlehem aufgehen zu lassen, was die kaiserliche Familie beruhigte. Auf ein Mitglied einer anderen kaiserlichen Familie, nämlich Erzherzogin Valerie, die jüngste Tochter des Kaisers Franz Joseph, soll das Zensurverbot der Oper in Wien zurückgehen.[4] Gustav Mahler, der Hofoperndirektor, wollte *Salome* schon im Oktober 1905 in Wien aufführen, was bedeutet hätte, dass die Uraufführung der Oper in Wien stattgefunden hätte. Das Libretto wurde jedoch im September zunächst von der Zensurbehörde abgelehnt, dann nach Verhandlungen Mahlers mit dem Ministerialrat Emil Jettel von Ettenach mit Auflagen genehmigt, schließlich aber wegen der „sexualpathologischen" Handlung und vermutlich auch wegen Drucks von höherer Stelle wieder abgelehnt. Die Verhandlungen mit der Zensur zogen sich hin, Mahler erwog sogar, mit seinem Rücktritt als Hofoperndirektor zu drohen, konnte sich aber letztlich nicht durchsetzen.[5]

Ein Stadttheater wie jenes in Graz hatte weniger Schwierigkeiten, denn generell war die Zensurbehörde in Österreich dort wesentlich laxer als bei den Hoftheatern. Angeregt worden war die Grazer Aufführung der *Salome* – die erste Vorstellung fand am 16. Mai 1906 statt – von Ernst Decsey, der damals Musikredakteur der Grazer „Tagespost" war. Alfred Cavar, der mit viel Geschäftssinn und wenig Bildung versehene Direktor des Grazer Stadttheaters, suchte ein attraktives Stück und Decsey legte ihm nicht nur die *Salome* nahe, sondern zeigte ihm auch die Rezensionen der Dresdener Uraufführung der Oper.[6]

Der Grazer Kapellmeister Friedrich C. Weigmann studierte *Salome* ab Januar 1906 ein. Das Orchester war in Graz auf 90 Musiker reduziert worden, eine Celesta und ein Heckelphon mussten ausgeliehen, ein Kontrafagott angekauft und die ersten zwei Parkettreihen im Zuschauerraum entfernt werden, um Platz für das Orchester zu haben. Die Preise für die Premiere wurden erhöht, was angeblich „das hohe Dirigenten-Honorar für Richard Strauss notwendig gemacht hatte".[7] Ob das zutrifft, lässt sich nicht überprüfen, aber jedenfalls waren Vorstellungen mit erhöhten Preisen, etwa wenn Gäste auftraten, weder in Graz noch andernorts etwas Ungewöhnliches.

Strauss traf, auf direktem Wege mit der Eisenbahn von London kommend, am 11. Mai in Graz ein und leitete vom 12. bis 15. Mai die *Salome*-Proben. Die Oper wurde zunächst nur dreimal aufgeführt, nämlich am 16., 18. und 20. Mai. Alle drei Vorstellungen wurden von Strauss geleitet, der damit die *Salome* zum ersten Mal selbst dirigierte. Am 20. Mai reiste der Komponist in Richtung Prag ab, wo er weitere *Salome*-Vorstellungen dirigierte (die erste Aufführung im Prager Neuen Deutschen Theater hatte schon am 5. Mai stattgefunden).

Die Grazer Premiere der *Salome* lockte nicht nur viele junge Leute an, die aus Wien kamen, sondern unter anderem auch Gustav Mahler, Giacomo Puccini, Arnold Schönberg, Alban Berg, Alexander Zemlinsky, Alfred Roller und Raoul Mader, den Direktor der Budapester Hofoper, sowie die k. k. Kammersängerin Gemma Bellincioni, die im Dezember 1906 die Salome unter Strauss' Leitung in Turin singen würde. Ob auch der siebzehnjährige Adolf Hitler zur Grazer Premiere gekommen war, ist umstritten. Die wesentliche Quelle für diese Reise ist ein Brief von Strauss an Franz Moralt vom 8. August 1939, in dem Strauss berichtet, Hitler habe seinem Sohn in Bayreuth erzählt, dass „*Salome* eines seiner ersten Opernerlebnisse gewesen sei und daß er sich das Geld, um zur ersten Aufführung nach Graz zu reisen, von seinen Verwandten erbeten habe".[8] Stefan Zweig erwähnt den Grazer Opernbesuch Hitlers im 17. Kapitel von *Die Welt von Gestern* (1944 in Stockholm erschienen): „Hitler, der, wie mir Strauss erzählte, schon in seinen Wiener Vagantenjahren mit Geld, das er sich mühsam auf irgendeine Weise verschafft hatte, nach Graz gefahren war, um der Premiere der ‚Salome' beizuwohnen [...]." Strauss soll Zweig zufolge die Information von Siegfried Wagner gehabt haben.[9] Es gibt bislang keinen Grund, an Hitlers Besuch der Grazer *Salome* zu zweifeln, zumal der spätere Diktator tatsächlich Verwandte in Graz hatte, die, einem tendenziösen Bericht der Grazer Gestapo aus den 1940er Jahren zufolge, angeblich überwiegend geisteskrank waren.[10] Hinzugefügt werden sollte, dass der *Salome*-Besuch Hitlers keinerlei historische Signifikanz besitzt, sondern bestenfalls ein Hinweis auf dessen frühe Opernmanie ist. Ein Einfluss der *Salome* auf Hitlers Ideologie, etwa im Sinne der Opern Richard Wagners[11], insbesondere des *Rienzi*, liegt nicht vor.

Nach der Grazer Erstaufführung erhielt Decsey beleidigende Briefe, in denen ihm vorgeworfen wurde, für diese „Schwindeloper" eingetreten zu sein. Das Presseecho war jedoch überwiegend positiv. Im Morgenblatt der Grazer „Tagespost"[12] nahm Decsey in einem Vorbericht zur Premiere bereits die zu erwartenden Bedenken vorweg: „Ein Werk wie dieses ist wie geschaffen, den Widerspruch anzuziehen. Und so erklärt es sich, daß der Philister A. und der Philister B. schon dagegen waren, bevor noch ein Ton erklungen war; es ist darunter auch der Verfasser einer Musikgeschichte. Man fand schon im voraus die feste Formel: ‚Pervers!' und schützte sich hinter und mit ihr." Der Beifall nach der ersten Grazer Aufführung war jedoch „ein geradezu enthusiastischer"[13], wie nicht nur die Wiener „Neue Freie Presse" berichtete. Einen wesentlichen Beitrag zum Erfolg der Oper lieferte nach übereinstimmender Meinung die Darstellerin der Salome, die 32-jährige Jenny Korb (1874–1937), von der Richard Strauss gesagt haben soll, sie sei eine der besten Salomes und Elektras.[14]

Korb war die Tochter eines Wiener Kaffeehausbesitzers. Nach Engagements in Wiesbaden, der Wiener Hofoper und am Leipziger Opernhaus (1902–1904) war sie 1905 in Graz engagiert worden (wo sie bis 1910 blieb). Von 1898 bis 1909 gastierte sie regelmäßig an der Wiener Hofoper, unter anderem als Aida, Senta, Brünnhilde oder Valentine in den *Hugenotten*.[15] 1917 wurde sie an die Wiener Volksoper verpflichtet, wo sie als Aida debütierte.[16] Die Uraufführungssängerin der Salome, die 43-jährige Marie Wittich hatte nicht Strauss' Bild einer 16-jährigen Prinzessin entsprochen, zumal sie „figürlich natürlich für die Rolle nicht geeignet war"[17], wie der Komponist meinte. Wittich war für ihre Wagner-Partien berühmt geworden und sah mit ihren herben Gesichtszügen und ihrer stämmigen Figur auch persönlich eher wie eine Walküre denn eine exotische Prinzessin aus. Strauss wollte ursprünglich Annie Krull als Salome haben, die 14 Jahre jünger als Wittich war, was sich in Dresden aber nicht durchsetzen ließ, weil Wittich die erste Sängerin war. Zu Korb meinte Strauss: „Frl . Korb hat eine sehr schöne, warme Stimme und viel Temperament [...], eine dicke Wienerin, nicht sehr hübsch, aber sehr viel Schneid und Aufopferung, alles, was der Wittich so fehlt."[18] Nach dem einzigen bekannten Porträtfoto Korbs aus der Leipziger Zeit zu urteilen, wirkte diese wesentlich mädchenhafter als Wittich und war schon darum für die Salome-Rolle besser geeignet (ihr Foto erweckt im Übrigen nicht den Eindruck, dass sie so dick war, wie Strauss behauptete). Auch stimmlich ließ sie nichts zu wünschen übrig.

Wittichs Salome-Kostüm hatte in Dresden aus einem hellblauen knöchellangen nachthemdartigen Plisséekleid bestanden, einem taillenlosen „Hänger" (bzw. „Hängerkleid"), bei dem der Eindruck des Exotischen durch einige darauf applizierte Ketten mit Schmuckstücken und einen exotischen Kopfschmuck hervorgerufen werden sollte. Das Kostüm glich eher einer soliden Ganzkörperverschleierung, als dass es die physische Attraktivität Salomes deutlich machte, war aber in ähnlicher Weise auch bei Aufführungen des Schauspiels von Oscar Wilde üblich. Zudem hatte es den Nachteil, dass die auf der Bühne häufig dazu getragenen Gürtel in für die Figur unvorteilhafter Weise den Bauch betonten. Dennoch waren solche „Hänger" bei Sängerinnen beliebt, weil sie um 1900 der aktuellen Mode entsprachen und sie sich mit wenigen Accessoires sowie einer hinzugefügten Perücke „rollenadäquat" ausgestalten ließen. Zwar wurden an den großen Hofbühnen die Kostüme auch für Sängerinnen gestellt, aber viele scheinen ihre eigenen Kostüme bzw. ihre eigenen „Hänger" bevorzugt zu haben. Wahrscheinlich war das auch bei Wittich der Fall.[19] Jedenfalls trug sie auch in Bayreuth ein solches Gewand, das sich mit einem Bärenfell über dem Oberkörper in ein Sieglinde-Kostüm verwandeln ließ, oder mit einem Umhang, einem Kopfreif und „germanischen" Armreifen zum Isolde-Kostüm. Zu letzterem gehörte häufig eine rote Perücke. Auch Wittich trug eine solche. Da Perücken in keinem Fall vom Theater gestellt wurden und die Sängerin wohl kaum über mehr als eine rothaarige Perücke verfügte, bedeutet dies, dass sie ihre Isolde-Perücke auch als Salome trug. Dasselbe kann man von Jenny Korb annehmen, die in Graz ebenfalls eine rothaarige Perücke trug. Leider ließen sich bislang für die Grazer Aufführung der Salome keine Bilddokumente auffinden, weshalb sich keine Aussagen über das Kostüm Korbs machen lassen. Leicht bekleidet wie schon Fanchette Verhunc in der im Februar 1906 erfolgten Breslauer[20] Premiere der *Salome* und wie die späteren Salome-Darstellerinnen[21] war sie jedenfalls nicht. Sie „macht besonders den Tanz sehr decent und delicat, vielleicht ein wenig zu decent. Wenn die sieben Schleier fort sind, bleibt noch immer genug Garderobe übrig", meinte Hans Liebstoeckl im „Illustrierten Wiener Extrablatt".[22] Die erste Sängerin, die den Tanz der sieben Schleier selbst tanzte, war Korb allerdings nicht, das hatte schon Verhunc in Breslau getan. Wittich hingegen hatte sich aus sittlichen Gründen geweigert, den Tanz selbst darzustellen und war in Dresden durch die Tänzerin Sidonie Korb ersetzt worden.[23]

In der Uraufführung war Wittich darstellerisch wenig überzeugend gewesen. Oscar Bie meinte, sie habe sich zwar größte Mühe gegeben, sei aber „zu bürgerlich für Fräulein Salome".[24] Der Meinung schlossen sich andere Rezensenten an.[25] Im Gegensatz dazu war die Salome Korbs, darin stimmten die Kritiken überein, auch darstellerisch überzeugend: „Wenn eine Sängerin wenigstens die Stimme hat, darf man es zufrieden sein: und sie auch. Jenny Korb aber hat mehr. ‚Wie schön sang die Prinzessin Salome heut' Nacht' dachte man beim Fortgehen und im Auge blieb der rote ‚Katzenkopf' mit den gleißenden Augen, der schleichende Gang als Erinnerung zurück. Eine plastische Figur."[26]

Ähnlich wie in Dresden wurde auch die Grazer Salome mit Isolde verglichen, was schon aufgrund der roten Perücke nahelag. Einerseits betraf das die schiere physische Leistung Korbs: „Jenny Korb hatte physisch und musikalisch mehr geleistet, als eine Isolde leisten muß."²⁷ Andererseits wurde auch eine inhaltliche Parallele gezogen: Korb habe in der Schlussszene „in Isoldenhafter Verklärung Liebe und Sehnsucht aufblühen" lassen.²⁸

Auffallend sind die antisemitischen Töne in Graz. Im Grazer „Wochenblatt" erschien eine durchwegs positive Besprechung²⁹ eines mit „J. Tk." abgekürzten Kritikers, welcher der Schriftleiter der Zeitung, Aurelius Polzer, aber einen eigenen ausführlichen Kommentar hinzufügte. Die Zielrichtung seines Kommentars erwies sich schon in den ersten Sätzen: „Diesem Berichte will ich nun kurz meine Gedanken über dieses neueste Wunderwerk anfügen, das von dem Judentume und der in seinem Banne erstarrten, wie vor dem Blicke eines Basilisken bebenden, jeder freien Bewegung unfähigen sogenannten öffentlichen Meinung zu einer Offenbarung höchster Kunst, zu einer Gottestat emporgeschraubt worden ist."

Wildes Drama wird als „ein geiles Gemälde entarteter Lüsternheit, die sich in eine wüste, ekelhafte Orgie scheußlichster Vertiertheit breit ergießt" verdammt. In Bezug auf Strauss und seine Musik bezieht sich Polzer ausdrücklich auf Richard Wagners Traktat *Das Judenthum in der Musik*, aus dem er einen gegen Meyerbeer gerichteten Satz zitiert. Da Wagner in seiner Schrift aber bekanntlich den Namen Meyerbeers nicht nennt, gibt Polzer diesen in einer Fußnote an und charakterisiert Strauss als neuen Meyerbeer: „Wenn solche Musik überhand nimmt, wird nur mehr die Freude an sezessionistischen Tongemälden leben, die Freude an seelenhafter Musik aber wird erstorben sein, es wird nur mehr einen Musikrausch geben, aber keine Musikempfindung. Das ist das Judentum in der Musik, das verderbliche; ob diese dann von einem Juden gemacht ist oder nicht, kommt dabei nicht in Betracht."

Polzer, ein glühender Wagner-Anhänger, war ein bekannter alldeutscher Propagandist, das Grazer „Wochenblatt" wurde vom lokalen Ableger des „Deutschen Turnerbunds" herausgegeben. Er hatte die Schrift Wagners, in der dieser eben nicht nur auf die Juden zielte (sondern das „Judenthum" als Kategorie des geschäftstüchtigen Komponisten betrachtete), durchaus richtig verstanden, denn sie richtete sich auch gegen jenes Publikum, bei dem Meyerbeer Erfolge feierte. Und darum endet Polzers Kommentar mit einem Aufruf an das Publikum: „Zurück also, mein Volk, zur reinen, edlen, seelenvollen deutschen Dichtung und Musik! Sonst gehst du in dem jüdischen Moraste unter, in dem du schon so tief steckst, aus dem als Giftblase solche Kunst und Dichtung und ihr Ruhm emporgestiegen ist. Die Juden arbeiten in allem darauf hin, dich ganz zu verseuchen, zu verderben. Besinne dich endlich auf dich selbst, gehe in dich und setze dich gegen sie zur Wehre! Zerreiße alle ihre Schlingen und Fallstricke, daß sie dich nicht erwürgen und als hohnlachende Herren ihren Fuß auf deinen Leichnam setzen! Die Gefahr ist groß; ermanne dich und werde stark!"

Nur auf Wilde bezog hingegen Friedrich Hofmann, Obmann des Grazer Richard-Wagner-Vereins, seine antisemitischen Töne im Grazer „Tagblatt".³⁰ Strauss habe die ins Groteske gesteigerten musikalischen Techniken Wagners auf eine Handlung angewandt, die einen ganz anderen Stil verlange, und sei kein Dramatiker: „Die Dichtung an sich entschädigt uns auch nicht dafür, daß die Musik ihren Inhalt verfehlt. Der Dichter hat seinem Werke die Sprache des ‚hohen Liedes' gegeben und für Herodes und seine Umgebung mag sie angebracht sein. Wir sind Deutsche und bis jetzt noch nicht soweit semitisiert, um an dieser syrischen Wüstenpoesie Geschmack zu finden, bei der sich ein geringer Vorrat von Gemüt vollständig an die Eindrücke der Außenwelt hingibt." H. Wilhelm pflichtete Hofmann im Grazer „Wochenblatt" bei.[31] Dessen Urteil wiege „schwerer als das hohe Frasengedröhne so vieler befangenen und beeinflußten Kunstrichter, die im jüdischen Zirkus die hohe Schule der Kritik reiten". Und auch Julius Schuch, der für keine Grazer Zeitung, sondern für das „Musikalische Wochenblatt" schrieb, meinte, dass es sich bei dem Stoff um eine „semitische Fabel" gehandelt habe und Strauss besser auf einen „nationalen Stoff" zurückgegriffen hätte.[32]

Solch offener Antisemitismus findet sich in der weit überwiegenden Anzahl der Kritiken nicht. Freilich wurde schon bei der Beschreibung der Oper die Selbstverständlichkeit einer antijüdischen Einstellung vorausgesetzt. Das „Judenquintett" wurde von den meisten Kritikern als komische Szene, als „köstliches humorvolles Scherzosätzchen inmitten der Gräuel des Dramas"[33] aufgefasst. Ernst Decsey formulierte offen, was daran komisch wirkte: Die Judenszene sei ein „stilisiertes ‚Mauscheln' von groteskem Humor, etwas verwandt der Professoren-Szene im *Till Eulenspiegel*".[34] Das war eine nicht nur in Deutschland, sondern z. B. auch in Frankreich weitverbreitete Meinung, die wohl auch Strauss' Absicht bei der Komposition dieser Szene traf, der damit die üblichen bürgerlichen Vorurteile aufgriff.

Nicht als komisch aufgefasst wurde hingegen die Gestalt des Jochanaan, den Strauss nach seinen eigenen Worten als „Hanswurst" komponiert hatte, weil „so ein Prediger in der Wüste" für ihn „etwas unbeschreiblich komisches"[35] habe, Jochanaan sei ein „Schwachkopf".[36] Dagegen war nach Ansicht Wilhelm Kienzls Jochanaan die „edle Gestalt des gottbegeisterten Sehers"[37], wovon er so begeistert war, dass er die Formulierung nicht nur im ersten Teil seiner Kritik verwendete, sondern im zweiten Teil noch einmal wiederholte, als er schrieb, Jochanaan sei ein „gottbegeisterter Seher", der „in der *Salome* allein die sittliche Weltanschauung gegenüber einer Welt von Verkommenheit vertritt". Strauss habe seine Rolle „auch musikalisch zur Trägerin einfacher Größe und natürlicher Empfindung gemacht".[38] Dies Auffassung wurde unterstützt durch die in anderen Rezensionen erwähnte „würdevolle"[39] und „edle"[40] Darstellung des Jochanaan durch Hermann Jessen. Peter Rosegger fand gar, der „einfache Gesang" des „Johannes und der Nazarener" sei „echt deutsch" und glaubte Strauss' „dauernder Ruhm läge nach dieser Richtung hin".[41]

Das Grazer Publikum sah das wohl anders, auch wenn es, wie schon zuvor in Dresden[42], erst nach einigen Schrecksekunden applaudierte: „Als sich der Vorhang unter den schrecklichen Schlägen des Orchesters über die nervenerschütternden Vorgänge rasch senkte, verharrte das Publikum sekundenlang in Erstarrung; erst allmählich fand es sich selbst und erinnerte sich der Pflicht, den ganz Außerordentliches geleistet habenden Künstlern danken zu müssen und nun stieg der Applaus von Minute zu Minute bis zur begeisterten Nimmersättlichkeit; erst wurde unser[e] Korb bejubelt und mit Kränzen bedacht, dann wandte sich die Begeisterung dem Meister zu und R. Strauss mußte wohl an die 20 mal auf die Bühne."[43]

Die Erstaufführung der *Salome* in Graz war für die Stadt selbst eines der bis heute herausragendsten kulturellen Ereignisse des 20. Jahrhunderts. Für die Rezeptionsgeschichte der Oper war die Aufführung insofern von Bedeutung, als die interessierten Wiener Komponisten, aber auch Gemma Bellincioni die Oper in Graz zum ersten Mal sehen und hören konnten. Eine entscheidende Rolle für den großen internationalen Erfolg spielte die Grazer Aufführung hingegen nicht. Wichtiger war die Aufführung in Breslau, die gezeigt hatte, dass *Salome* auch an einem kleineren Stadttheater aufgeführt werden konnte. Strauss nutzte die Grazer Vorstellungen, um zum ersten Mal sein eigenes Dirigat der Oper auszuprobieren, was aber eine biografische Marginalie war. 1937 erinnerte sich der Komponist schon nicht mehr an die *Salome*-Aufführung an sich, sondern nur an das angenehme Ambiente in Graz.[44]

---

1 Vgl. Irving Kolodin, *The story of the Metropolitan Opera 1883–1950. A candid history*, New York 1953, 212–214; Henry T. Finck, *Richard Strauss. The man and his works*, Boston 1917, 305–308; Montrose J. Moses, *The life of Heinrich Conried*, New York 1916, 307–316.
2 Vgl. z. B. *Salome*, in: Journal des Débats, 29.1.1907, 1; *Le pudeur d'oncle Sam*, in: Le Matin. Derniers télé-grammes de la nuit, 29.1.1907, 3.
3 Vgl. *Pudeur americaine. Les interprètes de « Salomé » arrêtés*, in: Le Matin, 23.5.1907, 3; *Nos echos*, in: La Presse, 25.5.1907, [2]; *Pruderie americaine*, in: L'Aurore, 24.5.1907, 3. Alle Meldungen, auch eine in „Le Temps" vom 24.5.1907 (*Théâtres*, [3]), gehen allerdings auf den telegrafischen Bericht des Korrespondenten von „Le Matin" zurück.
4 Vgl. Michael Kennedy, *Richard Strauss. Man, Musician, Enigma*, Cambridge 1999, 142–144; Chris Walton, *Beneath the Seventh Veil: Richard Strauss's „Salome" and Kaiser Wilhelm II*, in: The Musical Times 146, Nr. 1893, 2005, 19–21; Clemens Höslinger, *„Salome" und ihr österreichisches Schicksal 1905 bis 1918*, in: Österreichische Musikzeitschrift 32, 1977, 300–309.
5 Strauss' *Salome* war in Wien zum ersten Mal 1907 zu sehen, als Fanchette Verhunc mit dem Breslauer Ensemble an der Wiener Volksoper gastierte. An der Wiener Hofoper wurde *Salome* erst 1918 mit Marie Gutheil-Schoder als Salome aufgeführt, an der Wiener Volksoper erfolgte eine erste Eigenproduktion 1911.
6 Ich beziehe mich im Folgenden – auch beim Zitat von Grazer Kritikern – ohne Angabe einzelner Seitenzahlen auf die von Andrea Zedler und mir herausgegebenen Kritiken zur Grazer Erstaufführung und unsere Erläuterungen: Michael Walter – Andrea Zedler, *Kritiken und Berichte zur Grazer Erstaufführung der „Salome"*, in: Andrea Zedler – Michael Walter (Hgg.), *Richard Strauss' Grazer „Salome". Die österreichische Erstaufführung im theater- und sozialgeschichtlichen Kontext*, Wien – Münster 2014 [grazer edition, Bd. 15], 13–119.
7 Hans Liebstoeckl, *„Salome". Bericht über die Aufführung am Grazer Stadttheater*, in: Illustriertes Wiener Extrablatt, 25.5.1906.
8 Zit. nach Kurt Wilhelm – Paul Sessner, *Richard Strauss persönlich. Eine Bildbiographie*, Berlin 1999, 124.
9 Vgl. Karl J. Keppler, *Das Lachen der Frauen. Das Dämonische im Weiblichen. Goethe. Wagner. Thomas Mann*, Würzburg 2005, 165, Anm. 186.
10 Vgl. Annette Hinz-Wessels, *Aloisia Veit – Ein „Euthanasie"-Opfer aus Hitlers Familie*, in: Petra Fuchs – Maike Rotzoll – Ulrich Müller – Paul Richter – Gerrit Hohendorf (Hgg.), *„Das Vergessen der Vernichtung ist Teil der Vernichtung selbst". Lebensgeschichten von Opfern der nationalsozialistischen „Euthanasie"*, Göttingen 2007, 280–283. Der als „Geheime Reichssache" eingestufte Bericht auf http://www.fpp.co.uk/Hitler/

family/idiotische.html (zuletzt 10.1.1915). Widerlegt ist hingegen die Behauptung Hans Franks, Hitler habe über die Grazer Verwandtschaft jüdische Ahnen gehabt.
11 Vgl. dazu Sebastian Werr, *Heroische Weltsicht. Hitler und die Musik*, Köln u. a. 2014.
12 Tagespost, Morgenblatt, 16.5.1906.
13 Neue Freie Presse (Wien), Morgenblatt, 17.5.1906
14 Vgl. *Vom neuen Direktor der Volksoper*, in: Neues 8 Uhr-Blatt, 18.7.1917, 3.
15 Vgl. das Spielplanverzeichnis der Wiener Staatsoper, https://db-staatsoper.die-antwort.eu/search/person/8327 (zuletzt 21.1.2015).
16 Vgl. Artikel *Korb, Jenny*, in: K. J. Kutsch – Leo Riemens, *Großes Sängerlexikon. Elektronische Ausgabe der dritten, erweiterten Auflage*, Berlin 2000.
17 Willi Schuh (Hg.), *Richard Strauss. Betrachtungen und Erinnerungen*, 3. Aufl. Zürich 1981, 225.
18 Brief Strauss' an Pauline Strauss vom 13.5.1906, in: Franz Grasberger (Hg.), *Richard Strauss. Der Strom der Töne trug mich fort. Die Welt um Richard Strauss in Briefen*, Tutzing 1967, 168.
19 Annie Krull trug jedenfalls 1907 in Dresden ein anderes Kostüm, nämlich einen weißen „Hänger" aus normalem Stoff, sowie anderen Schmuck und andere Sandalen. Im Gegensatz dazu trug sie 1906 als Fidelio dasselbe Kostüm wie Wittich in der gleichen Rolle, weil Kostüme für Hosenrollen immer vom Theater gestellt wurden.
20 Im Breslauer Stadttheater war *Salome* schon am 28.2.1906 in Anwesenheit von Strauss, der aber nicht dirigierte, aufgeführt worden; vgl. Maria Zduniak, *Novitäten im Breslauer Stadttheater. Richard Strauss – „Salome" (1906), Claudio Monteverdi – „L'Orfeo" (1913), Ludomir Różycki – „Eros und Psyche" (1917)*, in: Musikgeschichte in Mittel- und Osteuropa 3, 1998, 137–139. Die Rolle der Salome sang die slowenische Sopranistin Fanchette Verhunc (auch Verhunk, eigentlich Franja Verhunc, 1875–1944). Sie trug ein bauchfreies Kostüm, das aus einem mit Schmuck behängten Oberteil und einem knöchellangen Rock bestand. Dies war bereits das Standardkostüm der Salome, wie es sich in den Jahren 1906/07 entwickelte, wobei die Stoffmenge immer weiter reduziert wurde. Vgl. auch Ragnhild Gulrich, *Exotismus in der Oper und seine szenische Realisation (1850–1910). Unter besonderer Berücksichtigung der Münchener Oper*, Anif/Salzburg 1993, 239–241.
21 Vgl. die Abbildungen in Marie-Luise Becker, *Salome-Darstellerinnen auf der modernen Bühne*, in: Bühne und Welt 9, 1907, 439–447.
22 Liebstoeckl 1906 (zit. Anm. 7).
23 Vgl. dazu Oscar Bie, *Richard Strauss' „Salome"*, in: Neue Freie Presse, Abendblatt, 11.12.1905, 3: „Frau Wittich wollte oder sollte nicht selbst tanzen (Ich erzähle hier, was kein Geheimnis mehr ist) und so schob man eine Tänzerin ihr unter, die sehr geschickt und unmerklich an ihre Stelle trat, dieselbe Figur, dasselbe Kostüm. Sie mußte nun recht einfach tanzen, um die Illusion nicht zu stören. Schade – so kam der Tanz um seine Wirkung. Der Tanz war in Dresden nicht gut, er war nicht der Höhepunkt. Eine phantasielose Tänzerin bewegte sich vor einer eiskalten Herodesgesellschaft."
24 Ebenda, 2 f.: „Er [der Dirigent Schuch] beherrschte die Szene. Von Frau Wittich konnte man es nicht sagen. Sie ist nun mal zu bürgerlich für Fräulein Salome. Sie lebt nicht in der Sinnenwelt. Sie gibt sich die größte Mühe, läßt alle ihre dramatischen Kräfte spielen, die ganze Schönheit ihres künstlerischen Gesanges, die uns schon so oft begeisterte und rührte, aber diese Rolle wird bei ihr oft unnatürlich und gewaltsam."
25 Vgl. auch Richard Batka, *Theater und Literatur. „Salome" von Richard Strauß. (Uraufführung am Dresdener Hoftheater)*, in: Prager Tagblatt, 12.12.1905, 7: „Frl. Wittich, die sonst ideale Frauengestalten verkörpert, war natürlich mehr Isolde als Eysoldt, welche letztere unvergleichliche Salomedarstellerin dem Komponisten vorgeschwebt haben dürfte."; sowie Paul Geyer, *Königliches Opernhaus Dresden. Zum ersten Male: „Salome". Drama in einem Aufzuge nach Oskar Wildes gleichnamiger Dichtung in deutscher Uebersetzung von Hedwig Lachmann*, in: Der Reichsbote, 12.12.1905: „Für die Salome mußte die allererste Sängerin gewählt werden, also Frau Wittich. Daß nun diese ausgezeichnete Künstlerin, die sonst Gestalten wie Isolde, Brünnhilde, Leonore zu schaffen hat, der Herodias-Tochter manches schuldig bleiben mußte, ist wohl erklärlich. Als Sängerin bewährte sie sich glänzend."
26 Ernst Decsey, *Stadttheater*, in: Tagespost, Abendblatt, 18.5.1906.
27 Ernst Decsey, *Nachtrag. Stadttheater*, in: Tagespost, Abendblatt, 17.5.1906.
28 Norbert Leonhard, in: Grazer Wahrheit 36, 20.5.1906. Vgl. auch M. M., in: Wiener Abendpost (Beilage zur

Wiener Zeitung), 17.5.1906: „Durch das Medium seiner Musik erscheint auch die Gestalt der Titelheldin in reinerem Lichte: man spürt keine ‚Perversität', man begreift dieses arme Wesen, und bei ihrem ‚Liebestode' mit dem Haupte des Jochanaan geht ein befreiender, erlösender Hauch von der Bühne aus."; sowie Friedrich Hofmann, *Eindrücke von „Salome"*, in: Grazer Tagblatt, Morgenausgabe, 30.5.1906: „Aber dieses Ende und dazu eine Musik im Stile des Liebestodes einer Isolde, das ist, was uns im Sinne des Goethe'schen Spruches das Innere stört."

29 J. Tk., *Salome. Dichtung von Oscar Wilde, Musik von Richard Strauss. (Erste Aufführung in Graz am 16. des Maien i. J. 1906.)*, in: Grazer Wochenblatt, 27.5.1906.

30 Hofmann 1906 (zit. Anm. 28). Geschrieben hatte Hofmann den Text „am Geburtstag Richard Wagners", also am 22. Mai.

31 H. Wilhelm, *Noch einmal „Salome"*, in: Grazer Wochenblatt, 3.6.1906.

32 Julius Schuch, *Graz, im Juli 1906*, in: Musikalisches Wochenblatt 37, Nr. 38, 20.9.1906.

33 Hans Kleindienst, *„Salome" von Richard Strauss. Erstaufführung in Graz am 16. Mai 1906 unter persönlicher Leitung des Komponisten*, in: Grazer Volksblatt, Morgenausgabe, 18.5.1906.

34 Wilhelm Kienzl, *„Salome". Zur Einführung*, in: Tagespost, Morgenblatt, 16.5.1906.

35 „Ich wollte in Salome den braven Johanaan mehr oder minder als Hanswursten componieren: für mich hat so ein Prediger in der Wüste, der sich noch dazu von Heuschrecken nährt, etwas unbeschreiblich komisches. Und nur weil ich die 5 Juden schon persifliert und auch Vater Herodes reichlich karikiert habe, mußte ich mich nach den Geboten des Gegensatzes bei Johanaan auf den 4 Hörner-Schulmeister-Philisterton beschränken." (Willi Schuh [Hg.], *Richard Strauss – Stefan Zweig. Briefwechsel*, Frankfurt 1957, Brief vom 5.5.1935).

36 „Wissen Sie, Johanaan ist ein Schwachkopf. Ich kann diesem Menschenschlag keinerlei Sympathie entgegenbringen. Ich habe ihn zuerst etwas grotesk darstellen wollen." (Maria Hülle-Keeding [Hg.], *Richard Strauss – Romain Rolland. Briefwechsel und Tagebuchnotizen* [Veröffentlichungen der Richard-Strauss-Gesellschaft, Bd. 13], Berlin 1994, 186, Tagebucheintrag Rollands vom 22.5.1907.)

37 Wilhelm Kienzl, *„Salome". Drama in einem Aufzuge nach Oscar Wildes gleichnamiger Dichtung von Hedwig Lachmann. Musik von Richard Strauss. – Erste Aufführung am Grazer Stadttheater am 16. Mai 1906*, in: Grazer Tagblatt, Morgenausgabe, 18.5.1906.

38 Wilhelm Kienzl, *„Salome". Drama in einem Aufzuge nach Oscar Wildes gleichnamiger Dichtung von Hedwig Lachmann. Musik von Richard Strauss. – Erste Aufführung am Grazer Stadttheater am 16. Mai 1906. (Schluß.)*, in: Grazer Tagblatt, Abendausgabe, 18.5.1906.

39 V. P., *„Salome". Von Richard Strauss*, in: Grazer Montags-Zeitung, 21.5.1906. Vgl. auch Leonhard 1906 (zit. Anm. 28): „heilige Würde".

40 J. Tk. 1906 (zit. Anm. 29).

41 [Peter Rosegger], *Am 19. Mai 1906*, in: Heimgarten 30, 19.5.1906, 786.

42 Vgl. zu Dresden: *"Salomè"[,] la nuova opera die Riccardo Strauss. (Per Lettera al Corriere della Sera)*, in: Corriere della Sera, 14.12.1905 ("Al calare della teal, dopo il solo atto di cui l'opera si compone, il pubblico e rimastò per qualche tempo in silenzio come se non sapesse che decidere, poi ha cominciato ad applaudire e infine si è accalorato tanto che il successo e stato molto rumoroso."); sowie Max Marschalk, *Feuilleton. Strauß' „Salome"*, in: Die Zeit, 12.12.1905: „Die Aufnahme, die das Werk fand, war sehr bemerkenswert: wie festgebannt verharrte, nachdem der Vorhang gefallen war, das Publikum auf seinen Plätzen. Es regte sich zuerst kein Beifall, nicht weil man etwa aus seelischer Anteilnahme lauten Demonstrationen abgeneigt war, sondern ganz offenbar, weil man nicht wußte, wie man sich zu dem fremdartigen Werk zu stellen habe. Man wäre ruhig auseinandergegangen und hätte weidlich räsoniert, wenn nicht eben Strauß der Autor der Musik gewesen wäre. So klatschte man sich allmählich in eine sehr respektvolle äußere Begeisterung hinein, und Strauß und Schuch, die vielmals mit den Sängern und Sängerinnen erschienen, konnten den Eindruck gewinnen, einen großen Sieg davongetragen zu haben."

43 Leonhard 1906 (zit. Anm. 28).

44 Vgl. Walter – Zedler 2014 (zit. Anm. 6), 29.

Der genialen Darstellerin
    der Klytämnestra in Wien
Frl. von Mildenburg
zu freundlicher Erinnerung
    an ihren größten Bewunderer.
Der dankbare Componist der Elektra.
    Richard Strauss.
Garmisch, 7. Mai 1909.

Richard Strauss, Skizzenbuch zu *Elektra*, Widmung für Anna Bahr-Mildenburg, 7.5.1909. Theatermuseum

Bühnenkostüm und Klavierauszug als Charakterstudien:
Überlegungen zu Anna Bahr-Mildenburg als Klytämnestra in Richard Strauss' Elektra

Karin Martensen, Hannover

Als die *Elektra* am 24. März 1909 in Wien erstmals aufgeführt wurde, hatte Anna Bahr-Mildenburg (1872–1947) die Rolle der Klytämnestra übernommen. Mit ihrer Darstellung konnte sie, auch bei späteren Aufführungen in ganz Europa[1], große Erfolge verbuchen. In einer Rezension von Richard Specht in der Zeitschrift „Die Musik" hieß es etwa: „Die Mildenburg ist als Klytämnestra von grauenvoller tragischer Gewalt, einem beklemmenden Phantom gleich, von bösen Träumen gejagt, von tückischer Angst geschüttelt; ihre Schritte, die wie unter blutiger Last taumeln, ihre tastenden Hände, die nicht fassen können, was sie greifen wollen, ihre schweren Lider, auf denen die Müdigkeiten eines verwüsteten, grausamen Lebens lagern – eine Gestalt, wie sie die Opernbühne vor dieser großen Künstlerin kaum geahnt hat."[2]

Auch Hugo von Hofmannsthal war von der Darstellungsweise der Künstlerin begeistert. In einem Brief an sie vom 19. März 1909 schreibt er über die Generalprobe der *Elektra*[3]: „Verehrtes gnädiges Fräulein, ich hatte heute auf der Probe von dieser Gestalt der Klytämnestra einen so tief erregenden und unerwarteten Eindruck – auf einmal fing diese Sache, die mich angeht und nicht angeht, dieses alte erstarrte Gedicht in so merkwürdiger Weise wieder vor meinen Augen zu existieren an, nachdem es mir in Dresden und Berlin[4] nicht um einen halben Kreuzer Eindruck gemacht hatte – ich bin Ihnen jedenfalls persönlich sehr dankbar und hoffe, Sie finden es nicht zu unbescheiden, dass ich diesen directen Weg gewählt habe, um es auszudrücken. […] In großer Verehrung Ihr ergebener Hofmannsthal."[5]

Mit der Partie der Klytämnestra nahm Bahr-Mildenburg im Jahre 1916 ihren Abschied von der Bühne der Wiener Hofoper, der sie seit dem Sommer 1898 angehört hatte. Nach dem Ende des Ersten Weltkrieges war sie nur noch sporadisch Gast an der Staatsoper (wie die Hofoper seitdem hieß), und zwar vor allem als Klytämnestra. Ebenfalls mit dieser Rolle nahm die Künstlerin 1931 bei den Augsburger Opernfestspielen schließlich ihren endgültigen Abschied vom öffentlichen Bühnenleben.[6]

Es gibt jedoch kaum direkte Äußerungen Bahr-Mildenburgs darüber, welche Intentionen sie mit ihrer Klytämnestra verfolgte, was sie also mit Hilfe von Stimme, Kostüm und Gestik auf der Bühne über diese Figur ausdrücken wollte. Einer kurzen Tagebuchnotiz ist lediglich zu entnehmen, dass es ihr um die Darstellung eines „gepeinigten, gefolterten Weibes" gegangen ist.[7] Eine umso deutlichere Sprache sprechen die überlieferten Bühnenkostüme, die die Künstlerin in der Rolle der Klytämnestra getragen hat, und vor allem der von ihr mit handschriftlichen Eintragungen versehene Klavierauszug der *Elektra*.[8] Diesen hat Bahr-Mildenburg so überreich mit emotionalen Anweisungen und Bewegungsvorschriften für die Klytämnestra versehen, dass daraus geradezu ein Charakterbild für diese Figur entsteht.

Die Wiener *Elektra*-Aufführung

Meine nachfolgenden Überlegungen werden sich daher mit den erhaltenen Bühnenfotos sowie mit dem Klavierauszug der Künstlerin beschäftigen und diese im Zusammenhang mit der Wiener Erstaufführung der *Elektra* im März 1909 erläutern. Bevor ich inhaltlich darauf eingehe, seien kurz die Umstände der Wiener *Elektra*-Aufführung skizziert:

Strauss und Hofmannsthal hatten im Vorfeld dieser Aufführung (und natürlich auch schon anlässlich der Uraufführung des Werkes im Januar 1909 in Dresden) dafür gesorgt, dass ein Klavierauszug erstellt wurde, der den jeweiligen Sängerinnen und Sängern zur Vorbereitung zur Verfügung stand. Auf diese Weise sollte die Qualität der Aufführung ihres gemeinsam erarbeiteten Werkes sichergestellt werden. Dieses Vorgehen ist dann auch für den *Rosenkavalier* nachweisbar, wie ebenso für später entstandene Werke. In einem Brief vom 12. Oktober 1910 schreibt der Librettist über seine Absicht, gemeinsam mit Alfred Roller einen Regieklavierauszug für den *Rosenkavalier* einzurichten, dass darin eine „absolute Übereinstimmung der Gebärde und des Schritts mit der Musik" erreicht werden müsse, anderenfalls sei „das Regiebuch eine zwecklose, dilettantische Sache". Gemeinsam mit Roller wolle er jedoch ein Regiebuch vorlegen, „an dessen Hand der trottelhafteste Provinzopernregisseur eigentlich kaum eine Stellung oder Nuance verfehlen kann".[9]

Auch für die *Elektra* gab es einen Regieklavierauszug[10], doch fühlten sich die Beteiligten daran offenbar nicht gänzlich gebunden. Hofmannsthal merkt nämlich im vorgenannten Brief kritisch an: „Wie unerlässlich es ist, mit Roller in dieser Musik alles festzulegen (auch wenn wir künftig wieder etwas zusammen machen), ergab sich mir neulich im Prinzregententheater beim Anblick der wahrhaft schrecklichen Ausstattung der ‚Elektra' im Geist eines Konditors."[11] – Darstellungs- und Bewegungsanweisungen für die Darstellerinnen und Darsteller waren in Partitur und Klavierauszug der *Elektra* nur rudimentär vorhanden. Das Autorenteam ging offenbar davon aus, dass dies für eine Erarbeitung der Figuren ausreichend sei, die getrost in die Hände der jeweils verpflichteten Sänger und Sängerinnen gelegt werden könne. Hierfür konnten sie sich auf eine seit langer Zeit bestehende Tradition an den europäischen Opernbühnen berufen, wonach angehende Sängerinnen und Sänger eine umfassende Ausbildung in der vokalen Verzierungspraxis erhielten.[12] Diese Ausbildungspraxis blieb – insbesondere in Koloratursopran-Partien – bis weit in die erste Hälfte des 20. Jahrhunderts hinein üblich und gehörte daher in dieser Zeit zum Kernbestand des Gesangsunterrichts.[13] Auf diese Weise wurden die Sängerinnen und Sängern in die Position versetzt, hinsichtlich der Interpretation einer Opernfigur auch die Verantwortung für deren Gestaltung zu übernehmen.[14]

Um sich dennoch einen Zugriff auf die Durchführung der Inszenierung zu sichern, machte Strauss in Dresden und Wien seinen Einfluss auf die Besetzung geltend und konnte für Wien erreichen, dass die Rolle der Klytämnestra mit der seinerzeit berühmten hochdramatischen Sängerin Anna Bahr-Mildenburg besetzt wurde. Wie aus der erhaltenen Korrespondenz hervorgeht, kam sie seinen Vorstellungen von dramatischer Leiblichkeit auf der Bühne offenbar besonders entgegen.[15]

Ferner suchte das Autorenteam seinen Einfluss auf die Inszenierung durch persönliche Anwesenheit im Vorfeld der Aufführung zu sichern. In Wien traf Hofmannsthal aber erst zehn Tage vor der Aufführung ein, Strauss noch deutlich später. Offenbar ging der Komponist davon aus, dass dies ausreichend sei und dass bei dieser Gelegenheit mit den Sängern und Sängerinnen auf den Ausdruck hin studiert werden könne.[16] Alles übrige wollte er vermutlich, wie dies bei anderen Einstudierungen auch geschah, Regisseur und Dirigenten vor Ort überlassen.[17] – Freilich hatte das Autorenteam der örtlichen Regie offenbar schon bei der Uraufführung der *Elektra* in Dresden am 25. Januar 1909 nicht allzu viel zugetraut. So schrieb Strauss am 2. November 1908 an Hofmannsthal: „Die Regieverhältnisse sind dort [in Dresden] nicht die allerersten, und es wäre sehr wünschenswert, daß Sie bei den Arrangierproben des Werkes, die ungefähr Mitte Januar, etwa vom 10. ab, stattfinden, persönlich dort nach dem Rechten sehen könnten."[18]

Welchen Grund Strauss für seine Befürchtungen hatte, kann hier nicht aufgeklärt werden. Offensichtlich spielte der Regisseur bei der Realisierung eines Werks noch keine herausragende Rolle. Vielmehr entwickelte sich dieser Berufszweig erst mit Beginn des 20. Jahrhunderts zur künstlerisch inspirierenden und ordnenden Instanz. Im Vergleich zu Frankreich vollzogen sich diese Erneuerungen im deutschsprachigen Raum deutlich später; hier genoss der Darsteller gegenüber dem Regisseur, wie Martin Knust schreibt, „noch recht lange eine ziemlich große Autonomie".[19]

Letztlich führten alle diese Umstände dazu, dass die Arbeit an den Opernfiguren durch die Sänger und Sängerinnen allein geleistet werden musste. Freilich war es mit der musikalischen Erarbeitung nicht getan. Was Strauss von seinen Sängern erwartete, geht aus einem Brief an Hofmannsthal vom 4. Mai 1909 hervor, den er seinem Librettisten über die Fertigstellung des *Rosenkavalier* schrieb: „[...] Alle Figuren sind famos, scharf gezeichnet, brauche leider wieder sehr gute Schauspieler, mit den gewöhnlichen Opernsängern geht's schon wieder nicht."[20] – „Schon wieder nicht", das bezog sich auf die *Elektra*. Auch hier also, so wollte Strauss sagen, war es seiner Ansicht nach nicht ausreichend, wenn die Ausführenden lediglich über gute gesangliche Fähigkeiten verfügten. Vielmehr hielt er es für erforderlich, dass die Sängerinnen und Sänger ebenso über hervorragende darstellerische Fähigkeiten verfügen müssten. Daher kamen seiner Ansicht nach „gewöhnliche Opernsänger" für die Ausführung der *Elektra* nicht infrage. Strauss nahm damit Bezug auf eine Darstellungsästhetik, die sich seit der Jahrhundertwende auf den europäischen Bühnen mehr und mehr durchzusetzen begann. Dazu gehörte, dass Sänger und Sängerinnen den Charakter der darzustellenden Person durch Gestik ausdrücken sollten. Dies war der Fall, weil der leiblich-lebendigen

Menschendarstellung auf der Bühne mehr und mehr Gewicht zukam, die auch eine veränderte Haltung zur Körperlichkeit des Darstellers bzw. Sängers nach sich zog. Dass es hier zu Modifikationen kam, hatte mit Veränderungen im ästhetischen Selbstverständnis der Sängerinnen und Sänger auf der Opernbühne zu tun und ebenso mit Veränderungen im Ausbildungssystem, die sich jedoch allesamt in Deutschland nur sehr langsam durchsetzten.[21]

Einblicke in Klavierauszug und Bühnenfotos

Im Hinblick auf die *Elektra* bedeutete dies, dass auch die dramatische Darstellung einer Figur mangels entsprechender Angaben im Klavierauszug von den Sängern selbst einstudiert werden musste. Es verwundert daher nicht, dass Anna Bahr-Mildenburg die Figur der Klytämnestra so gestaltete, wie sie es selbst für richtig hielt.[22] Handschriftliche Notizen der Künstlerin über diesen Prozess finden sich in ihrem Klavierauszug. Fügt man diese persönlichen Anmerkungen über die Interpretation der Klytämnestra montageartig aneinander, entsteht das Bild einer Frau, die zwischen Wut und Verzweiflung hin- und hergerissen ist. Dies mag an folgenden Beispielen deutlich werden:

Den Satz „bin ich lebendigen Leibs wie ein wüstes Gefild" etwa soll Klytämnestra „verzweifelt" singen und dabei die Arme auseinanderbreiten „wie: seht mich an". Dass diese Verzweiflung bei Klytämnestra geradezu albtraumhafte Züge angenommen hat, verdeutlicht die Anmerkung Bahr-Mildenburgs zu den Worten „[ich will nicht mehr hören:] das ist wahr und das ist Lüge"; dort notierte sie im Klavierauszug: „verblödet nach beiden Seiten Hände fallen lassen" – wobei ich annehme, dass mit „verblödet" nicht „dumm", sondern „geisteskrank" gemeint ist.[23]

Nur angedeutet sei hier, dass sich Bahr-Mildenburg in ihren Interpretationsnotizen auch mit der psychischen Befindlichkeit der Klytämnestra beschäftigt hat. Besonders bemerkenswert ist die Musik- und Textausdeutung der Sängerin in der Szene zwischen Elektra und Klytämnestra, in der letztere von ihren furchtbaren Träumen erzählt:

Bereits die erste Frage, die Klytämnestra an Elektra richtet („Weißt du kein Mittel gegen Träume") ist nur vordergründig freundlich; die Musik mit ihren überaus

Klavierauszug *Elektra*, mit Anmerkungen von Anna Bahr-Mildenburg. Österreichische Nationalbibliothek, Musiksammlung, MS 67375-4°, S. 62

vieldeutigen Akkorden (zwei Takte nach Ziffer 178) deutet hingegen an, dass es natürlich keine angenehmen Träume sein werden, von denen dann im Anschluss die Rede ist. Bahr-Mildenburg notiert zu diesen beiden Takten: „lächeln wollen, aber dabei schaudern".[24] – Auch in den Worten Klytämnestras an Elektra „du könntest vieles sagen, was mir nützt" hört die Sängerin anscheinend musikalische Untertöne, die mutmaßlich der ‚befremdlichen' Phrase des ersten Horns zwei Takte vor Ziffer 185 entspringen, mit der die zuvor ‚rauschhafte' Musik abbricht. Ihre Anweisung an Klytämnestra zu diesen Worten lautet, dass sie „schläfrig und blöd" klingen müssten (wobei ich „blöd" wiederum mit „wahnhaft-krank" gleichsetze).[25]

Zudem lässt sich zeigen, dass Anna Bahr-Mildenburg ihre Interpretation der Klytämnestra offenbar durch ihr Bühnenkostüm unterstreichen konnte. In einem Brief an Harry Graf Kessler vom 26. März 1909 äußerte sich Hugo von Hofmannsthal geradezu enthusiastisch nicht nur über die Darstellungsweise der Künstlerin, sondern auch über das von ihr getragene Kostüm: „Es ist nur ein schwacher Ausdruck, wenn ich sage, daß die Aufführung hier turmhoch über der Berliner, und auch über der Dresdner stand. [...] Die Mildenburg als Klytämnästra [sic], in einem unvergleichlichen Knossosgewand von der wundervollsten Scharlachfarbe, zwei weite Hosen, der Oberleib schwimmend von den ruhelosen Talismanen, eine 6 Meter lange Schleppe immer nachjagend, wenn sie von Angst gepeitscht die finstere Treppe hinab und hinunterjagt – ihr Abgang ein Losstürzen auf Elektra als wäre sie ein Meerungeheuer, getragen von einer Welle von Menschenleibern[...]–dasisteineder schönsten Pantomimen, die ich je auf dem Theater gesehen oder zu sehen hoffe."[26]

Vergleicht man jedoch das von Hofmannsthal beschriebene Kostüm mit verschiedenen Fotos, die die Sängerin als Klytämnestra zeigen, so erweis sich, dass von „zwei weiten Hosen", wie Hofmannsthal sie beschreibt, keine Rede sein kann: Bahr-Mildenburg trägt, wie auf verschiedenen Fotos zu sehen ist[27], überall ein langes Kleid mit Schleppe. Sehr deutlich wird an diesen Beispielen, dass Bühnenkostüme Gebrauchsgegenstände waren und sind,

Anna Bahr-Mildenburg als Klytämnestra in *Elektra*. Foto: Victor Angerer, Wien. Theatermuseum

die über einen langen Zeitraum verwendet und immer wieder abgeändert wurden. Nur in ganz seltenen Fällen sieht ein Kostüm am Ende seiner Verwendungszeit noch so aus, wie es auf den ursprünglichen Fotos zu sehen ist.

Inspirationsquellen?

Rat und vielleicht auch Inspiration erhoffte sich Bahr-Mildenburg hinsichtlich der Gestaltung der Figur der Klytämnestra vom Komponisten selbst. Daher versuchte sie, sich im Vorfeld der Aufführung mit Strauss diesbezüglich in Verbindung zu setzen. Aus Briefen, die die Künstlerin ihrem Ehemann Hermann Bahr schrieb[28], lässt sich jedoch schließen, dass sie die Arbeit an der Figur ganz alleine leistete und dass mit Strauss hierüber kein Gespräch zustande kam. Am 16. Februar 1909 etwa berichtet Bahr-Mildenburg ihrem Mann über die Einstudierung der Rolle folgendes: „Ich kann sie übrigens schon ganz auswendig u. Strauss wird schon einen Eindruck bekommen – wenn auch natürlich noch Vieles unfertig und ungewiss, undeutlich in der Farbe ist." (AM33583BaM) Daraus kann man schließen, dass die Künstlerin der persönlichen Zusammenarbeit mit dem Komponisten sehnsüchtig entgegen sah, um im Gespräch eine endgültige Vorstellung von der Rolle zu erhalten.

Doch dieses Vorhaben scheiterte. Am 19. Februar schreibt sie ihrem Mann: „Wir probierten also mit Strauss! […] Ob ihm meine Klytämnestra recht ist, hab ich eigentlich nicht herausgebracht. Fast hab ich das Gefühl, dass er mehr od. Anderes erwartet hat. Meine Leistung ist ja noch total unfertig u. dann glaube ich, dass ich ihm zu wenig verblödet u. krankhaft die Rolle auffasse. Wenn er mich auf der Bühne sehen würde – mit allem, was drum u. dran ist, würde er mir ganz sicher recht geben und mich verstehen. Leider kommt er nicht zur Aufführung, weil er in Italien ist." (AM33586BaM). Es ist nicht ganz klar, ob hier vor allem Selbstzweifel aus den Äußerungen der Künstlerin sprechen oder ob sie mit Strauss zu diesem Zeitpunkt tatsächlich keine konkreten Vereinbarungen über die Umsetzung der Klytämnestra treffen konnte. Jedenfalls scheint es auch in einem weiteren Gespräch zwischen Sängerin und Komponist nicht um Details der Klytämnestra-Figur gegangen zu sein. Am 19. Februar trafen sich die beiden bei einer Abendgesellschaft. Am nächsten Tag schreibt Bahr-Mildenburg an ihren Mann: „Ich sprach noch mit Strauss viel über Elektra. Er nimmt Reichenberger[29] gegen alle kleinen u. grossen Angriffe sehr in Schutz und ist überhaupt sehr vorsichtig. Hat natürlich recht, denn was soll er denn jetzt auch machen." (AM33587BaM).

Damit wird angedeutet, dass über die praktischen Fragen der Inszenierung gesprochen wurde, aber nicht über Details der Figurengestaltung. Hierzu sei auch der folgende undatierte Brief der Künstlerin herangezogen, den sie ihrem Mann noch vor dem Eintreffen des Komponisten in Wien schrieb: „Ich selbst bin auch so schwankend, denn ich bekomme ja gar keine richtige Vorstellung von dem Werk. So ists entsetzlich. Wenn doch Strauss käme. Da wäre sicher gleich alles anders! Ich hatte schon die Idee, ihm aus meiner Noth zu telegraphieren." (AM33592BaM).

Zu einem Telegramm ist es aber nicht gekommen; mir ist bis jetzt sogar überhaupt keine Korrespondenz zwischen Strauss und der Künstlerin aus der Zeit der Wiener Erstaufführung der *Elektra* bekannt.[30] Selbst nach der öffentlichen Generalprobe am 22. März, die für Bahr-Mildenburg ein großer Erfolg war, ist die Rolle der Klytämnestra für sie offenbar noch immer klärungsbedürftig: „Strauss kommt u. der soll einen vollen Eindruck haben, wenn ich die Kl. darstelle. Ich gestalte sie mir innerlich immer mehr aus u. die Figur klärt sich in mir immer mehr." (AM33597BaM).

Fazit

Die Arbeit an der Figur der Klytämnestra leistete die Sängerin also auf der Grundlage ihrer Notizen im Klavierauszug ganz allein. Hinweise des Komponisten, was in der Partitur möglicherweise in Bezug auf die gestische Ausgestaltung zu ‚entdecken' sei, bekam sie nicht.

Der Klavierauszug Anna Bahr-Mildenburgs zur *Elektra* ist letztlich aus vielerlei Gründen von hohem theatergeschichtlichen Wert: Er reflektiert die fortschrittlichen Bestrebungen hinsichtlich der gestischen Ausgestaltung der Figuren, die seit der Jahrhundertwende auf der Bühne Raum gewannen, und zeigt die Künstlerin als Fahnenträgerin dieser neuen Denkungsart. Sie entsprach damit zugleich den Vorstellungen des Komponisten, der sich nicht „gewöhnliche Opernsänger" für seine Werke wünschte, sondern – wie man heute sagen würde – Sängerdarsteller.

---

1 Die Londoner Premiere der *Elektra* fand mit Anna Bahr-Mildenburg als Klytämnestra am 19. Februar 1910 im Royal Opera House Convent Garden statt. Über den enormen Erfolg berichtete die Wiener „Neue Freie Presse" (mit Bezug auf die Berichterstattung in englischen Zeitungen) gleich zwei Mal in Superlativen: „das größte musikalische Ereignis Englands seit vielen Jahren" (NFP, 20.2.1910, 15); „ein Theaterereignis ersten Ranges", es sei „noch niemals ein so schrankenloser Enthusiasmus" erlebt worden (NFP, 24.2.1910, 10). Die Sängerin selbst berichtet über dieses Ereignis in ihren *Erinnerungen* („Londoner Erinnerungen", in: Anna Bahr-Mildenburg, *Erinnerungen*, Wien 1921, 159–168) sowie in der NFP vom 16.4.1911, 17 f.
2 Richard Specht, in: Die Musik, 2. Aprilheft, 1908/09, 112.
3 Elsbeth Dangel-Pelloquin (Hg.), *Hugo und Gerty von Hofmannsthal – Hermann Bahr: Briefwechsel. 1891–1934*, 2 Bde., Göttingen 2013, 311.
4 Gemeint ist die Uraufführung der *Elektra* in Dresden am 25. Januar 1909 und eine Folgeaufführung an der Berliner Hofoper am 15. Februar 1909.
5 Anna Bahr-Mildenburg antwortete auf diesen Brief Ende März 1909 wie folgt: „Sehr geehrter Herr v. Hofmannsthal! Ihre Worte über meine Klytemnästra [sic] haben mich so gefreut! Wenn ich Ihnen das auch erst heut sage. Haben Sie herzlichen Dank dafür. Konnten Sie mir Besseres sagen, als dass *meine* Klytemnästra die Ihre ist! Seien Sie bestens gegrüßt von Ihrer verehrungsvoll ergebenen Anna von Mildenburg" (Dangel-Pelloquin 2013, zit. Anm. 3, 311).
6 Vgl. zu diesen biografischen Angaben Franz Willnauer, *Gustav Mahler. „Mein lieber Trotzkopf, meine süße Mohnblume". Briefe an Anna von Mildenburg*, Wien 2006, bes. 419 ff.
7 Mit Ausnahme der Jahre 1890 bis einschließlich 1903, die nach dem jetzigen Stand der Forschung verloren sind, befinden sich die Tagebücher bei ihrem Nachlass im Theatermuseum in Wien (Kartons 78 bis 82). In diesen Tagebüchern, die Bahr-Mildenburg sämtlich handschriftlich geführt hat (zum Teil in Form

einer Vielzahl dicht beschriebener Schreibhefte im Format DIN-A5 – oft mehrere Hefte pro Jahr –, zum Teil stichwortartig in Taschenkalendern), schildert sie nicht nur Begebenheiten und Begegnungen ihres Privatlebens, sondern beobachtet auch genau die Ereignisse, die sich in ihrer Umgebung abspielten. Ferner nimmt sie ausführlich Stellung zu Erlebnissen ihrer Berufsbiografie. Ein weiteres Tagebuch Bahr-Mildenburgs aus dem Jahr 1911 befindet sich (ohne Sign.) im Archiv des Forschungsinstituts für Musiktheater (fimt) in Schloss Thurnau.

8   Dieser Klavierauszug befindet sich heute in der Österreichischen Nationalbibliothek Wien (Sign. M.S. 67375); eine Kopie der Szenen, in denen die Klytämnestra auftritt, wurde mir freundlicherweise zur Verfügung gestellt.

9   Alle vorstehenden Zitate: Willi Schuh (Hg.), *Richard Strauss – Hugo von Hofmannsthal. Briefwechsel*, München 1990, 105 f.

10 Regie-Exemplare des *Elektra*-Klavierauszugs gab es definitiv schon zu den Erstaufführungen. Das Exemplar der Erstaufführung in München (Februar 1909) liegt in der Bayerischen Staatsbibliothek (Sign. St.th. 1354). Ein weiterer Klavierauszug mit Einzeichnungen von Ernestine Schumann-Heink, die im Zusammenhang mit der Dresdener Uraufführung entstanden, befindet sich in den USA. Für diese Mitteilungen bedanke ich mich herzlich bei Herrn Dr. Alexander Erhard, wiss. Mitarbeiter bei der laufenden kritischen Ausgabe der Werke von Richard Strauss an der LMU München. – Ein Aufsatz, der die Klavierauszüge von Bahr-Mildenburg und Schumann-Heink sowie die Arbeit der beiden Künstlerinnen an der Rolle der Klytämnestra vergleichend in den Blick nehmen wird, befindet sich in Vorbereitung.

11 Schuh 1990 (zit. Anm. 9), 105 f.

12 Die Praxis des Gesangsunterrichts, der auf eine Tätigkeit als Opernsänger bzw. -sängerin vorbereiten sollte, ist in vielen Einzelheiten noch nicht erforscht. Vgl. zu diesem Thema z. B. Susan Rutherford, *The Prima Donna and Opera, 1815–1930*, Cambridge 2006; Dörte Schmidt, *Die Diva als Interpretin oder Warum Sophie Arnould das ‚Kleid' nicht wollte, das Gluck ihr anbot*, in: Daniel Brandenburg – Thomas Seedorf (Hgg.), ‚*Per ben vestir la virtuosa'. Die Oper des 18. und frühen 19. Jahrhunderts im Spannungsfeld zwischen Komponisten und Sängern* (Forum Musikwissenschaft, Bd. 6), Schliengen 2011, 113–129; Rebecca Grotjahn – Dörte Schmidt – Thomas Seedorf (Hgg.), *Diva – Die Inszenierung der übermenschlichen Frau. Interdisziplinäre Untersuchungen zu einem kulturellen Phänomen des 19. und 20. Jahrhunderts*, Schliengen 2011; Rebecca Grotjahn, *Stimmbesitzer und Sängerdarsteller. Die Inszenierung des Singens auf der Musiktheater-Bühne in den ersten Jahrzehnten des 20. Jahrhunderts*, in: Frankfurter Zeitschrift für Musikwissenschaft 14, 2011, 1–25; Thomas Seedorf, Art. *Singen*, in: *Die Musik in Geschichte und Gegenwart*, 2. Aufl. Kassel – Stuttgart 1994–1999, Sachteil Bd. 8, Sp. 1427 ff., bes. Sp. 1442 ff.; Thomas Seedorf (Hg.), *Gesang* (MGG prisma), Kassel u. a. 2001; Mary Simonson, *Screening the Diva*, in: Rachel Cowgill – Hilary Poriss (Hgg.), *The Arts of the Prima Donna in the Long Nineteenth Century*, Oxford 2012, 83–100.

13 Grotjahn 2011 (*Stimmbesitzer*, zit. Anm. 12), 12.

14 Vgl. ebenda, 3 ff., bes. 9 ff.

15 Aus der Korrespondenz zwischen Strauss und Ernst von Schuch wird deutlich, dass Strauss für die Hauptrolle die „aller hochdramatischste Sängerin" haben wollte, über die Schuch in Dresden verfügte (vgl. Gabriella Hanke Knaus (Hg.), *Richard Strauss – Ernst von Schuch: Ein Briefwechsel* [Veröffentlichungen der Richard-Strauss-Gesellschaft, Bd. 16], Berlin 1999, 117; hier: Brief an Schuch vom 11.9.1908). Auch aus anderen Briefen zwischen Strauss und Schuch geht hervor, dass der Komponist die Sänger und Sängerinnen seiner Uraufführungen so weit wie möglich selbst bestimmte und stets auch nach ihren dramatischen Fähigkeiten aussuchte.

16 Vgl. dazu den Brief von Strauss an Schuch vom 15. November 1910, in dem es um Strauss' Anwesenheit in Dresden für eine Probe des *Rosenkavalier* ging, dessen Uraufführung am 26. Januar 1911 stattfand: „Aller Voraussicht nach werde ich am 11. Dezember Abends 7 Uhr in Dresden ankommen und kann bis 12. Dezember abends da bleiben, natürlich wenn ich in diesen 2 Tagen eine vollständige Klavierprobe des Rosencavalier anhören kann. Ich darf wohl annehmen, daß der I u. II. Akt bis dahin bereits auswendig u. d. III. Akt von Noten wenigstens so correkt gesungen werden kann, daß man mit den Sängern bereits auf den Ausdruck hin studieren kann. Sonst nämlich hat meine Anwesenheit keinen Zweck." (Hanke Knaus 1999, zit. Anm. 15, 161.) – Für den 16. Januar 1911 kündigte Strauss sein abermaliges Kommen an (ebenda, 172). Folglich kann man wohl davon ausgehen, dass eine so intensive Betreuung nur Uraufführungen zugute

kam und sich die Beteiligten von Folgeaufführungen so gut wie möglich selbst helfen mussten.
17 Für den *Rosenkavalier* ist davon die Rede, dass Strauss mit Ausnahme der o.g. Probe die Arrangierproben Max Reinhardt, Hugo von Hofmannsthal und Alfred Roller überlassen wollte (Hanke Knaus 1999, zit. Anm. 15, 165).
18 Schuh 1990 (zit. Anm. 9), 52.
19 Martin Knust, *Die Bühnengestik im 19. Jahrhundert. Quellen und Ansätze einer szenisch-musikalischen Rekonstruktion*, in: Musiktheorie 26, H. 4, 325–344, hier 340. Als Beleg führt Knust u. a. die Schriften von Richard Wagner und Eduard Devrient an, die dort „beständig gegen das von ihnen so genannte schauspielerische ‚Virtuosentum' [gewettert]" hätten. – Vgl. zum Thema auch: Arne Langer, *Der Regisseur und die Aufzeichnungspraxis der Opernregie im 19. Jahrhundert*, Frankfurt 1997.
20 Schuh 1990 (zit. Anm. 9), 59.
21 Vgl. die in Anm. 12 genannte Literatur.
22 Wie sich die Künstlerin in dem oben nur kursorisch angerissenen ästhetischen Diskurs positionierte und wie sie praktisch arbeitete, habe ich in meiner Dissertation anhand ihrer Regiebücher zu Richard Wagners *Ring des Nibelungen* dargestellt (Karin Martensen, *Die Frau führt Regie. Anna Bahr-Mildenburg als Regisseurin des Ring des Nibelungen. Mit einem Anhang: Regiebücher zu Walküre, Siegfried und Götterdämmerung* [Beiträge zur Kulturgeschichte der Musik, Bd. 7, hg. von Rebecca Grotjahn], München 2013).
23 Vgl. Klavierauszug *Elektra*, S. 71.
24 Vgl. Klavierauszug *Elektra*, S. 77.
25 Vgl. Klavierauszug *Elektra*, S. 80.
26 Hilde Burger (Hg.), *Hugo von Hofmannsthal – Harry Graf Kessler. Briefwechsel 1898–1929*, Frankfurt 1968, 215 f., zit. nach Dangel-Pelloquin 2013 (zit. Anm. 3), Bd. 2, 688.
27 Vgl. dazu die Abbildung in: Joseph Gregor (Hg.), *Meister und Meisterbriefe um Hermann Bahr. Aus seinen Entwürfen, Tagebüchern und seinem Briefwechsel mit Richard Strauss, Hugo von Hofmannsthal, Max Reinhardt, Josef Kainz, Eleonore Duse und Anna von Mildenburg*, Wien 1947, nach S. 96. Ein weiteres Rollenfoto findet sich etwa bei Dangel-Pelloquin 2013 (zit. Anm. 3), Bd. 2, 473. Ferner ist ein Bühnenkostüm abgebildet in: Ulrike Dembski (Hg.), *Verkleiden – Verwandeln – Verführen. Bühnenkostüme aus der Sammlung des Österreichischen Theatermuseums*, Wien 2011, 99.
28 Vgl. hierzu: Theatermuseum, Wien, Nachlass Anna Bahr-Mildenburg, Karton 46 (Briefe Anna Bahr-Mildenburg an Hermann Bahr der Jahre 1908–1910).
29 Gemeint ist der Dirigent der Wiener Aufführung, Hugo Reichenberger.
30 Nach meinen Feststellungen datieren die im Wiener Nachlass der Künstlerin befindlichen Briefe von Strauss sämtlich erst nach der Wiener Aufführung (vgl. Theatermuseum, Wien, Karton 27, Korrespondenz Sti bis Sz). Im Richard-Strauss-Archiv in Garmisch gibt es aus dieser Zeit ebenfalls keine Korrespondenz; die dort vorhandenen Briefe der Sängerin beschränken sich auf die 1930er Jahre (für diese Mitteilung bedanke ich mich herzlich bei Herrn Dr. Jürgen May, Richard-Strauss-Institut, Garmisch-Partenkirchen).

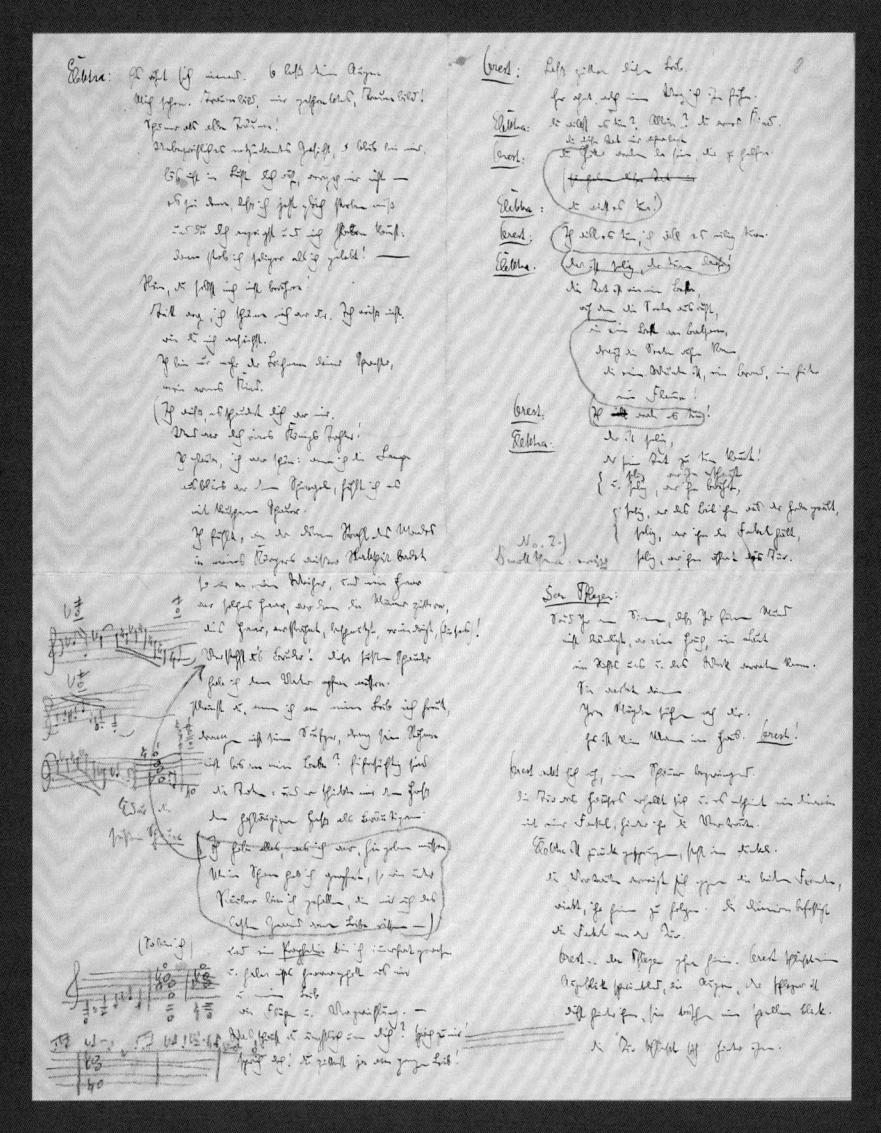

Richard Strauss, Skizze zu *Elektra*, undatiert. Theatermuseum

Komponierte Anagnorisis. Zur Wiedererkennungsszene in der Hofmannsthal-Oper Elektra *von Richard Strauss*

Adrian Kech, München

Die sogenannte Wiedererkennungsszene in der Hofmannsthal-Oper *Elektra* von Richard Strauss ist wohl eine der eindrucksvollsten Szenen des Musiktheaters überhaupt. In jähem Aufschrei erkennt Elektra ihren totgeglaubten Bruder Orest wieder, das Orchester fällt massiv dissonant ein und leitet in eine zärtliche As-Dur-Arie über, in der Elektra ihrem Glücksgefühl über den Wiedergeschenkten Ausdruck verleiht.[1] Orests Rückkehr an den heimischen Hof in Mykene steht im Kontext der mehr als zerrütteten Familienverhältnisse der Atriden. Während ihre Schwester Chrysothemis sich Kinder wünscht, um so die traumatische Vergangenheit zu bewältigen, kann Elektra nicht vergessen: Sie sinnt auf Blutrache für den ermordeten Vater Agamemnon. Dieser Racheplan gilt niemand anderem als ihrer Mutter Klytämnestra, die den Mord gemeinschaftlich mit ihrem Liebhaber Aegisth begangen hat und seitdem von Alpträumen geplagt wird. Mit Orest, der heimgekehrt ist, um den Gattenmord zu vergelten, steht die Verwirklichung von Elektras Rache kurz bevor.

Zur Wiedererkennungsszene, und insbesondere zum dissonanten Orchesterausbruch nach Elektras Aufschrei, äußert sich die Fachliteratur, wenn überhaupt, nur spärlich.[2] Der Titel unseres Symposiums geht auf eine Bemerkung der Gräfin aus Strauss' letzter Oper *Capriccio* zurück: „Worte klingen – Töne sprechen".[3] Für den vorliegenden Beitrag nehme ich ihn ganz wörtlich und frage danach: Welche Worte bringt Strauss wie zum Klingen? Und vor allem: Was erzählen uns die Töne in der Wiedererkennungsszene? Welche zusätzliche Bedeutungsschicht wird durch sie konstituiert? Auch werde ich punktuell einschlägige Quellen beiziehen. Eines dieser Dokumente ist Strauss' autografe Textniederschrift der Wiedererkennungsszene, die heute vom Theatermuseum in Wien verwahrt wird.[4] Diese Quelle war der Anlass für meine Themenwahl und wird daher später mit ins Spiel kommen.

Unter den wenigen instruktiven Beiträgen zur Wiedererkennungsszene findet sich auch folgender von Theodor W. Adorno: „Im dissonanten Wiedererkennungsakkord der Elektra konzentriert sich ein Reichtum des einander Widerstreitenden, an den Worte wahrhaft nicht heranreichen. Das stilistisch fast Unmögliche, gerade diesen komplexen Akkord in das süße As-Dur-Feld verzittern zu lassen, scheint geglückt, wie wenn die Energie, welche der Akkord in sich aufspeichert, in die Lösung verströmte."[5] Obwohl er sonst ein befangener Strauss-Hörer ist, zollt Adorno der Wiedererkennungsmusik unverkennbar Respekt. Sein Diktum erfasst ein wesentliches Moment, nämlich die große Spannweite, die zwischen dem dissonanten Wiedererkennungsakkord und dem süßen As-Dur-Feld als dem Zielbereich der Lösung liegt. Der Akkord wird nicht isoliert gesehen, sondern als ein Element, das in einen Zeitverlauf eingebunden ist. Auch die

Beschreibung des Energetischen, das sich im Akkord aufspeichere und in die Lösung verströme, scheint mir durchaus zutreffend.

Abb. 1a:

Zur Wiedererkennungsszene in der Hofmannsthal-Oper Elektra *von Richard Strauss*   51

Adornos Verhältnis zu Strauss' Musik generell ist problematisch; den Zusammenhang seiner Äußerung zu erläutern, wäre ein Thema für sich.[6] Anstatt auf die komplizierte Beziehung des Philosophen zum Komponisten einzugehen, sei der zitierte Passus als Herausforderung verstanden: Vielleicht bekommen wir doch etwas von dem „Reichtum des einander Widerstreitenden" zu fassen, den Adorno schlicht für unsagbar hält.

Im Schrifttum beginnen die Probleme oft schon damit, das in der Partitur Gegebene korrekt zu erfassen *(Abb. 1a)*. Bei der Wiedererkennung erklingt das maximal erweiterte *Elektra*-Orchester zumindest annähernd in Tuttistärke. Zahlreiche Sonderinstrumente, die verschiedentlich transponieren, erschweren den Überblick über das ohnehin vielgliedrige Partiturbild. Vermutlich ist das der Grund, weshalb der Wiedererkennungsakkord in der Literatur selten in seiner Originalstruktur wiedergegeben wird. Meist hält man sich an den Klavierauszug von Otto Singer[7], der geradezu zwangsläufig verfälschend ist. Denn soll der Akkord für zwei Hände à fünf Finger spielbar sein, muss man als Ersteller des Klavierauszugs unweigerlich Konzessionen hinsichtlich der Lage einzelner Töne machen.

Abb. 1b:

Abb. 1c:

Abb. 1b zeigt die Klangstruktur der ersten vier Takte.[8] Deutlich wird, dass der Wiedererkennungsakkord als polyphones Gebilde aus drei Schichten besteht: unten – Mitte – oben. Klangbasis ist das oktavgedoppelte *F*, das in Punktierungen nach unten zum *D* auspendelt. Dann folgen im Akkordmittelbau die Töne *c'/e'/g'*, wobei die Verbindung *e'-g'* ebenfalls durch Punktierungen rhythmisch konturiert ist. Im Oberbau stellt sich dazu die Oktave *a'/a''* ein. Einerseits dockt diese sekundweise

an das *g′* des C-Klangs im Mittelbau an, anderseits umschließt sie selbst die Sekunde *des″/es″*. Während die Flöten den Oberbau anfangs in die nächst höhere Oktav verdoppeln, erzeugt die Verbindung von Mittel- und Oberbau insgesamt eine zweifache Tritonusspannung: *g′/des″* und *a′/es″/a″*. Elektras Aufschrei determiniert die Akkordstruktur in gewisser Weise. Ihr Rufintervall *c″-a″* steht nicht nur in der Tradition der musikalischen Exclamatio[9] (hier große statt kleine Sext), sondern es setzt auch den Rahmen für den – eine Oktave tiefer liegenden – Klangkern, der den Mittelbau *c′/e′/g′* und den unteren Grenzton *a′* des Oberbaus vereinigt. Zudem bildet Elektras Zielton *a″* die Achse zwischen dem Oberbau und dessen anfänglicher Oktavierung. Im Fortgang bewegen sich die Bereiche kontrapunktisch gegenläufig: Der Mittelbau sinkt zeitweise halbtönig zu *h′/dis′/fis′* ab, der Oberbau im *a′/a″*-Oktavrahmen dagegen hebt sich halbtönig zu *b′/d″/e″/b″*.[10] Es ist, als würde sich der hochdissonante Akkord wie unter Schmerzen ausdehnen. Als Bestätigung mag der vergleichende Blick ins autografe Particell dienen *(Abb. 1c)*.[11] Strauss gliedert das Klanggebilde dort recht übersichtlich in die drei genannten Schichten.

Was verleiht diesem Akkord – hilfsweise am Klavier gespielt – eigentlich seine schneidende Dissonanz? Beschränkt man sich auf das Bassfundament und den Mittelbau, ist das klangliche Ergebnis eher diffus und verschwommen. Verantwortlich für den massiv dissonanten Klangeindruck ist der Oberbau, insbesondere die in den *a′/a″*-Oktavrahmen eingespannte Sekunde *des″/es″*. Dass es Strauss auf diese Sekundreibung ankommt, sieht man in der Partitur an der Instrumentation. Für den Oberbau zuständig sind: 1. Trompeten I–III, Basstrompete sowie Hörner V/VII, 2. Es-Klarinette, B-Klarinetten I–IV und Bassetthörner sowie 3. – eine Oktave höher – Flöten I–III und Oboen. Um innerhalb dieser Klanggruppen und damit auch für das Klangganze einen maximalen Reibungseffekt zu erzielen, hat Strauss die *des/es*-Sekunde je paarweise instrumentiert: Trompeten II/III, Klarinetten I/II und III/IV sowie Flöten II/III.

Wie ist dieses Akkordgebilde nun zu verstehen? Und wie ist es in das Gefüge integriert? Um erst einmal Missverständnissen vorzubeugen: Der Wiedererkennungsakkord ist *nicht* identisch mit dem sogenannten Elektra-Akkord (zu dem wir gleich noch kommen). Allerdings wird sich zeigen, dass er eng mit ihm verwandt ist. Zunächst jedoch zwei Aspekte zum Wiedererkennungsakkord selbst.

Der eine Aspekt ist musiktheoretisch-analytischer Art. Überblickt man den Tonvorrat, den Strauss für den Wiedererkennungsakkord samt Ausdehnung benötigt, wird verständlich, weshalb *Elektra* bis heute als Werk an den Grenzen der Tonalität gilt. Im Modus „psychischer Polyphonie"[12], wie er es nennt, versammelt Strauss sämtliche Töne des chromatischen Totals auf engstem Raum – mit einer Ausnahme: *as/gis*. Genau der Ton fehlt, der zum Grundton des angezielten As-Dur-Feldes wird. Womöglich erzählt dieser eine fehlende Ton mehr über Strauss' Komponieren als das Vorhandensein der elf übrigen. Zuweilen wurde versucht, die *Elektra*-Musik auf atonale Kompositionsprinzipien zurückzuführen. Diese Versuche gehen fehl. Bei aller Avanciertheit des musikalischen Ausdrucks steht auch der Wiedererkennungsakkord in letzter Konsequenz in tonalem Kontext, und das heißt konkret: im Kadenzzusammenhang.

Die Peripherie beweist nämlich, dass der Wiedererkennungsakkord in eine große As-Dur-Kadenz integriert ist – einerseits im Sinne Adornos, indem sich „die Energie, welche der Akkord in sich aufspeichert, in die Lösung" verströmt. Andererseits ist nicht zu übersehen, dass die As-Dur-Kadenz deutlich vor Elektras Aufschrei einsetzt. Elektra selbst leitet sie ein, wenn sie nach Ziffer 142a Orest fragt: „Wer bist denn du?" „[V]on seinem Ton getroffen"[13], etabliert sie den zielführenden Dominantseptakkord über Es. Während die Diener des Hofes lautlos hereinstürzen, um Orest die Füße, die Hände und den Saum seines Gewands zu küssen, löst sich der Dominantakkord im zweiten Takt nach Ziffer 143a kurzzeitig in die Grundstufe As. Für Momente klingt im Orchester Elektras späteres Gesangsthema an, kombiniert mit einer ausdrucksvollen As-Dur-Version jenes es-Moll-Motivs, das zu Beginn der fünften Szene, Ziffer 1a, Chrysothemis' „Jammerruf"[14] über Orests vermeintlichen Tod symbolisiert hat. Elektra kann die As-Dur-Tonika jedoch (noch) nicht behaupten; „kaum ihrer mächtig"[15] fragt sie Orest noch einmal: „Wer bist du denn?" Ihre erneute Frage verhindert den bereits angedeuteten finalen Kadenzvollzug. Es bedarf erst des hochdissonanten Wiedererkennungsakkords und seiner allmählichen Lösung, um den Gang nach As-Dur vollständig zu legitimieren.

Abb. 2:

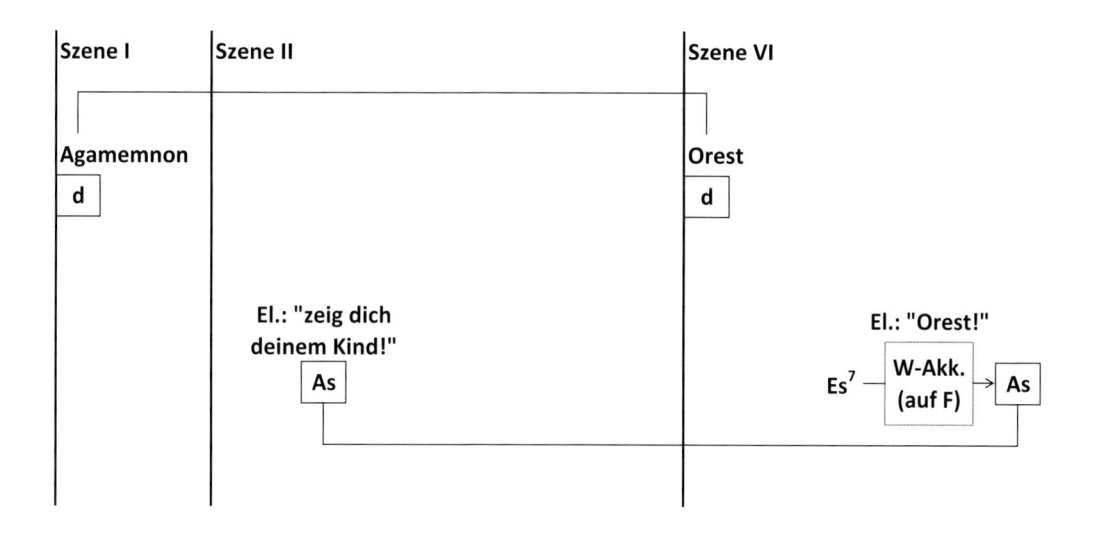

Szene I	Szene II		Szene VI		
Agamemnon d			**Orest** d		
	El.: "zeig dich deinem Kind!" As			El.: "Orest!" Es^7 → W-Akk. (auf F)	→ As

Der andere Aspekt zur Wiedererkennungsmusik betrifft den Konnex zwischen tonaler Konstruktion und deren Semantik (Abb. 2). Für Strauss sind Tonarten regelmäßig nicht neutral, sondern sie fungieren innerhalb des Werkes als Bedeutungsträger für den Inhalt. Das Drama auf der Bühne wird musikalisch in ein Drama aus Tönen und Tonarten übersetzt.[16] Elektras As-Dur-Gesang in der Wiedererkennungsszene ist vorgeprägt durch eine ähnlich kantable Stelle in derselben Tonart in Szene zwei, vor Ziffer 46. Für einige Augenblicke weichen dort Hass und Rachedurst den zärtlichen Erinnerungen an den ermordeten Vater, wenn Elektra Agamemnon bittet: „zeig dich deinem Kind!" Diese gesangliche As-Dur-Ebene steht in maximalem Kontrast, nämlich in Tritonusdistanz zur Grundtonart des Werkes: d-Moll. Auch der Klangcharakter kontrastiert maximal. Die d-Moll-Musik ist nicht kantabel und hell, sondern bedrohlich und finster. Das gilt sowohl für die erste Szene mit dem mottoartigen Agamemnon-Motiv am Werkbeginn als auch für den Anfang der Wiedererkennungsszene, wenn Orest auftritt.[17]

Betrachten wir unter diesen Voraussetzungen noch einmal die Stelle, wenn Elektra ihren Bruder wiedererkennt. Dieser hat bei seinem Einsatz am Szenenbeginn, Ziffer 123a, ein eigenes Motiv zugewiesen bekommen, bestehend aus einer geheimnisvoll wirkenden Folge von Mediantverbindungen im tiefen Blech und Kontrabass: d-Klang – B-Klang – Ges-Klang. Der Motivcharakter ist gravitätisch-opak und entspricht damit der dramatischen Situation: Orest tritt als Fremder auf und will zunächst nicht erkannt werden. Ein anderer Komponist als Strauss hätte von diesem Motiv bei der Erkennung vielleicht triumphal Gebrauch gemacht. Tatsächlich aber ergibt sich ein anderer Rückbezug. Der Wiedererkennungsakkord bezieht sich auf eine Klangformation in der Werkmitte, am Beginn der Klytämnestra-Szene *(Abb. 3)*. Bei Ziffer 186 berichtet Klytämnestra ihrer Tochter von ihren Alpträumen: „Und doch kriecht zwischen Tag und Nacht, wenn ich mit offnen Augen lieg, ein Etwas hin über mich." Genau zum Textwort „Etwas" stellt sich

Abb. 3:

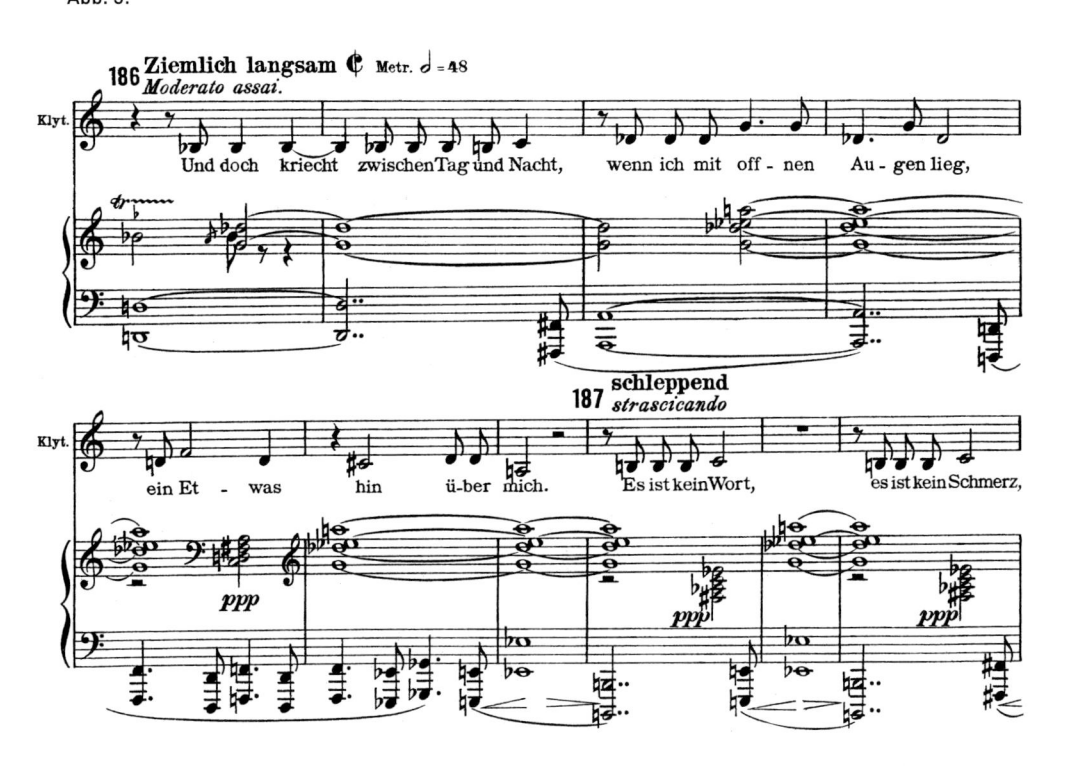

die Klangformation ein. Während das „Etwas" bei Klytämnestra gedämpft im dreifachen Piano erklingt, bricht es sich bei Elektras Erkennen von Orest in vollem Orchesterfortissimo Bahn. Die Musik von Ziffer 144a, die „dröhnend Klytämnestras Ahnung als Geschehnis verkündet"[18], fügt der Anagnorisis also eine wichtige Bedeutungsebene hinzu:

Wenn Elektra in jähem Aufschrei Orest erkennt, dann begrüßt sie nicht in erster Linie den heimgekehrten Bruder, sondern sie sieht den Alptraum ihrer Mutter erfüllt, der mit Orests Heimkehr endlich Wirklichkeit wird.

***

An dieser Stelle ein kleiner Exkurs zum Kompositionsprozess und zu den Quellen: Um Aufschluss darüber zu gewinnen, welche kompositorische Idee hinter einer bestimmten Stelle steht, hilft es bei Strauss oft, die Skizzen zu konsultieren. Leider ist das erhaltene Skizzenmaterial zu *Elektra* insgesamt eher spärlich, und bei der Wiedererkennungsszene sowie bei der vorausgehenden Szene Elektra/Chrysothemis ist die Situation besonders misslich. Gerade ihr Skizzenhintergrund ist lückenhaft bis kaum existent.[19] Der Kompositionsprozess bei *Elektra* (wie bei Strauss' Opern generell) lässt sich grob in vier Stadien einteilen: 1. musikalisch kommentierter Text – 2. Skizzen – 3. Particell – 4. Partitur.[20] Während immerhin das Particell[21] (vgl. nochmals Abb. 1c) und auch die autografe Partitur[22] erhalten sind, gibt es sonst bislang keine näheren Anhaltspunkte, wie genau Strauss zur Lösung bei der Anagnorisis-Stelle gelangt ist. Beleuchten wir trotzdem die dem Particell vorangehenden Arbeitsstadien etwas näher.

Abb. 4:

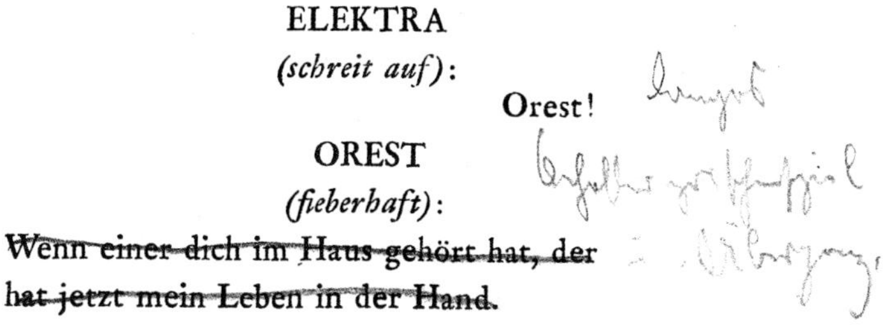

ELEKTRA
(schreit auf):
Orest!

OREST
(fieberhaft):
~~Wenn einer dich im Haus gehört hat, der hat jetzt mein Leben in der Hand.~~

Als sich Strauss dazu entschied, das Hofmannsthal'sche Schauspiel *Elektra* für die Oper zu adaptieren, richtete er sich ein gedrucktes Exemplar der fünften Auflage des Schauspieltexts von 1904 „zum Hausgebrauch"[23] ein und versah es mit musikalischen Annotaten. Dieses Exemplar befindet sich heute im Richard-Strauss-Archiv in Garmisch.[24] Die betreffende Stelle auf Seite 76, wenn Elektra aufschreit, ist dabei nur begrenzt aufschlussreich *(Abb. 4)*. Orests „fieberhaft[e]" Replik entfällt. Daneben notiert Strauss lediglich: „langes | Orchesterzwischenspiel | u. Übergang." Ein konkreter Hinweis auf den Wiedererkennungsakkord, etwa in Form einer Notenskizze, die Strauss in solchen Fällen manchmal direkt neben dem Text festhält, findet sich jedoch nicht.

Für den Kompositionsprozess der *Elektra* war die Wiedererkennungsszene ein entscheidender Punkt. In den Szenen davor bestanden Strauss' Einrichtungsmaßnahmen vor allem in Strichen und Umstellungen. Viele Passagen des Ausgangstexts wurden ersatzlos gestrichen, auch solche, die nach den Gesichtspunkten des gesprochenen Schauspiels unverzichtbar wären. Andere Passagen stellte Strauss um, wobei er zum Teil ganze Versblöcke verpflanzte.[25] Insgesamt war sein Vorgehen „weniger von einem Gefühl für dichterischen Beziehungsreichtum als von einem robusten Sinn für szenisch wirksame Proportionen bestimmt".[26] Aus einem Sprechtheatertext wurde ein Operntext.[27]

In der Wiedererkennungsszene aber (und auch im Finale) genügte das vorhandene Textmaterial nicht mehr. Für sein musikalisches Konzept benötigte Strauss mehr bzw. andere Verse, als in der Vorlage vorhanden waren. Daher bat er Hofmannsthal um entsprechende Ergänzungen, die bei ihm mit verschiedenen Briefsendungen eintrafen.[28] Im Rekurs auf die Ergänzungen erstellte Strauss handschriftlich eine neue Textfassung der Wiedererkennungsszene. Diese Textniederschrift, bestehend aus zwei beidseitig beschriebenen Blättern im Hochformat, befindet sich heute – wie erwähnt – im Theatermuseum in Wien.[29] Zwar hat Strauss seine eigene Niederschrift verschiedentlich musikalisch glossiert, also mit Tonartangaben, Notenskizzen und ähnlichem versehen, nur eben nicht an der fraglichen Stelle, wo Elektra ihren Bruder wiedererkennt. Bezüglich einer anderen Stelle kommen wir auf dieses Dokument noch zurück.

Wenn bei Strauss der musikalisch kommentierte Text keine oder nur indirekte Hinweise liefert, dann sind die korrespondierenden und weiterführenden Skizzen umso wichtiger. Generell finden sich viele solcher Entwürfe in Skizzenbüchern, von denen die Mehrzahl der heute bekannten im Richard-Strauss-Archiv in Garmisch aufbewahrt wird.[30] Der Ausarbeitungsgrad von Strauss' Skizzen variiert durchaus. Manchmal sind die Entwürfe in diesen Skizzenbüchern noch roh und unfertig. Aber oft genug geben sie gerade dadurch Aufschluss darüber, nach welchen Prämissen eine bestimmte Stelle entworfen wurde. Zwar sind zu *Elektra* einige wenige Skizzenbücher erhalten[31], doch bedauerlicherweise dürfte ein großer Teil kriegsbedingt für immer verloren sein.[32] Insbesondere zur Skizzenphase des Wiedererkennungsakkords steht, soweit ersichtlich, bisher kein entsprechendes Material zur Verfügung. Das nächste nachgewiesene Kompositionsstadium ist hier erst wieder das oben in kleinem Ausschnitt gezeigte Particell *(Abb. 1c)*, das als unmittelbare Vorstufe zur Partitur bereits das fertige Skizzierergebnis präsentiert.

Einstweilen bleibt nur, das verfügbare Skizzenmaterial möglichst vollständig zu dokumentieren. Zur sechsten Szene im Ganzen (von der Wiedererkennung Elektra/Orest über die Ermordung Klytämnestras und den Dialog Aegisth/Elektra bis zu Orests Mord an Aegisth) sind vereinzelt Skizzenblätter überliefert, die früher Teile eines oder mehrerer solcher Skizzenbücher gewesen sein müssen. Wenngleich sich diese Skizzenblätter nicht auf den Wiedererkennungsakkord selbst beziehen, so doch immerhin auf umgebende Passagen. Einige von ihnen werden heute in der Bayerischen Staatsbibliothek in München (BSB) verwahrt, und zwar unter den Signaturen:

– Mus.ms. 11845 (= RSQV q00555)
– Mus.ms. 18277 (= RSQV q00556)[33]
– Mus.ms. 19002 (= RSQV q00557)[34]
– Mus.ms. 23650 (= RSQV q01458).

Andere gehören zum heutigen Bestand der Österreichischen Nationalbibliothek in Wien (ÖNB):

- Mus.Hs. 41635 (= RSQV q13652[35], q14118 und q14119)
- Mus.Hs. 43476 (= RSQV q13649)
- Mus.Hs. 44168 (= RSQV q13650).

Fünf weitere *Elektra*-Skizzenblätter sind meines Wissens bislang (Juni 2015) nicht direkt erreichbar, doch wurden sie in der Vergangenheit auf Auktionen angeboten.[36] Da die zugehörigen Auktionskataloge die zu versteigernden Objekte beschreiben und meist auch entsprechende Faksimile-Abbildungen beifügen (vgl. hierzu die Angaben unten in Klammern), bieten sie recht gute Anhaltspunkte für die inhaltliche Zuordnung. Vier der Skizzenblätter enthalten offenkundig Entwürfe zur sechsten Szene, nämlich:

- RSQV q14231 (→ Teilfaksimile: Stargardt, *Autographen aus allen Gebieten*, Katalog, Bd. 700, Berlin 2014, 411, Nr. 848)
- RSQV q14304 (→ Teilfaksimile: Kronenberg, *Fernauktion, 26. November 1985. Autographen – Historische Dokumente – Dekorative Graphik*, Katalog, Basel 1985, o. S., Nr. 5613)
- RSQV q14306 (→ Faksimile: Kronenberg, *Fernauktion, 28. November 1989. Autographen – Historische Dokumente*, Katalog, Basel 1989, o. S., Nr. 1104)
- RSQV q14307 (→ Faksimile: Kronenberg, *Fernauktion, 18. Juni 1991. Autographen – Historische Dokumente [u. a. Sammlung Paul L. Feser, Teil 1]*, Katalog, Basel 1991, o. S., Nr. 6786, i.V.m. Kronenberg, *Fernauktion, 14. Dezember 1991, Teil III. Autographen – Historische Dokumente*, Katalog, Basel 1991, o. S., Nr. 7553).

Das fünfte Skizzenblatt ist gemäß den Angaben im Auktionskatalog der fünften Szene Elektra/Chrysothemis zuzuordnen: RSQV q14305 (→ Teilfaksimile: Kronenberg, *Fernauktion, 8. März 1988. Autographen – Historische Dokumente*, Katalog, Basel 1988, o. S., Nr. 687).[37]

Wenigstens vier der genannten Skizzenblätter dürften aus demselben Skizzenbuch stammen, denn zusammengenommen bilden sie den Schlussteil der sechsten Szene (Elektra/Aegisth) im Verlauf ab:

- RSQV q14118 (ÖNB, Mus.Hs. 41635): Ziffer 203a/2–206a/6
- RSQV q14307 (Kronenberg 1991): Ziffer 206a/7–210a/7
- RSQV q13650 (ÖNB, Mus.Hs. 44168): Ziffer 210a/8–213a/5
- RSQV q01458 (BSB, Mus.ms. 23650): Ziffer 213a/6–217a/5.

Auch RSQV q00555 (BSB, Mus.ms. 11845) und RSQV q00557 (BSB, Mus.ms. 19002) mit Entwürfen zum Anfangsteil der Wiedererkennungsszene, speziell ab Orests Einsatz bei Ziffer 123a, gehen mit einiger Sicherheit auf ein einziges Skizzenbuch zurück. Das belegen sowohl Strauss' Skizzennummerierungen auf Blatt 2v von q00555: „1." und „2.)" sowie auf Blatt 1r von q00557: „3.)" als auch der Pfeil, mit dem Strauss am Beginn der untersten Akkolade auf Blatt 1r von q00557 den Anschluss an die Skizze in der untersten Akkolade auf Blatt 2v von q00555 verdeutlicht. Auffällig ist zudem die inhaltliche Verbindung der folgenden Skizzenblätter, die jeweils Entwürfe zu Elektras As-Dur-Gesang enthalten:

- RSQV q13652 (ÖNB, Mus.Hs. 41635), Blatt 1v: vgl. Ziffer 149a/1–151a/1
- RSQV q00556 (BSB, Mus.ms. 18277), Blatt 1v–2v: Ziffer 151a/1–156a/1.

Ob auch dieses Blätterpaar auf ein einziges Skizzenbuch zurückgeht – oder wegen des sich überschneidenden Skizzentakts 151a/1 gerade nicht –, ist ebenso noch zu klären wie die Frage, ob die genannten Blätter und Blattgruppen *insgesamt* aus einem oder mehreren Skizzenbüchern stammen. Offensichtlich handelt es sich durchgängig um den gleichen Blatt-Typ: ca. 12,5 x 16,5 cm quer, mit jeweils zehn vorgedruckten Notenzeilen; und auch die Papierkennung ist, soweit vorhanden, stets die gleiche: „N°. 70. | Jos. Eberle & C°. Musikaliendruckerei Wien, VII."

Hinsichtlich der Provenienz ist RSQV q14306 hervorzuheben: Im Mai und November 1989 sowie im Juni 1990 gleich drei Mal bei Kronenberg in Basel angeboten, stand das Skizzenblatt zuletzt am 28. Mai 2015 bei Sotheby's in London zum Verkauf.[38] Inhaltlich bezieht es sich auf die Episode des Pflegers, Ziffer 180a/7–184a/4. Gemäß den Katalogangaben und -abbildungen finden sich leider weder auf ihm noch auf den übrigen genannten Skizzenblättern nähere Hinweise zur Konzeption des Wiedererkennungsakkords. Zu hoffen ist also, dass das zugehörige Skizzenmaterial – sofern erhalten – in Zukunft noch aufgefunden wird.

***

Zurück zur fertigen Werkgestalt: Wenn Elektra bei Ziffer 144a ihren Bruder wiedererkennt, erklingt im vollen Fortissimo eine Akkordformation, die offenkundig auf die Musik von Klytämnestras Traumerzählung bei Ziffer 186 zurückgeht. Allerdings sind die Klänge doch nicht ganz identisch, denn im Unterschied zum Wiedererkennungsakkord inkorporiert die Alptraum-Musik ein anderes Akkordgebilde, das das Werk insgesamt entscheidend prägt: den sogenannten Elektra-Akkord *(Abb. 5a)*.[39] Gemeinhin gilt der Elektra-Akkord als musikalische Chiffre für Elektras Hass, wofür es im Werkverlauf mehrere Belegstellen gibt.[40] Klytämnestra kann – oder will – das „Etwas", das über sie hin kriecht, nicht mit Namen benennen. Strauss' Musik dagegen benennt ihre Angst ziemlich genau: Zwar ist Orest derjenige, der die Rachetat später ausführen und die Mutter ermorden wird, doch eigentlich ist es Elektras Rache, die Klytämnestra so fürchtet. Wie Roswitha Schlötterer-Traimer darlegt, zeigt der Beginn von Klytämnestras Traumerzählung eine Sequenz in Ganztonschritten aufwärts.[41] Während der Oberbau als dünner Streicherklang auf dem doppelten Tritonus *g'/des''/es''/heses''* verharrt, schiebt sich ein auf Orest bezogenes Bass-Motiv in großen Sekunden nach oben. Wegen

Zur Wiedererkennungsszene in der Hofmannsthal-Oper Elektra *von Richard Strauss* 59

Klytämnestras Angst ist die Motivgestalt selbst von abnormen Intervallen (verminderte Oktav aufwärts und verminderte Undezim abwärts) geprägt. Klanglicher Kern dieser Sequenz ist jedoch der Elektra-Akkord, der ebenfalls ganztönig höher rückt.

Abb. 5a:

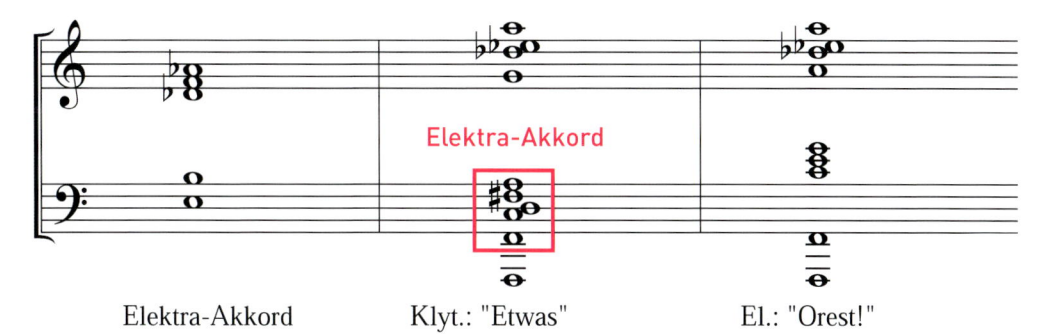

Elektra-Akkord   Klyt.: "Etwas"   El.: "Orest!"

Abstrakt betrachtet, handelt es sich beim Elektra-Akkord um zwei übereinandergeschichtete Dreiklänge. In seiner Grundform sind das die Klänge Des-Dur (oben) und E-Dur (unten), wobei die Besonderheit darin besteht, dass der E-Klang eigentlich unvollständig ist. Die leere Quinte *e/h* hat keine richtige Terz *gis*. Als enharmonischer Terzersatz dient der Ton *as* des Des-Dur-Akkords. Michael Walter deutet die vertikale Akkordkombination als Ausdruck für die „fehlende Ich-Identität Elektras"; gleichzeitig bestätige die Akkordkombination das traditionelle Tonsystem, „denn nur, wenn dieses vorausgesetzt wird, kann der Akkord auf Elektras Psyche bezogen werden".[42] Walters Analyse trifft im Grundsatz vollkommen zu, ist aber wie folgt zu ergänzen: Oft erklingt der Elektra-Akkord nicht einfach als Akkord, sondern in Verbindung mit einem melodisch aufschießenden Diskant-Motiv, so etwa am Beginn von Elektras erstem Monolog: „Allein!" (Abb. 5b). Dabei kommt es Strauss offenbar auf das Außenintervall an: *e/as'*. Beide Töne sind oktavgedoppelt – das *e* durch das *E* im Bass ohnehin, und die *as'/as''*-Oktave begrenzt das prägende Diskant-Motiv zu beiden Seiten.[43] Diese gedoppelte falsche „Dezim" *E/e/as'/as''* ist vermutlich der Schlüssel zum tieferen Verständnis des

Abb. 5b:

Elektra-Akkords: Als Ausdruck von Elektras fehlender Ich-Identität repräsentiert ihr Akkord ein defektes E-Dur.[44] Der Ton *as* des aufgepflanzten Des-Dur-Akkords ist Segen und Fluch zugleich: ein Segen, weil er Elektras *gis*-beraubtes E-Dur enharmonisch am Leben erhält; ein Fluch, weil er eine falsche Terz ist, die aufgrund ihrer gleichzeitigen Quinttoneigenschaften kein eindeutiges E-Dur herzustellen vermag. Das Klangergebnis ist nicht, wie oft behauptet, massiv dissonant, sondern eher statisch-diffus. Die traumatisierte und hassverzehrte Elektra ist musikalisch ein Schatten ihrer selbst.

Elektras E-Dur-Identität *vor* der Traumatisierung durch Klytämnestras Gattenmord zeigt sich an verschiedenen Stellen im Werkverlauf. Bevor das Finale ihr die Rückgewinnung dieser Identität in Aussicht stellt – zuletzt freilich zum hohen Preis des eigenen physischen Todes –[45], findet sich eine wichtige E-Dur-Stelle auch in der Wiedererkennungsszene. Tatsächlich geht es dort ja um ein gegenseitiges Wiedererkennen. Nicht nur Elektra ist anfangs im Unklaren darüber, wem sie begegnet, sondern umgekehrt auch Orest. Als Elektra schließlich ihren Namen nennt und sich damit dem Bruder zu erkennen gibt, ist dieser bestürzt und fassungslos, hier die Redeanteile des Orest:

> „Nein!
> [...]
> Elektra!
> [...]
> Elektra!
> [...]
> Elektra! Elektra!
> So seh' ich sie? ich seh' sie wirklich? du?
> So haben sie dich darben lassen oder –
> sie haben dich geschlagen?"[46]

Orest kann kaum glauben, dass die verhärmte, hassverzehrte Frau im heimischen Hof seine Schwester sein soll. Um der Situation beizukommen, ruft er ihren Namen mehrmals laut aus. Eben dabei scheint Elektras Vergangenheit – ihre Klang-Vergangenheit – auf. Mit dem dritten Elektra-Ausruf des Orest ergibt sich in der Partitur nach Ziffer 137a ein gleitender Übergang in leuchtendes E-Dur, das zumindest kurzzeitig Bestand hat. Orest wird der Situation so weit gewahr, dass er das Bild – das E-Dur-Klangbild – seiner ehemals unversehrten Schwester, an das er sich erinnert, vor sich erstehen lässt.

Elektras einstige Identität lässt sich sogar noch etwas genauer fassen, und hier hilft die eingangs genannte autografe Textniederschrift aus dem Theatermuseum.[47] Ähnlich wie bei Elektras Erkennen von Orest ist die Textstelle, wenn Orest Elektra erkennt, für die Musik zunächst nur bedingt informativ. Weder dort noch hier finden sich musikalische Annotate. An einer anderen Stelle aber wird Strauss konkreter *(Abb. 6)*. Im weiteren Szenenfortgang, wo vom Komponisten erneut Textumstellungen vorgenommen werden, reflektiert Elektra ihre fast vergessene Weiblichkeit aus der Zeit vor Agamemnons Ermordung. Daneben notiert Strauss: „Edur die | süßen Schauder".[48] Bryan Gilliam

Abb. 6:

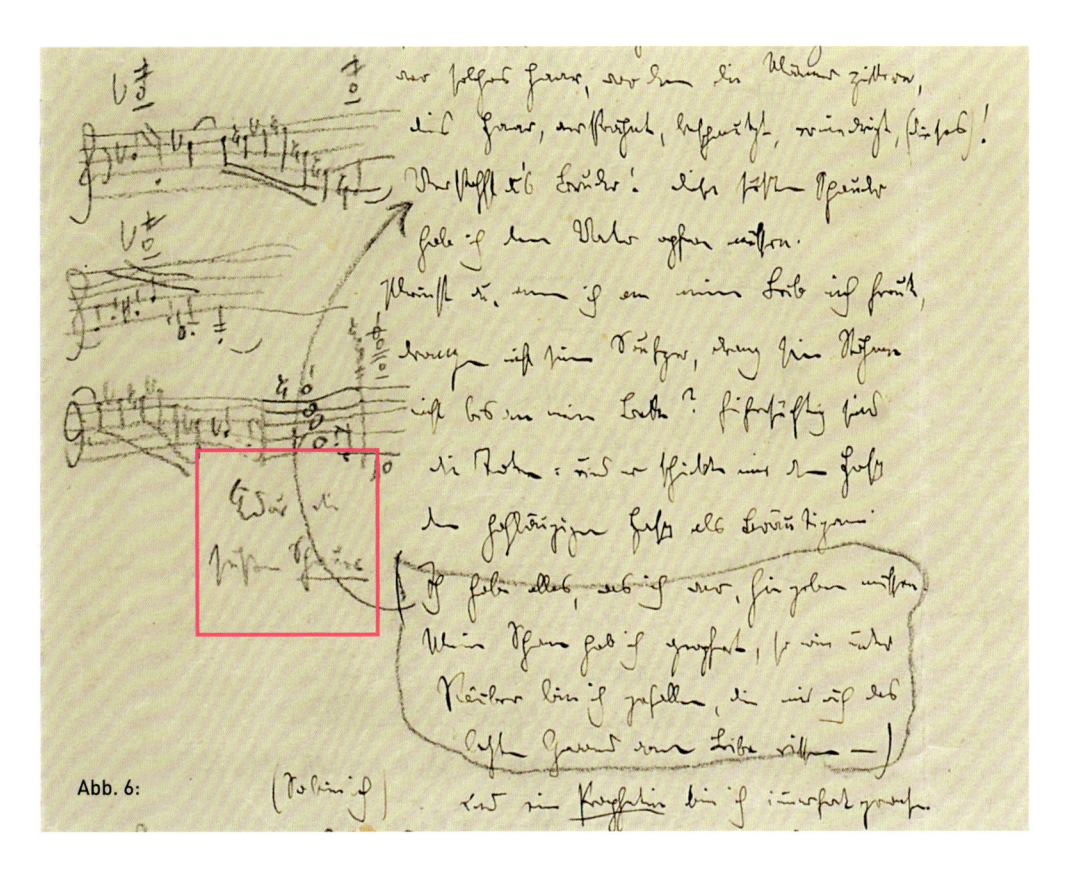

bemerkt dazu: „At first glance, it seems as if he [Strauss] refers directly to that line in the text (see 7 after reh. 166a): ‚Diese süssen Schauder hab' ich dem Vater opfern müssen.' But the fact that he uses a definite article (‚the') rather than the demonstrative pronoun (‚these') of the text suggests that E major has broader purpose, namely to establish the erotic atmosphere suggested by ‚sweet shivers'."[49] Gilliam stützt seine Annahme mit dem Hinweis darauf, dass E-Dur in der Wiedererkennungsszene tatsächlich nicht nur punktuell, sondern großräumiger, auf struktureller Ebene wirkt.[50] Vor dem Hintergrund des ehemals intakten E-Dur wird der Elektra-Akkord als Symbol für die zerstörte Gegenwart der Titelfigur vollends verständlich. Von dem „Weiberschicksal"[51], das ihre Schwester Chrysothemis sich so sehnlich wünscht, will die hasserfüllte Elektra nichts wissen. Mit der Entscheidung, allein für die Rache des ermordeten Vaters zu leben, hat sie die süßen, erotischen E-Dur-Schauder von einst preisgegeben.

Gehen wir mit diesen Ergebnissen ein letztes Mal zur fraglichen Partiturstelle in der Wiederkennungsszene zurück, um mit einem Deutungsversuch zusammenzufassen (Abb. 7). Der Wiedererkennungsakkord ist strukturell eng mit der Klangformation von Klytämnestras Alptraum-Musik verwandt. Da diese Klangformation aber vom Elektra-Akkord bestimmt wird, ist Elektras Aufschrei paradoxerweise selbstreferenziell. Das Wiedererkennen des Bruders löst ihre heftige Reaktion zwar aus, doch geht es primär gar nicht um Orest. Die Musik erzählt von Elektra, die gewissermaßen in ihren eigenen, auf die Mutter bezogenen Rachegefühlen badet. Besonders interessant wäre zu wissen, welcher Kompositionsprozess dahintersteht. Da jedoch die Skizzen zum Wiedererkennungsakkord fehlen, ist bis auf Weiteres unklar, wie genau Strauss zu dieser Lösung gekommen ist.

Abb. 7:

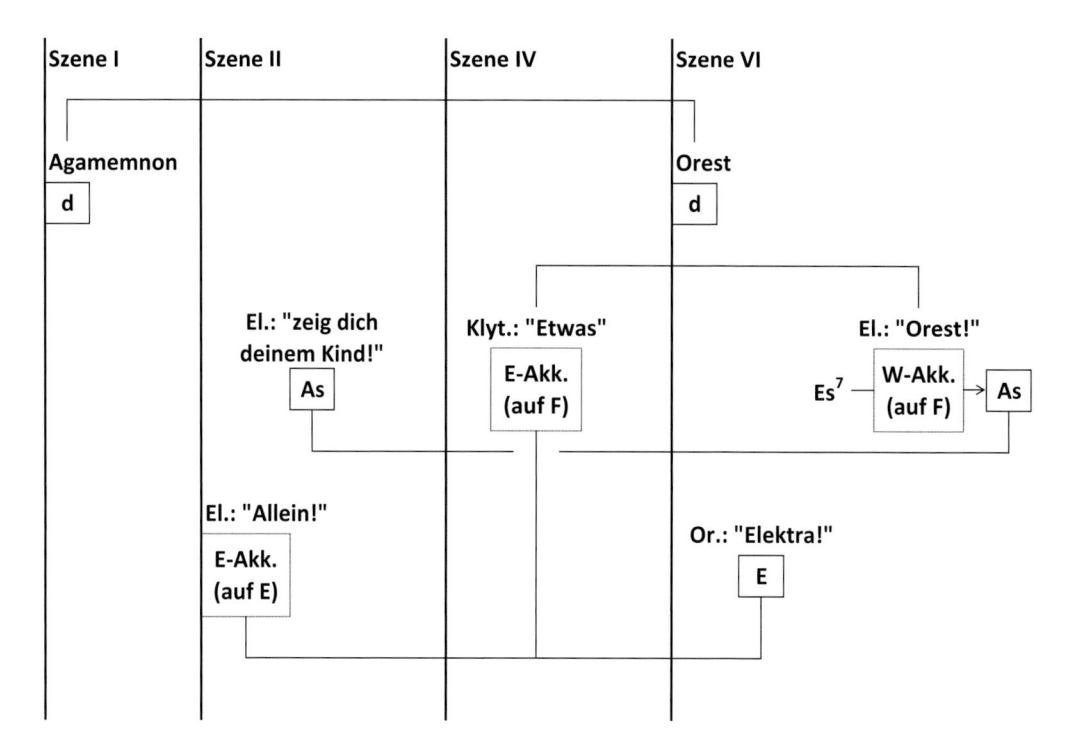

Szene I	Szene II	Szene IV	Szene VI
Agamemnon			Orest
d			d
	El.: "zeig dich deinem Kind!"	Klyt.: "Etwas"	El.: "Orest!"
	As	E-Akk. (auf F)	Es^7 — W-Akk. (auf F) — As
	El.: "Allein!"		Or.: "Elektra!"
	E-Akk. (auf E)		E

Weiterreichende Grundlage für die musikalische Anagnorisis ist der skizzierte Gegensatz zwischen dem leuchtenden E-Dur von Elektras heiler Klang-Vergangenheit und dem defekten, diffusen E-Dur des Elektra-Akkords, der die zerstörte Ich-Identität der Gegenwart symbolisiert. Elektra lebt nur mehr dafür, den ermordeten Vater zu rächen. Mit dem Schritt vom Elektra- zum Wiedererkennungsakkord und weiter zu dessen Auflösung wird der Ton *as* funktional dramatisch umgewertet. Im Elektra-Akkord ist er ein falscher Terzton, der das aggressiv herausgeschleuderte Diskant-Motiv beidseitig begrenzt; in der Klangformation des Wiedererkennungsakkords fehlt er ganz; und im süßen As-Dur-Feld, in dem die zärtlichen Gefühle für den heimgekehrten Bruder Elektras Hass- und Rachegedanken temporär suspendieren, darf er vorübergehend richtiger Grundton sein.

Ganz so unsagbar, wie Adorno meint, ist der „Reichtum des einander Widerstreitenden" in der Wiedererkennungsmusik also nicht. Man muss nur genau zuhören, wenn bei Strauss die Worte zu klingen und die Töne zu sprechen beginnen.

1 Vgl. hierzu den Bericht von Manfred Mautner-Markhof, wie ihm Pauline Strauss, die Frau des Komponisten, 79-jährig vorgeführt habe, auf welche Art die Szene angemessen darzustellen sei. Sie habe zu ihm gesagt: „[D]ie Elektren spielen das nämlich gewöhnlich falsch. Die fallen dem Orest um den Hals, so wie wenn der Geliebte die Geliebte wiederfindet, es ist aber nur die Schwester, die den Bruder wiedererkennt; und sie soll an ihm herabsinken, aber ihm nicht um den Hals fallen. Passen Sie auf, ich werd' Ihnen das zeigen. Sie sind Orest, ich die Elektra." Mautner-Markhof weiter: „Ich hab' mich also dahin gestellt. Sie ist allmählich zurückgegangen und, das werde ich nie vergessen – [...] hat sich mir dann genähert, hat dabei diese Melodie gesummt und hat mich umfangen und ist an mir herabgesunken [...] und hat meine Knie umfangen. [...] Wie ich sie aufgehoben habe, sind ihr so die Tränen heruntergeronnen – [...] weil sie so beeindruckt war von der großen Kunst ihres Mannes." (Richard-Strauss-Blätter, N. F., Sonderheft *Wir kannten Richard Strauss. Karl Böhm und andere im Gespräch mit Marcel Prawy*, Tutzing 1980, 17).

2 Auf die einschlägigen Beiträge wird an Ort und Stelle verwiesen.

3 Vgl. Richard Strauss, *Richard-Strauss-Edition*, Bd. 18: *Sämtliche Bühnenwerke. Capriccio. Ein Konversationsstück für Musik in einem Aufzug von Clemens Krauss und Richard Strauss. Op. 85*, Studien-Partitur, Wien 1996, VII. Szene, vor Ziffer 94.

4 Vgl. Wien, Theatermuseum, Operntext VM 323 BaM (= RSQV q00560). Die eindeutige Identifikation dieser, wie auch der im Folgenden genannten Quellen erfolgt durch Verweis auf die betreffenden Datensätze des Richard-Strauss-Quellenverzeichnisses (RSQV). Seit Oktober 2011 ist die Online-Datenbank des RSQV unter der Adresse www.rsi-rsqv.de frei zugänglich.

5 Theodor W. Adorno, *Richard Strauss. Zum hundertsten Geburtstag: 11. Juni 1964*, in: Ders., *Gesammelte Schriften*, Bd. 16: *Musikalische Schriften I–III. Klangfiguren (I), Quasi una fantasia (II), Musikalische Schriften (III)*, hg. von Rolf Tiedemann, Frankfurt a. M. 1978, 565–606, hier 593.

6 Vgl. hierzu etwa Hans-Ulrich Fuß, *Richard Strauss in der Interpretation Adornos*, in: Archiv für Musikwissenschaft 45, H. 1, 1988, 67–85; Richard Wattenbarger, *A „Very German Process": The Contexts of Adorno's Strauss Critique*, in: 19th Century Music 25, H. 2/3, 2001/2002, 313–336; Andreas Dorschel (Hg.), *Gemurmel unterhalb des Rauschens. Theodor W. Adorno und Richard Strauss* (Studien zur Wertungsforschung, Bd. 45), Wien – London – New York 2004.

7 Vgl. Richard Strauss, *Elektra. Tragödie in einem Aufzuge von Hugo von Hofmannsthal. Musik von Richard Strauss. Opus LVIII*, Klavier-Auszug mit Text von Otto Singer, Berlin 1908.

8 Eine Studie, welche die Grundstruktur des Wiedererkennungsakkords korrekt wiedergibt, ist die Monografie von Richard A. Kaplan, *The Musical Language of „Elektra": A Study in Chromatic Harmony*, Diss. University of Michigan 1985, 115 (Example 2-20). An Kaplans Notenbeispiel lehnt sich die gebotene Darstellung an; ergänzt sind lediglich Elektras Vokalpart, die Punktierungen in den Mittelstimmen sowie die Oktavdopplungen des Akkords nach oben und unten.

9 Vgl. Hugo Riemann, Artikel *Exclamatio*, in: Ders., *Musik-Lexikon*, Sachteil, begonnen von Wilibald Gurlitt, fortgeführt und hg. von Hans Heinrich Eggebrecht, 12. Aufl. Mainz u. a. 1967, 268.

10 Nur bedingt hilfreich scheint mir die theoretische Herleitung des Wiedererkennungsakkords bei Kurt Overhoff, *Die Elektra-Partitur von Richard Strauss. Ein Lehrbuch für die Technik der dramatischen Komposition*, Salzburg – München 1978. Overhoff führt den Mittel- und Oberbau des Akkords auf die „Nonenakkorde über C und H" zurück, die „in der Mitte gleichsam durchschnitten und gegeneinander verschoben" seien, „so daß ihre Vorhaltsfunktionen des einen zum anderen sich wechselseitig überkreuzen" (ebenda, 179). Abgesehen davon, dass Overhoff die Töne *des/es* enharmonisch zu *cis/dis* umdeuten muss, damit sie in das unterstellte Schema passen, geht seine Darstellung deswegen an der Sache vorbei, weil es sich bei der Ausdehnung weniger um ein funktionalharmonisches als vielmehr um ein polyphon-kontrapunktisches Verfahren handelt: Mittel- und Oberbau des Wiedererkennungsakkords sind feststehende, quasi autonome Akkordverbünde, die gegenläufig bewegt werden. Überzeugend ist indes Overhoffs Gliederung des Zwischenspiels in drei Etappen, die er als „Teilbögen" bezeichnet (ebenda, 180).

11 Vgl. Garmisch-Partenkirchen, Richard-Strauss-Archiv, Particell TrV_223_q00548 (= RSQV q00548), Bl. 46r. Für die Genehmigung zur Publikation von Strauss-Autografen in diesem Beitrag sei der Familie Strauss herzlich gedankt. Ebenso danke ich der Kritischen Richard-Strauss-Werkausgabe in München für die Bereitstellung des *Elektra*-Particellausschnitts als Digitalisat.

12 Richard Strauss, *Betrachtungen und Erinnerungen*, hg. von Willi Schuh, München – Mainz 1989, 230. Vgl. dazu

auch Strauss' Begriff des „poetischen Kontrapunktes" (ebenda, 190).
13   Richard Strauss, *Richard-Strauss-Edition*, Bd. 4: *Sämtliche Bühnenwerke. Elektra. Tragödie in einem Aufzuge von Hugo von Hofmannsthal. Op. 58*, Studien-Partitur, Wien 1996, 265.
14   Richard Specht, *Richard Strauss und sein Werk*, Bd. 2: *Der Vokalkomponist – der Dramatiker*, Leipzig – Wien – Zürich 1921, Thementafeln, S. 19, Nr. 41.
15   Strauss 1996 (zit. Anm. 13), 267.
16   Vgl. hierzu Bernd Edelmann, *Tonart als Impuls für das Strauss'sche Komponieren*, in: Reinhold Schlötterer (Hg.), *Musik und Theater im „Rosenkavalier" von Richard Strauss* (Österreichische Akademie der Wissenschaften, Phil.-Hist. Klasse, Sitzungsberichte, Bd. 451), Wien 1985, 61–97, bes. 94.
17   Vgl. hierzu Bryan Gilliam, *Richard Strauss's ‚Elektra'* (Studies in Musical Genesis and Structure), Oxford 1991, bes. 99.
18   Edmund Wachten, *Der einheitliche Grundzug der Straußschen Formgestaltung*, in: Zeitschrift für Musikwissenschaft 16, H. 5/6, 1934, 257–274, hier 264.
19   Vgl. hierzu Gilliam 1991 (zit. Anm. 17), bes. 174 (Fig. 6.1 „Summary of the *Elektra* sketches"); i.V.m. Adrian Kech, *Musikalische Verwandlung in den Hofmannsthal-Opern von Richard Strauss*, Kap. 3.3 „Quellenteil I: *Elektra*" (Druck in Vorb.).
20   Vgl. Gilliam 1991 (zit. Anm. 17), 109. Freilich laufen diese Stadien genetisch oftmals bruchlos ineinander. Vgl. dazu Jürgen May, *Der Kompositionsprozess*, in: Walter Werbeck (Hg.), *Richard-Strauss-Handbuch*, Stuttgart – Weimar 2014, 114–129; Walter Werbeck, *Strauss's Compositional Process*, in: Charles Youmans (Hg.), *The Cambridge Companion to Richard Strauss*, Cambridge 2010, 22–41. Zudem kam es bei *Elektra* – ähnlich wie bei anderen Strauss-Werken auch – zu zeitlichen Überschneidungen der einzelnen Arbeitsstadien. Vgl. dazu Gilliam 1991 (zit. Anm. 17), bes. 60 (Table 3.2 „*Elektra* chronology: a documentary timetable").
21   Vgl. Richard-Strauss-Archiv, Particell TrV_223_q00548 (= RSQV q00548).
22   Vgl. Richard-Strauss-Archiv, Partitur [Signatur unbekannt] (= RSQV q00547).
23   So Strauss an Hofmannsthal am 11.3.1906 (vgl. Richard Strauss – Hugo von Hofmannsthal, *Briefwechsel*, hg. von Willi Schuh, München – Mainz 1990, 17).
24   Vgl. Richard-Strauss-Archiv, Schauspieltext TrV_223_q00549 (= RSQV q00549).
25   Vgl. hierzu Hofmannsthals Schauspielversion (Hugo von Hofmannsthal, *Sämtliche Werke. Kritische Ausgabe*, Bd. 7: *Dramen 5 [Elektra u. a.]*, hg. von Klaus E. Bohnenkamp und Mathias Mayer, Frankfurt a. M. 1997, 61–110) mit Strauss' Opernversion (ebenda, 111–151; i.V.m. Strauss 1996, zit. Anm. 13).
26   Carl Dahlhaus, *Die Tragödie als Oper. ‚Elektra' von Hofmannsthal und Strauss*, in: Ders., *Gesammelte Schriften in 10 Bänden*, Bd. 8: *20. Jahrhundert. Historik – Ästhetik – Theorie – Oper – Arnold Schönberg*, hg. von Hermann Danuser, Laaber 2005, 611–616, hier 613.
27   Vgl. hierzu Reinhold Schlötterer, *Dramaturgie des Sprechtheaters und Dramaturgie des Musiktheaters bei ‚Elektra' von Hugo von Hofmannsthal und Richard Strauss*, in: Julia Liebscher (Hg.), *Richard Strauss und das Musiktheater. Bericht über die Internationale Fachkonferenz Bochum, 14. bis 17. November 2001* (Veröffentlichungen der Richard-Strauss-Gesellschaft München, Bd. 19), Berlin 2005, 25–43.
28   Zu den Texterweiterungen im Einzelnen vgl. Strauss – Hofmannsthal 1990 (zit. Anm. 23), 35 ff.
29   Vgl. Wien, Theatermuseum, Operntext VM 323 BaM (= RSQV q00560). Vgl. dazu auch das Faksimile der Quelle bei Gilliam 1991 (zit. Anm. 17), [140]–[147].
30   Vgl. hierzu Franz Trenner, *Die Skizzenbücher von Richard Strauss aus dem Richard-Strauss-Archiv in Garmisch* (Veröffentlichungen der Richard-Strauss-Gesellschaft München, Bd. 1), Tutzing 1977, i.V.m. RSQV q13001–q13144.
31   Vgl. hierzu Gilliam 1991 (zit. Anm. 17), 172–175 (Abschnitt „Overview of *Elektra* Sketches").
32   Vgl. hierzu Wien, Österreichische Nationalbibliothek, Skizzenblätter Mus.Hs. 42001 (= RSQV q13651). Bei dieser Quelle handelt es sich um ein Doppelblatt im Hochformat, das nachträglich mit einem Einband versehen wurde. Inhaltlich zeigt es neben anderen Entwürfen auch Skizzen zum Schluss der Klytämnestra-Szene. Auf der hinteren Einbandinnenseite finden sich handschriftliche Bleistiftnotizen eines Vorbesitzers der Quelle. Dort heißt es unter anderem: „Nach Mitteilung von | Dr. Rudolf Elvers, Berlin 1981, | ist der überwiegende Teil | der Elektra-Skizzen zu | Kriegsende 1945 in der | Wohnung von Paul Frankfurter | in Berlin, Joachimsthalerstraße 17, | verbrannt." Vgl. dazu auch RSQV q13734.
33   Vgl. Gilliam 1991 (zit. Anm. 17), 200 („three [recte: two] folios relating to the Recognition Scene").

34 Vgl. ebenda, 199 („Stargardt fragment 88").
35 Vgl. ebenda, 198 f. („Stargardt fragment 86").
36 Nach wie vor werden Strauss-Autografen weltweit gehandelt. Vorliegende Ergebnisse stehen unter dem Vorbehalt, dass dieser Autografenmarkt mit Hilfe des RSQV zwar zu großen Teilen, aus Zeitgründen jedoch keineswegs vollständig gesichtet werden konnte.
37 Vgl. hierzu Gilliam 1991 (zit. Anm. 17), 200: „Another *Elektra* sketchbook folio was auctioned on 8 March 1988, and both sides of that manuscript were reproduced in that March catalogue." Gemäß dem Exemplar im Richard-Strauss-Institut Garmisch-Partenkirchen zeigt der Auktionskatalog nur *eine* Seite der betref- fenden Quelle im Faksimile. Auf welches Katalogexemplar sich Gilliam bezieht, geht aus seinen Aus- führungen nicht hervor.
38 Vgl. Sotheby's, *Music, Continental and Russian Books and Manuscripts*, Auktion am 28.5.2015 in London, Nr. 295. Zu den Provenienzdaten der Quelle im Einzelnen vgl. RSQV 14306.
39 Vgl. Kaplan 1985 (zit. Anm. 8), 108 f.; Norman M. Dinerstein, *Polychordality in Salome and Elektra. A Study of the Application of Reinterpretation Technique*, Diss. Princeton University 1974, 113–135. Wegen der besseren Vergleichbarkeit mit dem Elektra- und dem Wiedererkennungsakkord folgt Klytämnestras „Etwas"-Klang in *Abb. 5a* dem Klavierauszug, der den Ton *His* (Fagott II/Posaune III) als *c* und den Ton *heses"* (Violine I) als *a"* wiedergibt.
40 Vgl. z. B. in der Wiedererkennungsszene selbst: Bei Ziffer 169a erklingt der Elektra-Akkord zu Elektras Worten: „er [Agamemnon] schickte mir den Haß, den hohläugigen Haß als Bräutigam".
41 Vgl. Roswitha Schlötterer-Traimer, *Musik und musikalischer Satz. Ein Leitfaden zum Verstehen und Setzen von Musik*, Bd. 1: *Beschreibender Teil*, Regensburg 1991, 114. Vgl. dazu auch den Entwurf der Stelle im Garmischer Skizzenbuch Tr. 18 (= RSQV q13018), 68 f.
42 Michael Walter, ‚*Elektra*' – germanisches Fortissimo und ästhetische Konstruktion, in: Ulrich Tadday (Hg.), *Richard Strauss. Der griechische Germane* (Musik-Konzepte, N. F. Bd. 129/130), München 2005, 51–67, hier 65.
43 Die Konstellation der gedoppelten Dezim als Außenintervall gilt im Übrigen auch für den Wiederer- kennungsakkord – nur dass bei ihm eine richtige Doppeldezim vorliegt: *F,/F/a'/a"*.
44 Vgl. hierzu Kech i. V. (zit. Anm. 19), Kap. 3.2.1 „Wer ist Elektra? – Aspekte einer musikalischen Identität".
45 Welche Rolle E-Dur im Finale spielt, ist eine Frage für sich. Vgl. dazu Gilliam 1991 (zit. Anm. 17), bes. 206–235 (Kap. 7 „The Final Scene: Genesis and Structure"); i.V.m. Kech i. V. (zit. Anm. 19), Kap. 3.2.2 „Elektras Tod oder: vom Scheitern und Gelingen einer Verwandlung".
46 Hofmannsthal 1997 (zit. Anm. 25), 140 f.
47 Vgl. Wien, Theatermuseum, Operntext VM 323 BaM (= RSQV q00560).
48 Ebenda, Bl. 1r (Unterstreichung autograf). Die Lesart „Schauder" ist nicht ganz gesichert. Möglicherweise lautet das Wort auch „Schauer", was indes am Sinn nichts Wesentliches ändert.
49 Gilliam 1991 (zit. Anm. 17), 156.
50 Vgl. ebenda, 99. Vgl. dazu auch Sonja Bayerlein, *Musikalische Psychologie der drei Frauengestalten in der Oper ‚Elektra' von Richard Strauss* (Würzburger musikhistorische Beiträge, Bd. 16), Tutzing 1996, 144–169 (Kap. „Elektras verdrängte Weiblichkeit"). Der Verweis darauf, dass E-Dur Strauss' bevorzugte Tonart zur Darstellung von „Liebesvorgänge[n]" ist (vgl. dazu den Gesprächsbericht bei Rudolf Hartmann, *Das geliebte Haus. Mein Leben mit der Oper*, München – Zürich 1975, 88 f.), ist im Schrifttum mittlerweile Legion. Vgl. stell- vertretend für viele Edelmann 1985 (zit. Anm. 16), bes. 81 f.
51 Hofmannsthal 1997 (zit. Anm. 25), 121.

Alfred Roller, Bühnenbildentwurf zu *Die Frau ohne Schatten*, 1. Akt, „Verwandlungsszene". Staatsoper Wien, 1919. Theatermuseum

Die Inszenierung von Verwandlung
Hugo von Hofmannsthal und Alfred Roller

Ursula Renner, Duisburg-Essen

Im Mai 1914 wendet sich Richard Strauss im Zusammenhang mit der im Entstehen begriffenen *Frau ohne Schatten* an Hugo von Hofmannsthal: „Bitte besprechen Sie doch mit Roller die genaue Dauer der Verwandlungen in der ‚Frau ohne Schatten', daß ich mich mit den Zwischenspielen, die Uhr in der Hand, darnach richten kann und nicht zu wenig und nicht zu viel Musik mache. 2 bis 3 Minuten Musik ist viel; für unsere heutigen Maschinisten mit ihren schweren Dekorationen und unpraktischen ‚Praktikables' [begehbaren Bühnendekorationen] sehr wenig." Eine Woche später vermeldet Hofmannsthal, er habe „gestern Roller hier herausgebeten und mit ihm die Dekorations- und Verwandlungssache genau durchgesprochen. Zwischenmusik von drei Minuten wäre ein erschreckender Gedanke! Das wäre ja eine halbe Symphonie! und das sechsmal an einem Abend! Auch zwei Minuten ist zuviel! [...] Also: er richtet es so ein, daß jede der Verwandlungen sich in 1 ¼ Minuten (75 Sekunden) vollziehen wird – und wenn Sie ihm bei der einen oder anderen *nur eine Minute* Zeit lassen, so wird es auch gehen."[1]

Was hier zwischen Komponist, Dichter und Bühnenbildner verhandelt wird, wirft ein Schlaglicht auf die komplexen künstlerischen und technischen Probleme der Oper, von ihrer Konzeption bis hin zur endgültigen Aufführung. Die Verhandlungen über minutiöse Details belegen auch, wie sehr das Gesamtkunstwerk der *Frau ohne Schatten* ein *team-work in progress* war. Während das für die Zusammenarbeit von Hofmannsthal mit Strauss längst bekannt ist, war der Bühnenbildner Alfred Roller bisher eher ein Figur des Hintergrunds. Seine nicht unmaßgebliche Rolle wird erst die Publikation des Briefwechsels zwischen den drei Künstlern[2] belegen können. Im Vorgriff sollen hier einige Aspekte der Werkstatt-Gespräche zwischen Dichter und Bühnenbildner mitgeteilt werden.

Vorgeschichte

Der Zusammenarbeit von Alfred Roller und Hofmannsthal ging die Begegnung des Dichters mit Richard Strauss voraus. Diese hatten sich am 6. März 1900 in Paris[3] kennengelernt, Harry Graf Kessler vermerkt bereits im Jahr zuvor ein zufälliges Zusammentreffen.[4] In Paris ging es nicht zuletzt um das beiderseitig aktuelle Interesse am Ballett, im Falle von Richard Strauss an *Kythere* und bei Hofmannsthal an einem seiner ersten und ausnahmsweise später auch fertiggestellten Ballette mit dem Titel *Triumph der Zeit*. Über diese erste künstlerische Begegnung mit Richard Strauss erzählte Hofmannsthal später dem Schriftsteller und Journalisten Hermann Menkes: „Es war im Theâtre Antoine, wo ich mit Maeterlinck weilte. Maeterlinck, der unmusikalisch ist, wollte einige seiner Dramen gern vertont sehen. Er fand ja dann auch einen Komponisten in Debussy;

das war es aber, was ihn mit Richard Strauß [sic] zusammenführte. Strauß, der in Paris weilte, kam an jenem Abend in unsere Loge, und hier lernte ich ihn durch Maeterlinck kennen. [...] Wir verbrachten mit einander einige angenehme Stunden. Ich erzählte Strauß, daß mir die Abfassung eines Balletts, das große Prachtentfaltung erfordere, vorschwebe. Er sprach von einer Ballettskizze, die er entworfen [*Kythere*] und die mir noch jetzt [1910] sehr interessant erscheint. Es sind Szenen aus dem Watteauschen Milieu, die aber aus verschiedenen Gründen nicht zur Aufführung gelangten. Zu einer weiteren Anknüpfung kam es nicht zwischen uns. Erst nach Erscheinen der ‚Elektra' teilte er mir mit, daß er das Stück zu vertonen beabsichtige. [...] Seit jener Zeit rührt unsere künstlerische Verbindung her."[5] Jedenfalls schrieb der durch dieses Treffen in Paris hochmotivierte 26-jährige Dichter unmittelbar danach an seine Eltern: „Das nächste, was ich machen will, ist ein kleines Ballet für Richard Strauss, den ich hier getroffen habe."[6]

Die Musik zu *Triumph der Zeit* komponierte dann allerdings doch nicht Strauss[7], sondern Alexander von Zemlinsky. Der Wiener Hofoperndirektor Gustav Mahler lehnte es jedoch ab, das Ballett auf die Bühne zu bringen.[8] Er habe es, so Hofmannsthal an Zemlinsky, für zu „subtil" befunden, um bühnentauglich zu sein, was aber im Grunde auf Mahler zurückfalle: „Ich fürchte, dass ihm gerade das fehlt, worauf es hier ankommt: nämlich die Phantasie des Auges."[9] Ein Grund der Absage Mahlers war aber der Umstand, dass die Abfolge von poetischen Bildern, der *trionfo* der Verwandlungen – und hier kann man durchaus Vergleiche zur *Frau ohne Schatten* ziehen –, eine Fülle von (auch technisch zu lösenden) Problemen mit sich brachte. Ganz zu schweigen von hermeneutischen Schwierigkeiten: Wie kann man das symbolistisch verdichtete Ganze als Leser und/oder Zuschauer überhaupt verstehen, wenn es dann auf der Bühne vorüberzieht?

Im März 1904 unternahm Hofmannsthal, nachdem das 3-aktige Ballett nach längerem Hin und Her zu einer 1-aktigen Version komprimiert worden war, noch einmal den Versuch, dem Werk einen Weg auf die Wiener Bühne zu bahnen: Er wandte sich, wahrscheinlich auf Empfehlung Zemlinskys[10], an Alfred Roller. Dieser war als Schüler der Akademie Anfang der 90er Jahre durch seine ausgestellten Bilder, dann als Mitbegründer der Wiener Secession bekannt geworden.

Breite Aufmerksamkeit erlangte er jedoch auch durch eine Benefiz-Veranstaltung der österreichischen Pharmazeuten, der Tischgesellschaft Marokkania, im März 1894, von der schon im Februar ausführlich berichtet wurde und deren künstlerische Inszenierung in Rollers Händen lag. Als Hauptattraktion vor dem großen Kostümball firmierte das Märchenspiel *Ein Abend am Hofe des Groß-Moguls von Marokko*, das Roller mit sechs ‚Lebenden Bildern' illustrierte. In diesem Unterhaltungsgenre hatte auch Hofmannsthal sich im Jahr zuvor als Mitspieler und sogar Autor eines Prologes und Epiloges hervorgetan. Über Rollers Konzept referierte das „Welt-Blatt" am 9. März 1894, dem Tag des großen Festes: „Maler Roller sagte sich, daß das *lebende Bild* zum Bühnenbilde in demselben Verhältnisse stehe, wie die Vollplastik zum Relief, anderseits zum Malerwerke wie das Panoramabild zum Tafelbild. [...] / Seine lebenden Bilder werden auf einer kaum 2 Meter tiefen Bühne stehen (Relief), während die Prospekte dahinter nicht wie Theaterdekorationen, sondern mit panoramaartig plastischer Wirkung und zusammen mit dem größten Theile der Figuren gemalt sind (Panorama). Das dramatische Spiel […], in welchem die Schauspieler […] die Rollen sprechen, geht auf einer Vorbühne von gleichfalls geringer Tiefe vor sich, die lebenden Bilder erscheinen auf einer dahinter liegenden etwas erhöhten Bühne, so daß bemerkenswertherweise der antike Typus von Skene und Orchestra entsteht. Bei der Feststellung der Bilder war starke Kontrastwirkung maßgebend."

Das Strukturmuster der ‚lebenden Bilder', erinnert auffallend an Hofmannsthals Tendenz zu allegorisch-kontrastierenden Doppelkonstruktionen, die er insbesondere in den 90er Jahren vielfach erprobte, die aber noch in seine spätere *Ariadne auf Naxos* hineinwirkten. Über die Bilder in Rollers Märchenspiel hieß es im „Welt-Blatt" weiter: „Der marokkanische Prunksaal, die glitzernde, in grellbunte Gewänder gekleidete Menge, ihr Lärmen, ihre Bewegung, die gellende Blechmusik – sie sollen den Zuseher vorerst blenden, verwirren, anregen und empfänglich machen. / Desto ruhiger sollen dann die Bilder wirken, wirklich wie Einblicke in eine andere, erhabene Welt. Das Auge soll überrascht sein, wenn den ganzen, farbenprächtigen, lärmenden Hofstaat des Großmoguls die Dunkelheit verschlingt und ihm die ruhigen Bilder erscheinen: die düstere alchymistische Küche – Staffage blos ein alter Mann, der Alchymist; dann der ägyptische Tempel – Staffage drei Priesterinnen, schöne Mädchen, aber tiefernste, wie ihre Umgebung; hierauf der sonnige, duftige griechische Hain mit dem Asklepiosfest; Staffage zehn reigentanzende; dann auf die lachende Gesundheit die decadente Moderne (wenn man so sagen darf), auf den Reigentanz stumpfe Müdigkeit, die chinesische Opiumbude bei Sonnenuntergang und schwüler Blütenpracht – Staffage Opiumraucherinnen; und schließlich, alles Vorhergegangene an Pracht und Massenaufwand überbietend, das lärmende Venedig des 15. Jahrhunderts, das Theriakfest der Gegenwart des Dogen und einer reichgekleideten farbenprächtigen Menge. / Das Schlußbild, die Apotheose der Wohlthätigkeit, verkörpert durch Vindobona, die gabenfreudige, läßt dann den Farbenzauber in majestätischer Würde verklingen … […]."

Den Augenzeugen des „Wiener Salonblattes" erinnerte die Technik und Pracht „an die beste Zeit des unvergeßlichen Makart" (11.3.1894, S. 10), d. h. die Zeit der großen Künstlerfeste und der Salonkultur. Und dieser Widerhall Rollers in der Wiener Öffentlichkeit kann auch Hofmannsthal nicht entgangen sein, ja er muss ihn lebhaft interessiert haben, nicht nur, wie schon gesagt, weil er selbst in einem solchen Festspiel im Palais Todesco mitgewirkt und bildaffine, d. h. auf Situationen zugespitzte lyrische Dramen verfasst hatte, sondern weil er sich in dieser Zeit auch als Kunstkritiker mit zeitgenössischer (Salon-)Kunst und deren allegorisch-symbolistischen Bild-Konzepten auseinandersetzte. Persönlich war Hofmannsthal dem zehn Jahre älteren Alfred Roller vor der Jahrhundertwende aber noch nicht begegnet, obwohl der junge Dichter in dem „officiellen Organ der ‚Vereinigung Bildender Künstler Österreichs'", *Ver sacrum*, deren verantwortlicher Redakteur Roller war, Gedichte publiziert hatte.

Gustav Mahler jedenfalls verpflichtete den 1899 auf eine Professur an der Kunstgewerbeschule berufenen vielseitigen Künstler im Juni 1903 als Ausstattungsleiter an das Wiener Hofoperntheater, nachdem seine Bühnenbilder für die Neuinszenierung von Wagners *Tristan und Isolde* im Februar 1903 größte Aufmerksamkeit erregt hatten.[11] Für Hofmannsthal und den *Triumph der Zeit* konnte oder wollte aber auch er bei Mahler offenbar nichts ausrichten.

Als Roller im Herbst 1905 von Max Reinhardt gebeten wurde, am Deutschen Theater in Berlin das Bühnenbild für Hofmannsthals *Ödipus und die Sphinx* zu entwerfen (UA 2.2.1906), kam es zu einem ersten intensiven Austausch zwischen ihm und dem Dichter. Bei diesem Auftrag habe er „zum erstenmale", so Roller, „unter dem unmittelbaren Einfluß" eines Dichters gearbeitet und so „nicht nur durchaus angenehme, sondern auch sehr lehrreiche Erfahrungen" gemacht.[12] Es folgen eine Reihe von gemeinsamen Arbeitsbegegnungen: *Der Rosenkavalier* (1911) und im selben Jahr *Jedermann*, schließlich *Die Frau ohne Schatten* (1919), bei den Salzburger Festspielen 1920 wiederum *Jedermann* und 1922 das *Salzburger Große Welttheater*.

Was Hofmannsthal und Roller verband, war – jenseits der Arbeit an der Inszenierung – ein in vieler Hinsicht geteiltes ästhetisches Urteil, das den Konzepten des Symbolismus und Secessionismus entsprang. In diesem Sinne wünschte sich Roller als Praktiker wie als Lehrer und Künstler mehr als nur eine Bühnenreform; er forderte eine Theaterreform, die er, ganz auf der Linie Hofmannsthals, folgendermaßen zusammenfasste: „Es handelt sich darum [...] wieder ein lebendiges Theater zu gewinnen, auf dessen Bühne [...] Alles nur bedeutet, nichts wirklich ist oder wirklich zu sein vorgibt!"[13] Eine Tagebuch-Notiz von Hermann Bahr über die legendäre Wiener *Don Giovanni*-Inszenierung von 1905 belegt die Wirkung beim avancierten Publikum: „Über Roller, vor dem unsere ganze Kritik wieder einmal am Berge steht. [...] Die Dekoration soll nichts vortäuschen, sondern nur Zeichen geben. [...] Sie sagt: ich bin Bühne, ein Raum für die Kunst des Schauspielers, die diesen aus seiner zufälligen Person, wie euch das im Traume manchmal geschieht, in ein fremdes und doch offenbar irgendwie geheimnisvoll an sie gebundenes Wesen verwandelt, womit ihr nun ganz ebenso, von der Kunst des Schauspielers angesteckt, auch mich verwandeln sollt, jetzt in ein Schloß, dann in den Wald, ich kann euch nur das Zeichen geben, durch ein rotes Tuch oder ein grünes Licht! [...] Zwei Türme, je rechts und links, darüber Bögen, hinten eine Wand, also deutlich: eine Halle für die Kunst des Schauspielers: und wie sie diesen verwandelt und dadurch der Zuschauer mitzuspielen bereit wird, gibt die Dekoration das Zeichen für seine Phantasie durch ein rotes Tuch, durch ein grünes Licht, oder indem an der Wand, die immer die selbe Wand der selben Halle bleibt, ein Bild erscheint, nicht ein Schloß oder ein Wald, sondern ein Gemälde des Schlosses, des Waldes. Bedingung freilich: daß der Zuschauer wieder mitspielen lernt, wozu ihn anzustiften, um ihn durch solche Verwandlungen zu purgieren, übrigens der einzige dramatische Zweck ist."[14]

Nun hatte schon Maurice Maeterlinck mit seinen zeichenhaft verdichteten lyrischen Dramen ein visionäres Theater, ein „Theater des Traumes" konzipiert[15], mit dem sich Hofmannsthal seit seinen Anfängen in den frühen 1890er Jahren auseinandergesetzt, das er übersetzt hatte und das in seiner *Elektra* (1903) unübersehbar nachwirkt. Ganz explizit greift Hofmannsthal in seinem Aufsatz *Die Bühne als Traumbild* (1903), der im Kontext der Berliner *Elektra*-Inszenierung entstand, auf Maeterlinck und die avantgardistischen Konzepte des Symbolismus zurück, erläutert, was er darunter versteht und was ein Bühnenbildner wissen muss, zunächst und vor allem, „daß es auf der Welt nichts Starres gibt, nichts was ohne Bezug ist, nichts was für sich allein lebt".[16] Dieses Wissen haben ihn seine Träume gelehrt. Sie werden, analog zu Maeterlinck, in doppelter Hinsicht verstanden: zum einen als das Traumgeschehen im Schlaf, zum anderen und vornehmlich als Fähigkeit des intensiven inneren Schauens, als Ausdruck schöpferischer Kraft in der Vision, wie sie auch dem Künstler zu eigen ist: „Sein Auge muß schöpferisch sein, wie das Auge des Träumenden, der nichts erblickt, was ohne Bedeutung wäre." Und weiter: „Wenn er [der Bühnenbildner] aber Mauern aufzubauen hat, so werden sie von einer [...] erstaunlichen Einfachheit [sein]. Ihr ganzes Leben werden nicht die nachgeahmten Realitäten bilden, nicht die Zierate, nicht die Künsteleien der Stile, nicht alles das, was in der Wirklichkeit nur erträglich ist, weil es Gewordenes ist und umschwebt ist von Vergangenheit, behaucht vom ewigen Sterben, unendlich voll Ausdruck, weil echt, weil wirklich, weil nur sich selber gleichend – nein, seine Mauern werden denen gleichen, die der Traum in uns aufbaut, und ihr ganzes Leben wird das unerschöpfliche Spiel des Lichts sein [...]."

Am Beispiel der Mauer zeigt Hofmannsthal, wie aus einem Requisit durch Lichtregie ein modernes Seherlebnis wird, das weder mehr aus der „Illusion", einem naturalistisch-historischen Bühnenrealismus, noch dem impressionistischen Interesse an Licht generiert wird (selbst wenn es Elemente davon noch enthält). Was ihn interessiert, ist die Zeichensprache, die durch die neuen Beleuchtungstechniken so unerhört erweitert werden kann. Immer, das ist die übergeordnete Funktion der technischen Mittel, soll es auf der Bühne darum gehen, an der Oberfläche der Erscheinung Phänomene wahrnehmbar zu machen, die als bedeutsame Zeichen auf die Tiefendimension menschlicher Erfahrungen verweisen.[17] „Ein Bild schaffen, auf dem nicht fußbreit ohne Bedeutung ist, das ist alles", schreibt Hofmannsthal bündig in der *Bühne als Traumbild*[18], jenen Satz, den Roller gebetsmühlenartig wiederholen wird. Und zwar deshalb, weil für diese neue Arbeit an der Semiose, die der Dichter leistet, auf der Bühne und mit der Technik zuerst einmal ein fester Boden geschaffen werden muss. Genau hier kommt die kardinale Aufgabe des Bühnenbildners ins Spiel, und zwar gerade dann, wenn dieser Boden sich in Verwandlungen ganz aufzulösen scheint. Für das Atmosphärische seiner Märchenoper *Die Frau ohne Schatten* hätte sich Hofmannsthal dann allerdings statt des „phantasielosen" Roller (Harry Graf Kessler an Hofmannsthal) lieber einen Malerkünstler wie Léon Bakst gewünscht, mit dessen orientalisierender Märchenästhetik die Ballets Russes in der Vorkriegszeit in Paris Furore machten.

Verwandlungskünste in der *Frau ohne Schatten*

Bei der *Frau ohne Schatten* sind die Verwandlungen Teil eines ästhetischen Konzeptes und ein diffiziles technisches Problem, wie die eingangs zitierten Briefpassagen von

Strauss und Hofmannsthal zeigen. Eindrücklich macht dies auch noch einmal ein Brief Hofmannsthals anlässlich der Berliner Inszenierung im Januar 1920 klar: „Erlauben Sie mir nur", schreibt er an Max von Schillings, mit dem er schon seit 1900 in Kontakt stand und der im Juli 1919 Richard Strauss in der Generalintendanz der Berliner Staatsoper abgelöst hatte, „Ihre ganze Aufmerksamkeit als oberster Leiter der Aufführung, von dem schließlich alles abhängt, auf einen bestimmten Punkt zu wenden. Nämlich auf die vielen Zaubereien, die in der Oper vorkommen. Diese sind nicht etwa [...] müßiges Beiwerk, oder ein phantastischer Aufputz, sondern es sind bildhafte Verdichtungen geistigen Gehaltes und überall dort, wo sie vorkommen, sind sie der Angelpunkt des betreffenden Handlungsteiles. Vernachlässigt man diese Zaubereien, so ist die Bühnenwirkung der Oper annuliert. Hierzu gehören: die Fischlein, die Erscheinung des Pavillons im ersten Aufzug, die Trennung des Ehelagers, im zweiten dann das Phantom des Jünglings und vor allem am Schluß des zweiten Aufzugs das glühende Richtschwert (kein kleiner Türkensäbel, sondern ein mächtiges, sehr großes, von innen leuchtendes Richtschwert, ein Zweihänder) und der Zusammensturz der Färberhütte. Vernachlässigt man diese Dinge am Schluß des zweiten Aktes, so entsteht ein realistisch-psychologischer Schluß, also das Gegenteil der dichterischen Absicht und ein merkliches Erkalten der Zuschauer, denn diese Zauberoper rechnet ja mit dem Zuschauer, nicht bloß mit dem Zuhörer."[19]

Als „Zauberoper" bringt *Die Frau ohne Schatten* drei Sphären zusammen: Das Geisterreich von Keikobad, das Herrscherpaar Kaiser und Kaiserin sowie die Arbeitswelt mit Färber und Färberin.[20] Nur eine der handelnden Figuren, abgesehen von dem fernen Übervater Keikobad, hat einen Namen. Es ist Barak, der Färber, der Bodenständigste. Er als Einziger hat von Anfang an eine (hand-)feste personale Identität, alle anderen sind nach Rollen und Funktionen benannt. Die Frage ist nun: Kann ein Zwischenwesen, ein Beinahe-Mensch, *sich* zum Menschen verwandeln? Ja, wäre die Antwort der Oper, wenn er darauf verzichtet, das, was ihm fehlt, einem anderen zu rauben. Allerdings muss dieser nicht fertig verwandelte Mensch, eine Feentochter, erst eingeführt werden in das Drama des Menschseins mit seinen hellen und dunklen Seiten. Am Ende wird sie gar Agentin der Verwandlung einer Institution geworden sein, der Ehe![21] Nach einer Fülle von Verwandlungen auf allen Ebenen steht ein letztes großes Ereignis: Der Geist-Mensch wird Mensch, eine *femina procreatrix*. Mit ihr wird auch der Versteinerungsprozess des Kaisers – seine allmähliche Verwandlung in tote Materie, eine umgekehrte Verwesung – rückgängig gemacht. So entsteht eine doppelte Menschwerdung, die wiederum im Färberpaar gespiegelt wird.

Für die Geschichte heißt das, Kaiser und Kaiserin werden per Gebot aus dem künstlichen Paar-Paradies vertrieben, um in der Menschenwelt ihre in einem höheren Sinn ‚humane' Position zu gewinnen.

Den Weg dahin, die Läuterung, erlebt der Opernbesucher mit. Als Mägde verkleidet und im gemeinsamen Begehren, den Schatten zu erwerben, *beamen* sich Amme und Kaiserin in die Menschenwelt. Sie finden dort eine anfällige Färbersfrau und einen

Alfred Roller, Bühnenbildentwurf zu *Die Frau ohne Schatten*, 2. Akt, „Schlafgemach der Kaiserin".
Staatsoper Wien, 1919. Theatermuseum

einfältigen Färber vor. Die szenischen Verwandlungen, die der Zuschauer sieht, bemerkt Barak nicht, andererseits glaubt er an eine Verwandlung, an die sonst niemand glaubt, an die Schwangerschaft seiner Frau. Die Färberin ist begeistert von den zauberhaften Angeboten der Amme. Als sie ihre neue, herrliche Gestalt im Spiegel erblickt, kann sie es kaum fassen: „O Welt in der Welt! O Traum im Wachen!" Das suggerierte Wunsch-Ich der schönen, begehrenswerten Frau wird vorgeführt, aber auch wieder entzogen. Für den handfesten Appetit des Ehemannes werden Fische in die Pfanne gezaubert. Nach Bedarf taktiert die Amme mit Anwesenheit und Abwesenheit, dem Überwinden von Raum und Zeit, dem Her- und Wegzaubern des jugendlichen Liebhabers für die Färberin. Dafür können – „Du Besen, leih mir die Gestalt! / Und Kessel du, leih mir deine Stimme!" – Geräte transformiert und animiert werden, wie bei Goethes *Zauberlehrling*...

Für die Wiener Uraufführung (10.10.1919) hatte Roller als ausführendes Organ des Willens von Librettist und Komponist das Ganze in einer detaillierten „Regieskizze" zu begreifen und auch für alle Beteiligten festzulegen gesucht.[22] In einem Sonderheft zur *Frau ohne Schatten* in den von Richard Strauss herausgegebenen „Blättern des Opern-theaters" im selben Jahr gibt er darüber hinaus eine kompakte Kurzfassung der technischen Seite seiner Arbeit:

„Für den Bühnentechniker stellt sich die Oper ‚Die Frau ohne Schatten' als ein Werk von elf Verwandlungen dar, die in drei Akte eingeteilt sind. Der erste Akt hat zwei, der zweite fünf und der dritte vier Bilder. Alle Verwandlungen sind in einer durch die fortlaufende Musik begrenzten Zeit zu vollziehen. Die Verwandlungen der beiden ersten Akte geschehen hinter dem Zwischenvorhang, die des dritten Aktes hinter sinkenden Wolkenwänden, so daß hier der Eindruck des Emporsteigens der Szenen in immer höhere Regionen erzeugt wird.

Die Handlung spielt teils im Geisterland, teils in der Menschenwelt. Die Schauplätze im Geisterreich wechseln: Dachterrasse in den kaiserlichen Gärten <1[.] Bild>; vor dem Pavillon des Falkners im Walde <4. Bild>; im Schlafgemach der Kaiserin <6. Bild>, unterirdisches Verließ <8. Bild>; vor dem Eingang zum Geistertempel <9. Bild>; im Geistertempel <10. Bild>; Landschaft im Geisterreich <Schlußbild>. Die Szenen, die in der Menschenwelt spielen, haben alle den gleichen Schauplatz: Das Innere des Färberhauses. Es erscheint viermal, und zwar während der beiden ersten Akte. Nach dem zweiten Akte wird es abgebaut. So ergibt sich im Einklang mit dem dramatisch-musikalischen Gang des Werkes an dieser Stelle die größere Spielpause.

Aus Klanggründen waren alle Bilder mit möglichst geringer Bühnentiefe anzuordnen. Alle Bilder, die Schauplätze im Geisterreich vorstellen, sind in der Art älterer Bühnenausstattungen vorwiegend durch Malerei auf flachen Dekorationsstücken dargestellt, während das der Menschenwelt angehörende Färberhaus realistisch unter starker Zuhilfenahme von Plastik ausgeführt ist. Daß das Färberhaus in eine Ruine hineingebaut erscheint, ist ein lediglich dekorativer Einfall. In den Bildern des Geisterreiches fließen Stilmotive des ferneren und fernsten Ostens traumartig durcheinander; eine genaue Lokalisierung der Handlung war zu vermeiden und es sollte bloß der vage Eindruck eines märchenhaften Orients erzeugt werden. Ähnliches gilt von den Kostümen.

Alle Entwürfe stammen aus der Vorkriegszeit. Wenn die einzelnen Bühnen unter den gänzlich geänderten heutigen Materialbeschaffungs-, Geld- und Arbeitsverhältnissen entsprechende Ausstattungen des Werkes zustande bringen, so wird dies für die ausführenden technischen Kräfte derselben eine anerkennenswerte Leistung bedeuten."[23]

Verwandlung, das Grundthema der Oper, benötigt als Voraussetzung eine Hingabe an das materiale Detail, eine besondere Aufmerksamkeit für Material, Form und Farbe. Erst so kann die Bühne semiotisch aufgeladen werden, wird selbst auch der Färber in seiner Arbeitswelt ein Agent von Verwandlungen, jener komplexen, faszinierenden materialen Welt der Farbe, die den Laien das Staunen lehrt, und bekommt gleichzeitig der Dichter ‚Welthaltiges' für seine parallel entstehende Erzählung der *Frau ohne Schatten* – Dichtungsmaterial im doppelten Wortsinne.[24]

Die Inszenierung von Verwandlung 75

Alfred Roller, Bühnenbildentwurf zu *Die Frau ohne Schatten*, 1. Akt, „Im Haus des Färbers".
Staatsoper Wien, 1919. Theatermuseum

Färben und Farbe – Verhandlungen im Brief

Im Februar 1918 schickt Roller – ab diesem Jahr bis zu seinem Tod 1935 wieder Ausstattungsleiter der Wiener Staatsoper – den ersten einer Reihe von Briefen[25] mit Schilderungen des Färberhandwerkes, genauen Angaben über das Krappfärbeverfahren, diverse Farbstoffe und allerlei historische Details an Hofmannsthal, der sich dafür außerordentlich dankbar zeigt.

Roller an Hofmannsthal, 5.2.1918
„Sehr geehrter Herr von Hofmannsthal, in den beifolgenden Blättern[26] habe ich das Tagwerk eines primitiven Färbers wie ich mirs vorstelle zu schildern versucht. Entschuldigen Sie die unbeholfene Ausdrucksweise. Es handelt sich bloß um das Gegenständliche und um Raschheit. Jede Einzelheit der geschilderten Verrichtungen wird sich wol nicht belegen lassen, grobe Schnitzer aber dürften vermieden sein. Er ist ein rechter Märchenfärber, der da hantiert. Sowol weil er so vielerlei an einem Tag schafft, als weil er alles ohne Hilfskraft vollbringt. Zumindest das Zutragen des so reichlich benötigten Wassers, – ich habe das unerwähnt gelassen – dürfte von einer Hilfskraft besorgt werden. Durch Beschränkung der Tätigkeit auf Woll- oder Seiden- oder Garnfärberei, auf Blau- oder Türkischrot-(Krapp-) oder Schwarzfärberei, auf Flockenwoll- oder Stückfärberei wären wahrheitsähnlichere Vereinfachungen zu erzielen. Auf die

Verhältnisse Baraks habe ich absichtlich keine Rücksicht genommen. Nun, wenn diese ‚Märchen-Färberei' Ihnen einige ‚Farbe' für Ihren ‚Stoff' liefern könnte, so sollte michs sehr freuen. – [...] Mit den besten Empfehlungen Ihr herzlich ergebener ARoller"

Roller an Hofmannsthal, 6.2.1918
„Sehr geehrter Herr von Hofmannsthal, nach Absendung meiner Schilderung der Arbeit eines Färbers finde ich in einem Handbuch genauere Angaben über das Krappfärbeverfahren in alter Zeit[27], die mir zeigen, dass ich diesen Vorgang doch allzu einfach geschildert habe. Ich berichtige mich also:
1. Der Wollstoff wird stundenlang in Sodalösung gekocht. 2. Nach dem Trocknen wird er mit einer Mischung imprägniert, die aus dem Öl abgekochter Oliven (15 L), frischem Schafmist (2 L) und gelöster Soda (6 Kg) besteht, getrocknet und noch 2 mal eingerieben. 3. Mehrmals in Sodalösung geweicht und ausgewunden. 4. Eine Nacht lang gewässert (Fluß). 5. Einen Tag und eine Nacht lang in Alaun gebadet. 6. Nass Gefärbt und gewaschen, wie beschrieben.
Das sind also wesentlich längere Prozeduren. Ferner habe ich zu erzählen vergessen, dass die Stränge, die im Indigobade hängen mehrmals ‚umgezogen' werden müßen, d. h. dass die Strähne mit anderen Stellen an den Stöcken, von denen sie in die Farbe hängen aufgehängt werden müßen, damit auch die bisher über den Stöcken liegenden Stellen in die Farbe kommen, sonst bleiben diese Stellen ungefärbt.
Von Farbstoffen, die sich in dem Farbenvorrat des Färbers finden könnten wären noch nachzutragen: 1.) Der eingedickte Saft der Aloë, der grünlich-schwarz-braun aussieht, unregelmäßige Brocken bildet, widrig riecht, luftabgeschlossen aufbewahrt wird und hell- bis schwarzbraun färbt. 2.) Die Rinde und Wurzel des Berberizstrauches, die Seide unmittelbar und Wolle mit Tanninbeize gelb färbt. 3.) Die Cochenille, das ist das getrocknete weibliche Tier der Nopallaus, silbergrau, wie winzige Kaffeebohnen geformt, bläulich-rot färbend.
Verzeihen Sie diese Versehen. Ich habe mich, scheint es, zu sehr beeilt. Herzlichst Ihr ergebenster ARoller"

Hofmannsthal an Roller, Rodaun, 8.2.1918
„mein lieber Herr Professor[,] Ihre Sendung hat mich wirklich gerührt und beglückt. Es spricht eine solche menschliche Güte aus dieser Art, auf die Sorgen und Bedürfnisse eines Andern einzugehen, dass man es empfindet, wie einen zu Herzen gehenden Blick oder Handdruck. Bis zu welchem Maß mir Ihre Hilfe zustatten kommt, können Sie kaum vermuten: ich selber ermesse es erst allmählich. Indem ich diese den Arbeitstag des Färbers völlig durchdringende Darstellung immer wieder durchlese u. mir einpräge gewinne ich für den mittleren Teil meiner Erzählung[28] einen ganz anderen Kern und ich muss mir Glück wünschen, dass ein Instinct, über den man sich keine Rechenschaft gibt, mich das mühevolle und vielteilige Färberhandwerk für meinen Barak wählen ließ – das besser als jedes andere seine Persönlichkeit zu enthüllen gestattet – die ja ohne jedes ‚Zeigen' gezeigt werden muss, da sie wesenhaft u. ganz ohne ‚In scene' ist. [...]
[Zum Tode Klimts:] Wohl ihm und uns, dass er so schnell hat fortkönnen, nicht als ein halb gebrochener Mensch fortleben müssen. So sind Sie in dieser dunklen Zeit jetzt

dreifach geprüft worden. Die Prüfung der Guten, die scheinbar nicht geprüft zu werden brauchen, ist der tiefste Gehalt meines ‚Märchens'. Man bleibt immer in der ‚Wirklichkeit', auch wenn man sie scheinbar verlässt. Dankbar u. herzlich der Ihre Hofmannsthal"

Roller an Hofmannsthal, 8.2.1918
„Sehr geehrter Herr von Hofmannsthal, vielleicht sind Ihnen über altertümliche Krappfärberei noch einige Angaben wichtig, die ich nach und nach in verschiedenen Handbüchern finde: Die Krapppflanze wächst wild in Kleinasien, Griechenland, im Kaukasus und im ganzen südlichen Europa. Späterhin wurde sie kultiviert. Die vorzüglichsten alten Ausfuhrplätze für Krappwurzel sind Smyrna und Cypern. Sie wird getrocknet in Kisten oder Ballen gepackt versendet. Das Entfernen der Nebentriebe der Wurzel erfolgt durch leichtes Dreschen. Die Befreiung von Staub durch Sieben und Fächerschwingen. Gemahlen oder gestoßen und gesiebt ergibt sich endlich ein gelbliches bis bräunliches Pulver. Dieses zieht stark Luftfeuchtigkeit an, färbt sich dabei immer dunkler, zersetzt sich allmählich und gärt unter widerlichem Geruch, wobei sich sein Volumen vergrößert (‚Wachsen'). Endlich wird es eine harte zusammengebackene, dunkle Masse die mit Meißel und Hammer zerkleinert werden muß. Die Färbefähigkeit ist dabei gewachsen. Einige nennen 3jährigen Krapp als ausgiebigsten, andere älteren. Jedenfalls geht die Färbefähigkeit später wieder zurück.
Zum Ansetzen der ‚Färberflotte' wird der Krapp fein zerkleinert. Mit Wasser allein angesetzt löst sich wenig Farbstoff. Als Aufschlussmittel werden viele verschiedene genannt. Außer Soda, wie ich erzählte noch Brechweinstein. Am häufigsten ferner (verdünnt!) Schwefelsäuere und Essigsäuere – für unseren Färber wol zu komplizierte Stoffe.
Alle diese Angaben über Färbeverfahren in alter Zeit sind in den technischen Handbüchern bloß als nebensächlich behandelte Bemerkungen zu finden, da im heutigen Färbeverfahren durchwegs künstlich dargestellte chemische Farbstoffe Verwendung finden. Ein Werk das sich mit der Geschichte der Färberei als Hauptsache befasst konnte ich nicht auftreiben. Mit den besten Empfehlungen Ihre herzlich ergebener ARoller [...]
Je nach der Behandlung kann man mit Krapp auch alle Töne von Rosa, bläuliches Rot und tiefrot bis Schwarz färben."

Roller an Hofmannsthal, 9.2.1918
„Verehrter Herr von Hofmannsthal, [...] Ihre so gütige Aufnahme meiner Schilderung eines Färbertages befreit mich von unangenehmen Zweifeln. Ich muß nur immer wieder bitten, diese Darstellungen nicht allzu wörtlich ernst zu nehmen. Wie Sie schon aus den Zeitangaben für die einzelnen Verrichtungen in meinem ersten Nachtrag ersehen haben besitzt meine Schilderung nicht mehr reale Wahrheit als etwa die Holzschnittillustrationen einer Naturgeschichte des XV. Jahrhunderts in ihren Thierabbildungen bieten. Es wäre mir eine Beruhigung wenn Sie entscheidende Arbeitsphasen mir zur nochmaligen Darstellung zuweisen würden. Vorläufig kam es mir vor allem darauf an durch diesen märchenhaft langen Arbeitstag auf die ungemeine Vielgestaltigkeit der Färberarbeit hinzuweisen. Allzu endlos wollte ich auch nicht werden. – Ich hoffe, Sie verfügen erwünschten Falles weiter über mich, sobald Sie wissen, welche Einzelverrichtungen Ihr Barak vornimmt. In herzlicher Ergebenheit Ihr ARoller"

Hofmannsthal an Roller, 13.2.1918
„lieber Herr Professor[,] ich danke Ihnen sehr herzlich für Ihre unermüdliche Güte u. Freundlichkeit. Ein Mehr an Beschreibung des Färbertagwerkes könnte ich nicht gebrauchen; es ist schon hier weit weit mehr gegeben, als sich verwenden lässt. Eine solche Dichtung darf sich nicht zu fühlbar von der Realität entfernen, sie muss noch das Phantastische u. Abstracte mit dem Schein der Realität tingieren[29]; aber andererseits darf sie sich niemals von der Realität führen lassen, weder von der descriptiven körperlichen, noch von der psychologischen. Der Vorgang, der hier eingehalten werden muss, ist ein beständiges Integrieren der niedrigen Elemente in ein Höheres: des Färbers Handwerk dient nur, um die Gestalt des Färbers zu zeigen; aber auch die Gestalt selber dient, ist nur Element der menschlichen Gruppe; aber auch diese Gruppe dient wieder einem Höheren, der Idee, wenn ich es so beschreiben darf; jedenfalls ist mit dem, was ich den sittlichen Gehalt des Ganzen nennen möchte, mit der ‚Moral' auch noch nicht das Letzte bezeichnet, welches eben ein Schwebendes, eine Harmonie, ein Außen u. Innen ist. […] Herzlich u. dankschuldig der Ihre Hofmannsthal"

Wollte der Autor Hugo von Hofmannsthal „ein Schwebendes, eine Harmonie, ein Außen u. Innen" darstellen, so konnte ihn der Bühnenbildner Roller dabei zwar zunächst fördern, schließlich jedoch aber nur hindern. Anfangs ist Hofmannsthal begeistert, dass er ausgerechnet das Färberhandwerk gewählt hat und tief dankbar für Rollers ausführliche Darlegung der dabei vorzunehmenden Arbeitsschritte (Briefe vom 5. und 6.2.1918). Dann geht Roller aber zur Herstellung des Färbemittels über, offenbar nun selbst begeistert von den vorindustriellen Arbeitsschritten, Arbeitsmitteln und allen Informationen, die er bei seinen Recherchen gefunden hat (8.2.). Seinem fast obsessiven Bericht schickt er einen Tag später aber eine Art Entschuldigung hinterher, die zum „märchenhaft langen Arbeitstag" des Färbers zurücklenkt. Seinem eigenen Rückzug entspricht der Rückzug des Autors, der sich in seiner Arbeit keinesfalls „von der Realität führen lassen" will (13.2.). So bietet der Ausschnitt dieses siebentägigen Dialogs einerseits einen genauen Einblick in Hofmannsthals Poetik des Symbolisierens, und wir verstehen mehr und mehr auch Rollers Faszination für die handwerklichen Realia. Andererseits tritt ein Unterschied zwischen beiden Künstlern sehr deutlich zutage – bei aller grundsätzlichen Gemeinsamkeit.

Bühne und Bühnenhandwerk

Insgesamt gibt der hier wiedergegebene Ausschnitt aus dem Briefwechsel zwischen Roller und Hofmannsthal einen aufschlussreichen Einblick in den künstlerischen Produktionsprozess, zeigt die Verklammerung von materialem, ‚positivem' Wissen und schöpferischer Imagination – und ihre Grenze. Während Hofmannsthal für seine Arbeit an der Erzählung von Rollers Recherchen enorm profitierte, konnte er sich – wie Strauss und auch die Kritik – mit Rollers Umsetzungen für die Opernbühne nicht anfreunden. Verantwortlich war nicht zuletzt die unter den damaligen technischen Möglichkeiten des Wiener Opernhauses nicht lösbare herausfordernde Aufgabe des Verwandlungsgeschehens, worauf Roller in seinen *Bühnentechnischen Bemerkungen zu der Oper „Die Frau ohne Schatten"* auch selbst hinwies.[30]

Welche grundsätzliche Bedeutung das Thema ‚Verwandlung' in der Bühnengeschichte hat, darauf geht Roller dann in einem wesentlich späteren Aufsatz über *Bühne und Bühnenhandwerk* von 1930[31] noch einmal ausführlicher ein. Seit dem ausgehenden 19. Jahrhundert seien die Verwandlungen auf der Bühne einem grundlegenden Wandel unterzogen: „Die ‚echte' Ausstattung erfordert zuletzt für jede Verwandlung der Bühne den grausamen Einschnitt des Vorhangfallens, und um die Mitte des [19.] Jahrhunderts erscheint deshalb – nicht unwidersprochen – auch noch der Zwischenvorhang. Die Verwandlung wird durch die ‚Echtheit' der Bühnenausstattung zur Kalamität." (142) Seit dem modernen symbolistischen Theater der Jahrhundertwende gelten neue Spielregeln: „Der eingeborene Rhythmus der Dichtung soll den szenischen Ablauf beherrschen, nicht ein ungeschickter, weil im innersten Wesen theaterfremder Apparat. Der Zuschauer wurde der ‚echten' Ausstattung und ihrer Hemmungen endlich überdrüssig, und dieser Weg war bald zu Ende gegangen." (142) Die historischen Bühnenkonzepte mit ihrer Rekonstruktion der Wirklichkeit werden den Kunstwerken nicht gerecht: „In der Kunst kann alles nur von innen nach außen, nicht von außen nach innen bewegt werden." Wer allerdings „allzu viel von der modernen Technik für die Theaterkunst erwartet" (144), muss sich wiederum der Gefahr bewusst sein, dass sie „schablonenhafte, mechanisierte Scheinlösungen" auf der Bühne bedeuten können. Auch der Begriff des Bühnen-‚bildes' ist nach Roller im Grunde ein schlechter Notbehelf. Die Bühne schaffe keine Werke der Bildenden Kunst, sondern Räume. Diese haben kein Eigenleben, sondern eine dienende Funktion, weshalb Abbildungen von Bühnenausstattungen und Fotografien seiner Meinung nach so „nichtssagend und irreführend" sind:

„Man bedenke doch: Der Mann, der im dritten Akt einer Vorstellung auf einem Fauteuil sitzt, ist ja nicht mehr derselbe, der ihn zu Beginn des Abends eingenommen hat. Er ist ein ganz anderer. Er ist verwandelt durch die beiden Akte, die er bereits erlebt hat. Mit diesem Verwandelten redet die Bühne im dritten Akt eine ganz andere Sprache als im ersten. Aber wer die Abbildung einer Szene zur Hand nimmt, ist immer ein Unverwandelter und kann ihren Sinn nicht erfassen. Alle die einzelnen Momente einer Aufführung sind in ihren seelischen, akustischen und optischen Wirkungen voneinander abhängig und gegenseitig durcheinander in ihrem Eindruck auf den Zuschauer bedingt. Wird dieser Zusammenhang zerrissen, so verfliegt die geheimnisvolle Wirkung [...]. Die Bühne muß ihr Geheimnis wahren und das Publikum es achten." (144 f.)

Das Verwandlungsgeschehen ist also umfassend. Es gehört zum Produktionsprozess ebenso wie in die Welt der erzählten Geschichte (*diegese*), und am Ende ereignet es sich auch für denjenigen, der das Kunstwerk rezipiert (als *katharsis* oder wie auch immer sonst geartete Verwandlung). Der es in Szene setzt, der Bühnenbildner, ist für Roller der Handwerker im Dienste des Gesamtkunstwerkes und damit in einer eigenartig hybriden Zwischenrolle zwischen all diesen Positionen: „Bezeichnenderweise ist es bisher der Gesetzgebung nicht gelungen, diesem namenlosen Métier den üblichen

Urheberschutz zu gewähren, und wer es ausübt, muß sich in seiner komödiantischen Vogelfreiheit mit der Erwägung trösten, daß das, was ihm nachgemacht werden kann, nicht das eigentlich Wertvolle seines Schaffens ist. [...] Wer, im Dienste eines Werkes stehend, nicht dieses, sondern sich selbst in Szene setzt, begeht Verrat am Werk. [...] Jedes Werk trägt die Gesetze seiner Inszenierung in sich selbst ,und wer sie heraus kann reißen, der hat sie'."[32]

Diese um 1900 so viel zitierte Wendung Dürers – „Dann wahrhaft steckt die Kunst in der Natur, wer sie heraus kann reißen, der hat sie" – zitiert auch Hofmannsthal mehrfach für den schöpferischen Akt als energiegeladenen Gestalt-Prozess. Die frühe Klassische Moderne hatte ihn aber bereits mit einem neuen Gedanken belegt: „Ziehen Sie es aus der Natur heraus", schreibt der Malerdichter Gauguin 1888, „das Kunstwerk ist Abstraktion".[33] In diesem Punkt tendieren das Handwerk des Dichters und das Handwerk des Bühnenbildners Roller vielleicht doch in verschiedene Richtungen.

---

1 Richard Strauss – Hugo von Hofmannsthal, *Briefwechsel. Gesamtausgabe*, im Auftrag von Franz und Alice Strauss hg. von Willi Schuh. 4. erg. Aufl. Zürich 1970, 271 (Briefe vom 25.5. und 2.6.1914).
2 Hg. von Christiane Mühlegger-Henhapel, Ursula Renner und Alexandra Steiner-Strauss unter Mitarbeit von Nicoletta Giacon. – Zum Kontext des vorliegenden Beitrags vgl. auch Christiane Mühlegger-Henhapel – Alexandra Steiner-Strauss, *„Theater ist eben Zusammenarbeit..."*. Zur Genese der Frau ohne Schatten, in: Ausstellungskatalog Christiane Mühlegger-Henhapel – Alexandra Steiner-Strauss (Hgg.), *„Trägt die Sprache schon Gesang in sich..."*. Richard Strauss und die Oper, Wien (Theatermuseum) 2014, 119–135.
3 Franz Trenner, *Richard Strauss. Chronik zu Leben und Werk*, hg. von Florian Trenner, Wien 2003, 195.
4 Das Tagebuch Kesslers vermerkt unter dem 28.3.1899: „Hofmannsthal bei mir gefrühstückt. Nachher mit ihm zu Dehmel nach Pankow hinaus. Dort Richard Strauss mit seiner Frau, Scheerbart u. Schäfer. Hofmannsthal fällt mir auf die Dauer zur Last; es liegt etwas an seiner Eitelkeit, dass er nie daran denkt, dass er zu lange bleiben kann." Harry Graf Kessler, *Das Tagebuch. Dritter Band 1897–1905*, hg. von Carina Schäfer u. a., Stuttgart 2010, 231. Hofmannsthal selbst erinnert sich nur an Paris 1900, wie Hermann Menkes berichtet: *Hugo v. Hofmannsthal und Richard Strauß*, in: Neues Wiener Journal Nr. 6170, 25.12.1910, 7 (zit. von Katja Kaluga, *Paris. Die größere Welt*, in: *Hofmannsthal. Orte. 20 biographische Erkundungen*, hg. von Wilhelm Hemecker und Konrad Heumann in Zusammenarbeit mit Claudia Bamberg, Wien 2014, 195).
5 Menkes 1910 (zit. Anm. 4). – Zu Strauss' Ballett-Entwurf „in drei Akten nach Bildern von Watteau, Boucher und Fragonard" vgl. Willi Schuh, *Das Szenarium und die musikalischen Skizzen zum Ballett „Kythere"*, in: Richard-Strauss-Jahrbuch, 1959/60, 88–97.
6 Hugo von Hofmannsthal, *Sämtliche Werke*, Bd. XXVII: *Ballette Pantomimen Filmszenarien*, hg. von Gisela Bärbel Schmid und Klaus-Dieter Krabiel, Frankfurt a. M. 2006, 287 (Brief vom [12.3.1900]). Im Folgenden wird die kritische Hofmannsthal-Ausgabe mit den Siglen SW zitiert, der Band in römischen und die Seite in arabischen Ziffern.
7 Vgl. Strauss an Hofmannsthal, 14.12.[1900]: „Anbei sende ich Ihnen mit wärmstem Dank Ihr schönes Ballett zurück. Nach einiger Überlegung habe ich mich entschlossen, Ihnen schon heute zu sagen, daß ich es nicht komponieren werde, so sehr es mir gefällt. [...] Der Grund dafür ist nicht schwer zu erraten: mein eigenes Ballett, das ich mir diesen Sommer zusammen gedichtet habe, steht mir, trotzdem es wahrscheinlich schlechter ist als Ihre Dichtung, doch so weit näher, daß ich es jedenfalls zuerst in Angriff nehmen werde [...]". Strauss– Hofmannsthal 1970 (zit. Anm. 1), 16. Hofmannsthal wandte sich deshalb an Alexander von Zemlinsky, den er schon am 17. März 1900 seiner Großmutter gegenüber erwähnt hatte (SW XXVII 288) und der sich darüber auch „begeistert" äußerte, „jedoch mit dem Vorbehalt, dass Sie einen Vorschlag für eine Änderung acceptieren", und zwar dort, „wo das Drama nurmehr durch Symbole weiterbewegt wird [...]". Brief vom [8.3.1901] (SW XXVII 293).

8 Vgl. Rudolf Hirsch, „Dem Mahler fehlt die Phantasie des Auges". Ein unveröffentlichter Brief an den Komponisten Alexander von Zemlinsky, in: Rudolf Hirsch, Beiträge zum Verständnis Hugo von Hofmannsthals, Frankfurt a. M. 1995, 201 f., hier 201. Vgl. auch Hofmannsthals Beitrag zur Festschrift Gustav Mahler, in: SW XXXIV 7, und die Erläuterungen ebenda, 349 ff. Ferner Mathias Mayer, Lesarten einer Verfehlung. Gustav Mahler und Hugo von Hofmannsthal, in: Hofmannsthal-Jahrbuch 15, 2007, 309–327. Während nach Mayer zwischen Gustav Mahler, der 1897 bis 1907 Direktor des Wiener Hofoperntheaters war, und Hofmannsthal, der ihn – wie Hofmannsthal an Ottonie von Degenfeld schreibt – „nur einmal im Leben gesprochen" hatte, geradezu ein „Nicht-Verhältnis" bestanden habe, sei Alfred Roller der wichtigste gemeinsame Bekannte gewesen (ebenda, 311).

9 SW XXVII 301 f. (Brief vom 18.[9.1901]). Das Gegenteil behauptet zweieinhalb Jahre später Mahler, wie Gerhart Hauptmann am 11. Februar 1904 in seinem Tagebuch vermerkt: „Gestern Mahler – Hofmannsthal. / Mahler: Die Wichtigkeit des Auges für den Komponisten." Zit. nach Martin Stern, Hugo von Hofmannsthal und Gerhart Hauptmann. Chronik ihrer Beziehungen 1899–1922, in: Hofmannsthal-Blätter 37/38, 1988, 5–150, hier 27. – Zum Triumph der Zeit siehe insgesamt Antony Beaumont, Zemlinsky. Biographie [2000], aus dem Englischen von Dorothea Brinkmann, Wien 2005, bes. 145–154.

10 Siehe Zemlinskys Brief an Hofmannsthal vom Februar 1904; abgedruckt in: Beaumont 2005 (zit. Anm. 9), 26, und SW XXVII 307: „Gestern schickte ich Ihnen die Partitur des Ballettes. Als Sie mir jüngst einmal schrieben, schien es mir so, als ob Sie bereits mit einer deutschen Hofbühne wegen des Ballettes in Verbindung wären [...]. Haben wir eine Antwort – günstig oder ungünstig – dann könnten wir zu Mahler. [...] Kennt Roller das Buch?"

11 Zu Rollers Funktion in Secession und Kunstgewerbeschule siehe Wolfgang Greisenegger, Alfred Roller. Neubedeutung des szenischen Raumes, in: Studia Musicologica Scientiarium Hungaricae 31, 1989, 271–281, hier 281 f. Zu Roller insgesamt siehe Manfred Wagner, Alfred Roller in seiner Zeit, Salzburg – Wien 1996, eine Monografie, die trotz berechtigter kritischer Einwände wegen ihres reichen Anschauungsmaterials hilfreich ist. Im Einzelnen siehe Franz Willnauer, Gustav Mahler und Alfred Roller. Die Reform der Opernbühne aus dem Geist des Jugendstils, in: Constantin Floros (Hg.), Gustav Mahler und die Oper, Zürich 2005, 81–127, hier 94; und Ders., „Auf Dein Geheiß entbrenne ein Feuer". Dunkelheit und Licht auf Alfred Rollers Hofopern-Bühne, in: ebenda, 129–140.

12 Zit. nach Rudolf Hirsch, Ein Brief Hofmannsthals an Alfred Roller, in: Hirsch 1995 (zit. Anm. 8), 111–121, hier 118. – Richard Dehmel schlug 1905 für eine neu zu gründende „Internationale kulturpolitische Liga" als österreichische Mitglieder Gustav Mahler, Alfred Roller und Hofmannsthal vor und nennt als Mitglieder der Professorenzunft Gumplovicz oder [Christian] von Ehrenfels. Vgl. Hofmannsthal-Blätter 21/22, 1979, 73.

13 Alfred Roller, Bühnenreform?, in: Der Merker 1, H. 5, 1909, 193–197, hier 197. Diesen vielzitierten Satz: „Eine Bühne, auf der alles bloß bedeuten, nichts sein soll", der seine Don Giovanni-Bühne aus dem Jahre 1905 bestimmt habe, nennt Roller später den „theatralischen Sinn der (uralten) Neuerung", den auch Gustav Mahler nachhaltig vertreten habe. Alfred Roller, Mahler und die Inszenierung, in: Musikblätter des Anbruch 2, Nr. 7–8, 1920, 274 f. – Im Verbund mit Gustav Mahler brachte Roller die Theatergeschichte schreibenden Opern Tristan und Isolde (Februar 1903), Fidelio (Oktober 1904), Don Giovanni (Dezember 1905) und Iphigenie auf Aulis (März 1907) auf die Bühne.

14 Hermann Bahr, Tagebuch, Berlin 1909, 88 f. (Eintrag vom 25.12.1905).

15 Vgl. etwa Maurice Maeterlincks Vision eines „Théâtre d'Androïdes" (1890), dt.: Über Androidentheater (Ein paar Überlegungen I: Das Theater), in: Ders., Prosa und kritische Schriften 1886–1896, übersetzt und hg. von Stefan Gross, Bad Wörrishofen 1983, 51–56. Siehe dazu Hans-Peter Bayerdörfer, Maeterlincks Impulse für die Entwicklung der Theatertheorie, in: Dieter Kafitz (Hg.), Drama und Theater der Jahrhundertwende, Tübingen 1991, 121–138. Hofmannsthal hatte seit 1896 mit Maeterlinck korrespondiert, ihre persönliche Begegnung 1900 in Paris hatte ihn geradezu beflügelt. Vgl. dazu die verschiedenen Briefe, etwa an die Eltern am 11.3.1900 (in: Hugo von Hofmannsthal, Briefe 1900–1909, Wien 1937, 18), an Hermann Bahr am 24.3.1900 (in: Hugo und Gerty von Hofmannsthal – Hermann Bahr, Briefwechsel 1891–1934, hg. und kommentiert von Elsbeth Dangel-Pelloquin, Bd. I, Göttingen 2013, 162 f.), oder am 29.3.1900 an Kessler (Hugo von Hofmannsthal – Harry Graf Kessler, Briefwechsel 1898 bis 1929, hg. von Hilde Burger, Frankfurt a. M. 1968, 22).

16 SW XXXIII 40–43; daraus die folgenden Zitate. Zum weiteren Kontext der Gespräche mit Harry Graf Kessler siehe die Erläuterungen, ebenda, 306–309.

17 Bahnbrechend für die Codierung von Licht auf der Bühne war Adolphe Appia, *Die Musik und die Inscenierung. Aus dem Französ. übersetzt. Mit 18 Lichtdrucktafeln nach Originalskizzen des Verfassers*, München 1899; Auszüge daraus erschienen wenig später unter dem Titel *Das Licht und die Inscenierung* in der Wiener Rundschau 4, 15.12.1900. Die Übersetzung stammte von der mit Hofmannsthal befreundeten Elsa Bruckmann-Cantacuzène. Wie für Hofmannsthal ist auch bei Appia das Licht eine raum- und zeichenschaffende Ausdrucksform: „Um dem scenischen Bilde die Beweglichkeit zu wahren, welche dessen Charakter ausmacht, muß der Wort-Tondichter einen großen Teil dessen, was der Maler durch die Farbe erzielt, aus der Beleuchtung gewinnen. Mit Licht malt der Wort-Tondichter sein Bild." Appia 1899, 93. Zu Appia siehe Richard C. Beacham, *Adolphe Appia. Künstler und Visionär des modernen Theaters* [engl. 1994], dt. von Petra Schreyer und Dieter Hornig, Berlin 2006. – Zu Hofmannsthals besonderer Sensibilität für optische Medien siehe Ursula Renner, *Die Zauberschrift der Bilder. Hofmannsthals produktive Rezeption bildender Kunst*, Freiburg 1999; Sabine Schneider, *Das Leuchten der Bilder in der Sprache: Hofmannsthals medienbewußte Poetik der Evidenz*, in: Hofmannsthal-Jahrbuch 11, 2003, 209–248.

18 SW XXXIII 40. – Zur Aufgabe des Bühnenbildes in seinen Dramen hatte sich Hofmannsthal im selben Jahr auch in den *Scenischen Vorschriften zu Elektra* und später in seiner *Instruction über Tonstärke und Tempo zu Ödipus und die Sphinx* (1905) geäußert.

19 Abgedruckt in: SW XXV.1 663; zuerst in: Julius Kapp (Hg.), *Die Staatsoper Berlin 1919 bis 1925. Ein Almanach*, Stuttgart – Berlin [1926], 106 f. – Die Stärkung der „Zauberoper" gegenüber Rollers Entwürfen vermeldet Richard Strauss dann auch als Fortschritt der Berliner Inszenierung: „Ich […] bin entzückt, was Aravantinos geleistet hat. Er hat Phantasie und Geschmack und vor allem eine Treue und Ehrfurcht vor dem Willen des Autors und den inneren Bedürfnissen der Dichtungen, die […] eine bis jetzt noch nicht erlebte szenische Ausdeutung verspricht. Alle Zaubereien werden kommen, sogar das Wasser und der Einsturz am Schluß des II. Aktes. Das Schwert und die Verschiebung des Bettes auf sinnige Weise gelöst, für alle unsichtbaren Stimmen auf und hinter der Szene sind die besten Vorkehrungen getroffen, so daß wir einen wesentlichen Fortschritt gegenüber Roller erwarten dürfen, der allzu resigniert im vornherein auf das ‚Zauberstück' verzichtet hat." Strauss – Hofmannsthal 1970 (zit. Anm. 1), 455 f.

20 Zum Folgenden siehe Ursula Renner, *Verwandlungen*, in: *„Die Frau ohne Schatten" von Richard Strauss. Programmbuch zur Neuinszenierung*, hg. von der Bayerischen Staatsoper, Redaktion Miron Hakenbeck, München 2013, 50–61, aus dem einige der hier folgenden Passagen übernommen wurden. Das Libretto wird zitiert nach SW XXV.1 ohne Textstellennachweis im Einzelnen.

21 Aus der Fülle der Forschungsliteratur seien hier lediglich hervorgehoben: Gerhard Neumann, *Oper als Text. Strauss/Hofmannsthals orientalisches Spiel „Die Frau ohne Schatten"*, in: Jürgen Schläder (Hg.), *OperMachtTheaterBilder*, Berlin 2006, 109–132; Ders., *Hofmannsthals ‚Zauberflöte'. Der ‚rite de passage' in der „Frau ohne Schatten"*, in: Mathias Mayer (Hg.), *Modell Zauberflöte. Der Kredit des Möglichen. Kulturgeschichtliche Spiegelungen erfundener Wahrheiten*, Hildesheim 2007, 225–246.

22 *Die Frau ohne Schatten. Oper in drei Akten von Hugo Hofmannsthal. Musik von Richard Strauss. Regieskizze*, Berlin: Adolph Fürstner 1919, 3–17; auf S. 17 gez. A[lfred]R[oller]. Wieder abgedruckt in: SW XXV.1, 673–685.

23 Alfred Roller, *Bühnentechnische Bemerkungen zu der Oper „Die Frau ohne Schatten"*, in: Blätter des Operntheaters 1 (Sonderheft Frau ohne Schatten), 1919, 19. Bedauerlicherweise nicht abgedruckt in SW XXV.1.

24 Hugo von Hofmannsthal, *Die Frau ohne Schatten. Erzählung*, Berlin 1919. Widmung für Alfred Roller: „Für Alfred Roller dem unvergleich[lich]en Helfer u. Freund u. Mileva Roller der Freundin der Träume und Märchen." (Wien, Theatermuseum, Inv.-Nr. 301.631-B.Th.Rara) – Zur Entstehung der Erzählung siehe SW XXVIII 270–445.

25 Die Briefe Alfred Rollers an Hofmannsthal befinden sich im Freien Deutschen Hochstift, Frankfurt a. M., die Gegenbriefe Hofmannsthals im Theatermuseum Wien (Nachlass Alfred Roller). Die Publikation des Briefwechsels ist in Vorbereitung (siehe Anm. 2). Für die Erlaubnis, daraus zitieren zu dürfen, danke ich den beiden Institutionen als Eigentümer.

26 Offenbar handschriftliche Notizen Rollers, die sich nicht erhalten haben.

27 Über Rollers Quellen kann nur spekuliert werden. Da sich die Krappfärbemethoden für Türkischrot nach der Entdeckung des chemischen Färbemittels Alizarin im Jahr 1868 grundlegend verändert haben, sucht Roller nach historischen Darstellungen von Krappfärbeverfahren. Eine Geschichte der Türkischrotfärberei (Krapp) findet sich etwa bei Carl Romen, *Die Colorie der Baumwolle auf Garne und Gewebe mit besonderer Berück-

sichtigung der Türkischroth-Färberei, Wien u. a. 1878, 157 ff. Wahrscheinlich aber konsultierte Roller u. a. Albert Ganswindts *Handbuch der Färberei*, das neue Methoden und alte Verfahren einander gegenüberstellt. Bei ihm finden wir dieselbe Abfolge an Informationen wie bei Roller, vgl. die Ausführungen über die „Weißbad-Methode" zur Türkischrotfärbung. Albert Ganswindt, *Handbuch der Färberei und der damit verwandten vorbereitenden und vollendenden Gewerbe. Enthaltend die Färberei der gebräuchlichsten Gespinnstfasern, mit besonderer Berücksichtigung der Maschinenkunde. Zum Unterricht an technischen Lehranstalten und Fachschulen, sowie zum Selbststudium für Färbereibesitzer, Chemiker, Koloristen, Bleicher, Appreteure, Maschinenfabrikanten und Ingenieure* (Neuer Schauplatz der Künste und Handwerke, Bd. 6), Weimar 1889, 607–613.

28 Die parallel zum Libretto entstandene Erzählung *Die Frau ohne Schatten* wurde kurz nach der Uraufführung der Oper am 10. Oktober 1919 bei S. Fischer in Berlin veröffentlicht (vgl. SW XXV 122 ff. und 144 f.), davon 3 Bände mit farbigen Holzschnitten von Gotthard Schuh ausgestattet (für Hofmannsthal, Gotthard Schuh und Willi Schuh, vgl. SW XXVIII 291). Die Textsortenbezeichnung „Erzählung" im Untertitel wechselt in Hofmannsthals Sprachgebrauch mit „Märchen" ab.

29 Dieser Begriff meint im Kontext der Färberei ‚benetzen', ‚färben', ‚durchdringen'; er bezeichnet darüber hinaus einen Reifungsprozess (entsprechend dem des Fermentierens) und war vor allem im Rahmen der Transmutationslehren in der Alchemie gebräuchlich. Vgl. Rudolf Werner Soukup – Helmut Mayer, *Alchemistisches Gold – Paracelsistische Pharmaka* (Perspektiven der Wissenschaftsgeschichte, Bd. 10), Wien u. a. 1997, 60. Hofmannsthals Interesse an Alchemie bezeugen zahlreiche Notizen, insbesondere im Kontext seiner Arbeit am *Andreas*-Roman.

30 Roller 1919 (zit. Anm. 23), 19.

31 Alfred Roller, *Bühne und Bühnenhandwerk*, in: Rudolf Roessler (Hg.), *Thespis. Das Theaterbuch 1930*, Berlin – Stuttgart 1930, 137–145, hier 137. Die Oper und deren besondere kunstästhetische Fragen klammert Roller hier allerdings aus Umfangsgründen aus. Alle folgenden Zitate aus diesem Aufsatz.

32 Ebenda, 145. Zu dem Satz von Dürer in Bezug auf Hofmannsthal siehe Renner 1999 (zit. Anm. 17), 443. Weitere dort nicht genannte Belege finden sich u. a. bei Hermann Bahr, Otto Julius Bierbaum, Richard Muther, Alois Riegl und Wilhelm Worringer.

33 In einem Brief an den Freund Émile Schuffenecker vom 14.8.1888: „Un conseil: ne copiez pas trop d'après nature. L'art est une abstraction: tirez-la de la nature en rêvant devant et pensez plus à la création qu'au résultat […]." In: Maurice Malingue (Hg.), *Lettres de Gauguin à sa femme et à ses amis*, Paris 1949, 321 („Ein Rat: malen Sie nicht zu viel nach der Natur. Das Kunstwerk ist eine Abstraktion: Ziehen Sie es aus der Natur heraus, indem Sie vor ihr träumen und denken Sie mehr an die Schöpfung als an das Ergebnis.").

Opernteater

Samstag den 21. Oktober 1933

Bei aufgehobenem Jahres-Abonnement — Erhöhte Preise

Zum ersten Male:

Arabella

Lyrische Komödie in drei Aufzügen von Hugo von Hofmannsthal

Musik von **Richard Strauß**

Spielleitung: Hr. Dr. Wallerstein   Musikalische Leitung: Hr. Clemens Krauß

Graf Waldner, Rittmeister a. D. Hr. Hc.	Mayr*
Adelaide, seine Frau . . . . Fr.	Rünger
Arabella } ihre Töchter . . . . . Fr.	Lehmann*
Zdenka } . . . . . Fr.	Jerger
Mandryka . . . . Hr.	Roswaenge
Matteo, Jägeroffizier . . . . Hr.	Kalenberg
Graf Elemer } Verehrer der Arabella Hr.	Duhan
Graf Dominik } Hr.	Knapp
Graf Lamoral } Fr.	Kern
Die Fiakermilli . . . . Fr.	With
Eine Kartenaufschlägerin . . . . . Hr.	Frant
Welko, Leibhusar des Mandryka Hr.	Maiwald
Djura } Diener des Mandryka Hr.	Haller
Jankel }	
Ein Zimmerkellner . . . . Hr.	Tomel
Begleiterin der Arabella . . . Frl.	Dörfler
	Hr. Polcar
Drei Spieler	Hr. Pfiffl
	Hr. Schramm
Ein Arzt . . . . Hr.	Fürich
Groom . . . . Frl.	Drapal
	Hr. Scholtys
	Hr. Egiokan
Sechs Kellner	Hr. Führich
	Hr. Hahn
	Hr. Strobl
	Hr. Oswald

Fiaker, Ballgäste, Hotelgäste, Kellner

1. Akt: Salon in einem Wiener Stadthotel — 2. Akt: Foyer zum Ballsaal — 3. Akt: Halle und Stiegenhaus im Hotel — Ort: Wien, Zeit 1860

* Ehrenmitglied   In Szene gesetzt von Dr. Lothar Wallerstein

Entwürfe der Dekorationen und Kostüme: Alfred Roller

Pelze beigestellt von Penizek & Rainer, I., Singerstraße 8

Das offizielle Programm nur bei den Billetteuren erhältlich. Preis 50 Groschen — Garderobe frei

Nach dem zweiten Akt eine größere Pause

Der Beginn der Vorstellung sowie jedes Aktes wird durch ein Glockenzeichen bekanntgegeben

| Kassen-Eröffnung **vor** 6½ Uhr | Anfang **7** Uhr | Ende 10¼ Uhr |

Während der Vorspiele und der Akte bleiben die Saaltüren zum Parkett, Parterre und den Galerien geschlossen. Zuspätkommende können daher nur während der Pausen Einlaß finden.

Der Kartenverkauf findet heute statt für obige Vorstellung und für

Sonntag   den 22. Nachmittags 2½ Uhr: Eine Nacht in Venedig. Beschränkter Kartenverkauf
Abends **8** Uhr: Cavalleria rusticana. „Turridu" Hr. **Armand Tokatyan** von der Metropolitan Opera in New York a. G. — Der Bajazzo. „Canio" Hr. **René Maison** von der Großen Oper in Paris a. G.

Montag   den 23. Arabella (Anfang **7** Uhr)

Weiterer Spielplan:

Dienstag   den 24. Ballett-Abend. Das Jüngste Gericht. Hierauf: Tschaikowsky-Phantasie. Bei aufgehobenem Jahres-Abonnement. Werbevorstellung zu besonders herabgesetzten Preisen (S 1—11) Anfang **7** Uhr

Mittwoch   den 25. Schwanda, der Dudelsackpfeifer. Im Abonnement I. Gruppe (Anfang **7**½ Uhr)

Donnerstag den 26. Die Hochzeit des Figaro. Theatergemeinde Urania, grüne Mitgliedskarten (Anfang **7** Uhr)

Freitag   den 27. Lohengrin. „Lohengrin" Hr. **José de Trévi** von der Großen Oper in Paris a. G. Im Abonnement I. Gruppe (Anfang **7** Uhr)

„Elbemühl", Wien IX.

Theaterzettel *Arabella*, Opernteater Wien, 21. Oktober 1933. Theatermuseum

Nostalgische Erinnerungen an die Donaumonarchie – Arabella *von Hugo von Hofmannsthal und Richard Strauss**

Jürgen Maehder, Taipei / Lugano / Salzburg

> Jedoch, wenn er aus ihrer Hand
> Den leichten Becher nehmen sollte,
> So war es beiden allzu schwer:
>
> Denn beide bebten sie so sehr,
> Daß keine Hand die andre fand
> Und dunkler Wein am Boden rollte.
>
> (Hugo von Hofmannsthal, *Die Beiden*, 1896)

In der Geschichte der fruchtbaren, ihre ästhetischen Bedingungen stets wieder selbst reflektierenden Zusammenarbeit zwischen dem Dichter Hugo von Hofmannsthal und dem Komponisten Richard Strauss, die in der Geschichte der europäischen Opernlibrettistik einen inkommensurablen Rang einnimmt, kommt der letzten gemeinsamen Oper *Arabella* (Dresden, Staatsoper, 1.7.1933) nicht nur wegen ihres komplexen literarischen Hintergrundes, sondern auch wegen ihrer langwierigen Entstehungsgeschichte ein besonderer Stellenwert zu. Obwohl die Quellen zu dem Libretto und seinen Vorformen in Gestalt zweier ungeschriebener Komödien von der Hofmannsthal-Forschung in mustergültiger Ausgabe vorgelegt wurden[1], haben sich bisher nur wenige Spezialstudien mit dem komplexen Gewebe von literarischen wie musikalischen Anspielungen beschäftigt, die das Werk durchziehen.[2] Trotz einer beachtlichen Intensivierung der Strauss-Forschung in den letzten Jahren blieb im Falle der *Arabella* der Ertrag musikwissenschaftlicher Forschung eher bescheiden[3], vielleicht nicht zuletzt deswegen, weil die Meisterschaft von Strauss' Reifestil das Werk weniger geeignet für ästhetische Kontroversen – wie etwa diejenige um die vermeintliche Dichotomie von musikalischer Moderne in *Salome* und „Walzerseligkeit" im *Rosenkavalier*[4] – erscheinen läßt.

Mitten in den Vorbereitungen für die Uraufführung der *Ägyptischen Helena* schrieb Strauss am 20. September 1927 aus Garmisch an den Dichter: „Aber jetzt habe ich nichts mehr zu arbeiten: total abgebrannt! Also bitte: Dichten Sie! Es darf sogar ein zweiter ‚Rosenkavalier' sein, wenn Ihnen nichts Besseres einfällt."[5] In seinem Antwortbrief entwickelte Hofmannsthal eine erste Andeutung von dem zu schreibenden Libretto:

„Ich habe vor zwei Jahren mich mit einem Lustspiel beschäftigt, Notizen gemacht, ein Szenar entworfen, und dann die Arbeit wieder weggelegt. Es hieß: ‚Der Fiaker als Graf'. (Bitte behalten Sie den Namen für sich). Es war ein recht reizvoller Stoff, aber er langte mir schließlich nicht ganz für das Kostüm der Gegenwart. Die Verhältnisse darin waren noch in meiner Jugend völlig wahr (solange der Hof und die Aristokratie in Wien alles waren) – heute müßte man es zurückverlegen –, ich dachte an 1880, aber man könnte auch sogar 1860 – ich überlegte hin und her, darüber fing ein anderer Stoff, ein ernster, mich zu interessieren an, und ich legte den Entwurf in eine Lade zu vielen anderen. Gestern abend fiel mir ein, daß sich das Lustspiel *vielleicht* für Musik machen ließe, mit einem leichten Text, in der Hauptsache im Telegrammstil."[6]

Der entscheidende Einfall gelang Hofmannsthal durch die Verknüpfung der Personenkonstellation seiner seit 1910 geplanten, aber niemals ausgeführten Komödie *Lucidor* mit dem Zeitkolorit des *Fiaker als Graf*, dessen ursprünglicher Titel *Der Fiaker als Marquis* lautete. Die Handlung des *Arabella*-Librettos stellt sich als eine – im Verlauf der Entstehungsgeschichte allmählich immer mehr in Richtung auf die Elemente aus *Lucidor* modifizierte – Verschmelzung der Personenkonstellation aus *Lucidor* mit der Ballszene des *Fiaker als Graf* dar. Wie die zahlreichen Notizen zu *Lucidor* in Hofmannsthals Nachlaß belegen, arbeitete der Dichter in den Jahren 1910 bis 1914, 1917, 1921/22 und zwischen 1923 und 1926 immer wieder am *Lucidor*-Projekt, doch wurde zu seinen Lebzeiten nur die kleine Erzählung *Lucidor. Figuren zu einer ungeschriebenen Komödie* in der „Neuen Freien Presse" 1910 und im Insel-Almanach auf das Jahr 1911 publiziert. Bereits der Name der Protagonistin Lucile, die in Männerkleidung unter dem Namen Lucidor auftritt, verweist auf Hofmannsthals Quelle, die Komödie *Le Dépit amoureux* von Molière (Béziers 1656). Während aber in Molières Text die von Valère Angebetete den Namen Lucile trägt, somit innerhalb der Dramaturgie von Hofmannsthals Oper der Gestalt Arabellas entspricht, gab der Dichter der heimlichen Heldin der Erzählung den Doppelnamen Lucile/Lucidor, dem in der Oper die Namen Zdenka/Zdenko entsprechen.

In Molières Komödie gesteht die als Ascanio verkleidete Ascagne, Urbild all dieser Frauengestalten in Männerkleidern, ihrer Vertrauten Frosine das heimliche Liebesverhältnis, das sie an Valère bindet:

> **Ascagne**
> Valère, dans les fers de ma sœur arrêté,
> Me semblait un amant digne d'être écouté;
> Et je ne pouvais voir qu'on rebutât sa flamme
> Sans qu'un peu d'intérêt touchât pour lui mon âme.
> Je voulais que Lucile aimât son entretien;
> Je blâmais ses rigueurs, et les blâmai si bien,
> Que moi-même j'entrai, sans pouvoir m'en défendre,
> Dans tous les sentiments qu'elle ne pouvait prendre.
> C'était, en lui parlant, moi qu'il persuadait;
> Je me laissais gagner aux soupirs qu'il perdait;
> Et ses vœux, rejetés de l'objet qui l'enflamme,
> Étaient, comme vainqueurs, reçus dedans mon âme.

Ainsi mon cœur, Frosine, un peu trop faible, hélas!
Se rendit à des soins qu'on ne lui rendait pas,
Par un coup réfléchi reçut une blessure,
Et paya pour un autre avec beaucoup d'usure.
Enfin, ma chère, enfin l'amour que j'eus pour lui
Se voulut expliquer, mais sous le nom d'autrui.
Dans ma bouche, une nuit, cet amant trop aimable,
Crut rencontrer Lucile à ses vœux favorable,
Et je sus ménager si bien cet entretien,
Que du déguisement il ne reconnut rien.
Sous ce voile trompeur, qui flattait sa pensée,
Je lui dis que pour lui mon âme était blessée,
Mais que, voyant mon père en d'autres sentiments,
Je devais une feinte à ses commandements;
Qu'ainsi de notre amour nous ferions un mystère
Dont la nuit seulement serait dépositaire,
Et qu'entre nous, de jour, de peur de rien gâter,
Tout entretien secret se devait éviter;
Qu'il me verrait alors la même indifférence
Qu'avant que nous eussions aucune intelligence;
Et que de son côté, de même que du mien,
Geste, parole, écrit, ne m'en dît jamais rien.
Enfin, sans m'arrêter sur toute l'industrie
Dont j'ai conduit le fil de cette tromperie,
J'ai poussé jusqu'au bout un projet si hardi,
Et me suis assuré l'époux que je vous dis.[7]

Während die auf die Ankündigung des *Arabella*-Stoffes folgenden Wochen ausgefüllt waren mit teilweise erregten Diskussionen über Probleme der Besetzung und der Inszenierung der *Ägyptischen Helena* (Dresden, Staatsoper, 6.6.1928), kam Hofmannsthal – in dem offensichtlichen Bemühen, sich wegen eines ungewöhnlich heftigen Briefes über Fragen der Sängerbesetzung bei Strauss zu entschuldigen – erst am 20. November 1927 auf den Plan seiner „musikalischen Komödie" zurück. Seine Worte „Die Gestalten der neuen Musikkomödie tanzen mir fast zudringlich vor der Nase herum."[8] spiegeln einen Schub dichterischer Inspiration, dessen beredtes Zeugnis die im Nachlaß bewahrten Vorstudien und Entwürfe bilden.[9] Nach vorbereitenden Entwurfsniederschriften des I. Aktes trafen Dichter und Komponist am 16. Dezember 1927 zusammen; bei dieser Gelegenheit trug Hofmannsthal die bereits existierenden Teile des I. Aktes Strauss vor und erklärte diesem die Anlage des Gesamtwerkes. Die in einem Brief vom 18. Dezember 1927 überlieferte erste Reaktion des Komponisten war durchaus nicht von Begeisterung geprägt; da Hofmannsthal in seiner Erzählung besonderes Gewicht auf die Gestalt Mandrykas gelegt hatte, reagierte Strauss skeptisch auf die Idee eines Baritons im Zentrum der Handlung, zumal da ein Adliger aus den südslawischen Territorien der Donaumonarchie unweigerlich als Abklatsch des Ochs auf Lerchenau aus der „windischen Mark" erscheinen mußte.¹⁰ Gleichwohl beschäftigte Strauss sich bereits in der folgenden Woche mit Volksliedern und Tänzen aus Kroatien, die er einer aus der Österreichischen Nationalbibliothek entliehenen vierbändigen Sammelpublikation entnahm.¹¹

Der außerordentliche Reichtum der sich nun anschließenden Korrespondenz um die endgültige Gestalt des *Arabella*-Librettos, die erst mit Hofmannsthals plötzlichem Tod am 15. Juli 1929 abbrach, erschließt Aspekte der Zusammenarbeit von Librettist und Komponist, die für kaum ein anderes Opernsujet und für kaum ein anderes Gespann von Librettist und Komponist derart minutiös dokumentiert sind. Die Intensität des Gedankenaustauschs, der von der Maxime beherrscht war, „in künstlerischen Dingen unbeleidigbar" zu sein, und die Dichte der schriftlich überlieferten Informationen haben nicht wenige Kommentatoren dazu verführt, die problematischen Aspekte der Zusammenarbeit zwischen Hofmannsthal und Strauss über Gebühr hervorzuheben. Im Gegensatz zur gemeinsamen Arbeit an *Rosenkavalier* und *Ariadne auf Naxos*, als Dichter und Komponist einander noch durchaus fremd waren, gestatten die beiden Briefpartner sich wiederholt Unmutsäußerungen über das ganze Projekt, die nur im Kontext der inzwischen eingetretenen Vertrautheit der künstlerischen Zielsetzungen zu verstehen sind.

Nach der Skizzierung des I. Aktes, der in seiner ersten Fassung am 23. Dezember 1927 abgeschlossen wurde, machte Hofmannsthal sich unverzüglich an die Niederschrift des II. Aktes; die von Strauss in mehreren Briefen vom Mai 1928 geäußerte detaillierte Kritik an der eher lustspielmäßigen, weniger zur Komposition tauglichen Struktur des I. Aktes führte zu einer Lähmung von Hofmannsthals schöpferischem Impuls und zu einem ersten Innehalten. Als Resultat einer gewissen inneren Unsicherheit des Dichters muß es erscheinen, daß Hofmannsthal mehreren Freunden den I. Akt vorlas und den Inhalt der beiden folgenden erzählte; Franz Werfels enthusiastischer Brief vom 7. Juli 1928 zeugt von der Begeisterung des Dichterkollegen: „[...] der natürliche Fluß der Szenen, der leichte, völlig ungequälte Aufbau, die Wahrheit der Menschen, all das ist einzig!! Aber mehr noch: Von den Hauptpersonen und der Grundstimmung der Komödie gehen starke Sympathieströme aus, – Arabella, Zdenka, Mandrika sind so liebenswert, so gewinnend, so rührend, daß sie alle Herzen ebenso erobern werden wie meines... Das liebste Wesen des Stückes ist mir Arabella. Die Bitterkeit und der Skeptizismus des jungen Mädchens (I. Akt), das ist in der Oper noch nie musiziert worden! [...] Selten habe ich mich so sehr auf etwas Neues gefreut wie auf diese neue Oper, die Strauss fabelhaft liegen muß... Ich will Ihnen nur beglückt die Hand drücken."¹²

Etwa gleichzeitig trafen in Hofmannsthals Villa in Rodaun bei Wien mehrere Briefe von einem Kuraufenthalt in Karlsbad ein, dessen Mußestunden Strauss zu einem genaueren Durchdenken der Personenkonstellationen des Librettos verwendete. Sein Vorschlag, Mandryka Zeuge von Zdenkas Überreichung des Schlüssels an Matteo werden zu lassen, sollte die endgültige Gestalt des Librettos wesentlich beeinflussen. Während Hofmannsthals Briefe aus dieser Schaffensphase überwiegend darum bemüht sind, dem Komponisten die psychologischen Finessen der Protagonisten sowie die kulturhistorischen Implikationen des Wiener Lokalkolorits von 1860 lebendig werden zu lassen,

Alfred Roller / Robert Kautsky, Bühnenbildentwurf zu *Arabella*, 1. Bild. Staatsoper Wien, 1933.
Theatermuseum

spricht aus Strauss' Gegenbriefen die beharrlich vorgetragene Bitte um lyrische Ruhepunkte der Handlung sowie die Schwierigkeit des Komponisten, sich mit der Psyche der Gestalten von Hofmannsthals Phantasie zu identifizieren. Noch Anfang November 1928, als Hofmannsthal bereits auf der Grundlage einer von Strauss stammenden Disposition den II. Akt im Wesentlichen fertiggestellt hatte und sich in der Anfangsphase seiner Arbeit am III. Akt befand, erreichte den Dichter ein Brief aus Garmisch (7.11.1928), den dieser in der Rückschau „wirklich etwas hart" (19.11.1928) nannte:

„Lieber Freund! Ich habe den ersten Akt ‚Arabella' nach längerer Pause wieder mal gründlich vorgenommen, auch am Anfang mich komponierend versucht – aber die Sache will mir nicht zu klingen anfangen und offen gesagt: die Figuren interessieren mich gar nicht: weder der Kroate, dieses reiche, edle Seitenstück zum armen, verlumpten Ochs, noch vor allem die Hauptperson Arabella, die in den drei Akten nicht den geringsten seelischen Konflikt durchmacht. Denken Sie ganz nüchtern: im I. Akt verabschiedet sie kühl lächelnd einen Anbeter, den sie wegen Geldmangels doch nicht heiraten kann, flirtet zum letzten Male mit drei Grafen, die wiederum sie nicht heiraten würden, entschließt sich, einen Bauunternehmer zu heiraten, den wir nicht einmal kennen und der uns schon gar nicht interessiert – um dann sofort im II. Akt – ‚auf den ersten Blick' – sich dem noch viel reicheren und immerhin präsentableren Mandryka zuzuwenden, womit die sog. Handlung eigentlich zu Ende wäre. Was dann noch kommt, ist eine ziemlich gewaltsame Verknüpfung mit einer Nebenhandlung (Zdenka-Matteo), die der eigentlich wirkliche Konflikt des Abends ist, indem die Schwester Zdenka die einzig halbwegs interessante Figur des Stückes ist.

Die Eltern interessieren wenig, Mandryka mit seiner *Gefolgschaft* wird Ihnen nur als Umkehrung des Ochs mit seinen Trabanten angekreidet werden; die drei Grafen, der Fiakerball = II. Akt ,Fledermaus'. Alles ist schwächer und konventioneller als im ,Rosenkavalier', wenn es Ihnen nicht noch gelingt, aus Arabella eine wirklich interessante Figur zu machen wie unsere Marschallin, die letzten Endes den ,Rosenkavalier' trägt – und sei es selbst, daß der III. Akt *tragisch* enden müßte – erschrecken Sie nicht! – ja, ja, vielleicht tragisch, in welcher Form Sie wollen, ein einfacher Verzicht ihrer- oder seinerseits – so wie es heute ist, ist auch das Ende reichlich flach –, Matteo tröstet sich mit der Schwester, alle geben gerührt ihren Segen und finden gar nichts dabei, das Verhältnis Arabella-Mandryka wird nach ganz kurzer Trübung, an die auch im Publikum niemand glaubt, so wiederhergestellt, wie es schon zu Anfang des II. Aktes war – über diesen Mangel an innerer Konsistenz eines Konflikts wird auch die schönste poetische Himbeer-Sauce, die Dichter und Musiker in das ,Glas Wasser' noch hineinschütten werden, nicht hinweghelfen."[13]

Ausgedehnte briefliche Reflexionen, die zuweilen den Ton einer Beschwörung vergangener erfolgreicher Zusammenarbeit annehmen, sowie ein Treffen zwischen Dichter und Komponist halfen, diese Krise zu überwinden und machten den Weg frei für eine substantielle Umarbeitung des I. Aktes, die Hofmannsthal nach Monaten der Krankheit zwischen dem 17. und dem 20. Juni 1929 gelang. Strauss' wiederholt vorgetragene Forderung nach lyrischen Aktschlüssen wurde dabei ebenso berücksichtigt wie sein Insistieren auf einer individuelleren Charakterzeichnung Arabellas. Es kann kein Zweifel daran bestehen, daß die Transposition der Hauptgestalt der Komödie von der impulsiveren Schwester Ascagne/Lucile/Zdenka auf die passivere Gestalt der Lucile/Arabella/Arabella den Ursprung von Strauss' dramaturgischen wie psychologischen Einwänden bildete. Jede Kritik an der Transformation der Erzählung *Lucidor* in die Komödie *Arabella*, wie sie von Theodor W. Adorno[14], Franco Serpa[15] und verschiedenen anderen Autoren geübt wurde, findet ihre Grenze freilich an der mangelnden Vergleichbarkeit der Gattungen, worauf besonders Rudolf H. Schäfer in seiner detaillierten Studie zur *Arabella*-Dichtung[16] hinwies.

In einem für das Verständnis von Hofmannsthals Spätwerk zentralen Brief, der am 23. März 1929 im Hotel Vier Jahreszeiten in München geschrieben wurde, entwickelte der Dichter einerseits seine Gedanken zu der Neufassung des I. Aktes von *Arabella*, gab aber andererseits zu verstehen, daß eine weitere Operndichtung im Geiste der bisherigen Zusammenarbeit nicht zu erwarten war. Hofmannsthals Sensorium für den gewandelten Theaterstil der zwanziger Jahre, der ihn von dem „heroischen Opern-Stil" immer mehr abrücken ließ, dürfte dem Komponisten fremd geblieben sein, wie dessen Stoffwahl für seine folgenden Opern beweist:

Alfred Roller / Robert Kautsky, Bühnenbildentwurf zu *Arabella*, 2. Akt, 2. Bild. Staatsoper Wien, 1933.
Theatermuseum

„Ich weiß genau, wie der erste Akt sein soll, um als reizvolle Exposition der Akte II und III, die Sie nun kennen, zu dienen; und weiß auch, wie er geformt sein muß, um der Musik entgegenzukommen. Also seien Sie insofern ruhig. [...] In mir ist dies alles einem Gesetz unterworfen, das ich weder ganz verstehe, noch mich dem entziehen kann. Ich habe mit dem Versdrama debütiert, und bin ganz zur Prosa gekommen, ob ich wollte oder nicht. Für Musik habe ich von einer der Arbeiten zur anderen eine Art bescheidener Eingebung empfangen, in welchem Ton und Stil ich etwas machen könnte. Diese gegenwärtige halb-ernste, halb-heitere Sache war die letzte solche Eingebung. Wenn ich mir, ganz schattenhaft, hinter diesem noch etwas anderes vorstellen soll, so wäre es am ehesten etwas in Worten Knappes, in der Handlung Eigentümliches, psychologisch Gegliedertes, ganz Modernes – das schiene mir auch die Bühne zu verlangen. Für den gesteigerten Ton und die Art wie unsere Opernsänger das Heroische vorbringen (hier ist offenbar der Bann des Stiles der Tetralogie nicht zu brechen) finde ich keine Lust und keinen Mut in mir. Vielleicht kann das wieder ein Jüngerer!"[17]

Hofmannsthal sandte die Neufassung des I. Aktes am 10. Juli 1929 an Strauss, der noch am 6. Juli darum gebeten hatte, die drei Aktschlüsse als symmetrische Soloszenen für Arabella (I. Akt), Mandryka (II. Akt) und Arabella und Mandryka (III. Akt) zu gestalten. Auf den Empfang des Manuskripts reagierte der Komponist mit einem enthusiastischen Telegramm, das den Dichter nicht mehr erreichen sollte; Hugo von Hofmannsthal starb am Morgen des 15. Juli 1929, als er sich anschickte, das Haus zur Beerdigung seines Sohnes Franz zu verlassen.

Da Richard Strauss zum Zeitpunkt von Hofmannsthals Tod noch nicht mit der Komposition von *Arabella* begonnen hatte, obwohl natürlich während der jahrelangen Planungsphase des Librettos wiederholt musikalische Aufzeichnungen gemacht wurden, bildete – im Gegensatz zu allen anderen in Zusammenarbeit mit Hofmannsthal entstandenen Opern – der musikalische Kompositionsprozeß einen zweiten, von der dramaturgischen Konzeption merkwürdig abgetrennten Arbeitsgang. Es ist offenbar, daß Strauss Hofmannsthals Librettodichtung als literarisches Vermächtnis betrachtete, an dem eigenmächtige Modifikationen sich aus Pietät gegenüber dem verstorbenen Freund und Mitarbeiter verboten. Dies schloß natürlich Textkürzungen im Detail nicht aus, die zur Tradition der Librettistik gehörten, seitdem die Gattung der Oper existiert. Im Falle der *Arabella*-Dichtung resultierte aus dem Mangel einer Ausgabe letzter Hand von Seiten des Dichters und aus der Existenz seiner Dichtung nur in Gestalt eines gedruckten Librettos eine merkwürdige Zwitterexistenz der Textgrundlage von Strauss' Oper[18]; erst vor einem Vierteljahrhundert hat die Hofmannsthal-Forschung in der Gesamtausgabe eine zuverlässige Quellenbasis für alle Phasen der Bearbeitung des Librettos vorgelegt, deren Auswirkung auf die literaturwissenschaftliche Forschung freilich bisher begrenzt blieb.[19]

Bildete die Dichtung des *Rosenkavalier* eine Huldigung an das Wien der Kaiserin Maria Theresia, der Hofmannsthal auch einen seiner schönsten biographischen Essays gewidmet hat[20], so entwirft seine *Arabella* – mehr noch als *Lucidor* – das Bild der Donaumonarchie als Vielvölkerstaat, zusammengehalten durch die kaiserliche Autorität, deren Erwähnung bei Richard Strauss, wie schon in den entsprechenden Passagen des *Rosenkavalier*, ein reflexartiges C-Dur auslöste. Die Bedeutung des slawischen Elementes, das von Richard Strauss in den ersten Wochen der Planung nur als Anlaß zur Verwendung von „Nationalmelodien" gesehen wurde[21], reicht in Hofmannsthals Dichtung weit über Aspekte dramatischen wie musikalischen „Lokalkolorits" hinaus. Nicht zufällig hatte der Dichter im Jahre 1922, also in den ersten Jahren nach dem Zerfall der Donaumonarchie unter dem Ansturm der slawischen Nationalismen, eine Einleitung zu einer deutschen Übersetzung tschechischer Volkslieder verfaßt, in welcher er sich von den zeittypischen nationalistischen Verengungen des Kulturbegriffes distanzierte:

„Daß wir heute, ungeachtet der betäubenden Unruhe und Spannung des Weltzustandes, eine Übersetzung tschechischer Volkslieder als ersten Band einer ‚Tschechischen Bibliothek' vorlegen, wird den meisten als unzeitgemäß in mehr als einem Betracht erscheinen, vor allem im politischen, wenn man nämlich den Sinn nur auf das Augenblickliche hindrängt und nichts für wichtig nimmt, als was vielleicht in fünf oder zehn Jahren wird für sehr unwichtig genommen werden. Hier wollen wir, über zwei Menschenalter hinweggreifend, uns gegen das Geistige des bis in die deutsche Mitte hinein wohnenden Nachbarvolkes so verhalten, wie etwa ein Jacob Grimm sich gegen einen Šafařík verhalten hat, obwohl ihnen beiden doch die Förderung des eigenen Volkes das Ziel des geistigen Daseins war, und vertrauen, es gebe noch immer diese Sittigung und Kultur unter den mit Geistigem sich befassenden Menschen."[22]

Im Gewande der Komödie spiegelt die *Arabella*-Dichtung Hofmannsthals Theorie einer spezifisch österreichischen Aufgabe im Verein einer noch zu schaffenden Gemeinschaft der europäischen Kulturen und Nationen, eine Auffassung, die etwa auch das Geschichtsbild Ernst Křeneks wesentlich prägen sollte.[23] In seinem Aufsatz *Die österreichische Idee*, der mitten im Kriege 1917 entstand, verlieh Hofmannsthal seiner Vision einer Vorreiterrolle Österreichs bei einer zukünftigen europäischen Integration beredten Ausdruck:

„Diese primäre und schicksalhafte Anlage auf Ausgleich mit dem Osten, sagen wir es präzise: auf Ausgleich der alteuropäischen lateinisch-germanischen mit der neueuropäischen Slawenwelt, diese einzige Aufgabe und raison d'être Österreichs mußte für das europäische Bewußtsein eine Art von Verdunkelung erfahren, während der Dezennien 1848–1914. Während alle Welt sich konsequent dem nationalen Problem widmete – das freilich bei England und Frankreich, aber wie geistreich verborgen bis zur eigenen Täuschung, ein übernationales europäisches, mehr als europäisches Problem war –, hatten wir in den Ereignissen der Jahre 1859 bis 1866 zuerst die der Gegenwart kaum mehr verständlichen Reste einer alten übernationalen europäischen Politik zu liquidieren, dann aber in Dezennien einer schwierigen inneren Entwicklung, zu der die Welt keinen Schlüssel hatte, die innere Vorarbeit zu leisten auf den jetzigen Moment, die anonym blieb: die Grundlinien zu erfassen einer neuen übernationalen europäischen Politik unter voller Erfassung, Integrierung des nationalen Problems."[24]

Wie bereits Wolfgang Winterhager hervorhob, litt die Strauss-Forschung des 20. Jahrhunderts unter einer unangemessenen Konzentration auf Biographisches, auf den – freilich für das Verständnis der Werke bedeutsamen – Briefwechsel des Komponisten sowie unter einer überwiegend hagiographischen Beziehung zu ihrem Gegenstand.[25] Demgegenüber besitzen Untersuchungen zu dem eigentlichen Gegenstand der Musikwissenschaft, nämlich den Partituren des Komponisten, nachgerade Seltenheitswert, und die Mehrzahl dieser Arbeiten vermag noch nicht einmal den Grundvoraussetzungen musikwissenschaftlicher Analyse zu entsprechen, da diese es zumeist versäumen, die eigenen Analysekategorien kritisch zu überdenken.[26] Während für die Partituren von *Salome*[27], *Elektra*[28], *Der Rosenkavalier*[29], *Ariadne auf Naxos*[30] und *Die Frau ohne Schatten*[31] inzwischen immerhin Studien vorliegen, die substantielle Aussagen zu musikalischem Satz und Orchestertextur enthalten, bildet das spätere Opernschaffen von Richard Strauss kompositionsgeschichtlich noch weitgehend eine terra incognita.[32]

Gerade im Falle der Partitur von *Arabella* hat sich die Forschung bisher darauf konzentriert, Anspielungen auf frühere Werke des Komponisten sowie auf Strauss' „Hausgötter" der Musikgeschichte zu konstatieren[33]; wenn etwa Zdenka Matteo erzählt, daß Arabella am vorigen Abend in der Oper war, so gelingt es dem „wissenden Orchester", den Zuschauern durch eine musikalische Anspielung zu verraten, daß man an diesem Abend *Lohengrin* gab (Notenbeispiel 1).

Das komplexe Geflecht aus vielfältigen Verweisen auf präexistente Musik, das Strauss in der *Arabella*-Partitur zu entwickeln vermochte, bedarf jedoch nicht nur der Entschlüs-

Notenbeispiel 1: Strauss, *Arabella*, Partitur, S. 29.

selung, sondern auch der Kommentierung. Die Relation zwischen der durch Hofmannsthals Librettodichtung vorgegebenen dramaturgischen Situation und der häufig nur in thematisch-motivischen Anklängen zitierten Musik ist nur selten derart einschichtig wie im eingangs zitierten Beispiel. Häufig begegnen subtile Querverweise auf Ähnlichkeiten der szenischen Situation, wie etwa bei den dezenten Anspielungen an die Taufszene der „seligen Morgentraum-Deutweise" (*Die Meistersinger von Nürnberg*, III. Akt, Schusterstube), die Strauss im III. Akt der *Arabella* anklingen läßt, wenn Mandryka bei Graf Waldner um die Hand Zdenkas für Matteo bittet (Notenbeispiel 2).

Die strukturelle Herausforderung der auf Musik hin geplanten Dramaturgie des II. Aktes von *Arabella* – und in einem weiteren Sinne die strukturelle Herausforderung der ganzen Oper – lag sicherlich in der Integration von Satzvorstellungen des Wiener Walzers, der, ganz im Gegensatz zum *Rosenkavalier*, für das Zeitkolorit von 1860 das „richtige" musikalische Ambiente repräsentiert, in eine lyrische Grundkonzeption. Wie Françoise Salvan-Renucci hervorgehoben hat, wiederholte sich bei der Umarbeitung des I. *Arabella*-Aktes ein Interessenkonflikt von Dichter und Komponist, der bereits die gemeinsame Arbeit am *Rosenkavalier* geprägt hatte.[34] Die zahlreichen vom Komponisten zu realisierenden Übergänge zwischen diskursiven, lyrischen und tanzartig geprägten Abschnitten

Nostalgische Erinnerungen an die Donaumonarchie

Notenbeispiel 2: Strauss, *Arabella*, Partitur, S. 489

Notenbeispiel 3a: Strauss, *Arabella*, Partitur, S. 180

Notenbeispiel 3b: Strauss, *Arabella*, Partitur, S. 181

der Partitur waren diesem zwar prinzipiell von der Konzeption des *Rosenkavalier* her vertraut, doch dominierte vor allem in der zeitgenössischen Kritik eine allgemeine Enttäuschung über die Zeichnung der Fiakermilli, allgemeiner über die Gestaltung des Dialoges zwischen Arabella und Mandryka vor dem Hintergrund der fortlaufenden Ballszene. Es ist bisher zu wenig gewürdigt worden, daß dem Komponisten bereits zur Zeit des *Rosenkavalier* ein kompositorisches Modell für die allmählichen Übergänge zwischen lyrischer Expansion und Walzergestus zur Verfügung stand, dessen Wertschätzung durch Strauss vielfach belegt ist: der III. Akt von Gustave Charpentiers Oper *Louise* (Paris, Opéra Comique, 1900), vor allem von dem Beginn von Louises Arie „Depuis le jour où je me suis donnée" bis zum Aktschluß.[35] Besonders das allmähliche Hineingleiten in den Walzer, das Arabellas Arie am Ende des I. Aktes charakterisiert, weist deutliche Gemeinsamkeiten mit Charpentiers Partitur auf[36] (Notenbeispiel 3).

Die außerordentliche kompositionstechnische Leistung der *Arabella*-Partitur rückt freilich erst in das Blickfeld, wenn man sich vergegenwärtigt, daß Strauss den Klangzauber dieser Partitur mit einer vergleichsweise kleinen Orchesterbesetzung zu entfalten vermochte. Nachdem der Komponist in seinen Partituren für *Salome* und *Elektra* bis dahin ungeahnte Besetzungsstärken im Opernorchester erfolgreich erprobt hatte[37], spiegelte bereits die dreifache Holz- und Blechbläserbesetzung der *Rosenkavalier*-Partitur Strauss' Entschluß, im Genre der musikalischen Komödie seiner Orchesterphantasie Zügel anzulegen.[38] Der ursprünglich von theaterpraktischen Erwägungen ausgelöste Schritt zum Kammerorchester, vollzogen in der Partitur beider Fassungen von *Ariadne auf Naxos*, dürfte den Komponisten davon überzeugt haben, daß instrumentatorische Meisterschaft an die Stelle massierter Verwendung einzelner Instrumentfamilien treten könne.[39] Nach einer temporären Rückkehr zur generell vierfachen Bläserbesetzung in *Die Frau ohne Schatten* schuf Strauss in seinen Partituren der zwanziger Jahre einen Altersstil, als dessen reinste Ausprägung die Partitur der *Arabella* anzusehen ist. Als zentrale Errungenschaft dieses unverwechselbaren Orchesterklanges sind Klangflächen von perfekter Homogenität anzusprechen, die durch kontrapunktische Führung aller Mittelstimmen im Orchestersatz ausbalanciert werden – ganz so, wie Strauss es Jahrzehnte früher im Vorwort seiner Neubearbeitung der Instrumentationslehre von Hector Berlioz gefordert hatte:

„Und nur wahrhaft sinnvolle Polyphonie erschließt die höchsten Klangwunder des Orchesters. Ein Orchestersatz, in dem ungeschickt oder, sagen wir nur, gleichgültig geführte Mittel- und Unterstimmen sich befinden, wird selten einer gewissen Härte entbehren und niemals die Klangfülle ergeben, in der eine Partitur erstrahlt, bei deren Ausführung auch die zweiten Bläser, zweiten Violinen, Bratschen, Violoncelli, Bässe sich in der Belebung schön geschwungener melodischer Linien seelisch beteiligen. Dies ist das Geheimnis der unerhörten Klangpoesie der Tristan- und Meistersinger-partitur, wie nicht minder des für ‚kleines Orchester' geschriebenen Siegfriedidylls."[40]

Selbst Theodor W. Adorno, ansonsten dem Œuvre von Richard Strauss nicht eben gewogen, vermochte sich dem Zauber des *Arabella*-Orchesters nicht zu verschließen:

„Wo im ersten Akt der Arabella der Schlitten der drei Grafen die höchst widerwärtige Heldin erwartet, blitzt ein déjà vu auf, das unwiederbringlich verschiedene Kindergefühl von Glöckchen, glitzerndem Schnee und kuscheligem Pelz. Das klingt, als ob es, hätte man es noch einmal, den ganzen Rest des Lebens aufwöge."[41]

* Auf Wunsch des Verfassers wird in diesem Beitrag die alte Rechtschreibung beibehalten.
1 Hugo von Hofmannsthal, *Sämtliche Werke*, Bd. 26, hg. von Hans-Albrecht Koch, Frankfurt 1976.
2 Gerhard Meyer-Sichting, *Von „Lucidor" zu „Arabella". Hofmannsthals Libretto-Arbeit*, in: Neues Forum 15, 1957/58, 228–232; John Sargent Rockwell, *„Arabella". The evolution of the libretto*, B. A. thesis Harvard College, Cambridge/MA 1962; Rudolf H. Schäfer, *Hugo von Hofmannsthals „Arabella". Wege zum Verständnis des Werkes und seines gattungsgeschichtlichen Ortes*, Bern 1967; Friedrich Dieckmann, *Zweimal „Arabella"*, in: Die Neue Rundschau 85, 1974, 96–112; Richard Exner, *Arabella: Verkauft, verlobt, verwandelt?*, in: Hofmannsthal-Forschungen 8, 1985, 55–80; Markus Fischer, *Latinität und walachisches Volkstum – Zur Gestalt Mandrykas in Hofmannsthals lyrischer Komödie „Arabella"*, in: Hofmannsthal-Jahrbuch zur europäischen Moderne 8, 2000, 199–213.
3 Reinhold Schlötterer, *„Das ist ein Engel, der vom Himmel niedersteigt!" Die Opernfigur der Arabella bei Hugo von Hofmannsthal und Richard Strauss*, in: Jahrbuch der Bayerischen Staatsoper, hg. von Edgar Baitzel, 1984, 25–34; Nicholas John (Hg.), *Arabella* (ENO Guide), London – New York 1985; Kenneth Birkin (Hg.), *Richard Strauss „Arabella"* (Cambridge Opera Handbook), Cambridge 1989; Quirino Principe, *L'equilibrio dell'insicurezza. Note sulla partitura di „Arabella"*, in: *Arabella*, Programmheft des Teatro alla Scala, Mailand 1992, 69–99; Gérard Condé (Hg.), *Arabella* (L'Avant-Scène Opéra, Bd. 170), Paris 1996; Bernard Banoun, *L'Opéra selon Richard Strauss. Un Théâtre et son temps*, Paris 2000, 438–449; Françoise Salvan-Renucci, *„Ein Ganzes von Text und Musik": Hugo von Hofmannsthal und Richard Strauss* (Dokumente und Studien zu Richard Strauss, Bd. 3), Tutzing 2001.
4 Jürgen Maehder, *Zur Ästhetik des Orchesterklanges im „Rosenkavalier"*, Programmheft der Salzburger Festspiele zur Festspieleröffnung 1995, Bd. 1, 64–78; Stefan Kunze, *Von der „Elektra" bis zum „Rosenkavalier". Fortschritt oder Umkehr?*, in: Ders., *De Musica. Ausgewählte Aufsätze und Vorträge*, hg. von Rudolf Bockholdt und Erika Kunze, Tutzing 1998, 503–506; Jürgen Maehder, *„Eine Wienerische Maskerad'". Richard Strauss und die Konstruktion einer Musiksprache für das Wien Maria Theresias*, in: Programmheft der Salzburger Festspiele 2014, 76–87 (Deutsch) und 100–111 (Englisch).
5 Hugo von Hofmannsthal – Richard Strauss, *Briefwechsel* (Gesamtausgabe), hg. von Willi Schuh, 4. Aufl. Zürich 1970, 584.
6 Ebenda, 587.
7 Jean-Baptiste Molière, *Œuvres complètes*, ed. Maurice Rat, Paris (Gallimard) 1951, Bd. 1, 162 f.
8 Hofmannsthal – Strauss 1970 (zit. Anm. 5), p. 601.
9 Hofmannsthal GA 1976 (zit. Anm. 1), Kapitel „Entstehung", 171 ff.
10 Hofmannsthal – Strauss 1970 (zit. Anm. 5), 604–606.
11 Franjo Kuhač, *Južnoslovenke narodne popievke*, 4 Bde., Agram [= Zagreb] 1878–1882.
12 Hofmannsthal 1976 (zit. Anm. 1), 300 f.
13 Hofmannsthal – Strauss 1970 (zit. Anm. 5), 671 f.
14 „Die Änderungen, die Hofmannsthals großartigem Lucidorentwurf im Arabellatext widerfuhren, sind wie von einer freiwilligen Selbstkontrolle verordnet." (Theodor W. Adorno, *Richard Strauss*, in: Ders., *Gesammelte Schriften*, Bd. 16, hg. von Rolf Tiedemann, 2. Aufl. Frankfurt 1990, 603).
15 Franco Serpa, *La poesia dell'incontro e del congedo*, in: *Arabella*, Programmheft des Teatro alla Scala, Mailand 1992, 57–67.
16 Schäfer 1967 (zit. Anm. 2).
17 Hofmannsthal – Strauss 1970 (zit. Anm. 5), 685 f.
18 Schäfer 1967 (zit. Anm. 2), 13–29.
19 Die jüngeren französischen Beiträge zur Zusammenarbeit zwischen Hofmannsthal und Strauss verraten freilich einen gewandelten Zugang zur Librettodichtung als „Textpartitur"; vgl. Banoun *L'Opéra selon Richard Strauss*.

Un Théâtre et son temps, Paris (Fayard) 2000 (zit. Anm. 3), 438–449; Salvan-Renucci 2001 (zit. Anm. 3).

20 Hugo von Hofmannsthal, *Maria Theresia. Zur zweihundertsten Wiederkehr ihres Geburtstages*, in: Ders., *Reden und Aufsätze II. 1914–1924*, Frankfurt 1979, 443–453.

21 Ein Faksimile der von Strauss verwendeten kroatischen Melodien bei: Stephan Kohler, „*Der Zauberring der Operette". Marginalien zum Kompositionsstil der „Arabella"*, in: *Arabella*, Programmheft der Bayerischen Staatsoper München 1983, 9–18.

22 Hugo von Hofmannsthal, *Tschechische und slowakische Volkslieder*, in: Ders., *Reden und Aufsätze II. 1914–1924*, Frankfurt 1979, 165.

23 Jürgen Maehder, *Ernst Křeneks Oper „Karl V." und seine Interpretation der Habsburgermonarchie als „christ-katholische Weltherrschaft"*, in: Ulrich Müller u. a. (Hgg.), *Politische Mythen und nationale Identitäten im (Musik)-Theater. Vorträge und Gespräche des Salzburger Symposiums 2001*, Anif/Salzburg 2003, 666–693.

24 Hugo von Hofmannsthal, *Die österreichische Idee*, in: Ders., *Reden und Aufsätze II. 1914–1924*, Frankfurt 1979, 456 f.

25 Wolfgang Winterhager, *Zur Struktur des Operndialogs. Komparative Analysen des musikdramatischen Werks von Richard Strauss*, Frankfurt – Bern – New York 1984, 9–18.

26 William Mann, *Richard Strauss. A Critical Study of the Operas*, London 1964; Wilfried Gruhn, *Die Instrumentation in den Orchesterwerken von Richard Strauss*, Mainz 1968; Anna Amalia Abert, *Richard Strauss, Die Opern. Einführung und Analyse*, Velber 1972; Robin Holloway, *The orchestration of „Elektra": a critical interpretation*, in: Derrick Puffett (Hg.), *Richard Strauss: „Elektra"*, Cambridge 1989, 128–147.

27 Sander Gilman, *Strauss and the Pervert*, in: Arthur Groos – Roger Parker (Hgg.), *Reading Opera*, Princeton 1988, 306–327; Derrick Puffett (Hg.), *Richard Strauss: „Salome"*, Cambridge 1989; Lawrence Kramer, *Culture and Musical Hermeneutics: The Salome Complex*, in: Cambridge Opera Journal 2, 1990, 269–294; Jürgen Maehder, „*Salome" und die deutsche Literaturoper*, Programmheft der Salzburger Festspiele 1992/93, 23–38; Kii-Ming Lo – Jürgen Maehder (Hgg.), „*Duo mei a! Jin wan de gong zhu!" – Li cha shi te lao si de „Sha le mei"* [= „Wie schön ist die Prinzessin heute nacht!" – „Salome" von Richard Strauss], Taipei 2006; Jürgen Maehder, „*Salome" von Oscar Wilde und Richard Strauss – Die Entstehungsbedingungen der sinfonischen Literaturoper des Fin de siècle*, in: Jürgen Kühnel – Ulrich Müller – Sigrid Schmidt (Hgg.), *Richard Strauss, „Salome": Stofftraditionen, Text und Musik*, Anif/Salzburg 2013, 55–107.

28 Günter Schnitzler, *Kongenialität und Divergenz. Zum Eingang der Oper „Elektra" von Hugo von Hofmannsthal und Richard Strauss*, in: Ders. (Hg.), *Dichtung und Musik. Kaleidoskop ihrer Beziehungen*, Stuttgart 1979, 175–193; Bryan Gilliam, *Strauss's Preliminary Opera Sketches: Thematic Fragments and Symphonic Continuity*, in: 19th-Century Music 9, 1986, 176–188; Derrick Puffett (Hg.), *Richard Strauss: „Elektra"* (Cambridge Opera Handbook), Cambridge 1989; Bryan Gilliam, *Richard Strauss's „Elektra"*, Oxford 1991.

29 Reinhard Gerlach, „*Don Juan" und „Rosenkavalier". Studien zu Idee und Gestalt einer tonalen Evolution im Werk von Richard Strauss*, Bern 1966; Reinhold Schlötterer (Hg.), *Musik und Theater im „Rosenkavalier" von Richard Strauss*, Wien 1985; Alberto Fassone, *Il linguaggio armonico del „Rosenkavalier" di Richard Strauss*, Florenz 1989; Maehder 1995 (zit. Anm. 4); Maehder 2014 (zit. Anm. 4).

30 Karl Dietrich Gräwe, *Sprache, Musik und Szene in „Ariadne auf Naxos" von Hugo von Hofmannsthal und Richard Strauss*, Diss. München 1969; Donald G. Daviau – George J. Buelow, *The „Ariadne auf Naxos" of Hugo von Hofmannsthal and Richard Strauss* (University of North Carolina Studies in the Germanic Language and Literatures, Bd. 80), Chapel Hill/NC 1975; Charlotte E. Erwin, *Richard Strauss's „Ariadne auf Naxos". An Analysis of Musical Style based on a Study of Revisions*, Diss. Yale University 1976; Karen Forsyth, „*Ariadne auf Naxos" by Hugo von Hofmannsthal and Richard Strauss. Its Genesis and Meaning*, Oxford 1982; Arthur Groos, *Pluristilismo e intertestualità: I „Preislieder" nei „Meistersinger von Nürnberg" e nella „Ariadne auf Naxos"*, in: Giovanni Morelli – Maria Teresa Muraro (Hgg.), *Opera & Libretto*, Bd. 2, Florenz 1993, 225–235; Stefan Kunze, *Die ästhetische Rekonstruktion der Oper. Anmerkungen zu „Ariadne auf Naxos"*, in: Ders., *De Musica. Ausgewählte Aufsätze und Vorträge*, hg. von Rudolf Bockholdt und Erika Kunze, Tutzing 1998, 507–530; Hermann Danuser, *Musikalische Selbstreflexion bei Richard Strauss*, in: Bernd Edelmann – Birgit Lodes – Reinhold Schlötterer (Hgg.), *Richard Strauss und die Moderne. Bericht über das Internationale Symposium München, 21. bis 23. Juli 1999*, Berlin 2001, 51–77.

31 Jakob Knaus, *Hofmannsthals Weg zur Oper: „Die Frau ohne Schatten"*, Berlin – New York 1971; Sherril Hahn Pantle, „*Die Frau ohne Schatten" by Hugo von Hofmannsthal and Richard Strauss. An Analysis of Text, Music and*

their Relationship, Bern – Frankfurt – Las Vegas 1978; Norbert Miller, „.... aus uralten Wurzeln". Drei Fragmente zur Entstehungsgeschichte der „Frau ohne Schatten", in: Michael Heinemann – Matthias Herrmann – Stefan Weiss (Hgg.), *Richard Strauss. Essays zu Leben und Werk*, Laaber 2002, 163–198; Olaf Enderlein, *Die Entstehung der Oper „Die Frau ohne Schatten" von Richard Strauss*, Diss. Freie Universität Berlin 2014, Druckfassung: Frankfurt – Bern – New York 2015.

32 Eine Reihe von Ausnahmen sei gleichwohl angeführt: Bryan Gilliam, *Richard Strauss' „Daphne". Opera and Symphonic Continuity*, Diss. Harvard University, Cambridge/MA 1984; Kurt Wilhelm, „*Fürs Wort brauche ich Hilfe". Die Geburt der Oper „Capriccio" von Richard Strauss und Clemens Krauss*, München 1988; Eva-Maria Axt, *Musikalische Form als Dramaturgie. Prinzipien eines Spätstils in der Oper „Friedenstag" von Richard Strauss und Joseph Gregor*, München – Salzburg 1989; Stefan Kunze, „*Ein Schönes war" – Strauss' „Capriccio"-Rückspiegelungen im Einakter*, in: Sieghart Döhring – Winfried Kirsch (Hgg.), *Geschichte und Dramaturgie des Operneinakters*, Laaber 1991, 285–299; Gabriella Hanke-Knaus, *Aspekte der Schlußgestaltung in den sinfonischen Dichtungen und Bühnenwerken von Richard Strauss*, Tutzing 1995; Akeo Okada, *Oper aus dem Geist der symphonischen Dichtung: Über das Formproblem in den Opern von Richard Strauss*, in: Archiv für Musikwissenschaft 53, 1996, 234–252; Martina Steiger, *Richard Strauss und seine Oper „Die Liebe der Danae". Mythologie, Libretto, Musik*, Tutzing 1997; Salvan-Renucci 2001 (zit. Anm. 3); Brian Gilliam, „*Ariadne", „Daphne" and the problem of „Verwandlung"*, in: Cambridge Opera Journal 15, 2003, 67–80; Katharina Hottmann, *Historismus und Gattungsbewußtsein bei Richard Strauss. Untersuchungen zum späteren Opernschaffen*, Tutzing 2005; Brian Gilliam, *Rounding Wagner's Mountain. Richard Strauss and Modern German Opera*, Cambridge 2014.

33 Kohler 1983 (zit. Anm. 21); Principe 1992 (zit. Anm. 3).

34 Salvan-Renucci 2001 (zit. Anm. 3), 111–121 und 237–246.

35 Maehder 2014 (zit. Anm. 4).

36 Jürgen Maehder, *Der Künstler und die „ville-lumière" – Gustave Charpentiers „roman musical" „Louise" und sein „poème lyrique" „Julien, ou La vie du poète"*, Programmheft des Opernhauses Dortmund 2000, 13–25.

37 Egon Wellesz, *Die neue Instrumentation*, 2 Bde., Berlin 1928.

38 Jürgen Maehder, *Klangfarbenkomposition und dramatische Instrumentationskunst in den Opern von Richard Strauss*, in: Julia Liebscher (Hg.), *Richard Strauss und das Musiktheater. Bericht über die Internationale Fachkonferenz Bochum, 14.–17. November 2001*, Berlin 2005, 139–181; Maehder 2014 (zit. Anm. 4).

39 Maehder 2005 (zit. Anm. 38).

40 Hector Berlioz – Richard Strauss, *Instrumentationslehre*, Leipzig 1905, unpag. Vorwort von Richard Strauss.

41 Theodor W. Adorno, *Gesammelte Schriften*, Bd. 16, hg. von Rolf Tiedemann, Frankfurt 1978, 605 f.

Alfred Roller / Robert Kautsky, Bühnenbildentwurf zu *Intermezzo*, 1. Akt, 2. Bild, „Rodelbahn". Staatsoper Wien, 1927. Theatermuseum

Alfred Roller / Robert Kautsky, Bühnenbildentwurf zu *Intermezzo*, 2. Akt, 3. Bild, „Praterbank". Staatsoper Wien, 1927. Theatermuseum

Intermezzo *oder die Liebe zur Autobiografie*

Oswald Panagl, Salzburg

Musikalische Semantik und der Sitz im Leben

Der Biografismus, einst ein Leitparadigma in den Kunstwissenschaften, zugleich hermeneutischer Wegweiser und archimedischer Punkt der literarischen wie musikalischen Interpretation, hat in dieser vermittelnden Funktion ausgedient oder sich wenigstens in eine bescheidene Nebenrolle zurückgezogen. Gleichwohl gibt es einige notorische Fälle, in denen der Schöpfer durch explizite Hinweise, mit Werktiteln und offenkundigen Querbezügen die Deutungsmuster nahelegt, ja geradezu herausfordert. Um es mit Termini aus der Geometrie zu sagen: Die Passanten aus den getrennten Bezirken geraten zu Tangenten zwischen Kunst und Leben.

Richard Strauss zählt aus mehreren Gründen zu dieser angesprochenen Spezies kreativer Menschen. Sein Lebenslauf liegt nahe genug an unserer Gegenwart und ist ungewöhnlich dicht, zugleich authentisch dokumentiert. Den Musicus doctus kennen wir nach seinem Bildungsweg, den literarischen Vorlieben sowie den Inspirationsquellen seines Schaffens. Nach gesichertem testimonialen Befund wählte sich das schöpferische Subjekt immer wieder – und mehr oder weniger deutlich – auch zum Objekt, anders gesagt: zum Sujet des kompositorischen Prozesses – mittelbar, verfremdet und gebrochen, aber auch in direkter Spiegelung, von verschlüsselten Anspielungen über Stücktitel und Satzangaben bis hin zur offengelegten Dramaturgie eines Bühnenwerks.

Es fehlt nicht an Einschätzungen, die nahezu allen symphonischen Dichtungen dieses Musikers[1] abseits und jenseits ihrer Verankerung im Genre und den Berufungen auf Vorbilder wie Hector Berlioz oder Franz Liszt autobiografische Momente zusprechen: *Tod und Verklärung* als schöpferische Sublimierung überstandener Krankheit, was sich in der Schlusspassage des späten Orchesterliedes *Im Abendrot* bestätigt und darin aufgehoben erscheint; *Till Eulenspiegels lustige Streiche* als Abrechnung im historischen Schelmenkostüm mit engstirnigem Akademismus und als Bekenntnis zum Tabubruch; *Also sprach Zarathustra* als ein Hohelied freigeistigen Selbstgefühls; *Don Quixote* – vom Komponisten selbst als Satyrspiel zu *Ein Heldenleben* verstanden – als Abgesang auf überholte, in ihrer Geltung erschütterte Ideale. Dass alle diese Stücke gleichwohl in kanonisierte musikalische Formen (Sonatensatz, Rondo, Thema mit Variationen) gegossen sind, bedarf kaum der Erwähnung.

Die autobiografischen Züge in den drei zentralen symphonischen Werken wurden und werden immerhin unterschiedlich wahrgenommen. In der zeitgenössischen Kritik spaltete die ästhetische Einschätzung die Rezeption in Parteigänger und Widersacher.

Aber auch das Urteil der unmittelbaren Gegenwart schwankt beträchtlich, um es nur an zwei Beispielen zu demonstrieren: Daniel Ender nennt sein neues Strauss-Buch[2] nicht bloß im Untertitel *Meister der Inszenierung*, sondern bezieht seine Kapitel *Die inszenierte Biographie* sowie *Selbst- und Fremdbilder* auch pointiert auf das Aussageprofil der Tondichtungen. – Vorsichtiger geht Laurenz Lütteken in seiner rezenten Monografie[3] an den Gegenstand heran. Im Kapitel „*Autobiographie" und neue musikalische Semantik* verweist der Autor zunächst auf Selbstzeugnisse des Musikers: „Der damit sich abzeichnenden Annäherung an das Autobiographische hat Strauss stets widersprochen. Denn einerseits garantiert für ihn die radikale Subjektivierung erst das ‚Funktionieren' von Kunst in der Moderne, andererseits gründet dies gerade nicht in ‚Erlebtem'."[4] Am Beispiel von *Ein Heldenleben* zeigt Lütteken die Spannung zwischen der Einbettung in die Tradition und dem Beschreiten neuer Wege auf. „Bereits der Titel *Ein Heldenleben* musste, zusammen mit der Tonart Es-Dur, Erinnerungen an Beethovens *Eroica* wachrufen. Diesen Zusammenhang hat der Komponist zwar selbst betont, noch 1946 hielt er fest, ‚dass das 19. Jahrhundert schließlich von der Eroica bis zum Heldenleben gereicht hat'."[5] Der Verweisungszusammenhang mit dem großen Vorbild wird nach Konvergenz und Divergenz aufgezeigt, und selbst grammatikalisch dingfest gemacht: „Das spiegelt sich äußerlich bereits im unbestimmten Artikel (***Ein*** *Heldenleben*) – und im neuerlichen Verzicht auf den Begriff des Sinfonischen."[6] Wesentlich erscheint dabei der Sachverhalt, dass Strauss ursprüngliche konkrete Benennungen rückgängig gemacht und aus der Partitur entfernt hat („Der Held", „Des Helden Widersacher", „Des Helden Friedenswerke" ...). Triftig betont der Verfasser auch die gemeinsame Grundhaltung des anonymen Helden mit Don Quixote. Er nennt sie „Ausprägungen desselben Charakters, als dessen Wirklichkeit die antimetaphysische Selbstbehauptung des Menschen in der Moderne gelten kann".[7]

Wie Strauss selbst seine literarischen Vorgaben verstanden wissen wollte, geht ausführlich aus einem Schreiben an Romain Rolland vom 5. Juli 1905 hervor: „Für mich ist das poetische Programm auch nichts weiter als der formenbildende Anlaß zur rein musikalischen Entwicklung meiner Empfindung; nicht, wie Sie glauben, bloß eine *musikalische Beschreibung* gewisser Vorgänge des Lebens [...] Wen es interessiert, der benütze es. Wer wirklich Musik zu hören versteht, braucht es wahrscheinlich gar nicht."[8]

Tondichtungen und Wirkungskreise

Als die drei symphonischen Werke mit dem deutlichsten und explizitesten biografischen Aufschlusswert gelten nach Meinung der führenden Experten (Walter Werbeck[9], Mathias Hansen[10], Charles Youmans[11]) *Ein Heldenleben*, *Symphonia domestica* (mit einem späten Parergon im Gefolge) und *Eine Alpensinfonie*. Diese drei Stücke sollen in gebotener Kürze aus dem Blickwinkel des lebenswirklichen Anspruchs in der Folge kritisch beleuchtet werden.

Der Titel *Ein Heldenleben* steht für diese Komposition schon früh fest, wird aber in Briefen und Tagebuchnotizen mit *Held und Welt* sowie *Heroische Symphonie* variiert. In einem

Brief an Otto Leßmann (23. Juli 1898) spielt der Komponist mit deutlichen Ironiesignalen bei der Charakterisierung der Tondichtung: „Da Beethovens Eroica bei unsern Dirigenten so sehr unbeliebt ist u. daher nur mehr selten aufgeführt wird, componiere ich jetzt, um einem dringenden Bedürfniße abzuhelfen, eine große Tondichtung: ‚Heldenleben' betitelt (zwar ohne Trauermarsch, aber doch in Es dur, mit sehr viel Hörnern, die nun doch einmal auf den Heroismus geeicht sind)."[12]

Die verbalen Etiketten zum Verständnis des Werkes hat Strauss aus dem Notenmaterial gestrichen – die musikalische Aussage sollte für sich selbst sprechen –, doch gestattete der gewiefte Pragmatiker dem Schriftsteller Wilhelm Klatte, in einer Erläuterung des Stückes[13] die zu den Themengruppen und Formteilen passenden Zwischentitel einzufügen. Die programmatische Erschließung des Ablaufs durch Schlagwörter wie *Der Held, Des Helden Gefährtin, Des Helden Walstatt, Des Helden Friedenswerke, Des Helden Weltflucht und Vollendung* mochten dem geneigten Hörer beim Genuss des Werkes im Sinne seines Schöpfers dienlich sein. Gleichzeitig demonstriert diese beschreibende Formelkette auch die Problematik einer strikt autobiografischen Interpretation des musikalischen Ablaufs: Am deutlichsten passt *Des Helden Friedenswerke* in das Schema, da frühere Stücke zitiert und thematisch montiert werden. *Des Helden Walstatt* folgt in Sujet und Kolorit der Topik von Schlachtgemälden à la Liszt (*Mazeppa, Die Hunnenschlacht*). *Weltflucht und Vollendung* sind wohl eher abstrakt und programmatisch zu verstehen, da ein 34-jähriger Künstler doch nicht ernsthaft und konkret an einen lebenswirklichen Rückzug denken mochte.

Die Handreichung an das Publikum geht im Werkführer des Strauss-Freundes Friedrich Rösch (1899)[14] noch ein Stück weiter, indem dieser Autor nicht bloß „den eigenen Angaben und Erklärungen des Tonsetzers in großen Zügen" folgt, sondern ein speziell von Eberhard König verfasstes Gedicht als weiteres Deutungsangebot hinzufügt. Unter den Tondichtungen gilt die *Symphonia domestica* (1904) allgemein als sein offenkundig konkretestes, anschaulichstes, detailfreudigstes autobiografisches Werk. Darauf scheint schon der frühe Arbeitstitel *Mein Heim* zu verweisen, wie auch ein musikalisches ‚Szenarium' mit acht präzise bezeichneten und minutiös beschriebenen Episoden (1902): 1. Papa kommt von der Reise zurück, müde / 2. Spaziergang zu dreien im Grünen / 3. Abends gemütlicher Familientisch / 4. Mama bringt Bubi zu Bett / 5. Papa arbeitet / 6. Papa und Mama seuls: scène d'amour / 7. Le matin: Bubi schreit, fröhliches Erwachen / 8. Zank und Streit (Mama fängt an, doch Papa schließt), Versöhnung und Ende in Heiterkeit.[15]

Dieser Skizze stellte Strauss einen Vierzeiler voran, der trefflich in das Bild bürgerlicher Behaglichkeit passt: „Mein Weib, mein Kind und meine Musik / Natur und Sonne, die sind mein Glück / Ein wenig Gleichmut und viel Humor / Drin thut mir's der Teufel selbst nicht vor!"[16]

Doch erneut zieht sich Strauss später von der plastischen, dringlichen (um nicht zu sagen zudringlichen) Eindeutigkeit zurück und verkündet vor der Uraufführung in New York (1904): „Be kind enough to accept a work of mine for once without any other explanation than its title."[17] Der Kritiker August Spanuth hat aber schon im Uraufführungsjahr den evidenten Widerspruch zwischen offenkundigen familiären Bezügen und dem Anspruch auf symphonische Strukturen auf den Punkt gebracht: „Es ist Tatsache, daß Strauß sozusagen mit jedem Takt der umfangreichen Partitur bestimmte Vorgänge schildern wollte. Das hat er selbst erklärt, aber gleichzeitig hat er dem Publikum die Kenntnisnahme dieses detaillierten Programmes ausdrücklich vorenthalten, weil er die Symphonia domestica als absolute Musik gelten lassen wollte. Das ist keinesfalls logisch gehandelt."[18]

Das schließliche Bekenntnis zu den Bauformen der absoluten Musik zeigt sich in den Satzbezeichnungen der Partitur, denen die konkreten Vorgänge nur noch eingeschrieben und quasi nachgeordnet sind: *II. Scherzo (Elternglück, kindliche Spiele, Wiegenlied; die Glocke schlägt 7 Uhr abends); III. Adagio (Schaffen und Schauen, Liebesszene, Träume und Sorgen; die Glocke schlägt 7 Uhr morgens); IV. Finale (Erwachen und lustiger Streit [Doppelfuge]; fröhlicher Beschluß).*[19]

Während die Kritik bis heute die plakative Selbstbespiegelung und das Missverhältnis zwischen orchestralem Aufwand und banalem Gehalt häufig verurteilt(e) – selbst der wohlgesinnte Romain Rolland monierte: „La disproportion est trop forte entre le sujet et les moyens d'expression"[20] –, erkennt Laurenz Lütteken gerade in diesem Werk Momente einer künstlerischen Wende und Neuorientierung: Entgegen der landläufigen Meinung feiere sich daher nicht das bürgerliche Individuum. An Merkmalen eines neuen Kunstbegriffs, der unter den Auspizien der Gegenwart Bestand zu haben sucht, nennt er den griechischen Gattungsnamen mit lateinischer Endung, die Bindung an die pastorale Tonart F-Dur, aber auch mehrfach bezeugte Äußerungen des Musikers über sein kompositorisches Verfahren.

Nur mit einem Wort sei erwähnt, dass der literarische Vorwurf dieses Werkes mehr als zwanzig Jahre später gleichsam als Fortsetzung wiederkehrt: im Klavierkonzert für die linke Hand *Parergon zur Symphonia domestica*, op. 73. In der auf Schopenhauer zurückgehenden Wortwahl scheint bei der Lesart von *Parergon* die Nuance der Ergänzung vor dem Aspekt des Nebensächlichen zu dominieren, denn im musikalischen Ablauf werden die Motive des Kindes aus dem Hauptwerk aufgegriffen und weiterentwickelt. Als biografischer Anlass gilt eine lebensbedrohende Typhuserkrankung des Sohnes Franz während einer Ägyptenreise.

Besonders komplex und voraussetzungsreich ist die Entstehungsgeschichte der *Alpensinfonie*, die in diesem Rahmen nur noch kursorisch angedeutet werden kann. Drei Stränge der Genese lassen sich weitgehend unabhängig voneinander feststellen: 1. ein musikalisches Andenken an den Maler Karl Stauffer mit dem projektierten Titel *Künstlertragödie* oder *Künstlers Liebes- und Lebenstragödie*; 2. eine weitere Auseinandersetzung mit der Philosophie Friedrich Nietzsches (der längere Zeit vorgesehene Titel *Der Antichrist* weist darauf hin); 3. endlich das Programm einer alpinen Tour, bei der aber erneut das innere Erleben gegenüber den äußeren Etappen vorherrscht.

Das monumentale Stück war zunächst sogar nur als erster Satz eines viergliedrigen Opus *Die Alpen* vorgesehen, dessen Folgeteile erneut ein literarisches Programm und formale Sequenzen verquicken. (*II. Ländliche Freude; III. Träume u. Gespenster [nach Goya]; IV. Befreiung durch die Arbeit: das künstlerische Schaffen. Fuge*).[21]

Intermezzo: Nachfahre bürgerlicher Musikkultur oder Vorhut der Avantgarde?

Die Fakten und Umstände rund um die Entstehung dieses Solitärs im Opernschaffen von Strauss sind weitgehend bekannt und bedürfen daher nur kurzer Erwähnung.[22] Im Jahr 1916 wird *Die Frau ohne Schatten* beendet und der Komponist sucht nach anderen Herausforderungen, ja strebt sogar zu neuen Ufern. Er ist der mythologischen Vorlagen und problemlastigen Stoffe überdrüssig und es locken ihn Mantel und Degen-Stücke bzw. Kolportagethemen aus der Renaissance oder Konversationskomödien. Sein Librettist Hofmannsthal, den die zuletzt recht friktionsreiche Zusammenarbeit ohnehin ermüdet hat, verweigert sich diesen Vorhaben, weist sie sogar schroff von sich. Seine Empfehlung, sich an Hermann Bahr, den seit *Elektra* wohlwollenden Adepten und (mit dem Publikumsrenner *Das Konzert*) Meister dieses Genres zu wenden, greift Strauss gern auf und die Kooperation verläuft zunächst verheißungsvoll. Doch zeigt sich bald, dass die beiderseitigen dramaturgischen Vorstellungen nicht kongruieren. Denn der Komponist hat sich für eine Episode aus seinem eigenen Eheleben entschieden, in deren konkrete Details sich der Textdichter nur mühsam einfühlen kann. Auch die Proportionen zwischen den Figuren geraten dem Schriftsteller nach der Meinung des Musikers zu schematisch und entsprechen nicht dem stilisierten eigenen Erlebnis. Denn die Irritation einer Ehe aufgrund einer Namensverwechslung als Hauptthema der Handlung geht auf ein reales Ereignis aus dem Jahr 1902 zurück, als Pauline Strauss aus einem falsch zugestellten Brief einer Mieze Mücke mit der Einladung in eine Berliner Bar auf eheliche Untreue ihres Mannes geschlossen und ihm mit Scheidung gedroht hatte. Diese Trübung des Hausfriedens, für Strauss auch anderthalb Jahrzehnte später immer noch traumatisch besetzt, konnte nach Bahrs psychologisch richtiger Einschätzung nur der Betroffene selbst zu Papier bringen, was der Musiker trotz anfänglichen Bedenkens schließlich auf sich nahm.

Selbst der kritische Hofmannsthal gestand dem fertigen literarischen Produkt schließlich Charisma und sprachliches Niveau zu, und um 1930 zeigte sich Max Reinhardt sogar bereit, das Werk als reines Sprechstück auf die Bühne zu bringen. Für die musikalische Umsetzung der „kleinen Eheoper" brauchte Strauss freilich aus äußeren Gründen und durch werkimmanente Verzögerungen unverhältnismäßig lange. Das „realistische Spielöperchen" (so gegenüber Franz Schalk) wird zwar 1918 flott begonnen und im Folgejahr zu Ende skizziert, doch die Arbeit an der Partitur kann der vielbeschäftigte Operndirektor und gefragte Dirigent erst im August 1923 während einer Tournee mit den Wiener Philharmonikern in Buenos Aires abschließen.

Strauss nennt das Stück mit Bedacht *Eine bürgerliche Komödie mit sinfonischen Zwischenspielen* und drückt damit schon im Untertitel aus, was er in einem später modifizierten programmatischen Vorwort zur Partitur niederlegt[23]: Er schließe mit diesem Werk in radikal zugespitzter Manier an den Stil des *Ariadne*-Vorspiels an. Die aufrauschende Orchestersprache sei den Zwischenspielen vorbehalten, die Diktion der Sänger soll sich prinzipiell dem Konversationston anpassen, und nur an emotionalen Höhepunkten (dem Monolog der einsamen Frau, dem Aufbegehren des Kapellmeisters oder der glücklichen Versöhnung der Ehegatten) sei arioser Gesang vorgesehen. Der Biografismus dieser Oper ist unleugbar und wurde in den ersten Aufführungen sogar durch die Maske der Protagonisten und das Interieur der Strauss-Villa hervorgehoben. Aber es fehlt auch nicht an Zügen der Distanzierung und Verfremdung: Im fiktiven Namen *Storch* korrespondieren nur die Anfangslaute mit dem authentischen Vorbild; die Ehefrau Christine, gleichsam mit spitzen Engelszungen karikiert, teilt mit der realen Gattin Pauline zumindest die Ableitungssilbe. Das Domizil wird von Garmisch in ein Haus am Grundlsee transferiert. Auch bei den sonstigen Figuren und der Milieuschilderung mischen sich Dichtung und Wahrheit.

Der junge Baron Lummer, der sich an die Strohwitwe heranmacht, um sich von ihr Geld zu erschleichen, erfüllt den Typus des windigen, letztlich erfolglosen Parasiten. Die Skatszene in Wien erfreut durch die Mischung von Plauderton und Fachjargon; der Probeneifer von Storch wird durch ein Zitat aus der *Figaro*-Ouvertüre, der Genuss des Kartenspiels nach getaner musikalischer Arbeit durch einen Motivsplitter aus dem *Tristan*-Vorspiel verdeutlicht. Der Disput zwischen den Kartenpartnern über eine mögliche moralische Schuld von Storch, der auf die Depesche mit der Scheidungsklage seiner Frau völlig entnervt und kopflos reagiert, bedient sich des originalen Wortlauts von Stellen aus *Parsifal* und *Der Freischütz*: „Schwach auch er, schwach alle!" bzw. „Ein Fehltritt, ist er solcher Büßung wert?", räsoniert der textsichere Kammersänger.

Zwei Fragen seien an das Ende dieses Beitrags gestellt bzw. an dieser Stelle wieder aufgegriffen, von denen die eine den Werktitel betrifft, während die andere der Position des Stücks im Opernschaffen der Zwanzigerjahre nachgeht. Die Bezeichnung *Intermezzo* hat bislang mehrere Deutungen hervorgerufen, die m. E. nur Teilaspekte abdecken, unsicher sind oder unbefriedigend ausfallen. Die Metaebene künstlerischer Arbeit als Benennungsmotiv hat sich in zwei Aperçus niedergeschlagen: Die zwischenzeitliche Loslösung vom Librettisten Hofmannsthal wurde ebenso überlegt wie die Stellung des Stücks zwischen großen musikdramatischen Entwürfen. Beiden Vorschlägen fehlt die Plausibilität, da weder die neuerliche Kooperation mit Hofmannsthal noch der Reigen späterer Werke zu diesem Zeitpunkt vorhersehbar war. Ein terminologischer Rückgriff auf eine Sparte des Bühnenspiels aus dem 18. Jahrhundert ist nicht ganz auszuschließen, aber ebenso wenig zwingend, da dieses Genre inhaltlich und musikalisch ganz andere Wege ging. So bleibt zunächst die Deutung als Episode, als Einschnitt und bald überwundene Krise in einer – trotz manchen Alltagsturbulenzen – letztlich geglückten Ehe.

Dennoch möchte ich eine etwas anspruchsvollere Erklärung vorschlagen, die meines Wissens noch nicht geäußert wurde und in kürzlich geführten Gesprächen mit Schnitzler-Forschern auf wohlwollendes Interesse gestoßen ist. Dieser Dichter hatte 1905 eine bis heute weniger beachtete Komödie mit dem Titel *Zwischenspiel*[24] verfasst, die in typisch Schnitzler'scher Manier feine empathische Züge, psychologische Einsichten und gebrochene autobiografische Merkmale aufweist. Auch in diesem Stück ist ein komponierender Kapellmeister (Amadeus Adams) die Hauptfigur, seine Frau Cäcilie (ein gleichfalls musikalisch konnotierter Name) ist eine erfolgreiche Sängerin (was Pauline de Ahna ja ebenfalls war!), und ein kleiner Sohn Peterl steht zwischen den Eltern (so wie *Bubi* in *Intermezzo*). Auch ein aristokratischer Verehrer (freilich von anderem Kaliber als Baron Lummer!) bemüht sich um die Gunst der attraktiven Frau. Der Schnitzler'sche Dirigent hatte allerdings wirklich eine Affäre mit einer aristokratischen Sängerin, doch setzt er nunmehr konsequent auf den Fortbestand seiner Ehe, während seine Gattin skeptisch reagiert und eher ihren eigenen „Weg ins Freie" gehen will: Auf die Frage eines Freundes antwortet sie beziehungsvoll: „Wir lassen uns nicht scheiden. Wir scheiden." Eine Liebesnacht der beiden Ehegatten schafft am Ende neue Verhältnisse und der äußerlich betrachtet resignative Schluss bleibt offen. *Zwischenspiel* als Titel ist jedenfalls semantisch doppelt besetzt: Als musikalischer Fachausdruck durch ein entstehendes Werk des Komponisten begründet, hat er zugleich Aufschlusswert für Affären, Episoden und Eskapaden in der Biografie der Hauptpersonen.

Über die Rezeptionsgeschichte des im Burgtheater uraufgeführten Stücks ist wenig bekannt. Dass Strauss es auf der Bühne gesehen oder gelesen hat, lässt sich nicht sicher erweisen, aber mit guten Gründen vermuten. Ich habe einmal in einem Aufsatz sämtliche Erwähnungen des Komponisten in den Tagebüchern Schnitzlers aufgelistet, kontextualisiert und kommentiert.[25] Dabei fallen die Dichte der persönlichen Begegnungen seit der Wiener *Elektra*-Premiere sowie der häufige Besuch des Schriftstellers von Opern des Komponisten mit bisweilen durchwachsenen, aber oft überschwänglichen ästhetischen Urteilen auf. Auch an Versuchen von Strauss, Schnitzler als Librettisten zu gewinnen, hat es nicht gefehlt. Immerhin hatten ja Stücke wie *Liebelei* (als Oper: František Neumann, als Operette: Oscar Straus), *Die Frau mit dem Dolche* (Oper: Wladimir Iwanowitsch Rebikow), *Der tapfere Cassian* (in der Schreibung *Kassian* als Singspiel: Oscar Straus), *Der grüne Kakadu* (Oper, postum: Richard Mohaupt) oder *Der Schleier der Pierrette* (Tanzpantomime: Ernst von Dohnányi) den Weg auf die musikalische Bühne gefunden. Besonders bemerkenswert finde ich aber eine Tagebucheintragung vom 25. Mai 1919 – also der Schaffenszeit des Komponisten an *Intermezzo* –, wonach Strauss nach eigener Angabe „in letzter Zeit" alles von Schnitzler gelesen habe und gut kenne.[26]

Ich habe für die Vorbereitung dieses Textes die Lehrmeinung mehrerer Schnitzler-Spezialisten (u. a. Konstanze Fliedl, Peter Braunwarth, Reinhard Urbach) eingeholt, die zunächst über die Aufführungsgeschichte des Stückes und damit die Möglichkeit, dass Strauss es auch auf der Bühne erlebt hat, keine verbindliche Auskunft geben konnten, meinen Gedanken aber für überlegenswert und heuristisch sowie methodisch begründbar erachteten. In einem Brief, der mich nach der Abhaltung meines Vortrages erreichte, lieferte mir Peter Braunwarth Informationen, die – auch nach seiner Ansicht – meine Vermutung erhärteten: Das Schnitzler-Team von Konstanze Fliedl hätte noch weitere Aufführungen des *Zwischenspiel* ausfindig gemacht, die eventuell auf eine Spur zu einer möglichen Rezeption durch Richard Strauss führen: Berlin, Lessingtheater: Premiere 25.11.1905, Wiederaufnahme am 13. (?) Dezember 1907, Wiederaufnahme (?) im September 1909; Berlin, Deutsches Künstlertheater: Premiere September 1915; Berlin, Deutsches Theater: Premiere 1.11.1917; München, Residenztheater: Premiere 13.1.1906. In München dürfte das Stück relativ lange auf dem Spielplan gestanden sein, da sich auch Belege von Gastspielen des Residenztheaterensembles u. a. in Stuttgart, Innsbruck und Nürnberg (Frühling 1909) finden. In der Summe kumulativer Evidenz mögen diese Versatzstücke demnach eine engere Beziehung zwischen den beiden Werktiteln nahelegen.

Zum Schluss sei noch kurz der Frage nach dem Stellenwert von *Intermezzo* und seiner ästhetischen Zuordnung in der Entstehungszeit nachgegangen. Aus der Fülle der geäußerten Lehrmeinungen lassen sich zwei Grundpositionen gewinnen. Hermann Danuser[27] hat das Werk an die Zeitopern der späten Zwanzigerjahre herangerückt und als einen Vorläufer *avant la lettre* gewürdigt. Ulrich Konrad[28] bringt dagegen Bedenken vor, verweist auf die bürgerlich-konservative Ausrichtung des Stücks und betont die weiteren Stufen des Opernschaffens mit der *Ägyptischen Helena* im Gefolge. M. E. sticht dieses Argument nicht ganz, da ja auch bei Arnold Schönberg (*Von heute auf morgen*, 1930), Paul Hindemith (*Hin und zurück*, 1927; *Neues vom Tage*, 1929) und Ernst Krenek (*Jonny spielt auf*, 1927) dieses modische Segment ihres Bühnenwerks von anderen Stoffen und Stilen abgelöst und überholt wurde. Man denke nur in den jeweiligen Fällen an die späteren Stücke *Moses und Aron*, *Mathis der Maler* bzw. *Karl V.* Was den Inhalt und die musikalischen Züge betrifft, sollten solche Vergleiche nicht ganzheitlich und in binären Entscheidungsschritten erfolgen, sondern sich gradueller Verfahren mit skalarer Heuristik bedienen.

Ein musikalisches Werk ist auch ein Merkmalaggregat, in dem es mit Pendants anderer Komponisten sowohl Übereinstimmungen als auch Differenzen gibt. All den genannten Stücken eigen ist der Gegenwartsbezug, der sich sogar im Titel (*Neues vom Tage*) spiegeln kann. Durchwegs werden auch Ehekrisen und die wechselnden Methoden ihrer Lösung behandelt; Zeitkolorit treffen wir allenthalben in moderner Technologie, Marotten der Bürokratie (aber auch dem akkuraten Führen von Haushaltsbüchern), sportlicher Betätigung, zivilisatorischen Annehmlichkeiten sowie in sozialen Spielregeln, die in der Summe nicht bloß marginale Requisiten, sondern Leitbilder einer fortschrittlichen Gesellschaft darstellen. In Schönbergs kurzem Einakter *Von heute auf morgen*, der typologisch dem Strauss'schen *Intermezzo* nicht unähnlich ist, lösen sich Eifersucht, Streit, aber auch die Faszination durch alternative Partner über Nacht in wiedergewonnene Eintracht und wechselseitige Anziehung auf – und die jeweiligen potentiellen, vorerst attraktiven Konkurrenten ziehen frustriert ab. Der Sketch *Hin und zurück* von Paul Hindemith aber nützt die musikalische Struktur in einer dramaturgisch absurden Umkehr (nicht von Tönen, sondern von Themen), indem sogar ein vollzogener Mord spielerisch und spiegelverkehrt wieder rückgängig gemacht wird. Ich breche ab, indem ich Richard Strauss in *Intermezzo* zugleich als Nachfahren einer Kultur der bürgerlichen musikalischen Komödie – ich denke etwa an Carl Goldmarks *Das Heimchen am Herd* oder Konversationsstücke von Ermanno Wolf-Ferrari wie *Die neugierigen Frauen* oder *Die vier Grobiane* – wie als Herold und Vorboten einer musikdramatischen Modegattung betrachte.²⁹ Lässt sich der Komponist auch in dieser Hinsicht als Vertreter einer Variante von Moderne apostrophieren? Oder geht es ihm eher wie dem Mäzen aus dem Vorspiel von *Ariadne auf Naxos*, der durch die Verschränkung von prinzipiell inkommensurablen Stil- und Bauteilen unversehens ein neues Genre kreiert?

1 Walter Werbeck, *Die Tondichtungen von Richard Strauss*, Tutzing 1996, passim.
2 Daniel Ender, *Richard Strauss. Meister der Inszenierung*, Wien – Köln – Weimar 2014.
3 Laurenz Lütteken, *Richard Strauss – Musik der Moderne*, Ditzingen 2014.
4 Ebenda, 142.
5 Ebenda, 142.
6 Ebenda, 143.
7 Ebenda, 144.
8 Ebenda, 145 f., Anm. 109.
9 Vgl. Werbeck 1996 (zit. Anm. 1).
10 Mathias Hansen, *Richard Strauss. Die Sinfonischen Dichtungen*, Kassel 2003.
11 Charles Youmans, *Richard Strauss's Orchestral Music and the German Intellectual Tradition*, Bloomington 2005; Charles Youmans, *Tondichtungen*, in: Walter Werbeck (Hg.), *Richard Strauss Handbuch*, Stuttgart – Weimar – Kassel 2014, 374–442.
12 Zit. nach Youmans 2014 (zit. Anm. 11), 419.
13 Wilhelm Klatte, *Richard Strauss, Ein Heldenleben*, erläutert von Wilhelm Klatte, Berlin – Leipzig 1908.
14 Friedrich Rösch, *Ein Heldenleben. Tondichtung für großes Orchester von Richard Strauss. Erläuterungsschrift*, Leipzig 1899.
15 Vgl. Youmans 2014 (zit. Anm. 11), 431.
16 Vgl. ebenda.
17 Vgl. Youmans 2014 (zit. Anm. 11), 430.
18 Allgemeine Musik-Zeitung 23, 3.6.1904, 405 f.; zit. nach Youmans 2014 (zit. Anm. 12), 430.
19 Eine hermeneutische Analyse des Stücks nach den Methoden der Epoche legt Alfred Schattmann in einer kleinen Abhandlung vor, die sich zusammen mit anderen Texten in einem dem Komponisten gewidmeten *Meisterführer* findet: 10 Sinfonia [sic] domestica op. 53, in: Herwarth Walden (Hg.), *Richard Strauss. Symphonien und Tondichtungen*, erläutert von Gustav Brecher u. a., Berlin – Wien o. J., 163–180.
20 Romain Rolland, *Richard Strauss et Romain Rolland. Correspondance. Fragments de journal*, Paris 1951, 215.
21 Zu diesem Werk vgl. grundlegend Max Steinitzer, *Richard Strauss. Eine Alpensinfonie für großes Orchester. Op. 64. Thematische Einführung*, Leipzig 1914; Werbeck 1996 (zit. Anm. 1), bes. 196–199, 436–443; Youmans 2014 (zit. Anm. 11), 432–440 (*Eine Alpensinfonie*).
22 Zur musikologischen Würdigung des Werks vgl. Bryan Gilliam, *Strauss's* Intermezzo: *Innovation and Tradition*, in: Bryan Gilliam (Hg.), *Richard Strauss. New Perspectives on the Composer and his Work*, Durham – London 1992, 259–283; William Mann, *Richard Strauss. Das Opernwerk*, Wiesbaden 1981, 191–211.
23 Vgl. Willi Schuh (Hg.), *Richard Strauss. Betrachtungen und Erinnerungen*, 3. Aufl. Zürich 1981, 140–149.
24 Arthur Schnitzler, *Zwischenspiel: Dramen 1905–1909 (Das dramatische Werk in chronologischer Ordnung*, Bd. 6), Frankfurt a. M. 1994.
25 Oswald Panagl, „Über Strauß in seiner egoistischen (aber großartigen) Persönlichkeit" (9/2/1923). Person und Werk von Richard Strauss im Tagebuch Arthur Schnitzlers, in: Richard Strauss Blätter N. F. 39, 1998, 64–81.
26 Werner Welzig u. a. (Hg.), *Arthur Schnitzler. Tagebuch 1917–1919*, Wien 1985, 254.
27 Hermann Danuser, *Musikalische Selbstreflexion bei Richard Strauss*, in: Bernd Edelmann – Birgit Lodes – Reinhold Schlötterer (Hgg.), *Richard Strauss und die Moderne*, Berlin 2001, 51–77.
28 Ulrich Konrad, *Intermezzo – Die Ägyptische Helena – Arabella*, in: Walter Werbeck (Hg.), *Richard Strauss Handbuch*, Stuttgart – Weimar – Kassel 2014, 214–223.
29 Zur ästhetischen Produktionsschneise, in die sich der Komponist einordnet, vgl. sein *Nicht veröffentlichtes Vorwort zu „Intermezzo"*, in: Schuh 1981 (zit. Anm. 23), 135–139.

bald gurrt sie, bald murrt sie, jetzt fegt sie die
Zimmer, jetzt schlägt sie die Türen, immer, immer
muss sie sich rühren, herauf und herunter, heraus
und herein, bald klopft sie und knattert, bald schwatzt
sie und schnattert, dazwischen zeigt sie sich sodann
lebendig und nie, niemals schweigt sie.

Barb. Einen solchen Drachen würde ich an Euer Gnaden
Stelle per Stückfracht dahin spedieren wo der Pfeffer wächst
und das Gickoriankraut und nähme mir dafür eine
Junge ins Haus, still und gefügig, ein schmuckes Weib-
chen, ein sanftes Täubchen, ein zartes, zärtliches Zeitver-
treibchen – eine blasslinne nette adrette schweigsame Frau.
Morosus Ha! Eine schweigsame Frau? Ein Meer ohne
Salz! Ein Schiff ohne Ratten! Ein Fisch ohne Flossen —
eine Frau, die nicht schnattert! Siebenmal bin ich ums
Cap gesegelt und vom Eismeer bis ins Affenland
und habe vier und sechzig Jahr keine geschaffen begegnet!
Eine schweigsame Frau, die findet er nur auf Bockkö-
fen unter dem steinernen Kreuz!

Barb (hat das Rasieren beendet, staubt ihn mit Puder
ein und bereitet die Brennscheren vor für die Perrücke)
Euer Gnaden belieben zu übertreiben. Sind nicht so selten
die stillen Täubchen, flattern nur nicht aus Bockkäfig,
sitzen bei brav und schonen im Taubenschlag, bei
Vater bei Mutter, wöllen gelehnt, lieben gnad, dentlich,
reichtlich ans Bettelaus und außer in Kirchstuhl sicht
sie kein Mann. Ein Dutzend an jedem Finger wüsst ich

Die schweigsame Frau als Politikum: Stefan Zweig, Richard Strauss und der Nationalsozialismus*

Arturo Larcati, Verona

Die Zusammenarbeit von Stefan Zweig mit Richard Strauss an der Oper *Die schweigsame Frau* ist nicht von Anfang an prädestiniert, zu einem politischen Fall zu werden. Sie wird es erst ab 1933 – nach der Machtübernahme durch die Nationalsozialisten. Das liegt einerseits daran, dass die nationalsozialistischen Machthaber auf Strauss als Vorzeigekünstler des Regimes setzten und auf das mit seiner Person verbundene internationale Prestige nicht verzichten wollten, ohne sich jedoch seiner Loyalität in heiklen Situationen sicher zu sein. Auf der anderen Seite besteht Strauss auf seiner absoluten Unabhängigkeit in Fragen der Kunst und berücksichtigt in keiner Weise, ob seine Entscheidung, einen jüdischen Autor als Partner zu wählen, für das Regime politisch tragbar ist oder nicht.

Obwohl Hitler trotz vieler Bedenken die Inszenierung der Oper persönlich genehmigt, kommt es bekanntlich im Juni 1935 zum Eklat, als Strauss bei der Uraufführung in Dresden darauf besteht, dass der Name von Stefan Zweig auf den Plakaten der Aufführung genannt wird. Die Nazi-Größen bleiben unter einem Vorwand der Aufführung fern, und nach drei Aufführungen wird die Oper vom Spielplan genommen. Als ein für Strauss kompromittierender Brief an Zweig von der Gestapo abgefangen wird, muss der Komponist sein Amt als Präsident der Reichsmusikkammer zurücklegen. In diesem Brief hatte er nicht nur den jüdischen Schriftsteller um die Fortsetzung der Zusammenarbeit mit ihm gebeten, mit der Behauptung, künstlerisches Talent sei ihm wichtiger als Rassenzugehörigkeit, hatte er auch die Ideologie des Nationalsozialismus explizit in Frage gestellt.[1]

Auch für Zweig hat die Entscheidung, die Zusammenarbeit mit Strauss nach dessen Ernennung zum Präsidenten der Reichsmusikkammer nicht zu kündigen und die Aufführung der Oper nicht zu verhindern, weitreichende Folgen. Etliche mit ihm befreundete Exilschriftsteller werfen ihm vor, mit einem diskreditierten Komponisten zusammenzuarbeiten und dem NS-Regime unakzeptable Zugeständnisse zu machen. Durch diese Vorwürfe wird sein Engagement als antifaschistischer Schriftsteller in Frage gestellt.

Angesicht der Probleme, die in Folge ihrer Zusammenarbeit entstanden sind, haben sowohl Richard Strauss als auch Stefan Zweig im Nachhinein versucht, die Beweggründe für ihr Verhalten in dieser heiklen Situation zu erklären.[2] Ihre Darstellung der Geschichte der *Schweigsamen Frau* lässt allerdings in beiden Fällen noch viele Fragen über das Verhältnis von Kunst und Politik bzw. über die Rolle der Künstler gegenüber den Machthabern offen. Es genügt, beispielsweise den Standpunkt von Richard Strauss mit jenem von Klaus Mann zu vergleichen, der den Komponisten nach dem Krieg diesbezüglich gefragt und darüber in seiner Autobiografie referiert hat, um eine klare

Diskrepanz festzustellen: Strauss sieht sich als Opfer[3], während ihn Klaus Mann der Naivität bzw. des Opportunismus bezichtigt.[4] Zu ähnlichen Ergebnissen kommt man auch, wenn man die Briefe von Stefan Zweig an Richard Strauss denjenigen gegenüberstellt, die der Schriftsteller zur gleichen Zeit an andere Briefpartner geschickt hat.

In diesem Zusammenhang sollen im Folgenden zwei weniger bekannte Kapitel der „politischen" Rezeptionsgeschichte der *Schweigsamen Frau* rekonstruiert werden, die ein neues Licht auf die Zusammenarbeit von Stefan Zweig und Richard Strauss werfen. Das erste betrifft den Briefwechsel von Stefan Zweig mit seiner italienischen Übersetzerin, der Germanistin Lavinia Mazzucchetti; das zweite einen Fall produktiver Rezeption: das Theaterstück *Collaboration* von Ronald Harwood.

Richard Strauss in Zweigs Briefen an Lavinia Mazzucchetti

Als die Bücher von Stefan Zweig in Deutschland und später in Österreich verboten werden, spielen Übersetzungen für sein Selbstverständnis als Autor eine immer größere Rolle. Das gilt ganz besonders für Italien: ein riesiger Markt für Zweig, wo er in den dreißiger Jahren der meistübersetzte deutschsprachige Autor ist. So entwickelt Zweig eine immer intimere Beziehung zu seiner italienischen Übersetzerin Lavinia Mazzucchetti, zumal sie als Antifaschistin mit ihm das Schicksal der Verfolgung teilt. Nach dem Selbstmord von Zweig im Jahre 1942 ist sie darum bemüht, trotz großer finanzieller Schwierigkeiten sein literarisches und moralisches Erbe in Italien zu verwalten.[5] In diesem Zusammenhang schreibt sie am 2. April 1959 an Richard Friedenthal, der von Zweigs Erben beauftragt worden war, dessen Nachlass zu ordnen und zu verwalten:

„Ich habe gerade diese letzten zwei Monate Stefan ,[in] Liebe' gewidmet, indem ich einen langen Aufsatz über sein Verhältnis zu Strauss über die Entstehung etc. von der ,Schweigsamen Frau' schrieb. Habe 5 Jahre, die intensivsten vielleicht unserer Freundschaft (1931/36), Tag für Tag durchgesehen und gesucht, nach dem an sich anständigen aber doch lückenhaften Briefwechsel von Schuh, das Bild dieses Arbeitsbundes so darzustellen, dass die ganze nobiltà von Stefan richtig ans Licht kommt. Er hat viel Freude zuerst und dann viel Bitterkeit aus dieser Episode geschöpft, und es ist immer zu bewundern, wie gerecht und bis zur Ungerechtigkeit generös er in der postumen Autobiographie Strauss und die ganze Sache behandelt."[6]

Lavinia Mazzucchetti strebt in ihrem Aufsatz offensichtlich danach, das „Bild dieses Arbeitsbundes" zwischen Zweig und Strauss anders darzustellen als es aus dem Briefwechsel hervorgeht, den Willi Schuh herausgegeben hat.[7] Sie möchte vor allem, den „Adel des Geistes" bei Zweig, seine moralische Anständigkeit, hervorheben gegenüber dem eher opportunistischen Charakter von Strauss, den sie allerdings als Künstler durchaus bewundert. Sie hält Zweigs Verhalten „bis zur Ungerechtigkeit generös", weil dieser in der *Welt von Gestern* zwar die Kompromissen des Komponisten mit dem Regime bedauert, trotzdem aber Verständnis für sein Verhalten gezeigt habe. Lavinia

Mazzucchetti bewundert den österreichischen Schriftsteller, weil er Strauss trotz allem verteidigt, indem er daran erinnert, dass dieser von den Nazis erpresst wurde, weil er eine jüdische Schwiegertochter hatte.

Diesen Beobachtungen ist zu entnehmen, dass Zweig in den Briefen an seine Übersetzerin einen ganz anderen Standpunkt vertritt als in jenen an den Komponisten. In letzteren stellt er in erster Linie das Harmonische der Zusammenarbeit in den Vordergrund und tendiert dazu, die Spannungen zu relativieren, die reichlich vorhanden waren.[8] Diese harmonische Ausrichtung des Briefwechsels wird in der Forschung noch einmal hervorgehoben.[9] Man kann jedoch davon ausgehen, dass diese Harmonie, zumindest ein relevanter Teil davon, von Zweig bewusst inszeniert wurde, weil er diese Briefe von Anfang an als Zeugnis einer großen Künstlerfreundschaft und für die Nachwelt bestimmt sieht, wie aus dem Brief an Strauss am 23. Februar 1935 hervorgeht: „Alles, was Sie tun, ist bestimmt, historisch zu werden. Ihre Briefe, Ihre Entschlüsse werden einst wie jene Wagners und Brahms' Gemeingut sein."[10] Zu viele Spannungen und Kontraste hätten diese Stilisierung der Briefe als literarisches Denkmal für die Nachgeborenen wohl in Frage gestellt.

In den Briefen an Lavinia Mazzucchetti vermittelt Zweig hingegen kein harmonisches Bild des „Arbeitsbundes". Dort stehen die Spannungen in der Beziehung im Vordergrund. Anstelle von Harmonie und Freude trägt Zweig nun Bitterkeit und Enttäuschung über das Fehlverhalten von Strauss zur Schau.

Anfang des Jahres 1933 scheint noch alles in Ordnung zu sein. Am 29. März 1933 schreibt Zweig an Lavinia Mazzucchetti: „Auch die Sache Strauss sehe ich nicht so arg, ihn interessiert im Leben nur seine Kunst und es ist ihm vollkommen gleichgültig, ob seine Opern unter Kaiser oder Republik, ob von rechts oder von links gespielt werden, für ihn ist Musik die Welt und was diese Welt jenseits der Musik macht, interessiert ihn nicht viel. Sie werden sehen, dass er diesmal doch zur Stange hält und meine Oper fertig macht, von der er in einem unglaublichen Masse entzückt ist. Vielleicht lasse ich privat das Textbuch für ein paar Freunde drucken und würde es Ihnen selbstverständlich zuschicken."[11]

Lavinia Mazzucchetti. Fondazione Arnoldo e Alberto Mondadori, Mailand, Fondo Lavinia Mazzucchetti, b. 2, fasc. 64

Hier versucht Zweig, die Sorgen von Lavinia Mazzucchetti zu beschwichtigen, die sehr wahrscheinlich mit der Ernennung des Komponisten zum Präsidenten der Reichsmusikkammer bzw. mit dessen Sympathien für das Nazi-Regime zu tun haben.[12] Er beruft sich auf den *sacro egoismo*, um eine angebliche politische Kompromittierung des Komponisten zu relativieren.

Ganz anders klingt der Brief vom 15. Dezember 1934. Diesmal wird der Komponist scharf kritisiert: „Ich habe wieder eins auf den Kopf bekommen durch das törichte Verhalten Richard Strauss'. Statt sich zu Furtwängler und Hindemith zu stellen oder zumindest den Mund zu halten, hat er sich zu Goebbels bekannt. Die Aufführung, auf die ich mich so sehr gefreut hatte, würde mir jetzt, wenn sie wirklich zustande käme, ein Grauen. Ich habe nur einen Wunsch mehr, mich still aber gründlich von Deutschland abzulösen und bin fest entschlossen, ‚Maria Stuart' nicht mehr zur Insel zu geben. Auch die Lämmer blöken, wenn sie ungeduldig werden."[13]

Zweig zeigt sich über das Verhalten von Strauss im „Fall Hindemith" und seine offene Unterstützung für Goebbels enttäuscht.[14] Er hätte sich vom Komponisten die gleiche Haltung der Distanz zu parteipolitischen Fragen gewünscht, an der er sich selbst orientierte. Seine Enttäuschung ist so groß, dass er kein Interesse mehr an einer Aufführung der *Schweigsamen Frau* zu haben scheint und nur noch emigrieren möchte. Am Schluss des Zitats bezeichnet sich Zweig als geduldiges Lamm, das zu blöken anfängt, wenn seine Geduld überstrapaziert wird. Da Strauss seine Geduld arg strapaziert zu haben scheint, nimmt er sich nun kein Blatt vor dem Mund, seine Enttäuschung unverblümt zum Ausdruck zu bringen. Für einige Monate unterbricht er den brieflichen Kontakt zum Komponisten. In einem Brief vom Februar 1935 vermerkt Zweig, so Lavinia Mazzucchetti, dass seine Beziehung zu Strauss, die in seinen Augen zu einer Freundschaft hätte werden können, zu Ende ist.[15]

Auch die nächste Äußerung von Zweig zur „Sache Strauss", wie er sie nennt, ist von großer Skepsis geprägt. Im Vorfeld der Uraufführung der *Schweigsamen Frau* in Dresden schreibt er an seine Übersetzerin am 19. Juni 1935: „In der Sache Strauss herrschen allerhand Dunkelheiten. Es scheint, dass noch in letzter Stunde (Montag soll die Aufführung sein) die Radikalen einen Gegenstoß unternommen haben. Jedenfalls sind bis heute alle Ankündigungen untersagt und wie ich hier erfahre, sind auch an die auswärtigen Musikkritiker, die kommen wollten, keine Karten und keine Klavierauszüge geschickt worden. Der gute Meister wird jetzt einsehen, wie wenig ihm seine Loyalitätsbezeugungen geholfen haben. All das ist mir gleichgültig, wenn ihm nur eine gute Musik eingefallen ist."[16]

Zweig zeigt sich hier in erster Linie um die Aufführung der *Schweigsamen Frau* besorgt. Das gute Gelingen der Oper scheint ihm wichtiger als seine moralischen Bedenken gegenüber Strauss zu sein. Nach der Aufführung spricht er jedoch in einem Brief an Rolland die Enttäuschung über das Verhalten des Komponisten offen aus, zumal er auch von der Oper insgesamt enttäuscht ist: „Es besteht keine Hoffnung mehr, daß die

Vernunft in Deutschland siegt, solange die Hitler, die Goebbels und Streicher bleiben. […] Einer derer, die zu spät bereuen, ist unser Freund Richard Strauss. Mein Libretto hat ihm den Hals gebrochen. Jetzt sitzt er zwischen zwei Stühlen, aber er ist in zahlreicher Gesellschaft in dieser Lage."[17]

Aus dem englischen Exil zieht Zweig einige Jahre später eine noch traurigere Bilanz über seine Zusammenarbeit mit Strauss. In einem Brief an Felix Braun von 1939, in dem er zutiefst bedauert, dass sein enger Freund Hans Carossa den vom faschistischen Regime in Italien gesponserten Preis des Spielclubs von San Remo angenommen habe, stempelt er Strauss' Kompromisse mit dem Regime als Paradebeispiel für den Verrat an der Freundschaft und den „Verrat der Intellektuellen" im Sinne Julien Bendas ab: „So sind sie alle drüben bei unsern Erzfeinden gelandet, von Richard Strauss bis zu Gregor, die alten Freunde und Gefährten. Wer nicht außer Lande ging konnte nicht standhalten. Ich klage keinen an – mir selbst ist alles Heldische fremd – aber ich traure um liebe Verstorbene."[18] Zu dieser Zeit ist also der große Meister von einst bereits wie ein „Verstorbener" für ihn, von dem er nur noch Abschied nehmen kann.

Das Verhältnis zwischen Strauss und Zweig im Theaterstück *Collaboration* von Ronald Harwood

Die Ambivalenzen in der Zusammenarbeit von Strauss und Zweig an der *Schweigsamen Frau* nützt der britische Dramatiker Ronald Harwood in seinem Stück *Collaboration*, um die „Frage nach dem moralisch richtigen Verhalten in Diktaturen" in unserer Gegenwart erneut zu stellen.[19] Das Werk ist eine Art Dokumentardrama, in dem Realität und Fiktion gekonnt vermischt werden.[20] Harwood hat davor auch ein Stück über den Dirigenten Wilhelm Furtwängler geschrieben, das ebenfalls die Kollaboration mit dem NS-Regime zum Thema hatte. Das „Dialogdrama", wie Klaus Witzeling es nennt, wurde 2009 im Ernst-Deutsch-Theater in Hamburg und zwei Jahre später im Salzburger Landestheater aufgeführt.[21] Es werde darin eine Grenzsituation geschildert, in der beide Künstler in die Mühlen der Politik geraten und „auch der Unpolitische politisch handelt".[22] Harwood hebt jedoch auf die Unterschiede der beiden Charaktere, auf die Antithese der beiden Protagonisten ab. Er spitzt den Kontrast zwischen Zweig als edlem Humanisten und Strauss als charakterlich und politisch ambivalenter Figur zu. Strauss erscheint wie ein vitaler Bajuware, der vor keinem Hindernis Halt macht, während der Österreicher Zweig als Feingeist gezeichnet wird. Zweig ist somit ein Vorbild für moralische Integrität und für Noblesse wie bei Mazzucchetti. Strauss hingegen ist zwar ein Genie, ein großer Komponist, zugleich legt er aber auch ein opportunistisches Verhalten an den Tag. Er scheint sowohl die Nazis als auch den Schriftstellerfreund für seine Kunst und seinen Erfolg ausnützen zu wollen, obwohl er den Namen des Juden Zweig auf den Plakaten der Oper gegen den Willen des Intendanten durchsetzt.

Das Stück ist ein emphatisches Plädoyer für den guten Kulturmenschen Zweig, der diskret und bescheiden ist; Zweig ist die authentische, korrekte Figur, während Strauss ein angepasster Kollaborateur ist. Zweig ist eine zarte und fast homophile Erscheinung, während Strauss als bayrischer Kraftlackl, als ein ruppiger Kerl auftritt, der brutal und ungeniert seine Interessen vertritt. Zwar ist er jovial und neigt auch gerne zur Theatralik, insgesamt ist er jedoch eine eher unsympathische Figur, die durch moralische und körperliche Grobheit zum Erfolg kommt. Seine Spezialität ist es, Menschen zu manipulieren, obwohl er zum Schluss selber von den Nazis benutzt wird. Detlev Mücke scheint bei Strauss eine narzisstische Persönlichkeitsstörung zu erkennen, da dieser am Schluss selbst die Emigration von Zweig als „einen persönlich gegen sich selbst und sein Schöpfertum gerichteten Affront" sehe.[23]

Das Stück endet damit, dass sich Strauss nach dem Krieg vor dem Tribunal der Alliierten zu rechtfertigen sucht und die These vertritt, er habe sich ausschließlich für Musik interessiert und nie etwas mit Politik zu tun haben wollen. Die Schlussszene der Entnazifizierung soll zwar bei den Zuschauern die allgemeine Frage nach dem eigenen Verhalten in einer ähnlichen Situation aufwerfen; auf der anderen Seite ist sie so konzipiert, dass sie die Verlogenheit und Überheblichkeit des Egomanen Richard Strauss vorführt und zu einer totalen Demontage seiner Figur beiträgt.

Wolf Aniol als Richard Strauss und Henry Arnold als Stefan Zweig in *Kollaboration* von Ronald Harwood. Ernst-Deutsch-Theater Hamburg, 16. April 2009. Foto: Oliver Fantitsch

Schlussüberlegungen

Die Germanistin Lavinia Mazzucchetti und der Theatermacher Ronald Harwood plädieren zu unterschiedlichen Zeiten, aus unterschiedlichen Perspektiven und mit unterschiedlichen Zielsetzungen für mehr Gerechtigkeit für Stefan Zweig. Ohne die Leistungen von Strauss als Komponisten schmälern zu wollen oder die Ergebnisse einer gelungenen Zusammenarbeit in Frage zu stellen, möchten beide die überlegene moralische Position von Zweig innerhalb des Arbeitsbundes bestätigt wissen.

Das negative Urteil über die charakterlichen Eigenschaften von Strauss wird von der Forschung weitgehend bestätigt. In seiner Einleitung zu den Dokumenten zum „Fall Strauss" hält zum Beispiel der Historiker Joseph Wulf den Komponisten für die „repräsentativste deutsche Musikpersönlichkeit des 20. Jahrhunderts"; in menschlicher Hinsicht erscheint ihm dieser jedoch als „Konjunkturritter", weil „er sich den gegebenen Verhältnissen sehr geschickt an[passte], obwohl ihm Hitler oder Goebbels' Grundsätze zuwider und oft lächerlich waren".[24] Wulf vergleicht etwa Strauss' programmatische *Ansprache anläßlich der Eröffnung der ersten Tagung der Reichsmusikkammer am 13.2.1933* mit seinem Brief an Zweig vom 17. Juni 1933, in dem es überraschenderweise heißt: „Wer hat Ihnen gesagt, daß ich politisch so weit vorgetreten bin? Daß ich den Präsidenten der Reichsmusikkammer mime?"[25] Auch Oliver Rathkolb weist in seinen Beiträgen zu Richard Strauss und dem Dritten Reich auf diese Richtung hin.[26]

Obwohl Ronald Harwood in seiner Einschätzung von Richard Strauss eine nachvollziehbare und historisch fundierte Position vertritt, lässt sich gegen sein Stück einwenden, dass er Stefan Zweig einseitig als Opfer darstellt. Dementsprechend wird an keiner Stelle des Stückes der notorische Umstand reflektiert, dass Zweig in diesen Jahren und überhaupt sehr ängstlich war, dass er sich nicht getraute, sich über den Nationalsozialismus kritisch zu äußern. So wie Strauss hat sich manchmal auch Zweig den Nazis gegenüber ambivalent verhalten, was ihm immer wieder Kritik von den antifaschistischen Exilschriftstellern eingebracht hat. Bis 1936 war Zweig nicht bereit, sich politisch zu exponieren, und hoffte mit seinen historisch orientierten, als unpolitisch konzipierten Büchern in Deutschland noch veröffentlichen zu können, um seine Leser nicht zu verlieren. Ende Dezember 1935 entschließt er sich zwar dazu, seine Biografie über Maria Stuart nicht mehr zum Leipziger Insel-Verlag zu geben, aber bis zu dieser Zeit hatte er versucht, den Verlag von Anton Kippenberg als seinen Hauptverlag nicht zu verlieren, obwohl er für den Verlagsleiter als jüdischer Autor längst nicht mehr tragbar war.[27]

Während Ronald Harwood in seinem Stück die Charakterzüge seiner Protagonisten gleichsam zuspitzen muss, um die höchste Bühnenwirksamkeit zu erzielen[28], ist Lavinia Mazzucchetti in erster Linie an der historischen Wahrheit interessiert und bemüht sich daher um eine ausgewogenere Darstellung der Künstlerfreundschaft. Nachdem sie über die bittere Enttäuschung von Zweig über Strauss' Komplizenschaft zu den Nationalsozialisten ausführlich berichtet hat, beschäftigt sie sich auch mit den Ambivalenzen in der Haltung von Zweig selber gegenüber den Nazi. Sie zitiert einige an sie adressierte

Briefe des österreichischen Schriftstellers, in denen er für die „erasmische Haltung" der Vermittlung und der Neutralität plädiert und diese gegen ihre Einwände vehement verteidigt. Lavinia Mazzucchetti macht kein Hehl daraus, dass sie diese Haltung angesichts der Gefährlichkeit des NS-Terrorregimes für nicht angebracht hält, und plädiert stattdessen für die Bildung einer gemeinsamen Front im Exil gegen Hitler und für ein konsequenteres Vorgehen gegen den Diktator.[29]

Durch diese Ergänzungen erscheint das von Lavinia Mazzucchetti skizzierte Bild von Stefan Zweig und dessen Freundschaft mit Strauss facettenreicher und historisch fairer. Dazu kommt, dass ihr Aufsatz als Beleg für die große Begeisterung für Strauss als Komponisten im Italien der dreißiger Jahre gelten kann. So erzählt sie von einer Aufführung der *Elektra* an der Mailänder Scala im Frühling 1932 und von ihrer eigenen Verehrung für den „großen Meister", wie sie ihn nennt: „Es rührte mich –, vor allem nachdem ich bei den Proben sein beneidenswertes Phlegma, seinen so wenig pathetischen Plauderton, die herbe Strenge seiner Urteile festgestellt hatte –, die überraschende Wärme, der er freien Lauf ließ, als ich in meiner literarischen Begeisterung auf den Namen des kurz zuvor verstorbenen Dichters [Hofmannsthal] zurückkam."[30]

Trotz ihrer Favorisierung von Zweig und ihrer Einwände gegen Strauss bringt Lavinia Mazzucchetti an den erwähnten Stellen den Schriftsteller und den Komponisten näher zueinander als sie dies im Drama von Harwood sind.

Anhang

Im Literaturarchiv Salzburg befindet sich eine unveröffentlichte Postkarte von Stefan Zweig an Richard Strauss, nach Garmisch-Partenkirchen (Zoeppritzstraße) adressiert. Ein Datum ist nicht angegeben, die Karte lässt sich allerdings aufgrund des Hinweises auf eine Kürzung in der zweiten Szene in die zweite Hälfte von Dezember 1932 datieren. Denn am 16. Dezember hatte Strauss geschrieben: „Bedenken habe ich nach bisheriger wiederholter Lektüre über die allzubreite Scene zwischen Morosus und Aminta sowohl vor als auch nach der Eheschließung. Vielleicht überlegen Sie sich (es eilt ja gar nicht) wie diese Auseinandersetzungen viel kürzer und präciser und von allem Nebensächlichen gereinigt gefaßt und auf die 4 Hauptmotive beschränkt werden können!"[31]
Der Text der Karte lautet:

„Verehrter Herr Doktor, ich warte nur Ihre Rückkunft ab, um Ihnen den abgeänderten und stark verkürzten Text der Scene im zweiten Akt zu senden. Auch der dritte Akt ist zur Hälfte fertig und wird bald ganz vollendet sein, so dass Sie das Sicherheitsgefühl des completen Librettos bei der Arbeit haben. Wenn es Ihnen recht ist, würde ich dann ohne Sie zu stören (ich will selbst arbeiten) Mitte Januar für ein paar Tage nach Garmisch kommen, um jede Einzelheit durchberaten zu können.
Verehrungsvoll Ihr Stefan Zweig
[senkrecht eingefügt:] „Ergebene Empfehlungen Ihrer verehrten Frau Gemahlin"

Stefan Zweig an Richard Strauss, [Dezember 1932]. Literaturarchiv Salzburg – Sammlung Wilhelm Meingast

* Ich danke Dr. Stefan Litt (The National Library of Israel, Jerusalem), der den Druck der Briefe von Zweig an Lavinia Mazzucchetti erlaubt hat. Zu Dank verpflichtet bin ich weiters Dr. Klemens Renoldner (Direktor des Stefan Zweig Centre, Salzburg) für den Hinweis auf die im Anhang erstmals publizierte Postkarte, Dr. Manfred Mittermayer (Leiter des Literaturarchivs Salzburg) für deren Druckgenehmigung sowie Marit Schröter (Ernst Deutsch Theater Hamburg).

1 Vgl. Albrecht Riethmüller, *Stefan Zweig and the Fall of the Reich Music Chamber President, Richard Strauss*, in: Michael H. Kater – Albrecht Riethmüller (Hgg.), *Music and Nazism. Art and Tyranny, 1933–1945*, Laaber 2004, 269–291.

2 Vgl. Richard Strauss, *Geschichte der „schweigsamen Frau"*, in: Richard Strauss – Stefan Zweig, *Briefwechsel*, hg. von Willi Schuh, Frankfurt a. M. 1957, 155–159; Stefan Zweig, *Die Welt von Gestern. Erinnerungen eines Europäers*, Frankfurt a. M. 1963, 337 f. Strauss hat seine Darstellung der Geschichte nicht veröffentlicht. Sie wurde ohne Datum in seinem Nachlass gefunden.

3 Vgl. folgende Passage seiner Darstellung: „Aber es ist eine traurige Zeit, in der ein Künstler meines Ranges ein Büchen von Minister um Erlaubnis fragen muß, was er componieren und aufführen lassen darf. Ich gehöre halt zur Nation der ‚Bedienten und Kellner' und beneide beinahe meinen rassenverfolgten Stefan Zweig." (Strauss – Zweig 1957, zit. Anm. 2, 158). Der letzte Satz lässt an Zynismus nicht zu wünschen übrig.

4 Vgl. Uri Ganani – Dani Issler, *The World of Yesterday versus The Turning Point: Art and the Politics of Recollection in the Autobiographical Narratives of Stefan Zweig and Klaus Mann*, in: Naharaim 8, H. 2, 2014, 210–226, bes. 221–226.

5 Sie übersetzt 1952 sein Drama *Das Lamm des Armen*, das im Radio ausgestrahlt wird, und bereitet eine Edition der *Opere Scelte (Ausgewählte Werke)* für Mondadori und Sperling & Kupfer vor, die 1961 fertig sein wird. Vgl. Arturo Larcati, *Lavinia Mazzucchetti e l'eredità letteraria e morale di Stefan Zweig*, in: Anna Antonello (Hg.), *"Come il cavaliere sul lago di Costanza". Lavinia Mazzucchetti e la cultura tedesca in Italia*, Mailand 2014, 36–41.

6 Brief von Lavinia Mazzucchetti an Richard Friedenthal, 2.4.1959, Literaturarchiv Salzburg.

7 Lavinia Mazzucchetti, *Richard Strauss e Stefan Zweig* [1959], in: Dies., *Cronache e saggi*, hg. von Eva und Luigi Rognoni, Mailand 1966, 111–145.

8 Die größten Spannungen betreffen zunächst die Irritation des Komponisten, die daher kommt, dass Zweig seine Tantiemen für das Libretto der Oper einem jüdischen Hilfswerk in Berlin spendet. Dazu kommt die Bitte von Strauss an Zweig, aus dem internationalen Musikclub „Unio" auszutreten, auf die er nicht eingeht. Schließlich will Strauss nicht akzeptieren, dass Zweig nach der *Schweigsamen Frau* die Arbeit mit ihm (zumindest offiziell) nicht fortsetzen möchte. Auch in diesem Fall wird der Schriftsteller nicht nachgeben.

9 Vgl. Oswald Panagl, *Die Genese eines Meisterwerks. ‚Die schweigsame Frau'. Stationen der Zusammenarbeit im Lichte des Briefwechsels von Richard Strauss und Stefan Zweig*, in: Richard-Strauss-Jahrbuch, 2009, 11–24.

10 Strauss – Zweig 1957 (zit. Anm. 2), 95.

11 Brief von Stefan Zweig an Lavina Mazzucchetti, 29.3.1933, The National Library of Israel, Jerusalem.

12 Fast alle Briefe von Lavinia Mazzucchetti an Stefan Zweig sind verschollen, während jene von Zweig in der National Library of Jerusalem aufbewahrt sind. Vgl. dazu Arturo Larcati, *Il carteggio tra Stefan Zweig e Lavina Mazzucchetti*, in: Alessandra Schininà – Massimo Bonifazio (Hgg.), *Un luogo per spiriti più liberi. Italia, italiani ed esiliati tedeschi*, Rom 2014, 27–48.

13 Brief von Stefan Zweig an Lavina Mazzucchetti, 15.12.1934, The National Library of Israel, Jerusalem. Schon am 10. Mai 1933 hatte Zweig Strauss in einem Brief an Romain Rolland scharf kritisiert, weil er sich an einer Diffamierungskampagne gegen Thomas Mann beteiligt hatte: „Man attackiert in gemeiner Weise Thomas Mann, er habe Wagner diffamiert (Sie haben den ‚diffamierenden' Artikel [*Leiden und Größe Richard Wagners*] gelesen, der eine Verherrlichung im heutigen Europa war), und Richard Strauss und Hans Pfitzner unterschreiben." Romain Rolland – Stefan Zweig, *Briefwechsel 1910– 1940*, aus dem Französischen von Eva und Gerhard Schewe und Christel Gersch, Manuskriptzusammenstellung und Bearbeitung Waltraud Schwarze, Einleitung von Wolfgang Klein, Berlin 1987, Bd. 2, 515.

14 Es geht hier um die Diffamierungskampagne gegen Paul Hindemith, die gleich nach der Machtübernahme begonnen und Ende 1934 ihren Höhepunkt erreicht hatte. Nachdem Wilhelm Furtwängler Ende November den Komponistenfreund in einem Zeitungsartikel in Schutz genommen hatte, hat Goebbels Hindemiths Musik öffentlich diskreditiert und an den Pranger gestellt. Hindemith ließ sich daraufhin von seinem Amt

als Hochschulprofessor auf unbestimmte Zeit beurlauben und Furtwängler trat als Vizepräsident der Reichsmusikkammer zurück. Vgl. Peter Longerich, *Joseph Goebbels. Biographie*, München 2010, 283 f.
15 Mazzucchetti 1966 (zit. Anm. 7), 126 f.
16 Brief von Stefan Zweig an Lavinia Mazzucchetti, 19.6.1935, The National Library of Israel, Jerusalem.
17 Brief von Stefan Zweig an Romain Rolland, 13.8.1935, in: Rolland – Zweig 1987 (zit. Anm. 13), Bd. 2, 505 f.
18 Stefan Zweig, *Briefe, 1932–1942*, hg. von Knut Beck und Jeffrey B. Berlin, Frankfurt a. M. 2005, 252. Zu Strauss und Gregor, den Zweig als seinen Nachfolger vorgeschlagen hatte, vgl. Oskar Pausch, *Richard Strauss, Stefan Zweig, Joseph Gregor und das Jahr 1938*, in: Studien zur Musikwissenschaft 47, 1999, 395–400.
19 Debra Skerra, *Stationen einer problematischen Künstlerfreundschaft. Richard Strauss und Stefan Zweig: deutschsprachige Erstaufführung des Stückes „Kollaboration" am Ernst Deutsch Theater*, in: Die Welt, 18.4.2009.
20 Im Hintergrund des Stückes spielt auch die Dreieckgeschichte zwischen Zweig, Lotte und Friderike eine Rolle: Strauss begegnet Zweig zusammen mit Lotte in Salzburg. Diese war allerdings nie in Salzburg.
21 Klaus Witzeling, *Zweig, Strauss und das Dritte Reich*, in: Hamburger Abendblatt, 18./19.4.2009.
22 Detlev Mücke, *Auch der Unpolitische handelt politisch. Großer Erfolg im Ernst Deutsch Theater mit „Kollaboration"*, in: Die Nordelbische, 24.4.2009.
23 Ebenda.
24 Joseph Wulf, *Musik im Dritten Reich. Eine Dokumentation*, Frankfurt a. M. 1983, 194.
25 Strauss – Zweig 1957 (zit. Anm. 2), 141 f.
26 Vgl. folgendes Zitat: „Strauss wollte primär seine subjektive Vorstellung von ‚deutscher' Hochkultur durchsetzen, und dazu gehörten nicht nur die Musik von Mozart, Beethoven, Wagner und selbstverständlich viel von Richard Strauss, sondern auch die besten verfügbaren Libretti. In diesem Sinne ist der Einsatz von Strauss für seinen Librettisten Zweig bei Hitler und Goebbels zu verstehen; zurückzuführen ist dies nicht zuletzt auf seinen subjektiven Kunstegoismus, den er über mehrere Regimewechsel vom deutschen und österreichischen Kaiser in die Republik gerettet hatte." (Oliver Rathkolb, *Richard Strauss und das Dritte Reich*, in: Ausstellungskatalog Christine Mühlegger-Henapel – Alexandra Steiner-Strauss (Hgg.), *„Trägt die Sprache schon Gesang in sich...". Richard Strauss und die Oper*, Wien [Theatermuseum] 2014, 167–176, hier 168). Vgl. auch Oliver Rathkolb, *Künstlereliten im Dritten Reich. Führertreu und gottbegnadet*, Münster 2004, 182–186
27 In diesen Jahren wusste man noch nicht, wie sich die Kulturpolitik der NS-Diktatur entwickeln würde, so haben viele eben versucht, sich zu arrangieren. Zweig hoffte in dieser Zeit, es würde sich alles noch zum Guten wenden, und deshalb wollte er nicht eindeutig Stellung beziehen. Vgl. dazu Jürgen Eder, *„Incipit Hitler". Stefan Zweig und der Nationalsozialismus*, in: Brünner Beiträge zur Germanistik und Nordistik 22, 2008, 69–83.
28 Für Werner Thuswaldner (Salzburger Nachrichten, 22.1.2011) ist der Gegensatz zwischen Strauss und Zweig „überdeutlich herausgearbeitet", in einer anderen Rezension (MOPO, 18.4.2009) ist von einem „Lehrstück" die Rede.
29 Es ist fast überflüssig zu erwähnen, dass Zweig das Problematische dieser Position selbst reflektiert hatte, obwohl er glaubte, sie trotzdem vertreten zu müssen. In seiner *Erasmus*-Biografie heißt das zentrale Kapitel „Größe und Grenzen des Humanismus". Selbst im bereits erwähnten Brief an Felix Braun spricht er von der „Schwäche als Schuld".
30 Mazzucchetti 1966 (zit. Anm. 7), 116.
31 Strauss – Zweig 1957 (zit. Anm. 2), 33 f.

Rebecca Horner als Potiphars Weib und Denys Cherevychko als Joseph in *Josephs Legende*, Choreografie John Neumeier. Wiener Staatsballett, 2015. Foto: Wiener Staatsoper/Michael Pöhn

Auch Richard Strauss wollte den Tanz erneuern
Wie Choreograf Heinrich Kröller die Josephs Legende ab 1921 in Mitteleuropa durchsetzte

Andrea Amort, Wien

Mit der Fülle an choreografischen Neubearbeitungen und Symposien, welche 2013 die internationale Tanzwelt aus Anlass des 100. Geburtstages des Balletts *Le Sacre du printemps* von Nicholas Roerich, Igor Strawinski und Vaclav Nijinski hervorbrachte, kann die *Josephs Legende*, Richard Strauss' wichtigstes Ballett, das 2014 hundert Jahre alt wurde, nicht mithalten.[1] Inhaltlich geht es darin um den unverführbaren, auf seine Religion vertrauenden Joseph aus dem Alten Testament. An seiner Standhaftigkeit zerbricht Potiphars Weib.

Aus Anlass des 150. Geburtstages des Komponisten setzten Strauss-Städte nicht nur seine Opern, sondern auch seine Ballette wieder auf den Spielplan. An der Dresdener Staatsoper kamen die *Josephs Legende* (Choreografie: Stijn Celis) und die *Verklungenen Feste* (Choreografie: Alexei Ratmansky) neu heraus, letztere die vom Komponisten 1941 betreute Erweiterung seiner *Couperin-Suite*. 2014 zeigte das Münchener Gärtnerplatztheater das selten inszenierte Ballett *Schlagobers* (Choreografie: Karl Alfred Schreiner). 2015 kehrte in Wien John Neumeiers 1977 für die Staatsoper dramaturgisch neu geschaffene Fassung der *Josephs Legende* vom Hamburg Ballett an die Donau zurück, kombiniert mit *Verklungene Feste*, ebenfalls aus Neumeiers Hand.[2] Seine, von einer tanzdramaturgisch-choreografischen Erzählweise ausgehende, zeitgemäße Herangehensweise streicht die symphonischen Anteile der Musik heraus und gilt anhaltend als überzeugende Interpretation. Er entfernte vor allem die Rolle der Sulamith aus dem Originalkonzeption zugunsten einer tänzerischen Komplettierung und damit Aufwertung der Rolle von Potiphars Weib.

Damit sind auch schon Strauss' wesentliche, äußerst unterschiedlich entworfene Ballette genannt, eine doch beträchtliche Zahl von Ballettentwürfen führte der Komponist nicht aus. Die drei genannten jedoch verzeichnen vor allem eine intensive Wiener Aufführungstradition, die der heute nur noch wenig bekannte Choreograf Heinrich Kröller (München 1880–1930 Würzburg) begründete, der dadurch letztlich auch für die Verbreitung der Strauss-Werke in Mitteleuropa sorgte.[3] Seine *Josephs Legende* war in weitgehend derselben Modell-Inszenierung und Choreografie (aber in unterschiedlicher Ausstattung) zuerst in Berlin (1921), im selben Jahr noch in München, 1922 in Wien, Leipzig und Prag zu sehen.[4] Anders als immer wieder auch in Lexika angeführt, verschwand das Werk nicht rasch von den Spielplänen, sondern erfuhr vor allem in den 20er und 30er Jahren zahlreiche, aber auch danach etliche Neuinszenierungen. Im Wiener Repertoire blieb Kröllers Fassung, von Strauss selbst immer wieder dirigiert, bis 1944. Seit 1936 war die Wiener Original-Fassung um Anteile zeitbezogener Tanztheater-Regie von Margarete Wallmann erweitert worden, nach deren Verfemung durch die NS-Diktatur wurde die Kröller-Inszenierung vom Joseph-Interpreten der Premiere, Willy Fränzl, betreut. Auch sonst hielten sich einige der Kröller-Choreografien mehr als zwanzig Jahre im Wiener Repertoire, solange bis eine neue choreografische Hand, jene von Erika Hanka, das Ballettensemble neu prägte und sich dann auch wieder den Strauss-Balletten zuwandte. Die *Josephs Legende* lässt sich auf Grund ihrer Dauerhaftigkeit und Beliebtheit an der Wiener Staatsoper tatsächlich als *Wiener Ballett* bezeichnen.[5]

Die Überlebensdauer der Kröller'schen Werke spricht für die musikalische Auswahl – er orientierte sich unter anderem am Werkkatalog der Ballets Russes –, für seine choreografische Qualität, die Spiel- und Tanzbarkeit seiner Inszenierungen und die Ausstattung. In Kröller hatte Strauss einen kenntnisreichen, visionären und auch diplomatischen Partner gefunden. Die rein tänzerische, kurzweilige *Couperin-Suite* mit dem Titel *Theater- und Gesellschaftstänze im Stile Ludwig XV* (1923) und das großformatig angelegte Ballett *Schlagobers* mit einem Libretto des Komponisten (1924) brachten sie in Wien gemeinsam zur Uraufführung. Letzteres war wegen der Musikdramaturgie mehr einer revuehaften Nummernabfolge als einem kompakten Ballett ähnlich. Darüber hinaus entwarfen Strauss und Kröller eine spezifische Wiener Ballettdramaturgie. Im Redoutensaal setzte man in Übereinkunft mit Ausstatter Alfred Roller vorwiegend auf choreografisch neue und junge Werke. Im Haus am Ring wurden hingegen Handlungsballette gepflegt. Strauss bestückte den Spielplan mit zeitgenössischen, aber auch wiederentdeckten Balletten, darunter von Milhaud, Ravel, Strawinski, Rameau, Mozarts *Les petits riens*, der von Kröller neu eingerichtete Gluck'sche *Don Juan* sowie die von Hofmannsthal, Strauss und Kröller bearbeiteten *Ruinen von Athen* von Beethoven. Auch die Salzburger Festspiele profitierten in Form von Gastspielen von ihrer Kooperation.

Während aus dem Repertoire der Ballets Russes noch heute zahlreiche Werke in der Originalchoreografie aufgeführt werden können, auch Nijinskis *Sacre* gilt mittlerweile durch die Rekonstruktion von Millicent Hodson und Kenneth Archer (1987) als wiederhergestellt, sind aus Kröllers Werkkatalog keine durch Wiederaufführung tradierten Choreografien erhalten. Bislang hat sich niemand die Mühe gemacht, seine in München nachgelassenen privaten Aufzeichnungen auf eine Aufführbarkeit bzw. Möglichkeit einer Rekonstruktion hin zu prüfen. Beispiele seiner choreografischen Skizzen publizierte die Berliner Staatsoper 1922 in einer Lithografien-Mappe mit Entwürfen des Ausstatters Emil Pirchan, ein Beispiel seiner choreografischen Tätigkeit lässt sich in der Verfilmung des *Rosenkavalier* (1926) ausmachen.[6]

In der Fachliteratur, sowohl in jener der Musik- als auch in jener der Tanzwissenschaft, wird das Ballett-Werk von Strauss überwiegend als problematisch beschrieben: sowohl wegen der als angestrengt empfundenen Libretti und der detailliert ausgearbeiteten, einem vorweggenommenen Regiekonzept ähnelnden Dramaturgie als auch wegen der daraus resultierenden einengenden musikalischen und aus Sicht der Tanzmoderne wenig fortschrittlichen Komposition.[7] Wenn es heute Choreografen und nicht Operndirektoren sind, die Strauss-Musik für Ballette wählen, dann handelt es sich vorzugsweise um sein konzertantes Werk, etwa seine *Vier letzten Lieder*, die mehrmals choreografisch interpretiert worden sind. Bereits der Kritiker Arthur Neisser sprach Strauss nach der Uraufführung der *Josephs Legende* das „Spezialtalent", das man als Ballettkomponist benötige, ab:

„Trotz alledem dürfte es sich bei diesem Ausflug auf das Gebiet des Balletts doch wohl nur um ein vorübergehendes Experiment handeln. Das soll weder ein Tadel noch ein Lob sein, sondern wir wollen nur darauf hinweisen, dass zur Reform einer alten Kunstgattung letzten Endes doch wohl ein Spezialtalent gehört. Strauß [sic] ist seiner innersten Künstlerwesenheit nach ein viel zu ernster, zu absoluter Musiker, um rein deskriptiver Musik – und das ist doch die vergeistigte Ballettmusik schließlich stets! – fähig zu sein."[8]

Als förderliche Ballettmusik im Sinne schöpferischer Choreografie begann sich in avancierten Kreisen allerdings auch schon damals jene Art von Musik durchzusetzen, die den Tanz und die Choreografie trägt, aber nicht dogmatisch vor- und beschreibt. Neissers Bemerkung zur deskriptiven Musik, die ein Ballett benötige, mutet bei der sonst so kenntnisreichen Aufgeschlossenheit des Kritikers larmoyant an. Hofmannsthal war diese Problematik bewusst, er hatte sich im Sinne des ursprünglich beauftragten Choreografen Nijinski bei Strauss für mehr fließende statt episodischer Musik eingesetzt. Das nicht von der Hand gehende Komponieren mit Rückgriffen auf existierendes Material und thematischen Parallelen zur *Elektra* ist in der Literatur oft publiziert, aus Platzgründen wird es hier nicht weiter berücksichtigt. Im bekannten Briefwechsel zwischen Hofmannsthal und Strauss wird offensichtlich, dass beide die Funktion eines Choreografen primär als Ausführenden und nicht als selbständig Kreativen ansahen.

La Légende de Joseph wurde als rund einstündiges Mittelstück des dreiteiligen Abends mit Balletten von Schumann (*Papillons*) und Rimski-Korsakow (*Schéhérazade*) am 14. Mai 1914, fast exakt ein Jahr nach dem *Sacre*, an der Pariser Oper unter der musikalischen Leitung des Komponisten uraufgeführt. Wie *Sacre* war es ein Auftragswerk des erfindungsreichen Impresarios Serge Diaghilew für seine Ballets Russes, dieses Mal mit einem deutschen Komponisten strategisch im Hinblick auf eine Festigung der Spielzeiten in deutschen Städten angedacht. Choreograf Michail Fokin zeichnete für den gesamten Abend verantwortlich. Er war für den ursprünglich verpflichteten Choreografen und Tänzer Vaclav Nijinski eingesprungen, der wegen seiner Heirat mit Romola de Pulszky im September 1913 bei seinem Ex-Liebhaber und Förderer Diaghilew in Ungnade gefallen war.

Die Pariser Uraufführung wurde nicht zu jenem Triumph, den sich Diaghilew ausgemalt hatte. Die bereits damals veraltete, von Harry Graf Kessler und Hugo von Hofmannsthal zwischen Tanz und Pantomime (Drama) trennende Dramaturgie hatte selbst der als Reform-Choreograf in die Tanzgeschichte eingegangene Fokin nicht überwinden und überzeugend umsetzen können. Fokin war für seine choreografische Methode, dramatische Handlung durch Tanz zu transportieren, bereits bekannt gewesen. Ein dermaßen detailliert vorgegebenes Textbuch samt choreografischen Anweisungen in der Partitur, die letztlich von Tanzpraxis fremden Autoren ausgedacht waren, musste einem Künstler, der nicht von Beginn an in die Entstehung miteingebunden gewesen war, Probleme bereiten. Die Sprungarten waren mit Sicherheit für Nijinski, vielleicht sogar von Nijinski in Vorgesprächen mit Kessler eingebaut worden. Darauf deutet auch die von Bronislava Nijinska zitierte Aussage ihres Bruders hin, als er erfährt, dass er den *Joseph* nicht machen sollte: „The matter as it stands now is that Richard Strauss and I together have already worked out the program of the music and the entire project for the ballet ‚Joseph'. I have been creating the ballet."[9]

Der Star-Tänzer wurde für seine Fähigkeit, den Eindruck des Schwebens zu vermitteln, besonders akklamiert und war auch aus diesem Grund vom Autoren-Team auserwählt worden. Als Nijinski 1916 Strauss' symphonische Dichtung *Till Eulenspiegels lustige Streiche* (Rekonstruktion von Hodson & Archer, 1994 Paris) choreografierte, hatte er vom Angebot des Komponisten, nun mehr Änderungen gegenüber offen zu sein, keinen Gebrauch gemacht.

Auch aus der Sicht von Sergej L. Grigoriev, Diaghilews Produktionsleiter, war die *Josephs Legende* gescheitert: „Unfortunately the latter [*Joseph*] failed to fulfill our expectations. Strauss's music, though interesting in itself, was not really suited to dancing; both the black and gold scene by Sert and the costumes by Bakst failed in some way to create the proper atmosphere; and Fokine had been hampered in his composition by the vagueness of the scenario, which resulted in an unconvincing plot."[10]

Diese „vagueness" verstand Richard Strauss 1921, in einem vielleicht über die Jahre geschärften Rückblick auf das ursprüngliche Ansinnen des Autorenteams, inhaltlich durchaus packend zusammenzufassen: „Der Josefsmythos war uns nur der Anlass, eine Grundbeziehung von Mann und Frau darzustellen; das hochstehende Weib möchte den genialen Mann ganz besitzen und muß doch fühlen, dass das Genie für sie ungreifbar ist, dass etwas Unfassbares in ihm bleibt und sich ihr entzieht; daran geht Potiphar zugrunde."[11]

Was sich aus Strauss' Mund verständlich liest, mutete auf den 1914 in Berlin veröffentlichten 67 Seiten des Textbuches umständlich an. Die Form eines neuartigen, geschmeidigen Psycho-Tanz-Dramas, wie es den Autoren – wenn auch nicht unter diesem Begriff – vorschwebte, ließ sich ohne weitere Bearbeitung damit nicht produzieren. Das wurde auch damals so gesehen. So schrieb Neisser in seiner Kritik: „Es soll zugegeben werden, dass Graf Kessler die Gestalten des Josef und von Potiphars Weib geschickt in den Mittelpunkt der Handlung gestellt hat. Ferner wollen wir gern erkennen, dass der Dichter mit leidlichem Takt die Gruppenevolutionen der Tänzer und Tänzerinnen in einen inneren Zusammenhang mit der Haupthandlung gebracht hat, wenn auch hin und wieder in einen recht losen Zusammenhang. Aber, was die Figur des Josef als solche anbetrifft, deren ‚innerstes Motiv', wie der Dichter sagt, ‚das Springen' sei, das Fliegen, Schweben, bald im Tanz, bald im Traum, bald in einer intimen Verquickung von Phantasie

Heinrich Kröller als Joseph und Tilla Durieux als Potiphars Weib, Choreografie Heinrich Kröller. Deutsche Erstaufführung an der Staatsoper unter den Linden, Berlin 1921. Foto: Becker & Maass, Berlin. Theatermuseum

und Bewegung, so will mir diese Charakterisierung doch recht gewaltsam erscheinen. Der Dichter sollte damit offenbar die ‚neuartige' Stilistik dieser getanzten Legende erklären und rechtfertigen. Denn z. B. der ‚Gottsuchertanz', die eigentliche Hauptnummer des Balletts, in deren Verlauf die starre Teilnahmslosigkeit von Potiphars Weib allmählich einer tiefen Begeisterung, einer Aufwühlung ihres innersten Wesens weicht, dieser Gottsuchertanz ist in Wahrheit doch nicht viel mehr als die alte Solonummer des ersten

Tänzers, eine Annahme die noch durch die Begleitung durch seine ‚Freunde' in uns bestätigt wird. Ganz unballettmäßig ist schließlich die Gestalt des Weibes selbst aufgefasst. Der Gegensatz ihrer Starrheit und Laszivität (die übrigens stets nur durch ihre Sklavinnen rhythmisch zur Darstellung gebracht wird) mag in der *Phantasie* des Dichters sehr wirksam sein; auf der Bühne verlieren wir sehr bald Interesse an der Gestalt, weil uns ihr innerstes Wesen absolut nicht verständlich, zum mindesten nicht durch den Tanz wird. Wenn in der Hauptszene des Werkes Potiphars Weib sich an Josefs Lager schleicht und ihre Lüste erwachen, und wenn sie dann, von Josef zurückgestoßen, ihre Henker ruft, um sich an des Knaben Leiden zu weiden, was ist dies mehr als eine irgendeine alte Pantomimenszene? Und nichts anderes ist es mit den Ensemble-Tanzfiguren als solchen, etwa mit den Kämpfen der ägyptischen Boxer oder mit den Klagetänzen der Weiber; es ist im Grunde nichts als altes Ballett, das durch die Reizmittel des modernistischen Prunkkostümes zwar malerisch gehöht, aber sinnlich abgeschwächt ist. Auch die Schlußszene des Werkes, wenn der (zum Glück wenigstens von einem Mann dargestellte) Erzengel langsam mit Josef durch die Säulenhalle hinausschreitet (während sich Potiphars Weib erwürgt) auch diese letzte Szene des Werkes ist die übliche Apotheose, in der auch das ‚weiße Licht' nicht vergessen ist!"[12]

Die Anzahl der vorgeschriebenen Tänze war gering gehalten, der Anteil der Pantomime dagegen ausufernd. Dass Strauss auf Wunsch von Diaghilew an die zehn Seiten aus der Partitur während der letzten Proben in Paris kürzte, erzählte Joseph-Tänzer Léonide Massine.[13] Szenisch wiederum soll sich Strauss bemüßigt gefühlt haben, Fokin Ausdrucksmaterial vorzuzeigen; während der nachfolgenden Londoner Aufführungsserie tat er dies vor der gefeierten Ballerina Tamara Karsawina, die seine Lieblings-Potiphar werden sollte. Jahre später bemühte er sich vergeblich um beide Künstler. In seiner Wiener Zeit war Fokin sein erster Wunsch-Kandidat als Ballettleiter, auch Karsawina hätte er gern über ein Gastspiel hinausgehend engagiert.

Das Unternehmen *Joseph* war in seiner Genese, aber auch wegen der zahlreichen Umbesetzungen von Anfang an kompliziert. Der junge, damals noch unerfahrene Tänzer Léonide Massine, der bald darauf auch als Choreograf reüssieren sollte, konnte als Ersatz-Joseph, Nijinski hätte auch tanzen sollen, die hochgeschraubten Erwartungen nach Außerordentlichem nicht erfüllen. Diaghilew hatte den bis dato Unbekannten Kessler und Hofmannsthal, die ganz auf Nijinski eingestellt gewesen waren und mit Sicherheit auch dessen schauspielerisches Verwandlungsvermögen einkalkuliert hatten, erst nahebringen müssen. Fokin, Nijinskis Rivale, der sich nach einer längeren Trennung von den Ballets Russes nur schwer überreden ließ, zurückzukehren, war in der Annahme gekommen, dass er *Joseph* nicht nur choreografieren, sondern auch tanzen werde. Diaghilew aber fand ihn zu alt. Fokin wiederum musste den Part choreografisch reduzieren, um Massines Schwächen, der zu dieser Zeit überlegt hatte, Schauspieler statt Tänzer zu werden, zu verdecken. Der renommierte Ballettmeister der Ballets Russes, Enrico Cecchetti, nahm sich daraufhin seiner besonders an. Potiphars Weib war für eine mimische Darstellerin angelegt. In der Uraufführung agierte die Sopranistin Maria Kusnezowa anstelle der ursprünglich vorgesehen Tänzerin-Darstellerin Ida Rubinstein.

Die Diskussion, wie diese Rolle zu besetzen sei, tauchte in den 70er Jahren des 20. Jahrhunderts erneut auf.[14]

Problematisch bei diesem Projekt, das zwischen verschiedenen Gattungen mäanderte (heute würde man es hybrid nennen), erweist sich vor allem die fixierte Zuschreibung des darzustellenden Ausdrucks. Die Frage nach dem Ausdruck auf der Bühne hatte sich, entlang einer Sprach-Krise, vom tanz-affinen Hofmannsthal im *Chandos-Brief* formuliert, zu einem ernsthaften Thema ausgewachsen. Neue performative Formen, die Auseinandersetzung mit der Gattung der Pantomime in erneuerter Form, verbunden mit der Erkenntnis, was nichtakademischer, freier Tanz Unsagbares zu transportieren versteht, verführte die Kunstszene zu Experimenten. Orientalische und antike Themen, Sujets aus der Bibel wurden, auch von Diaghilew, favorisiert. Strauss hat sich dieser Diskussion nicht entzogen, sie aber auch nicht konsequent geführt. Das *Salome*-Thema auf der Bühne war nicht zuletzt durch die Tänzerin Maud Allan bereits seit 1895 *en vogue*. In Strauss' Opernthater *Salome* (1905) ist der Tanz der sieben Schleier ein dramaturgischer Höhepunkt, ähnlich bedeutsam ist der Tanz im von Hofmannsthal bearbeiteten *Elektra*-Libretto. In der *Josephs Legende* aber klammert das Schöpfer-Trio Fokins seit 1909 mit den Ballets Russes in so einhelligen Erfolgen wie *Scheherazade*, *Der Feuervogel*, *Der Geist der Rose* und *Petruschka* umgesetzte Vorstellung vom Drama transportierenden Tanz aus.[15] Nach der Uraufführung bezeichnete Hofmannsthal das Libretto Strauss gegenüber als „auch ein wenig fatal".[16]

Gunhild Oberzaucher-Schüller führt als Grund des Scheiterns das Aufeinandertreffen unterschiedlicher Ballett-Traditionen an.[17] Der von Fokin reformierten Auffassung von ganzkörperlichem Ausdruck im Tanz stand demnach die von Max Reinhardt vorangetriebene theatralische Form der Pantomime, wie sie auch Hofmannsthal etwa für Grete Wiesenthal schrieb, gegenüber. Die *Josephs Legende* war 1914 auch als „Mimodram", als „Mittelding zwischen Musikdrama und Symphonie", gesehen worden und sollte durchaus eine neue Form heraufbeschwören.[18] Die aber kam beim besten Willen nicht zum Ausdruck. Zudem begann sich in diesen Jahren der künstlerische Tanz als eine „erste Kunstform" zu etablieren und zu behaupten. Er war nicht länger nachschöpferisch, sondern stellte sich als separate Gattung in die erste Reihe neben Musiktheater und Schauspiel. Der Choreograf sollte forthin der Autor sein und daher auch derjenige, der die Musik wählt und eigenverantwortlich die gesamte Produktion bestimmt. Man mag durchaus von einem Dickicht der Tanzreformen sprechen, in dem experimentelle Kunst neben akademischem und freiem Tanz existierte und unter dem Begriff des Expressionismus vielerlei Spielarten vereinte. Das Arbeiten mit dem Themenkomplex Geste, Gebärde, Ausdruck und Tanz war Hofmannsthal und Strauss im Zuge der damals aktuellen Diskussion wohl wesentlich, wie es auch Sonja Bayerlein 2006 akribisch nachweisen konnte[19], tanzentwicklungsgeschichtlich aber waren sie letztlich zu spät dran. Da mag man Monika Woitas gerne zustimmen, die für solche mimetische Bestrebungen, die von der Musik quasi gedoppelt wurden, den Film als das adäquate Medium ansieht.[20]

Von Beginn seiner Zeit als Wiener Operndirektor (1919–1924) suchte Strauss nach einer geeigneten Kraft zur Rehabilitierung seines Balletts. Der 1920 kurz an der Staatsoper als Ballettmeister engagierte bekannte klassische Petersburger Tänzer Georgi Kiakscht kam für die *Josephs Legende* in Frage, aber auch die seit 1919 in der freien Wiener Szene tätige, aus Moskau kommende, moderne Tänzerin und Choreografin Ellen Tels mit ihrer wichtigen Solistin Mila Cirul wird von Strauss' Wiener Ausstatter Alfred Roller durchaus provokant in die Diskussion eingebracht.[21]

Schließlich aber vertraute Strauss dem Generalintendanten der Berliner Staatsoper, Max von Schillings, der ihm Kröller zunächst für eine Berliner Realisierung empfahl. Dieser heute kaum noch bekannte Künstler, der zwischen Mailand, Barcelona und Stockholm intensiv tätig war und sich für zeitgenössisches Ballett und Musiktheater engagierte, war in besonderem Maße für die Ballettensembles in Berlin, München und Wien während der 20er Jahre wichtig. Kröller war ein Anhänger von Enrico Cecchettis Lehrmethode, aber „gelockert und ins Moderne erweitert", und beschritt entschieden Wege in eine tänzerische Gegenwart. Er kümmerte sich außerdem um eine zeitgemäße Ausbildung der Tänzer, ohne auf tradierte Tanztechnik zu verzichten.[22] In einem Brief an Friderica Derra de Moroda bezeichnet er sich als den ersten Choreografen Deutschlands, der seit 1918 die „moderne Richtung" mit dem Ballett verbinde.[23]

Nach Kröllers Berliner Premiere am 4. Februar 1921 erschien in den „Blättern der Staatsoper" sein Aufsatz *Moderne Choreographie*, der ihn als kenntnisreichen Erneuerer ausweist.[24] Das Ballett, so Kröller, hatte „sich zu sehr in bravouröser Akrobatik" verirrt. Aber: „Man hat wieder erkannt, dass der menschliche Körper ein prächtiges Instrument ist, das durch entsprechende rhythmische tänzerische Bewegungen zu höchstem dramatischem Ausdruck befähigt ist." Moderne Choreografie lege Wert auf Ausdruck u n d Tanz-Technik. Kröller forderte vom Choreografen eine rhythmisch-tänzerische Gesamtleistung, in die auch die Regie mit einbezogen wird. Früher hätte choreografische Handlung aus „Gesten-Pantomimik mit dazwischen eingelegten Gelegenheitstänzen" bestanden. Die *Josephs Legende* gibt ihm die Möglichkeit, schreibt Kröller, „moderne Ballettregie" zu zeigen. Vor allem im zweiten und dritten Bild „entwickeln sich die Tänze aus der Handlung heraus, als wichtiger Teil der Handlung selbst, „an- und abschwellende Bewegungsakkorde" waren zu sehen.

„Wenn die in dem zweiten Bild vorkommenden Palastweiber ganz frei in Bewegung auftreten, so verbindet sie ein starker Gedanke zu immer einheitlicher sich formenden Bewegungen, aus denen sich dann ein allgemeiner Tanz der Wut, des Hasses und der Klage kristallisiert: sie tanzen sich in eine derart hysterische Raserei hinein, dass sie das Zelt des verhaßten Josef [sic] tanzend einreißen und somit die Verwandlung zum dritten Bild auf offener Bühne herbeiführen. Durch dieses Mittanzen der Dekoration ist ein organischer Übergang geschaffen. Wenn die schon beim Auftritt rhythmisch brutal gezeichneten Folterknechte tanzend den Feuerkessel mit den Folterwerkzeugen schüren, durchströmt die ganze Menge auf der Bühne ein starker Wille, ausgedrückt in verschiedenen Bewegungen, aber e i n e m Rhythmus. Auch in der Rolle des

Josef und der Frau Potiphar ist fast durchweg die t ä n z e r i s c h e Pantomime die Ausdruckssprache."[25]

Kröller erweist sich 1921 mit diesen zukunftsweisenden Ansichten als zeitfühliger Künstler, er war den Neuerungen der Ballett-Dramaturgie, wie sie von Choreografen der Ballets Russes seit 1909 in Westeuropa umgesetzt wurden, aber auch den mitteleuropäischen Tanzreformen von Émile Jaques-Dalcroze (Rhythmus) und Rudolf von Laban (Raum) sowie individualistischem, aus der Empfindung wachsendem Ausdruck in der Darstellung aufgeschlossen. De Moroda schreibt 1926 von Kröllers Ebenbürtigkeit mit Fokin sowie von Strauss' Begeisterung für Kröller und erklärt den Erfolg seines zentraleuropäischen Wirkens folgendermaßen: „Kröller's work is very versatile and he never repeats himself. Every ballet is a masterpiece in itself. He does not go in for actual ,futuristic' ideas, but his is just a wonderful blend of classical ballet, miming and modern thought and movement. He is a wonderful producer, and does not use his artistes as puppets, but makes them see and feel what he wants them to do. He is constantly thinking out new ideas for ballets or dances, reading old works on the art and studying them. He has also invented a way of writing down ballet, which I hope he will publish one day."[26]

Auch Grete Wiesenthal bescheinigte Kröller, dass er „viel konnte und wirklich an die Kunst des Balletts und ihre vielen Möglichkeiten der Entwicklung geglaubt hat."[27] In den Ausführungen zur Inszenierung seiner *Josephs Legende* lässt sich erkennen, dass er dem Libretto Rhythmisierung und Durchgestaltung abzugewinnen suchte, auch wenn er Potiphars Weib weiterhin mit einer Nicht-Tänzerin besetzte. In Berlin stand die ungewöhnlich eindringliche, performativ agierende Schauspielerin Tilla Durieux zur Verfügung. Strauss schreibt an seine Frau: ,Josef' wird ausgezeichnet. Durieux fabelhaft. Ballettmeister Kröller sehr guter Tänzer und ausgezeichneter Regisseur und Choreograph: Ich glaube doch für uns der richtige Mann. Werde ihn noch weiter beobachten: hat hier mit einem Nichts von Ballett vortreffliche Resultate."[28]

Die Berliner *Josephs Legende*, die im Vergleich zur Pariser Uraufführung auf den Prunk à la Veronese von José Maria Sert, wie er Diaghilew vorgeschwebt war, zu Gunsten einer reduzierten, expressionistischen Ausstattung von Emil Pirchan verzichtete, wies auch den Tänzer Kröller als Joseph aus. Strauss, Hofmannsthal und Kessler waren begeistert. In der Wiener Wochenrevue „Komödie" äußert sich Strauss zur Berliner Aufführung: „Alles Tänzerische haben die Russen damals wohl erschöpft, das Schauspielerische und das Geistige aber doch wohl nicht. Hier blieb Schillings und Kröller noch viel zu tun. Ich bin begeistert von dem was sie hier zustande brachten. Es ist eine mustergültige Aufführung, die ich nur aufs dankbarste anerkennen kann." Und erstaunlich, wie Strauss, nun nach dem Ersten Weltkrieg, argumentiert: „Das psychologische Problem des Werkes mit seinem Kontrast einer alten in Gold und Reichtum versunkenen Welt und einer jungen, die durchbricht, ist ja ganz modern oder vielmehr zeitlos."[29]

Nach dem Berliner Erfolg, den Strauss selbst als Dirigent mit herbeigeführt hatte – der *Josephs Legende* ging seine symphonische Dichtung *Till Eulenspiegels lustige Streiche* voran –, wird Kröller nach Wien gelockt. Seine Wiener Einstudierung am 18. März 1922 an der Staatsoper erhält nun wieder einen historisierenden Rahmen durch den Bühnenbildner Alfred Roller und Kostüme des Modeschöpfers Otto Haas-Heye. Aus der Pariser Uraufführung übernahm man die Idee eines weißen Ziegenfells als knappe Bekleidung für den Titelhelden. Als Joseph alternieren die jungen Tänzer Toni Birkmeyer und Willy Fränzl. Die Strauss-Sängerin Marie Gutheil-Schoder tritt als Potiphars Weib auf. Strauss steht am Pult und eröffnet den Abend mit seiner einaktigen Oper *Feuersnot*.

Bereits nach der Generalprobe hatte Hofmannsthal begeistert an Strauss geschrieben: „Das ist ja eine wunderschöne Sache. Welche Freude fürs Auge und fürs Ohr. Das ist ja die schönste Ausstattung, die ich seit Jahren auf der Bühne gesehen. Frau Gutheil über jedes Erwarten gut und Birkmeyer einfach ideal – so sehr Jüngling und Unschuld als auch künftiger Held! [...] Kröllers Regieleistung sehr fühlbar und bedeutend. [...] und die Erfindung des Ganzen (ich meine Kessler-Nijinsky-Diaghilews Durchführung der Detailerfindung) ist doch eine schöne wirksame Mischung von Ballett und Pantomime." Und nach der Premiere: „[...] das eigentlich Ballettmäßige, ja weit unter der russischen Aufführung, aber das Ganze weit über dieser, zum ersten Mal ein Ganzes wirklich realisiert!"[30]

Die Wiener Kritik, beherrscht von der Musikkritik (spezialisierte Tanzkritiker waren marginal), bot wie in Berlin die unterschiedlichsten Einwände auf – von Nebenwerk bis Nachklang aus einer anderen Zeit –, kritisierte erneut das Libretto, hätte sich auch eine Tänzerin an Stelle einer Mimikerin vorstellen können, befand aber im Allgemeinen Kröllers Leistung als geglückt. Aus heutiger Sicht mag man Kröller durchaus als Vorläufer des Hamburger Ballett-Intendanten John Neumeier sehen, dem es um eine klassisch fundierte und gleichermaßen tanzdramatisch, zeitgemäß auslotbare Sprache geht. Während Neumeier sich die nahezu einzigartige Stellung eines Ballett-Intendanten erobert hat, war Kröller, wie es zu seiner Zeit üblich war, von den jeweiligen Opernintendanten abhängig. Als ihm nach dem Abschied von Strauss die Arbeitsbedingungen in Wien unerträglich wurden, ließ er seinen ursprünglich für zehn Jahre unterfertigten Vertrag kürzen. Etliche der in Wien vorgeschlagenen Projekte konnte er dann in München herausbringen.

Richard Strauss war sich trotz vieler Widersprüche sicher, dass er mit seiner *Josephs Legende* zur Tanzentwicklung beigetragen hatte. Bereits 1921 – am 3. Februar in der „Berliner Zeitung am Mittag", am 4. Februar im „Neuen Wiener Journal" und letztlich in der März-Ausgabe der Wiener Zeitschrift „Der Tanz" – und nicht erst 1941, wie 2014 wieder vielfach fortgeschrieben, wird der Komponist mit dem identischen Text zu seiner Tanzreform zitiert.[31] Er rückt darin entschieden von den grundsätzlich verschiedenen Positionen von Tanz befruchtenden Komponisten wie Igor Strawinski und Maurice Ravel, auf die er in seinen Äußerungen anspielt, ab. Indirekt plädiert er auch für die Nutzung des klassisch-akademischen Tanzes und seiner spezifischen Ästhetik. Mit der *Josephs Legende* wolle er „den Tanz erneuern, den Tanz, so wie er, Mutter der heutigen Künste, gleichsam vermittelnd zwischen ihnen steht. Tanz als Ausdruck des

Marie Buchinger als Lieblingssklavin, Marie Gutheil-Schoder als Potiphars Weib und Toni Birkmeyer als Joseph, Choreografie Heinrich Kröller. Wiener Staatsoper, 1922. Foto: Atelier Setzer. Theatermuseum

Dramatischen, aber nicht ausschließlich Tanz in jener modernen Abart, in der er nur rhythmisierte oder paraphrasierte Handlung ist, führt uns leider oft allzu weit weg von jenem eigentlichen Kernwesen des rein Inspirativen, der Bewegung und dem absoluter Schönheit geweihten Tanz: dem Ballett. Das will ich verjüngen. Auf den Gedanken haben mich – glaube ich – zuerst die russischen Tänzer gebracht." Seine *Josephs Legende* enthalte beide Elemente: „Tanz als Drama und Tanz als … [sic] Tanz. Der reine Besitz des wirklich Graziösen darf uns nicht verloren gehen, wie ganz analog in der Musik neben dem Charakteristisch-Programmatischen und dem Elementaren, wie die Musik des absolut Lieblichen, die Seele Mozarts, [nicht] zu kurz kommen darf. Das ist – wenn man so will – das Programm der ‚Josephs Legende'."

1 In den meisten aktuellen Neuerscheinungen auf dem Buchmarkt aus Anlass des Geburtstages des Komponisten im Jahr 2014 wird dessen Ballett-Schaffen nicht diskutiert. So bleibt Wayne Heislers, bei Eastman Studies 2009 publiziertes, aus amerikanischer Sicht eines Musikwissenschafters verfasstes Buch *The Ballet Collaborations of Richard Strauss*, in das etliche Vorarbeit deutschsprachiger Forschung einfloss, nach wie vor eine interessante Auseinandersetzung mit Strauss' Ballettschaffen. Jüngst siehe Andrea Amort, *Alleskönner. Zum 150. Geburtstag verehrt ihm Dresdens Semperoper Ballett eine Hommage mit zwei Uraufführungen. Ob die Choreografen von heute sich leichter tun mit ihm als ihre Vorgänger? Denn die hatten es schwer mit Richard Strauss*, in: tanz, Juni 2014, 58–61.
2 John Neumeiers Wiener Erstfassung der *Josephs Legende* (1977) ist als DVD erhältlich. Von den unterschiedlichen Programmheften, die zu Neumeiers *Josephs Legende*-Einstudierungen erschienen (Wien 1977, Hamburg 1979, München 1980, Wien 1990, Neufassung Hamburg 2008, Wien 2015) sei auf das jüngste, detaillierte mit Beiträgen von Andrea Amort, Oliver Peter Graber, Silvia Kargl, Vesna Mlakar und Gunhild Oberzaucher-Schüller hingewiesen: *Wiener Staatsballett. Verklungene Feste. Josephs Legende*, Programmheft anlässlich der Premiere am 4.2.2015, 184.
3 Die *Josephs Legende* erreichte 99 Vorstellungen, die *Theater- und Gesellschaftstänze im Stile Ludwig XV* wurden 100 Mal getanzt, *Schlagobers* 40 Mal. Ein für 1924 geplantes Gastspiel im Londoner Empire Theatre mit *Schlagobers* kam nicht zustande. Vgl. Andrea Amort, *Ballettmeister und Choreograph Heinrich Kröller*, in: *Die Geschichte des Balletts der Wiener Staatsoper 1918–1942*, phil. Diss. Universität Wien, 1981, 74. Weitere Kröller-Literatur: Katharina Jungwirth, *Heinrich Kröller. Choreograph zwischen Ausdruckstanz und Ballett (1880–1930)*, Hausarbeit Ludwig Maximilians-Universität München, 1996; Pia und Pino Mlakar, *Heinrich Kröller. Der große Ballettmeister von 1917–1930*, in: Dies. (Hgg.), *Unsterblicher Theatertanz. 300 Jahre Ballettgeschichte der Oper in München*, Bd. II: *Von 1867 bis 1967*, Heinrichshofen 1996, 74–110.
4 Vgl. u. a. Liste der Werke von Heinrich Kröller, zusammengestellt von Julia Kröller, 14.6.1935, Friderica Derra de Moroda Dance Archives, Universität Salzburg.
5 Andrea Amort, *Josephs Legende – ein Wiener Ballett*, in: *Wiener Staatsballett. Verklungene Feste. Josephs Legende*, Programmheft zur Premiere am 4.2.2015, 93–101.
6 Franz Ludwig Hörth (Hg.), *Das Werk der Staatsoper. Originallithographien der Inszenierungen der Werke moderner und alter Meister der Berliner Staatsoper. Emil Pirchan: Josephslegende* [sic], mit einem Vorwort von Oscar Bie und choreografischen Skizzen von Heinrich Kröller, Berlin 1921. – *Der Rosenkavalier*, Österreichische Stummfilm-Produktion von Pan-Film unter der Regie von Robert Wiene (1926); Restaurierung des Films durch das Filmarchiv Austria 2006.
7 Zuletzt u. a. Monika Woitas, *Ballette*, in: Walter Werbeck (Hg.), *Richard Strauss Handbuch*, Stuttgart 2014, 313–322.
8 Arthur Neisser, in: Neue Zeitschrift für Musik 81, 1914, 311 ff.; zit. in: Franzpeter Messmer (Hg.), *Kritiken zu den Uraufführungen der Bühnenwerke von Richard Strauss* (Veröffentlichungen der Richard- Strauss-Gesellschaft, München, Bd. 11), Pfaffenhofen 1989, *Josephs Legende* Op. 63, 165–177.
9 Bronislava Nijinska, *Early Memoirs*, New York 1981, 474.
10 Sergej Leonidovich Grigoriev, *The Diaghilev Ballet 1909–1929*, London 1953; Reprint: Dance Books Ltd., 2009, 98.
11 Arthur Neisser, *Richard Strauss über die Josefslegende* [sic], in: Komödie, Wochenrevue für Bühne und Film II, H. 8, 19.2.1921, 21.
12 Neisser 1914 (zit. Anm. 8), 311 ff.

13 Vicente Garcia-Márquez, *Massine. A Biography*, New York 1995, 38.
14 Ballettdirektor Gerhard Brunner (1976–1991) wurde mit dem Wunsch der Wiener Operndirektion konfrontiert, die *Josephs Legende* mit der Sängerin Maria Callas und dem akklamierten, damals seit wenigen Jahren im Westen lebenden sowjetischen Startänzer Michail Baryschnikow zu realisieren. Neumeier inszenierte die Neufassung 1977 letztlich mit der farbigen Tänzerin Judith Jamison (Alvin Ailey American Dance Theater, New York) sowie Kevin Haigen (Hamburg Ballett) als Joseph und Karl Musil (Ballett der Wiener Staatsoper) als Engel. 2015 tanzten Rebecca Horner (Potiphars Weib), Denys Cherevychko (Joseph) und Kirill Kourlaev (Engel) die Hauptrollen.
15 Nach der Pariser Saison tanzten die Ballets Russes *Josephs Legende* auch in London. Dort erschien am 6. Juli 1914 in der Londoner „Times" Fokins in die Tanzgeschichte eingegangenes Choreografie-Reform-Konzept.
16 Ulrich Weinzierl, *Hofmannsthal*, Frankfurt 2007, 166.
17 Gunhild Schüller, *La Légende de Joseph*, in: Carl Dahlhaus (Hg.), *Pipers Enzyklopädie des Musiktheaters*, München 1987, Bd. 2, 252–254.
18 Felix Vogt, in: Die Musik 13, 1914, 312; zit. in: Franzpeter Messmer (Hg.), *Kritiken zu den Uraufführungen der Bühnenwerke von Richard Strauss* (Veröffentlichungen der Richard-Strauss-Gesellschaft, München, Bd. 11), Pfaffenhofen 1989, *Josephs Legende* Op. 63, 165–177.
19 Sonja Bayerlein, *Verkörperte Musik – Zur Dramaturgie der Gebärde in den frühen Opern von Strauss und Hofmannsthal* (Studien zur Musikwissenschaft, Bd. 9), Hamburg 2006.
20 Woitas 2014 (zit. Anm. 7), 322.
21 Amort 1981 (zit. Anm. 3), 10; Christiane Mühlegger-Henhapel – Ursula Renner-Henke – Alexandra Steiner-Strauss (Hgg.), *Briefwechsel Richard Strauss, Hugo von Hofmannsthal und Alfred Roller*, Herausgabe geplant.
22 Amort, 1981 (zit. Anm. 3), 102 f.
23 Brief Heinrich Kröller an Friderica Derra de Moroda, München, 23.5.1929, Derra de Moroda Dance Archives, Universität Salzburg.
24 Heinrich Kröller, *Moderne Choreographie*, in: Blätter der Staatsoper, Berlin, hg. von Julius Kapp, Nov. 1921, 17–19.
25 Kröller 1921 (zit. Anm. 24).
26 Friderica Derra de Moroda, *Heinrich Kröller. A continental choreographer*, in: Dancing Times, Sept. 1926, 561.
27 Amort 1981 (zit. Anm. 3), 105.
28 Brief an Pauline Strauss, 29.1.1921; zit. in: Franz Grasberger (Hg.), *Die Welt um Richard Strauss in Briefen*, Tutzing 1967, 258.
29 Neisser 1921 (zit. Anm. 11).
30 Brief an Strauss vom 21.3.1922, in: Richard Strauss – Hugo von Hofmannsthal, *Briefwechsel*, hg. von Willi Schuh, Zürich 1952, 457.
31 wst., *Richard Strauß* [sic] *über die Josephs-Legende*, in: Berliner Zeitung am Mittag, 3.2.1921; o. A., *Unterredung mit Richard Strauss. Lob der Wiener Oper. Neue Pläne*, in: Neues Wiener Journal, 4.2.1921, 4 f.; M. Hajos, *Richard Strauss und die Wiener Tanzkunst*, in: Der Tanz, März 1921, 2 f.

Alfred Roller, Kostümentwurf für die Rolle des Octavian in *Der Rosenkavalier*, 1910. Theatermuseum

Sentimentalität und Parodie: Strauss' Opern im Kitsch-Diskurs

Nina Noeske, Hamburg

Strauss im Urteil seiner Zeitgenossen

Das Kitsch-Verdikt hängt den Werken Richard Strauss' spätestens seit dem frühen 20. Jahrhundert hartnäckig an – allem voran den Opern, aber auch einem Teil seiner Lieder und Symphonischen Dichtungen. Als eine der ersten kritischen Stimmen meldete sich kein Geringerer als Hugo von Hofmannsthal zu Wort, der am 12. Juni 1909, wenige Monate nach der Uraufführung der *Elektra* und im Anschluss an den Entwurf erster Skizzen zum *Rosenkavalier*, an Harry Graf Kessler schrieb, Strauss habe „eine so fürchterliche Tendenz zum Trivialen, Kitschigen in sich. […] Eine merkwürdig gemischte Natur, aber das ordinäre [sic] so gefährlich leicht aufsteigend wie Grundwasser".[1] Wenige Jahre später, während der Entstehung des dritten Akts der *Frau ohne Schatten*, antizipierte der Komponist selbst genau jenes Urteil, wenn er in einem Brief an seinen langjährigen Librettisten notierte: „Sie sagen vielleicht: Kitsch! Aber wir Musikanten sind ja für ziemlich schlechten Geschmack in ästhetischen Dingen bekannt, und zweitens, wenn Sie so was machen, dann würde es eben doch kein Kitsch werden."[2] Deutlich wird an dieser Stellungnahme, dass Strauss sich keineswegs ernsthaft getroffen fühlte, wenn man ihm jenes Schlagwort anheftete. Offenbar konnte er mit diesem Urteil nicht viel anfangen; die Einteilung des Ästhetischen in Kitsch und Kunst war ihm, wenn nicht alles täuscht, weitgehend fremd. Gleichwohl begibt er sich in genau jenen Diskurs, wenn er seinem Textdichter direkt im Anschluss schmeichelt, dieser sei doch sicherlich in der Lage, selbst den fragwürdigsten Stoff dichterisch zu veredeln.

Hofmannsthal stand mit seinem partiell negativen Urteil über Strauss keineswegs allein. Noch während des Ersten Weltkriegs notierte Ernst Bloch in seinem Buch *Geist der Utopie* (1917), Strauss sei auch dort, wo er „nichts als schlau ist und Modeerfolge komponiert, mitten im entsetzlichsten Kitsch, durchaus Oberschicht mit freien, spielenden, souveränen, weltläufigen Manieren, aus denen jede Spur des alten deutschen Kleinbürgertums verschwunden ist".[3] Weiter konzediert der Philosoph dem Komponisten, musikalisch durchaus mit „Schmiß und Sinnlichkeit"[4] zu triumphieren – allerdings, so Bloch, „die Seele fehlt […] und die Straußische Musik trägt an ihren tiefsten Stellen bestenfalls die Melancholie genialer Hohlheit in den Augen".[5] Die Rede ist außerdem von „Straußischen Räucherkerzen", die „jede wahrhafte Wirklichkeit in ihrem Wohlgeruch und in der bloß spiegelnden Phantasie untiefer Charakteristik" aufzehren.[6] Nur zwei Jahre später (1919) stellte der Schriftsteller Hermann Bahr lapidar fest, Strauss sei für die heutige Jugend nichts weiter als ein „Kitschist", dem es in erster Linie um das bloße „Handwerk" zu tun sei.[7] Der Musikkritiker Kurt Westphal gelangte 1927 zu einem ähnlichen Urteil, wenn er bemerkte, dass Strauss sich in seinen Opern musikalisch lediglich an die „Oberfläche der Worte" hefte, ohne jemals zum wahren („seelischen") Kern des Dramas zu gelangen: „Nicht die psychologischen Fähigkeiten der Musik sind es, die ihn zum Drama führen, sondern ihre photographischen. [...] Denn Strauß hat kein Verhältnis zum inneren Geschehen des Dramas; er ist nur der musikalische Porträtist seiner Bühnengestalten. [...] Seine Musik wird zur akustischen Kamera [...]. Darum gelangt die Musik stets auf den toten Punkt, wenn die Mannigfaltigkeit der sprachlichen Visionen matter wird [...]. An solchen Stellen, die zu einfach-melodischem Ausdruck zwingen, bekommt sie jenen so fatalen Stich ins Sentimental-Schwülstige, das in vielen seiner Lieder geradezu in Reinkultur wirksam ist und sich oft bis zu unerträglichem Kitsch steigert."[8]

Auch der junge Theodor W. Adorno erwähnte in seiner frühen Skizze zum Thema „Kitsch" aus dem Jahre 1932 als erstes Beispiel für einen Kitsch-affinen Komponisten nicht zufällig ausgerechnet Richard Strauss[9]; sogar dieser selbst gestand in seinen reiferen Jahren verschiedentlich, gleichsam vor dem Urteil seiner Zeitgenossen kapitulierend, dem Kitsch ästhetisch nahezustehen. Im Januar 1934 schrieb er an Stefan Zweig (und dieses Strauss'sche Bekenntnis zählt heute zu seinen bekanntesten überhaupt): „Muß man 70 Jahre alt werden, um zu erkennen, daß man eigentlich zum Kitsch die meiste Begabung hat?"[10] Gemeint sind „Gemütskisten" wie das „Arabelladuett" und das „Rosencavalierterzett" aus dem Finale der gleichnamigen Oper; beide empfand der Komponist als außerordentlich gelungen. Die „Liebesaffäre", die Strauss seinem damaligen Librettisten Zweig für die Oper *Friedenstag* vorschlug, stieß bei letzterem, der dies als „zu sehr opernhaft im schlimmen Sinne" empfand[11], auf wenig Gegenliebe – der Komponist merkte daraufhin in seinem Brief vom 10. Oktober 1934 an, dass für ihn ein solch emotionaler Stoff unbedingt notwendig sei, um eine Melodie zu komponieren, „die wirklich zu Herzen geht". Und weiter: „Natürlich ist, was ich Ihnen vorschlug, opernhaft – aber wo hört der Kitsch auf und wo beginnt die Oper?"[12]

Im Folgenden soll gezeigt werden, dass die Grenze zwischen beidem – Kitsch und Oper – bei Strauss in der Tat kaum sinnvoll zu ziehen ist, und zwar, ohne dass damit ein Werturteil verbunden sein muss. Möglich ist dies, indem eine Kategorie bemüht wird, die von der US-amerikanischen Literaturwissenschaftlerin Susan Sontag in ihrem wegweisenden Aufsatz *Notes on Camp* (1964) eingeführt wurde, wobei die Autorin hier explizit auf die Opern Strauss' verweist, die sie von jenen Wagners abgrenzt; namentlich erwähnt wird *Der Rosenkavalier*.[13] Gary Le Tourneau führte diesen Ansatz in seinem Beitrag *Kitsch, Camp, and Opera: Der Rosenkavalier* (1994) detailliert aus[14]; im dritten Teil dieses Aufsatzes wird hierauf zurückzukommen sein.

Die doppelte Wahrheit der Moderne: Kitsch als Symptom und Heilung

Im selben Jahr, in dem Sontags *Notes on Camp* erschien, 1964, jährte sich Strauss' Geburtstag zum hundertsten Mal, was Adorno, diesmal den reiferen, dazu anregte, den Komponisten im Einklang mit dem mitteleuropäischen Geist der Nachkriegszeit ästhetisch für obsolet zu erklären. Das Wort ‚Kitsch' fällt in seinem Text zwar nicht, aber die Topoi sind dieselben; er musste nur aufgreifen, was der Musik Strauss' bereits Jahrzehnte zuvor nachgesagt wurde. Das bereits erwähnte Bild der akustischen Kamera, das Westphal 1927 geprägt hatte, griff auch Adorno auf: So bemängelte er etwa, dass Strauss sich (im Gegensatz zu Schönberg und anderen) nicht der gleichsam objektiven Tendenz des musikalischen Materials, dessen Eigengesetzlichkeit überlassen habe, sondern umgekehrt mittels „technischer Souveränität [...] die Regung zum Einstand" gezwungen und deren Außenseite auf diese Weise gewissermaßen abfotografiert habe.[15] Es handelt sich also letztlich um einen, für Adorno auch und insbesondere ästhetisch unverzeihlichen, Akt der Gewalt.

Selbst in extremen Gefühlslagen – verwiesen wird auf die *Salome* – bleibe Strauss zudem „sinnlich angenehm, kulinarisch"; das einst metaphysische Glück werde auf diese Weise ohne Anstrengung „konsumierbar". Wie die „leichte [...] Musik" des Kapitalismus sei auch jene Strauss' verwegen und doch erlaubt, sensationell und doch gewöhnlich.[16] Man befinde sich gewissermaßen in einem Restaurant mit einer Bier- und einer Weinabteilung, wo man je nach Gusto aus verschiedenen Opernsujets (römisch-antik, mittelalterlich, wienerisch oder zeitgenössisch) wählen könne[17], und die „affirmative Weltformel" des Komponisten bestehe seit der *Elektra* stets „in der Folge von Turbulenz und sinnlich-seliger, bald auch billiger Befriedigung".[18] Zum Schleiertanz der *Salome* fand Adorno zu der einprägsamen Formel: „Dicht beim Grand Hotel ragt der Grand Bazar."[19] Die großbürgerliche Vergnügungs- und Repräsentationssucht, welche das bequeme Abenteuer im orientalischen Grand Hotel, mitunter auch in der Oper sucht, befindet sich in unmittelbarer Nachbarschaft zum Kommerz, sinnlich-oberflächliche Sensation und Verkäuflichkeit gehen miteinander einher. Die wesentlichen Kritikpunkte an Strauss sind damit genannt.

In seinem Aufsatz über den Zusammenhang von Richard Strauss, Kitsch und der geistesgeschichtlichen Strömung des Historismus nennt Michael Lehner folgende Aspekte als zentral für den Kitsch-Diskurs um Strauss. Erstens: Behaglichkeit, zweitens: Erotik und Sinnlichkeit, drittens: Sentimentalität, viertens: Unmittelbarkeit und Effekt, und fünftens: Heterogenität und Anhäufung der Mittel.[20] Tatsächlich sind dies die wesentlichen Merkmale, die seit dem Beginn der journalistischen und wissenschaftlichen Auseinandersetzung mit dem Phänomen um 1910 immer wieder als kennzeichnend für Kitsch genannt wurden und werden; in dieser Zeit war der Kitsch-Begriff, der wohl erstmals 1870/1880 (also in Strauss' Jugend) in Münchner Künstlerkreisen aufkam, kaum 30 bis 40 Jahre alt.[21] Die genannten Merkmale wiederum dienen insbesondere der Verkäuflichkeit von Kitsch-Produkten, deren kommerzieller Verwertbarkeit; und da Kitsch weder besonders anspruchsvoll ist noch eines gesteigerten künstlerischen Aufwandes in der Herstellung verlangt, ist er zumeist billig. Adolf Weißmann notierte in seinem Buch *Die Musik in der Weltkrise* von 1922 in diesem Sinne, der Komponist Strauss sei „Symbol jenes nie dagewesenen Verwertungstriebes, der alles Geschaffene in Marktwert umsetzt"; gleichzeitig verharre er dabei, sich selbst begrenzend, „in kleinbürgerlicher Sentimentalität und in einem naiven Ichgefühl"[22], anders gesagt: in Kitsch. Weiter heißt es:

„Und hier sind wir bei dem schwachen Punkt im Schaffen des Meisters. Seine Lyrik hat, wo sie ganz echt ist, den naiv-sentimentalen Klang, den Geruch des Kleinbürgertums."[23] Jegliche Form von Transzendenz hat hier, so Weißmann, keinen Platz: „Hier bohrt nichts Metaphysisches. Hier meißelt kein beethovenscher Geist solange am Thema, bis es seiner Tiefe und Eigenart voll ist."[24]

Jene Eigenschaften also, die der Komponist seinem Werk demnach einprägt – Erotik, Sinnlichkeit, Kulinarik[25], Sentimentalität, musikalische Effekte und die (je nach Blickwinkel raffinierte oder wahllose) Anhäufung unverbundener, heterogener musikalischer Sphären –, machen Strauss verdächtig, es mit der Kunst im emphatischen Sinne nicht ganz ernst zu meinen. Denn seine Musik biete, so die Phalanx der Kritiker, keinerlei ernsthaften Widerstand, man könne sie mühelos ‚verdauen' und sich dabei zugleich dem anregenden Nervenkitzel hingeben, zur Speerspitze der Avantgarde zu gehören. Paul Bekker sprach 1919 in seinem wegweisenden Vortrag über *Neue Musik* in diesem Sinne von der Strauss'schen „Spekulation auf Bourgeois-Instinkte, ein Spielen und Kokettieren mit Fortschrittsallüren, hinter denen bei genauem Zusehen nichts anderes steckt, als eine sehr geschickt und blendend aufgeputzte, an sich aber äußerst dürftige und schwache Altmeisterlichkeit, eine posierende Kühnheit und geheuchelte Modernität, die sich ungeheuer revolutionär gebärdet und dabei ihrer Gesinnung und ihrem Charakter nach genau so reaktionär ist, wie das ehrlich philiströse Akademikertum".[26] Es gehe dem Komponisten also, stellvertretend für viele andere mit Hermann Broch (1933) gesprochen, um den bloßen *Schein* von Transzendenz, Wahrheit und Metaphysik, den bloßen Effekt, das bloße Abbild eines Abbilds, kurz: um ein „Imitationssystem", das Broch zufolge nichts anderes ist als der Kitsch, das „Böse im Wertesystem der Kunst".[27]

Der Diskurs um Kunst und Nicht-Kunst, der spätestens seit dem deutschen Idealismus um 1800 Mitteleuropa (und hier vor allem Deutschland) prägte[28], ist der Musikwissenschaft mittlerweile geläufig: Beethoven wurde gegen Rossini in Stellung gebracht, das ‚wahre Deutsche' gegen das ‚flatterhafte Französische' und das ‚oberflächliche Italienische', Faust gegen Mephisto, Sein gegen Schein, Interpretation gegen Virtuosität, Kunst gegen Kommerz, männlich gegen weiblich – um nur einige der zentralen Dualismen herauszugreifen.[29] Es war Norbert Elias, der in seinem grundlegenden Aufsatz *Kitschstil und Kitschzeitalter* (1934) darlegte, dass und inwieweit das Abgewehrte – der Kitsch – zugleich ein Produkt des industriellen Zeitalters ist und damit einen „durchgehenden Charakterzug der kapitalistischen Formproduktion" darstellt.[30] Erst um 1830, bei Schubert und Schumann, Heine und Balzac, teilweise auch schon bei Beethoven, würden demzufolge Emotionen in der Kunst nicht mehr zwingend formal integriert und kanalisiert. „[U]nbewältigte Ausbrüche des Gefühls, Entgleisungen und Geschmacklosigkeiten" nehmen, so Elias, in dieser Epoche zu: „Der Kitschstil [...] setzt sich durch."[31] Der Kitsch komme der bürgerlichen Gesellschaft und ihren spezifischen emotionalen, insbesondere aber den sentimentalen Bedürfnissen des Kleinbürgertums entgegen. Was der Spezialist „Kitsch" nenne, sei demnach, wie Elias weiter ausführt, „gesellschaftlich erzwungen", denn „dieser selbst, der Kitsch im negativen Sinn des Wortes, ist das getreue Spiegelbild einer von der industriellen Gesellschaft gezüchteten

Seelenlage".[32] Entscheidend ist, dass eine solche Seelenlage aus der Sicht Elias' konsequenterweise ernst zu nehmen und keineswegs lächerlich zu machen ist – ebenso wie die „Gefühlsnot" der Dienstmädchen, die sich in kitschigen Liedern und Postkarten äußere, „absolut echt" sei.[33]

Das Bedürfnis nach (metaphysischer) Wahrheit – wie auch immer diese zu definieren ist – leitet also nicht nur die moralische Abwehr des Kitsches als unecht, süßlich und kommerziell, sondern auch, umgekehrt, die soziale Anerkennung von Kitsch als notwendige Kehrseite der kapitalistischen Gesellschaftsordnung, da er bestimmten, ihrerseits legitimen emotionalen Bedürfnissen ein Ventil verleiht. Dies wäre gewissermaßen die größtmögliche Wahrheit in einer Welt des (kapitalistischen) Scheins.

Wenn Richard Strauss also den vermeintlich „billigen" Da-Ud'schen Gesang in der *Ägyptischen Helena*, wie überliefert wird, gegenüber dem skeptischen Fritz Busch damit verteidigte, dass die „Dienstmädchen" genau jener Sentimentalität bedürfen, so wie analog dazu das „Volk" insbesondere wegen des *Liedes an den Abendstern* in den Wagner'schen *Tannhäuser* gehe („das braucht's halt")[34], so entspricht dies der (bei allem Strauss'schen Zynismus und Gewinnstreben durchaus menschlichen) Würdigung und Anerkennung eben jener prekären Seelenlage der Zu-kurz-Gekommenen, die Elias dem Kapitalismus zuschreibt. Noch deutlicher ins Positive gewendet: Er, Strauss, ist sich nicht zu schade dafür, als Komponist die Kenner und Liebhaber seiner Zeit gleichermaßen anzusprechen; ob hier ein kommerzielles Interesse im Vordergrund steht oder allein entscheidend ist, sei dahingestellt. Anstatt – wie es Adorno vorschwebte – ästhetisch das große Ganze im Blick zu haben, wobei in Kauf genommen wird, dass das potentielle Publikum um eines größeren Zieles Willen aktuell vor dem Kopf gestoßen wird, geht es Strauss um die Befriedigung menschlich-individueller Bedürfnisse im Hier und Jetzt. Dass es sich hierbei um ‚falsche Bedürfnisse' handeln könnte, kommt ihm nicht in den Sinn. Damit aber wird letztlich – anders als bei Adorno (1934), der nur den echten, in seiner Ungeformtheit potentiell subversiven ‚Kitsch des Volkes' im Gegensatz zur verlogenen ‚schlechten guten' Musik, der Musik des „juste milieu" gelten ließ – dem Fortbestand des Status quo Vorschub geleistet. Während Adorno der „musikalischen Unterwelt der Operetten, Schlager, Couplets und des anonymen Gutes, das noch unterhalb der Unterwelt liegt, der Märsche und Trinklieder, Rührlieder und Dienstmädchenprodukte" einen gesellschaftlich notwendigen, sozial relevanten Charme zugesteht, der sich als Kitsch allerdings „nur über den Kopf des Komponisten hinweg" durchsetze, handelt es sich bei Strauss' musikalischem Anliegen letztlich um jenen „mittleren Kitsch" im Sinne Adornos, für den dieser nur Verachtung übrig hatte.[35]

Stilisierter Kitsch, oder: Die Rettung der Menschlichkeit?

Zurück zum ‚Camp' – jener Kategorie, die laut Sontag das bewusste, teilweise übertriebene, mitunter auch ironische Herausstellen ‚kitschiger' Merkmale ausdrücken soll: „The essence of Camp is its love of the unnatural: of artifice and exaggeration."[36]

Es geht dem Camp um die explizite Betonung des Ästhetischen (im Gegensatz zum Moralischen oder Ethischen)[37], um die Freude am übertrieben Artifiziellen, Unnatürlichen, Spielerischen, ja, am Vulgären, um Stilisierung, um das pure Genießen ohne schlechtes Gewissen. Sontag betont, dass Camp stets das Parodistische gegenüber dem Tragischen bevorzuge; heimisch sei der Camp-Geschmack vor allem in städtischen Umgebungen, insbesondere im homosexuellen Umfeld; entsprechend bezeichnet die Autorin Camp als „Dandyism in the age of mass culture".[38] Als ein zentrales Beispiel gilt ihr die Künstlerfigur Oscar Wilde – ausgerechnet jener Dichter, der die Textgrundlage zu Strauss' *Salome* geschaffen hatte.

Von besonderem Reiz ist laut Sontag der Kontrast zwischen alltäglichem, banalem Inhalt und überstilisierter, übertriebener Form – zu denken wäre hier etwa, um diese Überlegung musikgeschichtlich zu konkretisieren, an Strauss' „bürgerliche Komödie" *Intermezzo* oder an die *Sinfonia domestica* (einem Widerspruch in sich), an das kulinarische Ballett *Schlagobers*[39], aber auch an die Verortung des *Rosenkavalier* im Wien von 1740, dessen angeblich ‚ur-wienerische' Bräuche wie auch die Walzer in eine solche imaginäre Ferne gerückt erscheinen, dass sie rein ästhetisch wahrgenommen werden können[40]: „What was banal can, with the passage of time, become fantastic."[41] Das vergangene Banale ist nicht mehr – anders als das jeweils gegenwärtige – bedrohlich, verblasste Trivialitäten erscheinen, ihrem Kontext entrückt, mitunter sogar in reizvollem Licht. (Man denke hierbei etwa an die wohl dosierten Kitsch-Zitate, ironische Hirschgeweihe, Plastikblumen und Hausfrauenkittel, die in den bürgerlichen Interieurs und im Kleidungsstil der Jahre um die Jahrtausendwende Kennerschaft und guten Geschmack beweisen sollten.[42]) Das angstlose historistische Spiel mit unterschiedlichen musikalischen Zeit-Ebenen bei Strauss zeugt von einer ähnlichen Haltung – in jedem Augenblick scheint der Komponist mit seiner Musik zu sagen: Ich könnte auch anders.

Insbesondere die *Ariadne auf Naxos* mit der parodistisch-spielerischen Inszenierung eines Theaters auf dem Theater legt nahe, dass der Kunst-Kitsch-Gegensatz hier nicht greift. Fast klingt Alfred Einsteins Stellungnahme zu dieser Oper, im Mai 1932 im „Berliner Tageblatt" veröffentlicht, so, als sei sie etwa 60 Jahre später von einem Postmoderne-Theoretiker formuliert worden: „Die Musik ist so vollkommen, weil sie Bild, Gleichnis, Symbol, Maske, Parodie ist, weil sie – wie der Bühnenrahmen noch einen zweiten Bühnenrahmen umschließt – auch das Straussische im stilisierten Bilde gibt." Und schließlich: „[J]e echter Strauss ist, desto unechter wirkt er; je unechter, desto echter. [...] Musik, die wieder ihre urtümliche Trauer, ihr Glück, ihre Würde hat."[43] Selbst der damals 21-jährige Adorno konstatierte 1924 – damals existierten seine Überlegungen zum Thema Kitsch noch nicht – in ganz ähnlichem Sinne, dass der „Sentimentalismus" des *Rosenkavalier* in nichts anderem als dessen „Aufrichtigkeit" bestehe, angesiedelt „an der oberen Grenze der Psychologie, sie überschauend, nicht überwindend".[44] Michael Walter und andere haben in den letzten Jahren in ähnlichem Sinne wiederholt auf die (von vielen Autoren übersehene) „übertrieben feierliche und simple Darstellung", mithin auf die bewusst parodistisch-ironische Überzeichnung des Jochanaan in der *Salome* hingewiesen[45] – mit einigem Recht ließe sich, wie auch Michael

Lehner vorschlägt[46], ergänzen, dass Elemente des Camp bei Strauss möglicherweise bereits lange vor der *Salome*, nicht zuletzt in den Symphonischen Dichtungen, zu finden sind, und zwar immer dann, wenn „musikalische Kulissen und Attrappen"[47] eingebaut werden, die offen lassen, ob es sich um Ernst, Ironie oder tiefere Bedeutung handelt. (Umgekehrt könnte man jedoch fragen, ob die Camp-Elemente bei Strauss nach dem Ersten Weltkrieg nach und nach versiegen.)

Zurück zum *Rosenkavalier*: Auch die, so Walter, „Terzenseligkeit zweier Frauenstimmen" am Schluss der Oper enthält ein parodistisches, doppelbödiges Moment, das man wahrnehmen kann, aber nicht muss[48]: Die „Rosenakkorde" am Ende etwa werden, hier durch die Versetzung ins „banale" G-Dur anstelle des exquisiten Fis-Dur, ihrer Scheinhaftigkeit überführt, die Entrückung (und damit: erotische Erfüllung) wird also bloß herbeizitiert und entbehrt somit jeglicher Authentizität: „[D]ie Verzückung selbst ist der bloßen Erinnerung an sie gewichen."[49] Doch was ist schon ‚authentisch' im *Rosenkavalier*? Eine emphatisch modernistische Ästhetik würde an einer solchen Frage verzweifeln. Strauss selbst hingegen trifft den Kern seiner Kunst, wenn er an Hofmannsthal schreibt, dass sein Talent stets „am fruchtbarsten" auf „Sentimentalität und Parodie" reagiere.[50] Man könnte auch sagen: Der Komponist lotet musikalisch immer wieder die Grenzen zwischen Sein und Schein, bestimmten Inhalten und deren Stilisierung aus, weswegen Le Tourneau nicht zögert, den *Rosenkavalier* einer Camp-Ästhetik im emphatischen Sinne zuzurechnen.[51]

Offenbar ist es uns erst im sogenannten postmodernen Zeitalter möglich, Strauss' Werk gleichsam aus sich selbst heraus zu würdigen – der in seinen Kompositionen, oder besser: im Rezeptionsgefüge seiner Werke zweifellos vorhandene Kitsch führt dann nicht mehr zwangsläufig zum Verdammungsurteil, sondern ist, als bewusst eingesetzter, das heißt: als Camp, genuiner Bestandteil des künstlerischen Impulses. Wenn der Wiener Philosoph Konrad Paul Liessmann beobachtet, dass die „Entdeckungen des Kitsches für die Kunst des ausgehenden 20. Jahrhunderts […] eine sublime Rache des schlechten Geschmacks an den Zumutungen der Moderne" darstelle[52], so könnte man eben dies bereits zu Beginn des 20. Jahrhunderts für Strauss in Anspruch nehmen. Der „Kraftstrom der Gefühle"[53] in dessen Opern – Glaube, Liebe, Hoffnung und Schönheit – wäre dann letztlich doch Signum von deren spezifischer Menschlichkeit, allerdings einer solchen, die am Status quo kaum rüttelt und damit vielen Intellektuellen seiner Zeit fremd bleiben musste.

---

1 Hugo von Hofmannsthal – Harry Graf Kessler, *Briefwechsel 1898–1929*, hg. von Hilde Burger, Frankfurt a. M. 1968, 242 f.
2 Zit. nach Michael Walter, *Richard Strauss und seine Zeit*, Laaber 2000, 272. Walter zufolge erweise die *Frau ohne Schatten* indes das Gegenteil.
3 Ernst Bloch, *Geist der Utopie*, bearb. Neuaufl. der 2. Fassung (Ernst Bloch Gesamtausgabe, Bd. 3), 2. Aufl. Frankfurt a. M. 1991, 90 f.
4 Ebenda, 91.
5 Ebenda, 92.

6   Ebenda.
7   „Richard Strauß begann als Wunderkind, wurde dann ein Exzedent, aus diesem zum Weltmeister und ist für die heutige Jugend ein Kitschist. // Zu Grunde liegt dem allen ein richtiger bayrischer Musikant, von der alten barocken Art. Dieser kommt immer vom Handwerk her und geht zunächst immer wieder aufs Handwerk aus, darauf nämlich, es alle Stückln spielen zu lassen und dann noch eins mehr, zu zeigen, was es alles kann." Zit. nach Daniel Ender, *Richard Strauss. Meister der Inszenierung*, Köln – Weimar – Wien 2014, 211 f.
8   Kurt Westphal, *Das musikdramatische Prinzip bei Richard Strauss*, in: Die Musik 19/2, 1927, 859–864, hier 861 f.
9   Theodor W. Adorno, *Kitsch* [ca. 1932], in: Ders., *Musikalische Schriften V* (Gesammelte Schriften, Bd. 18), Frankfurt a. M. 2003, 791–794, hier 792.
10 Richard Strauss – Stefan Zweig, *Briefwechsel*, hg. von Willi Schuh, Frankfurt a. M. 1957, 55.
11 Weiter heißt es bei Zweig: „[E]s entsteht für mein Gefühl hier eine gewisse Art conventioneller Romantik, die unwillkürlich auch die Musik beeinflußt." Ebenda, 84 f. (Brief an Strauss vom 3.10.1934).
12 Wenig später heißt es bei Strauss: „Vielleicht überlegen Sie sich die Sache doch noch und es fällt Ihnen etwas Anderes, Besseres, weniger Kitschiges ein, das meinen Bedenken und Wünschen gerecht wird." Ebenda, 87.
13 Susan Sontag, *Notes on Camp* [1964], neu abgedruckt in: Fabio Cleto (Hg.), *Camp: Queer aesthetics and the performing subject*, Edinburgh 2008, 53–65, hier 55 f.
14 Gary Le Tourneau, *Kitsch, Camp, and Opera: Der Rosenkavalier*, in: Canadian University Music Review 14, 1994, 77–97.
15 Theodor W. Adorno, *Richard Strauss. Zum hundertsten Geburtstag: 11. Juni 1964*, in: Ders., *Musikalische Schriften III* (Gesammelte Schriften, Bd. 16), Frankfurt a. M. 2003, 570.
16 Ebenda, 576. Ein ähnliches Bild greift Robin Holloway mit Blick auf *Salome* auf: „There is no evil in it, and its horrors are dangerous only so much and so little as Belgian chocolates are dangerous." Vgl. Ders., „*Salome": Art or Kitsch?*, in: Derrick Puffett (Hg.), *Richard Strauss – Salome*, Cambridge – New York u. a. 1989, 145–160, hier 156.
17 Adorno 1964 (zit. Anm. 15), 579.
18 Ebenda, 584.
19 Ebenda, 597.
20 Michael Lehner, *„Die schöne Musi! Da muss ma weinen." Kitsch – Historismus – Richard Strauss?*, in: Katrin Eggers – Nina Noeske (Hgg.), *Musik und Kitsch* (Ligaturen. Musikwissenschaftliches Jahrbuch der Hochschule für Musik, Theater und Medien Hannover, Bd. 7), Hildesheim 2014, 77–103.
21 Ausführlich zur Etymologie u. a. Dieter Kliche, Artikel *Kitsch*, in: Karlheinz Barck – Martin Fontius – Dieter Schlenstedt u. a. (Hgg.), *Ästhetische Grundbegriffe*, Bd. 3, Stuttgart – Weimar 2001, 272–288, hier 276 f.
22 Adolf Weißmann, *Die Musik in der Weltkrise*, Stuttgart – Berlin 1922, 129, 131.
23 Ebenda, 131.
24 Ebenda, 135.
25 Strauss selbst bezeichnete sich 1901 in einem Brief an Gustav Mahler als „alter Partiturfeinschmecker"; vgl. hierzu Andreas Dorschel, *Vom Genießen. Reflexionen zu Richard Strauss*, in: Ders. (Hg.), *Gemurmel unterhalb des Rauschens*, Wien – London – New York 2004, 23–37, hier 23.
26 Zit. nach Ender 2014 (zit. Anm. 7), 237. In der 1923 gedruckten schriftlichen Fassung wurde die Schärfe dieser Aussage etwas abgemildert. Vgl. Paul Bekker, *Neue Musik* [1919], in: Ders., *Neue Musik* (Gesammelte Schriften, Bd. 3), Stuttgart – Berlin 1923, 85–118.
27 Hermann Broch, *Das Böse im Wertsystem der Kunst* [1933], in: Ders., *Geist und Zeitgeist. Essays zur Kultur der Moderne*, hg. und mit einem Nachwort von Paul Michael Lützeler, Frankfurt a. M. 1997, 7–42, hier 11. Zum Begriff des „Imitationssystems" vgl. ebenda, 31 f.
28 Vgl. Bernd Sponheuer, *Musik als Kunst und Nicht-Kunst. Untersuchungen zur Dichotomie von „hoher" und „niederer" Musik im musikästhetischen Denken zwischen Kant und Hanslick* (Kieler Schriften zur Musikwissenschaft, Bd. 30), Kassel – Basel – London u. a. 1987.
29 Vgl. hierzu auch meine Habilitationsschrift: Nina Noeske, *Liszt – Faust – Symphonie. Ästhetische Dispositive um 1857*, Hannover 2014 (Druck in Vorb.).
30 Norbert Elias, *Kitschstil und Kitschzeitalter* [1934], mit einem Nachwort von Hermann Korte, Münster 2004, 5.
31 Ebenda, 19.
32 Ebenda, 31.
33 Ebenda, 33: „Charakteristisch für die Problematik des Kitsches ist es […], daß die Ausdrucksform dieses Dienstmädchengefühls so unwahr und fast lächerlich wirkt, obgleich die Gefühlsnot dahinter, geboren

etwa aus der Unmöglichkeit in der schmalen Freizeit diejenigen Beziehungen zu finden, deren Aufsuchen das Berufsleben verwehrt, absolut echt ist."

34 Busch: „Er [Strauss] bestritt diese Kritik [am Da-Ud'schen Gesang] keineswegs, wiederholte sie sogar mit sichtlichem Vergnügen vor seiner hereintretenden Frau, fügte dann aber mit wegwerfendem Zynismus hinzu: ‚Das braucht's halt für die Dienstmädchen. Glauben's mir, lieber Busch, das Volk ginge nicht in den ›Tannhäuser‹, wenn ›das Lied an den Abendstern‹ nicht drin wäre; oder in die ›Walküre‹ ohne die ›Winterstürme‹ ... Na, na ... das braucht's halt." Franz Trenner (Hg.), *Richard Strauss. Dokumente seines Lebens und Schaffens*, München 1954, 216 f.

35 Sobald „die Komposition von sich aus Ansprüche anmeldet und subjektiv geformt sein will", verfalle sie dem Kitsch im negativen Sinne; „[D]ie Macht von Kitsch-Objektivität [ist] in ihr dahin." Adorno 1932 (zit. Anm. 9), 791 f.

36 Sontag 1964 (zit. Anm. 13), 53.

37 Broch hingegen *kritisierte* am Kitsch, dass dieser das Ethische mit dem Ästhetischen verwechsle: Kitsch wolle „nicht ‚gut', sondern ‚schön' arbeiten, es kommt ihm auf den schönen Effekt an." Broch 1997 (zit. Anm. 27), 36.

38 Sontag 1964 (zit. Anm. 13), 63.

39 Vgl. hierzu Wayne Heisler, *Kitsch and the Ballet „Schlagobers"*, in: The Opera Quarterly 22/1, 2006, 38–64.

40 Ob in der Rokoko-Stilisierung des *Rosenkavalier* letztlich ein subversiver politischer, antinationalistischer Impuls der Autoren Strauss und Hofmannsthal oder zumindest ein „antibürgerlicher Reflex" steckt, wie Michael Zywietz annimmt („[d]er Bezug auf das Rokoko beinhaltet [...] eine offene Provokation gegenüber dem selbstbewussten Bürgertum des Kaiserreiches"), sei dahingestellt. Vgl. Michael Zywietz, *Strauss, der Fortschrittliche: Der Rosenkavalier und das Musiktheater der Moderne*, in: Archiv für Musikwissenschaft 65/2, 2008, 152–166, hier 158–160.

41 Sontag 1964 (zit. Anm. 13), 60.

42 Vgl. Franziska Roller, *Abba, Barbie, Cordsamthosen. Ein Wegweiser zum prima Geschmack*, Leipzig 1997.

43 Zit. nach Ender 2014 (zit. Anm. 7), 191.

44 Theodor W. Adorno, *Richard Strauss. Zum 60. Geburtstage: 11. Juni 1924*, in: Ders., Musikalische Schriften V (Gesammelte Schriften, Bd. 18), Frankfurt a. M. 2003, 254–262, hier 262. Weiter heißt es: „Wieder fügt er [Strauss] sich der Konvention: nicht mehr, um die Wirklichkeit des Außen ästhetisch zu retten, sondern die Wirklichkeit des psychologischen Innen als Schein aufdeckend. Die Straussischen ‚Konzessionen' der späteren Zeit, der Schluß des ‚Rosenkavalier' etwa, sind Konzessionen nicht an das Publikum, sondern das Eingeständnis der Unzulänglichkeit des selbstschöpferischen Individuums, beschattet von seiner Schwermut; das Zugeständnis auch, daß es mit der isoliert ästhetischen Sphäre nicht so gar ernst ist, daß sie vergeht vor dem Tage." Strauss habe, so Adorno, „die Scheinhaftigkeit der Musik vollendet und die Musik durchsichtig gemacht wie Glas; das Ende der Scheinhaftigkeit mag auch mit seinen Werken gemeint sein."

45 Walter 2000 (zit. Anm. 2), 266. Wird Jochanaans „Er ist in einem Nachen" hingegen ernst genommen, kann er sowohl „als purer Kitsch" verworfen als auch „als Ausdruck des Erhabenen im Gewande der Simplizität" bewundert werden (ebenda, 265). Dem späteren Adorno zufolge habe sich Strauss, ganz im Sinne der ersten Alternative, „selbst für Johannes den Täufer und das Evangelium [...] mit deklamatorischem Pathos" zufriedengegeben; vgl. Adorno 1964 (zit. Anm. 15), 575.

46 Vgl. Lehner 2014 (zit. Anm. 20), 101. Zudem sei es verfehlt, Strauss' Werk streng säuberlich in Avantgarde und Camp aufzuteilen (ebenda, 102).

47 Ebenda, 101.

48 Walter 2000 (zit. Anm. 2), 275. Zywietz 2008 (zit. Anm. 40), 164, verweist auf die fast unmerkliche melodische Anspielung auf den III. Akt – die Melodie zu „Nein, nein, nein! I trink kein Wein!": „Durch diese Verbindung [...] erscheint nicht nur das Terzett mit einem Rest rettender Distanz zum Geschehen versehen".

49 Ebenda, 277. Vgl. zur komödiantischen Gebrochenheit des Schlusses der Oper durch den Mohren und das fallengelassene Taschentuch auch Ulrich Schreiber, *Opernführer für Fortgeschrittene. Die Geschichte des Musiktheaters*, Bd. 3/1, 5. Aufl. Kassel – Basel – London u. a. 2013, 276.

50 Richard Strauss – Hugo von Hofmannsthal, *Briefwechsel*, hg. von Willi Schuh, 3. Aufl. Zürich 1964, 344. Vgl. hierzu auch Holloway 1989 (zit. Anm. 16), 159.

51 Le Tourneau 1994 (zit. Anm. 14), 82.

52 Konrad Paul Liessmann, *Kitsch! oder Warum der schlechte Geschmack der eigentlich gute ist*, Wien 2002, 28.

53 Schreiber 2013 (zit. Anm. 49), 266: Der „Kraftstrom der Gefühle bietet sicheren Erosionsschutz gegen den Abschliff durch Geschichte".

Georg Erler, Karikatur von Ernst Edler von Schuch, sein Leibtier Richard Strauss reitend, 1911. Deckfarben.

„... uns Jüngeren ein leuchtendes Vorbild!"
Der Dresdner Strauss-Dirigent Ernst von Schuch und Wien*

Matthias Herrmann, Dresden

Wer am 11. Mai 1914 eine Wiener Tageszeitung aufschlug, wurde ausführlich über den am Vortag im Alter von 67 Jahren verstorbenen Generalmusikdirektor Ernst von Schuch[1] informiert. Durch ihn sei laut „Reichspost" die „Dresdner Hofoper, an der in der letzten Zeit Richard Strauß' bekannteste Werke ‚Rosenkavalier', ‚Elektra' und ‚Salome' die Uraufführung erlebten, [...] zu einem der ersten Kunstinstitute der Welt geworden. Die Dresdner Hofoper hatte in ihm wohl einen der allerersten Dirigenten, einen genialen Mann, der Konzerte wie Opern gleich unübertroffen leitete. Der Verblichene war ein Oesterreicher."[2]

Auch in der „Neuen Freien Presse" ging es um Schuchs Bezüge zu Wien: „Man hätte den berühmten Dirigenten gern an der Spitze der Wiener Hofoper gesehen." Sein Dresdner Hoforchester – die heutige Sächsische Staatskapelle – komme den Wiener Philharmonikern an „Virtuosität, Wärme und Schlagkraft" sehr nahe, ja sie gehöre zu „den besten Orchestern der Welt".[3] Auf diese allgemeine Würdigung folgten persönliche Erinnerungen zweier in Wien tätiger Hofkapellmeister: Franz Schalk (seit 1900 an der Wiener Oper) und Hugo Reichenberger (seit 1908). Letzterer bekannte, dass Schuch „vor allem uns Jüngeren ein leuchtendes Vorbild [war] durch die nie versagende Frische und Elastizität, mit der er sich der Aufgabe jeglichen Stils widmete. Unvergeßlich sind mir die Dresdener Strauß-Premieren unter Schuchs Leitung. Ich konnte nicht genug staunen, mit welcher Jugendkraft und -frische der doch in einem anderen Zeitalter aufgewachsene und groß gewordene Künstler die Schwierigkeiten der Straußschen Partitur spielend, wie etwas Selbstverständliches überwand." Zudem habe er das Glück gehabt, Schuch mehrfach zu begegnen und von „seinem liebenswürdigen und wienerisch-jovialen Wesen stets gefangen genommen" zu sein.[4]

Ernst von Schuch, 1846 in Graz geboren, studierte zunächst Jura in Breslau, Graz und Wien und ließ sich gleichzeitig zum Dirigenten ausbilden (bei Eduard Stolz in seiner Heimatstadt und bei Felix Otto Dessoff in Wien). Nach seiner Tätigkeit beim Grazer Deutschen Akademischen Gesangverein ging er 1868 nach Breslau und trat als Dirigent in Eger-Franzensbad, Basel, Graz, Wiesbaden, Baden-Baden, Prag und Würzburg auf. Im März 1872 wurde er von Bernhard Pohl alias Maestro Pollini zum Kapellmeister für dessen Operntourneen verpflichtet. Schuch machte zunächst in Dresden, dann in Berlin und Breslau auf sich aufmerksam. Schließlich unterschrieb der knapp 26-Jährige seinen Vertrag mit der Sächsischen Hofoper und wirkte vom 1. August 1872 bis zum Tode am 10. Mai 1914 in Dresden: als Musikdirektor und Kapellmeister, ab 1882 als Direktor, schließlich als Generalmusikdirektor ab 1889. Über 40 Jahre prägte er diese Institution, seit 1872 im zweiten Hoftheater, der 1945 zerstörten und 1985 im alten Glanz wiedereingeweihten Semperoper.[5]

Trotz einiger kritischer Situationen blieb er der Elbestadt zeitlebens treu und ließ sich weder an die Münchner noch an die Wiener Hofoper verpflichten. Pauline Strauss machte 1911 ihrem Ehemann Richard einmal mit einem treffenden Vergleich deutlich, eine bestimmte Sache zu tun „wäre gerade so verfehlt, als wenn z. B. Schuch nach München ginge!"[6] Schuch und Dresden waren zum Synonym geworden, und die Fortentwickung der großen Tradition der Hofkapelle (mit Kapellmeistern wie Heinrich Schütz, Johann Adolf Hasse, Carl Maria von Weber und Richard Wagner) zum „modernen" Opern- und Symphonieorchester ist in der Tat ihm zu verdanken und lebt in der heutigen Sächsischen Staatskapelle unter Chefdirigent Christian Thielemann fort.

Schuchs Streben nach Kontinuität und Erneuerung an der Wende vom 19. zum 20. Jahrhundert stand im Einvernehmen mit den einflussreichen Intendanten der Kgl. Sächsischen Hofoper, mit Nikolaus Graf von Seebach zur Zeit der Strauss-Premieren. Im Jahr der *Feuersnot*-Uraufführung 1901 stellte Paul Sakolowski fest: „[...] jeder Theaterbesucher weiss, dass er einen ungetrübten Genuss der Vorstellung hat, sobald Schuch leichten Schrittes zum Dirigentenpult hinaufsteigt. Mit dem Glockenschlag erscheint er vor den Künstlern und reicht den Konzertmeistern die Hand, mit dem zweiten Signal senkt sich der Arm zum Niederschlag, und jeden Hörer überkommt sofort das wohlige Gefühl absoluter Sicherheit, ohne das kein rechter Genuss möglich ist."[7]

Schuchs dirigentisches Wirken zeigte sich besonders nachhaltig in der „Wirkung der Kontraste im Orchester" und im „Ausgleich aller klingenden Stimmen". Faszinierend, wie er die „Klangverhältnisse" zwischen Bühne und Orchester ordne und womöglich nach „den Bayreuther Prinzipien des verdeckten Orchesters" den Ausgleich suche, um „mit den Mitteln des auf gleicher Höhe befindlichen Orchesters die eigenartigen Klangwirkungen herauszubekommen, die in Bayreuth durch die tief und verdeckt liegenden Bläser und die offen austönenden Streicher" zu erzielen sind. Schuch habe dies „in staunenswerter Vollendung erreicht".[8] Zum Verhältnis vokal / instrumental konnten die Zeitgenossen wahrnehmen, dass „Schuch das Orchester nur dann – allerdings sehr voll und kräftig – reden" lasse, wenn die Sänger pausieren. Es werde „sofort leiser", wenn erneut Gesang einsetze. Durch diese „weise Abdämpfung selbst des grössten Orchesterapparats" bekämen sogar die „kleinen Stimmen" die Chance klanglicher Geltung. Unheimlich sei auch „Schuchs Pianissimo" – im Orchester, in Ensembles und bei Chören.[9]

All das sind Tugenden, die gerade für die von Schuch uraufgeführten Strauss-Opern einen Schlüssel zum Erfolg darstellen können: einerseits Hervorhebung der Kontraste und zeitweises Dominieren des Orchesters, andererseits Rücknahme und Sensibilisierung des Klanges, ja Transparenz im Kontext zum Sängerischen. Diese Qualitäten Schuchs würdigten Dirigierkollegen inner- und außerhalb Deutschlands neidlos. Etwa der aus Sachsen kommende und als Kapellmeister in Karlsruhe wirkende Georg Göhler. Gegenüber Albertine Zehme – Leipziger Schauspielerin und spätere Auftraggeberin und Widmungsträgerin von Arnolds Schönbergs *Pierrot Lunaire* – zeigte er sich 1908 beeindruckt von „der jugendlichen Elastizität Schuchs und seines Orchesters".[10] Obwohl Göhler mit Strauss seine Probleme hatte (wir kommen darauf zurück), war es ihm selbstverständlich, Schuch als Ausnahmedirigent anzuerkennen, auch bezüglich seiner Dresdner Strauss-Uraufführungen: 1901: *Feuersnot*, 1905: *Salome*, 1909: *Elektra* und 1911: *Der Rosenkavalier*.

Ton- und Bildaufzeichnungen unter Schuchs Leitung sind leider nicht überliefert, wohl aber Ausschnitte aus dem *Rosenkavalier* mit drei namhaften Sängerinnen der Uraufführung vom 26. Januar 1911. Im neu eröffneten Berliner Studio der Deutschen Grammophon Aktiengesellschaft wurde sieben Monate später produziert und auf diese Weise die Strauss-Pflege am Ende der Ära Schuch dokumentiert, trotz aller Eigenheiten der frühen Aufnahmetechnik. Fred Gaisberg von der *Grammophon Company*, dem 1902 die ersten Aufnahmen mit Enrico Caruso und Fjodor Schaljapin geglückt waren, kam 1911 von London nach Berlin, um die *Rosenkavalier*-Aufnahmen zu leiten.[11] 100 Jahre später sind sie von der Semperoper als hauseigene CD herausgebracht worden: Margarethe Siems, Eva Plasche von der Osten und Minnie Nast singen den Monolog der Marschallin „Kann mich auch an ein Mädel erinnern" (1. Aufzug), das Duett Octavian und Sophie „Mit ihren Augen voll Tränen" (2. Aufzug), das Terzett Marschallin, Octavian und Sophie „Hab mir's gelobt, ihn lieb zu haben" (3. Aufzug) sowie das Duett Octavian und Sophie „Ist ein Traum, kann nicht wirklich sein" (3. Aufzug).

In der fast vollständig veröffentlichten Korrespondenz Strauss – Schuch[12] finden sich zahlreiche Belege für das intensive Zusammenwirken beider, darunter prinzipielle und Alltags-Äußerungen, Lob und Tadel, auch Vorwürfe unterschiedlicher Art. Natürlich auch viele Worte der Anerkennung von Strauss an seinen Meisterinterpreten, wie etwa am 20. September 1906 (vgl. Abb.) aus Marquartstein (einem seiner bevorzugten Urlaubsorte im Chiemgau): „Ich höre von allen Seiten in München, Mailand, Ostende fortgesetzt die herrlichsten Dinge über Ihre Salomeaufführungen."[13]

Strauss konnte seine Dankbarkeit und Verehrung für Schuch hinreißend kundtun, aber auch Druck ausüben und sich verletzend äußern. Als damaliger Berliner Hofkapellmeister kannte er die Unwägbarkeiten eines Opernhauses zur Genüge, um an Schuch neben der künstlerischen Qualität auch die organisatorische Zuverlässigkeit zu schätzen. An Intendant von Seebach schrieb er nach der *Feuersnot*-

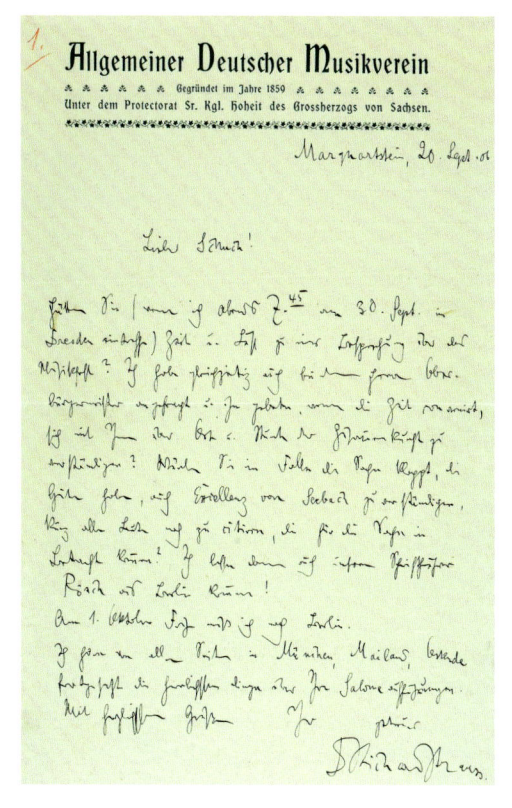

Richard Strauss an Ernst Edler von Schuch, 20. September 1906. Theatermuseum

Premiere: „[...] Mußte mich schon mit Staunen erfüllen, wie in Dresden künstlerische und administrative Leitung mit der Genauigkeit eines Uhrwerks derart ineinandergreifen, daß die Aufführung nicht nur an dem seit Monaten festgesetzten 24. November, sondern bereits drei Tage früher (nur 16 Tage nach Ablieferung von Partitur und Orchesterstimmen) stattfinden, also in der denkbar kürzesten Zeit überhaupt bewältigt werden konnte [...]."[14]

Dass auch eine humorvolle Ebene (nicht nur beim gemeinsamen Skatspiel) zwischen Strauss und Schuch existierte, zeigt der Bericht über eine der Orchesterproben zu *Elektra*: „Schuch, der gegen Zugluft sehr empfindlich war, [bemerkte] im 3. Rang des leeren Hauses eine von einer Scheuerfrau offen gelassene Tür" und „rief ärgerlich" in diese Richtung: „Was suchen Sie dort?" Nicht sie, sondern der anwesende Strauss antwortete vom Parkett aus: „Einen Dreiklang."[15]

Auch im Falle der Strauss-Uraufführungen lag das Konkurrenzdenken zwischen Dresden und Wien auf der Hand. Die Frage, welcher Bühne letztendlich die Uraufführung glückte, war für die Exponenten offenbar von großer Bedeutung. Gustav Mahler hatte sich erfolglos um die Uraufführung von *Feuersnot* und *Salome* bemüht.[16]

Schuch und Mahler kannten sich seit langem, hatten im Sommer 1891 gemeinsame Tage in den Alpen (Gastein) verbracht, spielten und pokerten zusammen, besuchten Aufführungen des jeweils anderen. Mahlers Werk hielt in die Symphoniekonzerte der Dresdner Hofkapelle Einzug. Nachdem Mahler Direktor der Wiener Hofoper geworden war, bemühte auch er sich um die Uraufführungs-Rechte von Strauss und anderer Komponisten. Das verdeutlicht ein Brief Max von Schillings aus München vom 27. Februar 1906 an den damals noch in Frankfurt am Main wirkenden Dirigenten Hugo Reichenberger. Es ging um die Uraufführung der Tragödie *Moloch*. Schillings betrachtete „Dresden u. Wien als die stärksten Magnete". Nach dem Eindruck der 11. Dresdner *Salome*-Aufführung – „ausverkauft bis in's Orchester hinein" – habe er „den Dresdener Lockungen nicht widerstanden", zumal ihm Schuch nach dem Vorspiel des Werkes „alle erdenklichen Garantien für ein glänzendes Tauffest in Deutschland" eröffnet habe, und dies, obwohl Schillings bereits über einen Vertrag zur Unterschrift von Mahler verfügte. Schuch sei daraufhin mit folgendem Ergebnis nach Wien gefahren: „daß ich Wien u. Dresden zusammen das Material im Herbst liefern muß u. daß dann der zuerst ißt, der am schnellsten gekocht hat."[17] Dresden war schneller und brachte die Uraufführung noch im Jahre 1906 (8. Dezember) heraus.

Die Wiener Zeitungen kommentierten Schuchs Dresdner Aktivitäten regelmäßig, im Positiven wie im Negativen. Hier sei auf die „Neue Freie Presse" vom 2. Januar 1909 näher eingegangen. Damals liefen in Dresden gerade die anfangs sehr steinigen Orchesterproben zu *Elektra* an. Schuchs Probierplan gestaltete sich wie folgt: „[...] zwei Mal Streicher zweimal Holzbläser u. zweimal Blech mit Schlagzeug. Holzbläser sehr schwer, namentlich B Clar[inetten] u. Flöten – Streicher stellten sich auch sehr schwerfällig an – Tuben mit Dämpfer geradezu unmöglich – infolge dessen bestellte ich neue

Tuben in Wien, die am 15ten eintreffen sollen." In diesem Brief befragte Schuch seinen „Leibcomponisten": „Haben Sie *Göhlers* Artikel in der freien Presse gelesen?"[18] Gemeint ist das gerade erschienene *Silvestergespräch* zwischen Lehrer und Schüler, notiert von Georg Göhler:

„[...] *Der Junge*. [...] Immer neue Sensationen, immer weniger Musik, immer mehr Lärm, immer geschmacklosere Stoffe, immer ärmlichere Themen, immer dickere Reklame. Jetzt wieder mit Elektra. Dresden kündigt gleich eine ganze Strauß-Woche an mit Feuersnot –
Der Alte. Na ja, auch nicht mein Geschmack: jus primae noctis, ausgeübt hinter den Coulissen mit begleitender symphonischer Dichtung. – Danke!
Der Junge (fortfahrend). Salome, wieder zugkräftig gemacht mit einer neuen, sehr viel versprechenden, selbst tanzenden u.s.w. Salome, Domestica und dann Elektra mit verschandelter, pervertierter Antike. Und diese Zeitungsreklame seit Wochen schon und dann wieder das Triumphgeschrei."[19]

Ob Schuch solche Presseveröffentlichungen persönlich auf sich bezogen oder vielleicht sogar Wien angelastet hat, wissen wir nicht. Wir wissen aber von vielen Berührungspunkten zu dieser Stadt, angefangen bei den eigenen Studien, über die Herkunft und Ausbildung seiner Frau, der in Dresden engagierten Sängerin Clementine Proska, bis hin zu seinem in Wien lebenden Sohn Ernst jun.[20]

Was versuchte man im Umfeld der Hofoper, im Umfeld der Philharmoniker nicht alles, um den Wahldresdner an die habsburgische Metropole zu binden? 1898 erhob ihn Kaiser Franz Joseph I. in den erblichen Adelsstand, und er durfte sich von nun an Edler von Schuch nennen! Im Jahr davor galt Schuch (im Gegensatz zum damaligen Karlsruher Generalmusikdirektor Felix Mottl) bei Insidern als aussichtsreicher Kandidat für die Neubesetzung der Direktion der Hofoper in Nachfolge von Wilhelm Jahn, unterstützt von der (am Hofe einflussreichen) Fürstin Pauline Metternich.[21] Dass die Wahl schließlich auf Mahler fiel, ahnten wohl wenige! Als Schuch in Folge von Diskrepanzen 1911 die sächsische Hofoper verlassen wollte, versuchte ihn der neue Wiener Hofopern-Intendant, der 1866 in Dresden geborene Hans Gregor, an sein Haus zu binden. Erfolglos auch diesmal.

Meines Wissens hat Schuch nie in der Wiener Hofoper dirigiert. Demgegenüber jedoch Konzerte der Philharmoniker im Musikverein, zuletzt 1910. Die überlieferte Korrespondenz gleicht einem Ringen um Zu- und Absagen seitens des Dirigenten, immer geprägt von Hochachtung und Verehrung auf beiden Seiten. So schrieb Schuch am 11. Februar 1904 aus Kötzschenbroda bei Dresden, wo er mit seiner Familie lebte, an Alois Markl: „Was machen meine lieben Philharmoniker? Ich bin im Geist mehr bei Ihnen als Sie glauben können?"[22]

Drei Jahre zuvor (am 13. Mai 1901) mussten sich die Philharmoniker nach Mahlers Rückzug zum „zukünftige[n] Dirigentensystem" positionieren und entscheiden, ob ein oder mehrere Wiener bzw. ein oder mehrere auswärtige Dirigenten verpflichtet würde(n). In diesem Zusammenhang soll der Trompeter Victor Christ seinen Kollegen Folgendes übermittelt haben: „Mahler hätte ihm (privat) den Dresdner Operndirektor Schuch vorgeschlagen und stehe nicht mehr zur Verfügung." Schuch war damals offenbar noch chancenlos, stimmten doch hinsichtlich der Saison 1901/02 die Philharmoniker mehrheitlich für den „einheimischen" Joseph Hellmesberger jun.[23]

Für die Saison 1903/04 war der Wunsch nach Schuch deutlich angestiegen. So dirigierte dieser vier Abonnementskonzerte (8.11. und 6.12.1903, 24.1. und 21.2.1904) sowie das Konzert zu Gunsten des Vereins „Nicolai" (13.3.1904). Zur Aufführung kamen Werke von Bach und Händel, Haydn, Beethoven und Schubert, Weber und Berlioz (Requiem) sowie als Uraufführung Karl Goldmarks Ouvertüre *In Italien* und das *Symphonische Zwischenspiel aus einer unvollendeten romantischen Oper* von Franz Schmidt.[24] Schuchs Korrespondenz in der Folgezeit vor allem mit den Musiker-Vorständen Alois Markl und Franz Heinrich (Sekretär) bezieht sich auf die Fortsetzung seiner erfolgreichen Dirigate, in Wien genauso wie in München und Salzburg. Trotz zunächst erteilter Zusagen hat Schuch zum Leidwesen der Philharmoniker mehrfach abgesagt, meist aus Gründen von Überlastung oder Krankheit.

Ein Brief Schuchs aus Kötzschenbroda vom 16. August 1904 an die künftige Schwiegertochter, die Schriftstellerin Margarethe (Gretl) Mankiewicz, nach Wien scheint diese Aussage etwas zu relativieren: „Hätte ich geahnt, was dieser Sommer meinem Aeltesten [also Ernst jun.] für Glück bringen würde – ich hätte gewiss das Salzburger Musikfest u. vielleicht auch die Philharmonischen Concerte geleitet – da wären wir jetzt alle in Salzburg vereint gewesen – aber, wer weiss, zu was es gut war und ist […]."[25]

Übrigens hat Schuch nie ein Werk von Strauss bei den Wiener Philharmonikern dirigiert. Gern hätten diese die *Alpensinfonie* op. 64 aus der Taufe gehoben; das Bemühen um das Uraufführungsrecht blieb aber erfolglos.[26] Gewidmet wurde das Werk vielmehr der Sächsischen Hofkapelle, die es am 2. Oktober 1915 unter Strauss in der Berliner Philharmonie uraufführte; anderthalb Jahre nach Schuchs Tod.

Schuch wirkte an der Wende zum Zeitalter der reisenden Dirigenten. Julius Korngold, Musikreferent der „Neuen Freien Presse", hat dies am 9. November 1903 thematisiert: Schuch „will nicht als Reisedirigent angesehen sein […] Er wollte sich von jenen Pultvirtuosen unserer Tage unterschieden wissen, für die der Eisenbahnkurier die Wichtigkeit einer Partitur annimmt. Den verehrten Dresdner Generalmusikdirektor hat nicht der vor der letzten Probe fällige letzte Blitzzug nach Wien gebracht; er kam recht früh, mehrere Tage vor dem Konzert, um mit Bedacht seine Proben abzuhalten, obwohl er, wie von ihm erzählt wird, nicht vieler bedarf. Fast scheint es, als habe er rasch etwas seßhaft werden wollen in Wien."[27] Eines der aufgeführten Werke war Haydns *Symphonie Nr. 12* – dazu Korngold abschließend: „Das Anmutige, heiter Bewegte, Kapriziöse, Prickelnde ist ein Lieblingsgebiet Schuchs. Ein geheimer Hofrat des feinsten Geschmacks"![28]

Der Wiener Hofkapellmeister Franz Schalk über Ernst von Schuch

Eigenschriftliche Niederschrift, ohne Titel und Datierung, vermutlich zum 40-jährigen Dienstjubiläum Schuchs an der Dresdner Hofoper 1912 (Österreichische Nationalbibliothek Wien, Musiksammlung, Fonds 18 Schalk 400)

I.

Ernst von Schuch ist eine Erscheinung von ganz besonderer Art. So oft man ihm künstlerisch wieder begegnet, fühlt man den warmen Hauch seiner Musikerseele. An ihm ist alles Ausübung. Zwischen ihn und seine Wiedergabe eines Kunstwerkes schleicht sich niemals irgend ein halb- oder ganz fremder Gedanke. Keine bleichsüchtige Reflexion, kein noch so leises Theoretisieren kühlt sein leidenschaftliches Verhältnis zum augenblicklichen Gegenstande. Ich habe ihn bei vielen Aufführungen beobachtet u. immer bewundert. Sein[e] musikalische Vitalität hat etwas hinreissendes. Kein Erlahmen, kein Ermatten ist je an ihm wahrzunehmen. Mit vollen Geistes- und Gemüthskräften geht es immer bis ans Ende. Er ist ein durch u. durch dramatischer Mensch. Leben u. Bewegung sind offenbar die Grundkräfte seiner Natur.

Aus dieser besonderen und glücklichen Veranlagung erklärt sich, dass er als Leiter eines deutschen Opernensembles mehr und Höheres zu leisten vermochte, als die meisten seiner operndirigierenden Kollegen. Mit seiner geistigen Energie, seinem lebendigen Naturell entzündet er die Trockensten, zwingt die Fähigsten sich einzuordnen. Eine Opernaufführung unter Schuch in Dresden unterscheidet sich zumeist um ein wesentliches von allen anderen.[29]

II.

Sie wirkt wie ein einheitlicher Gang, wie ein Organismus. Bis zur letzten Achtelnote, bis zur kleinsten Handbewegung reicht der Wille des Führers. Es giebt nichts zufälliges, unempfundenes, fallengelassenes. Alles lebt, alles wirkt. Ob der Einzelne in einer solchen Aufführung hoch über oder tief unter seiner Aufgabe steht[,] kann den Zuhörer kaum mehr erheblich stören, da sie alle auf den einen Ton eingestimmt sind, den ihnen Schuch angiebt. Die Künstler der Dresdner Oper müssen das auch immer gefühlt haben; wenigstens habe ich nirgendwo ein so vertrauensvolles, fast kindliches Verhältnis der Sänger zu ihrem Kapellmeister wahrhaben können, wie in Dresden.

Robert Sterl, Generalprobe – Generalmusikdirektor Ernst Edler von Schuch, 1909. Öl auf Leinwand. Städtische Galerie Dresden – Kunstsammlung, Museen der Stadt Dresden

Das sind nun freilich ausserordentlich glückliche Umstände, deren sich die Dresdner Oper seit mehr als einem Menschenalter erfreut u. die ihr ein höheres Relief geben. Gefördert von der tiefen künstlerischen Einsicht und Bildung seines Intendanten, des Grafen von Seebach, hat Schuch den alten Ruhm der Dresdner Oper zu langer Blüte gebracht.

Und sein Orchester? – Ich höre es immer mit besonderm Vergnügen. Klangadel, Spielfreude und preziöseste Exaktheit sind ihm sozusagen angeboren.

Es sind ihrer leider viele[30] im weiten deutschen Reiche, die nun mit Neid auf das glücklichere Dresden[31] blicken müssen. Alle aber werden mit den herzlichsten Empfindungen an der Feier seines größten Künstlers teilnehmen.[32]

---

* Für die Unterstützung bedanke ich mich sehr herzlich bei Herrn Prof. Dr. Dr. h.c. Otto Biba (Archiv der Gesellschaft der Musikfreunde Wien), Frau Dr. Teresa Hrdlicka (Wien), Frau Dr. Silvia Kargl (Historisches Archiv der Wiener Philharmoniker Wien), Herrn Dr. Thomas Leibnitz (Österreichische Nationalbibliothek Wien, Musiksammlung), Frau Dr. Christiane Mühlegger-Henhapel (Theatermuseum Wien), Frau Andrea Rudolph (Stadtmuseum Dresden) und Frau Kerstin Sieblist (Stadtmuseum Leipzig), desgleichen bei Frau Martina Damm (Ernst von Schuch Familien-Stiftung Dresden) und Herrn Dr. Bernt-Christoph Lämmel (Saarbrücken).

1 Vgl. *Richard Strauss in Dresden und die Ära Schuch*, Projektkonzeption Matthias Herrmann (mit Texten von Jürgen Paul, Matthias Herrmann, Hella Bartnig, Peter Gülke, Stefan Ulrich, Claudia Heine, Jens-Uwe Völmecke, Andreas Quermann, Christian Thielemann, Evelyn Herlitzius und Peter Damm) (Dresdner Hefte. Beiträge zur Kulturgeschichte, Jg. 32, H. 118), Dresden 2014; Ausstellungskatalog Erika Eschebach– Andrea Rudolph (Hgg.), *Die Schuchs. Eine Künstlerfamilie in Dresden*, Dresden (Stadtmuseum) 2014 (mit Texten von Monika Damm, Justus H. Ulbricht, Matthias Herrmann, Bernt-Christoph Lämmel und Andrea Rudolph).
2 O. A., *Ernst v. Schuch †*, in: Reichspost (Wien), Nr. 217, 11.5.1914, 4.
3 O. A., *† Generalmusikdirektor Hofrat v. Schuch*, in: Neue Freie Presse (Wien), Nr. 17855, 11.5.1914, 7 f.
4 O. A., *Worte des Gedenkens* von Hofkapellmeister Hugo Reichenberger, in: Neue Freie Presse (Wien), Nr. 17855, 11.5.1914, 8.
5 Martin Damm, *Ernst von Schuch. Eine Biographie in Bildern*, in: AK Dresden 2014 (zit. Anm. 1), 10–83.
6 Brief von Pauline an Richard Strauss vom 27.2.1911, in: Franz Grasberger (Hg.), *Der Strom der Töne trug mich fort. Die Welt um Richard Strauss in Briefen*, in Zusammenarbeit mit Franz und Alice Strauss, Tutzing 1967, 194.
7 Paul Sakolowski, *Ernst von Schuch* (Moderne Musiker), Leipzig 1901, 11 f.
8 Ebenda, 17 f.
9 Ebenda, 18 f.
10 Brief von Georg Göhler an Albertine Zehme, Karlsruhe-Durchlach, 18.6.1908, Stadtmuseum Leipzig, Sign. A/1892/2010.
11 Jens-Uwe Völmecke, *„Die Stimme seines Herrn". Sänger der Ära Schuch auf Schallplatten*, in: *Richard Strauss in Dresden und die Ära Schuch* 2014 (zit. Anm. 1), 73.
12 Richard Strauss – Ernst von Schuch, *Ein Briefwechsel* (Veröffentlichungen der Richard-Strauss-Gesellschaft, Bd. 16), hg. von Gabriella Hanke Knaus, Berlin 1999.
13 Das Original befindet sich im Theatermuseum in Wien, Inv.-Nr. HS AM38341.
14 Otto Erhardt, *Richard Strauss und die Dresdner Oper*, in: Mitteilungen. Internationale Richard Strauss-Gesellschaft 49, Juni 1966, 2.
15 Ebenda, 3.
16 Uraufführung (Dresden): 21. November 1901; Erstaufführung für Wien: 29. Januar 1902. Die einzige Strauss-Oper, die Mahler dirigiert hat, war *Feuersnot*; Strauss – Schuch 1999 (zit. Anm. 12), 42.

17 Nachlass Hugo Reichenberger (Privatbesitz Wien).
18 Schuch an Strauss, 4.1.1909, in: Strauss – Schuch 1999 (zit. Anm. 12), 125.
19 Georg Göhler, *Ein Silvestergespräch*, in: Neue Freie Presse (Wien), Nr. 15936, 2.1.1909, 1, Feuilleton.
20 Damm 2014 (zit. Anm. 5), 12, 19–21, 25 f.
21 Gustav Mahler, *„Verehrter Herr College!"*. Briefe an Komponisten, Dirigenten, Intendanten, hg. von Franz Willnauer, Wien 2010, 180.
22 Archiv der Gesellschaft der Musikfreunde in Wien.
23 Silvia Kargl, *Fakten zu Gustav Mahler und den Wiener Philharmonikern nach den Quellen im historischen Archiv des Orchesters*, in: Carmen Ottner – Wolfgang Partsch (Hgg.), *Musiktheater in Wien um 1900. Gustav Mahler und seine Zeitgenossen*, Wissenschaftliche Tagung Wien, 24.–26.3.2001, Tutzing 2004, 182.
24 Angaben: Historisches Archiv der Wiener Philharmoniker.
25 Wien, Theatermuseum, Inv.-Nr. A 31332 Ba MM, Bl. 3.
26 Otto Strasser, *Die Wiener Philharmoniker und Richard Strauss*, in: Otto Biba – Wolfgang Schuster (Hgg.), *Klang und Komponist. Ein Symposion der Wiener Philharmoniker. Kongressbericht*, Tutzing 1992, 170.
27 J. K. [Julius Korngold], *Philharmonisches Konzert*, in: Neue Freie Presse (Wien), Nr. 14082, 9.11.1903, 9.
28 Ebenda.
29 Durchgestrichener Satz: „Sie hat die überzeugende Kraft des einheitlichen Organismus."
30 Zwischen „viele" und „im weiten" befindet sich ein Eintrag, der aus der Abkürzung „i." und einem unleserlichen Wort besteht. Ist von anderer Hand mit Bleistift unterstrichen und mit einem Fragezeichen versehen worden.
31 Durchgestrichen: „blicken müssen und seinen jubilierenden grossen Künstler blicken Müssen".
32 Aus dem Satz „Alle aber werden in mit den herzlichsten Empfindungen an der Feier seines grössten Künstlers teilnehmen." wurde „in" für die Edition gestrichen.

Richard Strauss mit Joseph Gregor im Garten seiner Villa in Garmisch, um 1939.
Theatermuseum

Joseph Gregor – ein Kulturvisionär?

Peter Dusek, Wien

Er gilt als „Kümmerling" unter der relativ kleinen Schar an Librettisten, mit denen Richard Strauss zusammenarbeitete. Nach Hugo von Hofmannsthal und Stefan Zweig ist auch der „Dritte im Bunde" – Joseph Gregor – ein typischer Österreicher vom Ende der Monarchie: geboren 1888 in Czernowitz, Studium in Wien und Berlin, Erster Weltkrieg, Verwundung, schließlich ab 1918 vielbeachteter Referatsleiter an der Nationalbibliothek. Ein Liebhaber des Theaters und der Oper, den man als Vorläufer der digitalen Revolution bezeichnen könnte. Nur als Strauss-Librettist rangiert er ganz unten. Immerhin brachte er es auf drei Opern, von denen sich *Daphne* nicht nur am Spielplan gehalten hat, sondern sogar an Boden gewinnt. Sowohl *Friedenstag* wie *Die Liebe der Danae* gehören jedoch zu den kaum gespielten Strauss-Raritäten, und daran wird sich wohl auch so rasch nichts ändern. Dennoch halte ich eine Revision des Bildes von Joseph Gregor für überfällig. Denn meine ehrliche Überzeugung lautet: Der Text zu *Daphne* kann jedem Vergleich etwa zur *Ägyptischen Helena* standhalten. Und auch die Rolle von Joseph Gregor bei der Neubewertung des Films ist zu berücksichtigen.[1] Der „Kümmerling" also ein Kulturvisionär? – In jedem Fall der Versuch einer Ehrenrettung!

Geplatzte Jugendträume

Aufgewachsen ist Joseph Gregor in einem „Energie-Zentrum" der k.u.k. Monarchie – in Czernowitz in Gallizien. Die Eltern repräsentierten den gehobenen bürgerlichen Mittelstand. Der Vater Joseph Gregor war „Baurat", die Mutter Albertina – eine geborene Fiala – war mit der Erziehung von zwei Söhnen ausgelastet. Die musische Seite kam dennoch eher über die Mutter in die Familie. So studierte Joseph Gregor in Wien, München und Berlin Musik, Literatur und Philologie. Und es zog ihn gleichzeitig immer mehr zum Theater. Immerhin schaffte er es zum Assistenten von Max Reinhardt und Alfred Roller. Zugleich träumte er von einer universitären Laufbahn – und wurde 1912 prompt Lektor für Musikgeschichte an der Universität von Czernowitz. Doch dann platzten die kühnen Träume vom Theater bzw. von einer universitären Parallel-Karriere. Der Erste Weltkrieg ruinierte die bürgerliche Welt, die Familie Gregor verarmte, es gab kaum Jobs – doch Joseph Gregor ließ sich nicht entmutigen.

Er fand einen Posten in der Österreichischen Nationalbibliothek und gehörte bald zu den „Kriegsgewinnlern", indem er den wirtschaftlichen Zusammenbruch, der gerade auf dem Kultursektor mit dem Ende der k.u.k. Monarchie einherging, nützte. Es gab Theater-Schließungen und/oder Personalabbau. Vor allem die Theater- und Opern-Archive waren gefährdet. Und Joseph Gregor bot sich als „Retter in der Not" an. Er kaufte zu

Billigst-Preisen die Nachlässe von renommierten Häusern für die Nationalbibliothek auf. Unter anderem waren die Nachlass-Bestände vom Kärntnertortheater, dem Theater an der Wien und der Josefstadt nun in der Nationalbibliothek zu finden.

Immerhin erreichte er, dass es ab 1922 eine eigene Theater-Abteilung in der Nationalbibliothek gab, die bereits ab 1929 auch für Film-Wissenschaft zuständig war. Und Joseph Gregor wurde – aus heutiger Sicht – zum Gründer des Theatermuseums, des österreichischen Filmarchivs und des Instituts für Theaterwissenschaft an der Universität Wien. Eine imposante Bilanz!

Der visionäre Kulturmanager

Mit unglaublichem Fleiß baute er ein „Wissensnetzwerk" auf, das es in dieser Form bis dahin noch nicht gab. Zunächst machte er seine rasch wachsende Abteilung zugänglich – über Ausstellungen, Kataloge und Monografien (zumeist aus seiner Feder). Dann verfasste er Gedichte, Romane und Opernlibretti. Und kämpfte gleichzeitig um die wissenschaftliche Erschließung des Films.

Die Liste der Gregor-Publikationen ist jedenfalls unglaublich: Sie reicht von Büchern zur Geschichte des Theaters in der Josefstadt und der Staatsoper über die Weltgeschichte des Theaters bis zu Biografien über Perikles, Alexander den Großen, Richard Strauss, Clemens Krauss oder Clemens Holzmeister. Aber auch die Geschichte des Balletts (1944) fehlt nicht in der Gregor-Sammlung. Dazu kommen Lyrik-Bände, Romane (u. a. *Isabella von Orta*, 1920; *Welt und Gott*, 1923; *Die Schwestern von Prag*, 1929).

Joseph Gregor – ein Polyhistor in des Wortes wahrster Bedeutung und ein Vorläufer der „Wikipedia"-Entwicklung? Außer Streit steht: Das „System Gregor" funktionierte nur mit dem Theaterhistoriker selbst. Und so bemühten sich die großen Geister wie Stefan Zweig oder Hugo von Hofmannsthal um seine persönliche Bekanntschaft. Gregor, der „Workaholic", war dreimal – jedes Mal kinderlos – verheiratet. Und alle seine Ehefrauen waren Stolz auf ihren „Salon", den sie betreuten: Sophie von Eulenthal (1915–1923), Felizitas Huber (gest. 1944) und Maria Kobera (gest. 1962, zwei Jahre nach dem Ableben Gregors).

Unter all den Aktivitäten verblüfft mich, dass Gregor einer der ersten Vorkämpfer für die Analyse des neuen Massen-Phänomens Film war. Er schrieb darüber bereits vor dem Siegeszug des Tonfilms und forderte etwas, das erst 25 Jahre später realisiert wurde: die Gründung von Film-Archiven, in denen auch die alten Abspielmaschinen in Funktion gehalten werden. Interessant ist, wie er seinen Einsatz für die Bewahrung des Films begründet. 1932 kam das Taschenbuch *Das Zeitalter des Films* heraus, wo Gregor im Vorwort u. a. schreibt:

„Dieses Büchlein fällt in ein Gedenkjahr. Es sind hundert Jahre verflossen, dass die erste Maschine bewegte Bilder als physikalisches Experiment vorführte, und vierzig, seit wir den Ausdruck Kinematographie verwenden. Drei Jahre später vermittelt der zusammenhängende Filmstreifen bereits, losgelöst vom Experiment, einen eigenen Inhalt, ein Filmstück. Seit jener Zeit hat die Erfindung einen unablässigen Aufschwung genommen, sie hat uns geradezu überschüttet, und sie ist zu einem ansehnlichen Bestandteil im Kulturganzen der Gegenwart geworden. Seit dem Kriege läuft eine Verminderung des Interesses für das Theater, die gegenwärtige Krise hat das Theater sehr fühlbar betroffen, während sich der Film nach wie vor in einer günstigen Entwicklung zu befinden scheint. Er wird also nach einer kurzen Probezeit seiner Existenz von der Menschheit bejaht."[2]

Gregor argumentiert also mit der Weltwirtschaftskrise Ende der 20er und frühen 30er Jahren. Und er datiert die Geschichte des Films parallel zur Entwicklung der Daguerreotypie. Außerdem kündigt er an, dass sein Büchlein nicht eine Geschichte der Stars und Filmproduzenten sei, sondern eine Analyse des großen Erfolgs des Kinos.

Immerhin erlebte Joseph Gregor, dass man ihn – schon nach seiner Pensionierung – zum Ehrenpräsidenten des Österreichischen Filmarchivs ernannte, das erst ein Vierteljahrhundert nach seinen Büchern über Film entstand. Gut Ding braucht oft Weile…

Die Zusammenarbeit mit Richard Strauss – ein Placebo für Stefan Zweig

Zwei Jahre nach der Pensionierung von Joseph Gregor erschien 1955 im Auftrag der Wiener Philharmoniker bei Otto-Müller in Salzburg der Briefwechsel zwischen dem umtriebigen Theaterhistoriker und Richard Strauss. Aus ihm geht klar hervor, dass es Stefan Zweig war, der die künstlerische Achse Wien und Garmisch-Partenkirchen förderte. Und Joseph Gregor war glücklich, endlich von Richard Strauss als Autor wahrgenommen zu werden. Zunächst geht es um Widmungen, dann um die Beurteilung seiner Werke und relativ bald – noch Wochen vor dem Eklat bei der Uraufführung von *Die Schweigsame Frau* – um ein kulturpolitisches „Ménage-à-trois"-Angebot.

Die Premiere der *Schweigsamen Frau* in Dresden fand am 24. Juni 1935 statt und bereits am 3. Mai 1935 schrieb Gregor diesen immer wieder zitierten Brief: „Mein Freund Dr. Zweig überbrachte mir die wahrhaft beglückende Nachricht, dass ich Hoffnung haben kann, für Sie zu arbeiten. Welche Gefühle mich bei diesem Ausblick beherrschen, muss ich Ihnen nicht sagen, der meiner Verehrung so gewiss ist, einer Verbindung der Gedanken vom Meister zum Adepten, die niemand anderer als Hofmannsthal geschlagen."[3]

Der Kontakt zu Gregor sollte von Anfang an die Möglichkeit ausloten, die Achse zwischen Zweig und Strauss über die politischen Komplikationen hinweg bestehen zu lassen. Es war also – zumindest für Strauss – eine taktische Freundschaft. Und Taktik und Zuneigung gehen selten Hand in Hand. In der Richard Strauss-Biografie von Maria Publig im Styria-Verlag findet sich die ungeschminkte Wahrheit über diese „strategische Liaison". Strauss wird dort mit einem Brief an Zweig zitiert, der die

Situation auf den Punkt bringt: „Ihre Zusammenarbeit mit dem guten Gregor ist mir schrecklich unheimlich. Warum wollen Sie mir um jeden Preis den gelehrten Philologen anhängen? Mein Textdichter heißt Zweig, er braucht keine Mitarbeiter."[4]

Oswald Panagl, Sprachwissenschaftler, Opernfreund und aktueller Präsident der Internationalen Richard-Strauss-Gesellschaft, nennt die Beziehung zwischen den beiden „asymmetrisch". „Ein Gefälle zwischen Souveränität und Demut, zwischen jovialem Aplomb und beflissener Anpassung, grob gesprochen zwischen Auftrag und Vollzug, hat diese Partnerschaft ihren Entstehungsbedingungen her bestimmt und über die Jahre gekennzeichnet. Beide Akteure in dieser ungleichen Verbindung haben es miteinander nicht leicht gehabt und wechselseitig an diesen Misslichkeiten gelitten. Strauss an der umständlichen Gelehrsamkeit seines Gegenübers, an dessen dichterischen Ambitionen und verbalen Verstiegenheiten, an einem nicht selten zwischen Subalternität und Penetranz situierten Verhalten. Gregor musste sich als angesehener Fachmann und arrivierter Sachbuchautor wie ein Anfänger schulmeistern lassen, hatte die Enttäuschungen, bisweilen auch die Launen seines Auftraggebers zu ertragen und konnte sich allenfalls an die Zusicherung halten, dass herbe Kritik und deftige Ausdrücke eben zum Jargon der Werkstatt gehören. So ist gerade für ihn die Zusammenarbeit mit dem anspruchsvollen Musiker zu einer Passion im notorischen Doppelsinn des Wortes geworden."[5]

Anregung einer Neuauflage des Briefwechsels Strauss – Gregor

In der Diskussion über mein Gregor-Referat beim Strauss-Symposium im Theatermuseum im Jänner 2015 kam es schließlich zu folgendem Vorschlag: Die österreichische Strauss-Gesellschaft soll die Neuauflage des Briefwechsels Strauss – Gregor initiieren, da die Erstauflage von Roland Tenschert aus dem Jahr 1955 längst vergriffen ist. Außerdem wurde damals nur ein Text-Torso publiziert. Mehr als ein Drittel der Briefe wurde offenbar nicht gedruckt – man nahm Rücksicht auf Joseph Gregor, der auch nach der Pensionierung umtriebig blieb.

Kontaktaufnahmen mit der Familie Strauss sowie den Wiener Philharmonikern und dem Verlag sind ebenso nötig. Und auch die trickreiche Rolle von Clemens Krauss bei der Entstehung von *Capriccio* bzw. der „Ausbootung" von Gregor sollte neu analysiert werden.[6] In jedem Fall sollte man dem „Kultur-Visionär" Gregor ein einleitendes Kapitel widmen. Joseph Gregor hat es sich zweifellos verdient.

1 Vgl. meinen Beitrag beim Salzburger Strauss-Symposion 2002: Peter Dusek, *Joseph Gregor. Ein Bibliothekar als Librettist, oder: ein österreichischer Kulturbeamter auf den Spuren Grillparzers*, in: Peter Csobádi – Ulrich Müller – Oswald Panagl u. a. (Hgg.), *Das Fragment im (Musik-)Theater. Zufall und/oder Notwendigkeit? Vorträge und Gespräche des Salzburger Symposions 2002*, Anif/Salzburg 2005, 574–594.
2 Joseph Gregor, *Das Zeitalter des Films*, Wien – Leipzig 1932, 1.
3 Joseph Gregor – Richard Strauss, *Briefwechsel*, hg. von Roland Tenschert, Salzburg 1955, 21.
4 Maria Publig, *Richard Strauss. Bürger – Künstler – Rebell*, Graz – Wien 1999.
5 Oswald Panagl, Beitrag im Salzburger Programmheft von *Die Liebe der Danae*, Salzburg 2002, 1.
6 Richard Strauss – Clemens Krauss, *Briefwechsel*, hg. von Klaus Kende und Willi Schuh, 2. Aufl. München 1964.

Die Vortragenden und Organisatorinnen des Strauss-Symposiums im Eroica-Saal des Wiener Theatermuseums

Kurzbiografien der Autoren

Andrea Amort | Univ.-Prof. an der Konservatorium Wien Privatuniversität. Dr. phil., Tanzhistorikerin, Dramaturgin, Buch-Autorin. Kuratorische Tätigkeit: u. a. *Tanz im Exil, Rudolf Nurejew und Wien – Ein leidenschaftliches Verhältnis, Hanna Berger: Retouchings*, Grete Wiesenthal-Forschungsprojekt. Künstlerische Leiterin u. a. des Festivals *Berührungen. Tanz vor 1938 – Tanz von heute* (Wien 2008). 2009–2013 Kuratorin im Auftrag der Stadt Wien für Theater, Tanz, Performance. Derzeit Aufbau des Lebendigen Tanzarchiv Wien.

Peter Dusek | Dr., geb. 1945, Schule und Studium in Wien (Geschichte, Germanistik, Psychologie und Philosophie). 1970–1972 bei der Zeitung „Die Presse", ab 1972 beim ORF. Langjähriger Leiter des ORF-Fernseharchivs, 13 Jahre lang Präsident der Freunde der Wiener Staatsoper, seit 2010 Honorarprofessor für Archivwissenschaft und Zeitgeschichte, zahlreiche Publikationen, Kulissengespräche.

Gernot Gruber | Dr. Dr. h.c., em. o. Prof. für Musikwissenschaft an der Universität Wien (zuvor 1976–1995 an der Hochschule für Musik und Theater in München), wirkl. Mitglied der Österreichischen Akademie der Wissenschaften. Zahlreiche Publikationen, darunter mehrere Bücher über W. A. Mozart und Franz Schubert, derzeit ist eine *Geschichte europäischer Musik* (C. H. Beck) in Vorbereitung.

Matthias Herrmann | Prof. Dr., geb. 1955, Studium der Musikwissenschaft an der Universität Leipzig, Mitarbeiter der Sächsischen Landesbibliothek und der Kulturredaktion des „Sächsischen Tageblattes" in Dresden. Seit 1993 Professor für Musikgeschichte am Institut für Musikwissenschaft der Hochschule für Musik Carl Maria von Weber Dresden. Vorträge im In- und Ausland, Veröffentlichungen zur Musik des 15. bis 20. Jahrhunderts. Herausgeber der Buchreihen *Sächsische Studien zur älteren Musikgeschichte* und *Dresdner Schriften zur Musik*.

Adrian Kech | Dr., studierte Musikwissenschaft, Philosophie und Europarecht an der Ludwig-Maximilians-Universität (LMU) in München, 2013 Promotion mit einer Arbeit zum Thema *Musikalische Verwandlung in den Hofmannsthal-Opern von Richard Strauss*, 2009–2012 wissenschaftlicher Mitarbeiter beim DFG-Forschungsprojekt Richard-Strauss-Quellenverzeichnis (RSQV) am Richard-Strauss-Institut in Garmisch-Partenkirchen. Seit April 2013 Wissenschaftlicher Assistent am Institut für Musikwissenschaft der LMU München.

Reinhold Kubik | Dr., geb. 1942, Musiker und Musikwissenschaftler, 1992–2012 Editionsleiter der Gesamtausgabe der Werke Gustav Mahlers, Kurator der Ausstellungen *Mahleriana* im Jüdischen Museum Wien (2005), *Gustav Mahler und Wien* im Österreichischen Theatermuseum (2010) und *Gustav Mahler in Wien und München* im Deutschen Theatermuseum (2011). 1993–2015 Vizepräsident der Internationalen Gustav Mahler Gesellschaft (www.gustav-mahler.org). Ein zweiter Forschungsschwerpunkt ist die historisch-szenische Aufführungspraxis im barocken Musiktheater.

Arturo Larcati | assoz. Prof. für deutsche Literatur an der Universität Verona, davor wissenschaftlicher Mitarbeiter am FB Romanistik der Universität Salzburg und Lehrbeauftragter an der Universität Innsbruck. Forschungsschwerpunkte: historische Avantgardebewegungen, Stefan Zweig, Nachkriegsliteratur, Ingeborg Bachmann.

Jürgen Maehder | Prof., geb. 1950. Studium der Musikwissenschaft, Komposition, Philosophie, Theaterwissenschaft, Opernregie und Germanistik in München und Bern. Promotion 1977 an der Universität Bern mit der Dissertation *Klangfarbe als Bauelement des musikalischen Satzes – Zur Kritik des Instrumentationsbegriffes*. Assistentenzeit an der Universität Bern und am Deutschen Historischen Institut in Rom. 1988 Professor of Musicology an der University of North Texas (Denton/TX) und Visiting Professor an der Cornell University (Ithaca/NY). 1989–2014 Professor für Musikwissenschaft an der Freien Universität Berlin, seit 2015 Professor am Istituto di Studi Italiani der Università della Svizzera Italiana in Lugano/Tessin.

Karin Martensen | Dr., Studium der Historischen Musikwissenschaft an der Universität Hamburg. 2012 Promotion an der Hochschule für Musik und Theater Hannover mit einer Arbeit über Anna Bahr-Mildenburg. Freie Autorin, Lektorin und Korrektorin (u. a. für den Georg Olms Verlag) in Hannover. April 2014 bis März 2015 wissenschaftliche Mitarbeiterin an der Hochschule für Musik in Detmold für das Projekt *Singen – Körper – Theater – Medien* (drittmittelfinanziert von der Mariann-Steegmann-Foundation Zürich). Im SS 2015 Lehrbeauftragte in Detmold für das Seminar *Interpretationsforschung*.

Christiane Mühlegger-Henhapel | Dr., Studium der Vergleichenden Literaturwissenschaft und Romanistik an der Universität Innsbruck. Seit 1999 Kustodin im Theatermuseum, Wien, verantwortlich für die Sammlung Handschriften und Nachlässe. Ausstellungen und Publikationen, u. a. *Johann Nestroy*, *Oskar Werner*, *Hans Moser*, *Aus Burg und Oper*, zuletzt *Richard Strauss* (2014).

Kurzbiografien der Autoren

Nina Noeske | Prof. Dr., Studium der Musikwissenschaft, Philosophie und Musikpraxis in Bonn, Weimar und Jena. 2005 Promotion über Neue Instrumentalmusik in der DDR, bis 2011 wissenschaftliche Mitarbeiterin an den Hochschulen für Musik in Weimar und Hannover. 2014 Habilitation mit einer Diskursanalyse von Liszts *Faust-Symphonie*, 2012–2014 Assistenzprofessorin für Musikwissenschaft an der Universität Salzburg, seit Oktober 2014 Professorin an der Hochschule für Musik und Theater Hamburg. Forschungsschwerpunkte: Musik / Kultur vom 18. bis 21. Jahrhundert, Musikästhetik, Filmmusik, Musik und Gender, Musik und Politik.

Oswald Panagl | em. Univ.-Prof. Dr., geb. 1939, Studium der Klassischen Philologie und Vergleichenden Sprachwissenschaft in Wien, daneben Ausbildung als Sänger an der Musikakademie. Habilitation für das Fach „Allgemeine und Vergleichende Sprachwissenschaft". 1979–2008 Ordentlicher Universitätsprofessor für historisch-vergleichende Sprachwissenschaft an der Universität Salzburg. Seit 2004 ständiger Gastdozent an der Musikuniversität Mozarteum, Gastdramaturg an verschiedenen Bühnen. Arbeitsgebiete: Etymologie und Wortgeschichte, Syntax und Stilistik, Librettistik, Liedgeschichte. Seit 2013 Präsident der Internationalen Richard-Strauss-Gesellschaft.

Ursula Renner | Univ.-Prof. Dr., Studium der Germanistik, Anglistik und Kunstgeschichte in Freiburg i. Br., Visiting Assistant Professor in den USA (Cincinnati), Fellow am IFK Wien. Seit 2002 Professorin für Deutsche Literatur und Kulturwissenschaften an der Universität Duisburg-Essen. Forschungsschwerpunkte: Literatur um 1900, intermediale Beziehungen von bildender Kunst und Literatur, kulturanalytische Fragestellungen. Publikationen u. a. *„Die Zauberschrift der Bilder". Hofmannsthals produktive Rezeption bildender Kunst*, Sammelbände zum Marsyas- und Prometheus-Mythos, Mitherausgeberin des Hofmannsthal-Jahrbuches.

Alexandra Steiner-Strauss | MMag., Studium der Theaterwissenschaft, Kunstgeschichte und Germanistik in Wien, 2002–2015 Kustodin im Theatermuseum, Wien. Publikationen und Ausstellungen zur österreichischen Kulturgeschichte, zuletzt *„Trägt die Sprache schon Gesang in sich…". Richard Strauss und die Oper* (Theatermuseum 2014).

Michael Walter | Univ.-Prof. Dr., Studium der Musikwissenschaft und Geschichte an den Universitäten Marburg/Lahn und Gießen. 1993 Habilitation in Stuttgart, danach Lehrtätigkeiten an den Universitäten in Bochum und Bayreuth. Seit 2001 Universitätsprofessor für Musikwissenschaft an der Universität Graz, daneben Lehrtätigkeit an den Universitäten Salzburg, Ljubljana und Innsbruck. Zahlreiche Publikationen zur Geschichte und Kulturgeschichte der Oper, zuletzt *Richard Strauss' Grazer Salome. Die österreichische Erstaufführung im theater- und sozialgeschichtlichen Kontext* (2014).

Werkverzeichnis zu den Richard Strauss-Beständen des Theatermuseums in Wien

Das vorliegende Werkverzeichnis umfasst die Richard Strauss-Autographen sowie die wichtigsten Zeichnungen zu seinen Wiener Ur- und Erstaufführungen aus dem Bestand des Theatermuseums.

Die Ordnung der Handschriften folgt der Provenienz der einzelnen Dokumente, beginnend mit eigenhändigen Werk- und Musikautographen verschiedenster Herkunft bis zur Korrespondenz aus den Nachlässen Hermann Bahr, Anna Bahr-Mildenburg, Joseph Gregor und Alfred Roller sowie aus der sogenannten „allgemeinen Aufstellung" (Einzeldokumente ohne Nachlass-Bezug). Aufgenommen wurden – mit Ausnahme einzelner vorhandener Gegenbriefe – fast ausschließlich Autographen von der Hand Richard Strauss'. Der Briefwechsel zwischen Strauss und Joseph Gregor liegt vollständig als Typoskript-Abschrift im Nachlass Gregor vor; für das Verzeichnis berücksichtigt wurden jedoch auch hier nur die wenigen autographen Schriftstücke des Bestandes.

Die in diese Aufstellung aufgenommenen Bühnenbild- und Kostümentwürfe beziehen sich vor allem auf die Wiener Ur- und Erstaufführungen der Opern und Ballette von Richard Strauss und stammen zum Großteil von Alfred Roller. Aus Platzgründen musste allerdings auf eine vollständige Dokumentation verzichtet werden: So bewahrt das Theatermuseum zu *Der Rosenkavalier* (Alfred Roller), *Josephs Legende* (Emil Pirchan), *Ariadne auf Naxos* (Oskar Strnad) und *Schlagobers* (Ada Nigrin) noch zahlreiche weitere Kostümentwürfe auf.

Wenn in den Einträgen des Verzeichnisses keine andere Spielstätte ausgewiesen ist, fanden die Aufführungen in der Wiener Staatsoper (vormals Hofoper bzw. Opernthater) statt.

Nachlass-Kürzel:

Ba	Hermann Bahr	**Ro**	Alfred Roller
BaM	Anna Bahr-Mildenburg	**Sk**	Albin Skoda
Gr	Joseph Gregor	**Te**	Richard Teschner
Lud	Pavel Ludikar		

HS_AG47797Ro
Notenzitat *Mit deinen blauen Augen*
Verfasser: Richard Strauss
Empfänger: Alfred Roller
25.2.1931
Tinte auf Papier
eigenhändig, 1 Bl., 2 S.

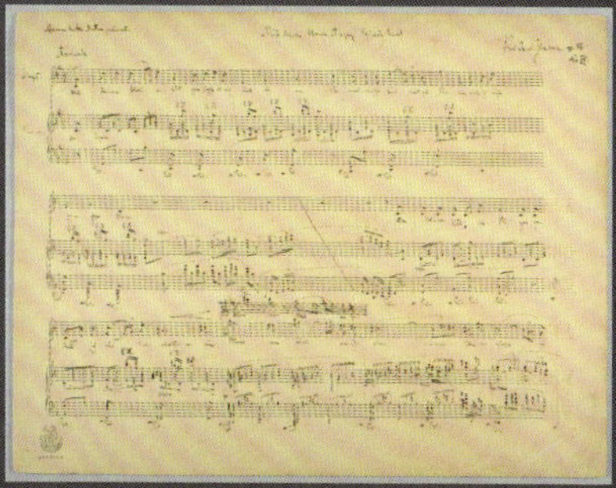

HS_AM38346
Widmung
Verfasser: Richard Strauss
Empfänger: Joseph Gregor
1947
Tinte auf Papier
eigenhändig, 2 Bl., 1 S.

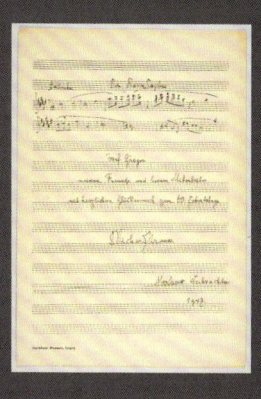

HS_AM47763Ro
Probenplan für *Der Rosenkavalier*
Verfasser: Richard Strauss
Empfänger: Alfred Roller
[Jänner 1911]
Bleistift auf Papier
eigenhändig, 1 Bl., 1 S.

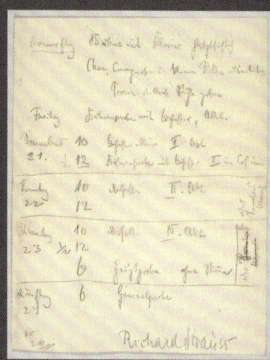

HS_AM47764Ro
Notiz
Verfasser: Richard Strauss
Empfänger: Alfred Roller
[1924]
Bleistift auf Papier
eigenhändig, 1 Bl., 1 S.

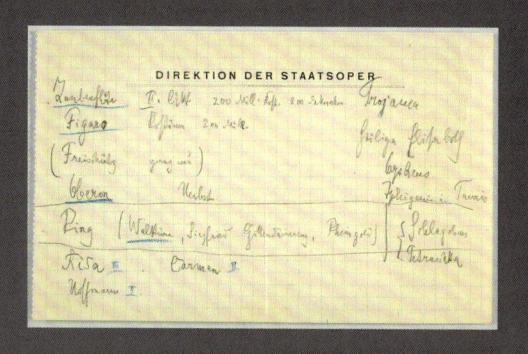

HS_AM55993Gr
Libretto zu *Daphne*
Verfasser: Joseph Gregor,
Richard Strauss
[1938]
Typoskript, Tinte auf Papier
mit eigenhändigen Anmerkungen,
1 Bl., 2 S.

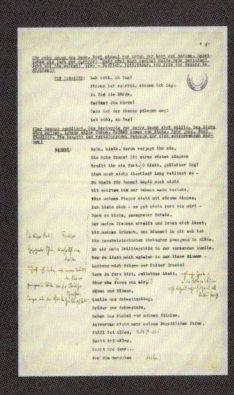

HS_Ro11_25
Klavierauszug *Der Rosenkavalier*, 1. Aufzug
Komponist: Richard Strauss
Verfasser: Hugo von Hofmannsthal
Bezug/Person: Alfred Roller
24.1.1911
mit eigenhändiger Widmung

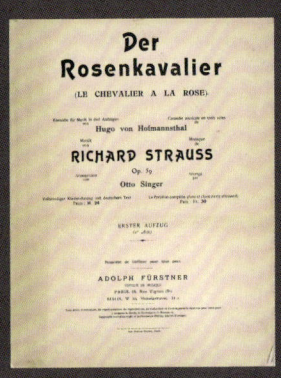

HS_VK904BaM
Skizzenbuch zu *Elektra*
Verfasser: Richard Strauss
Bezug/Person:
Anna Bahr-Mildenburg
7.5.1909
Tinte und Bleistift auf Papier
eigenhändig, 52 Bl., gebunden

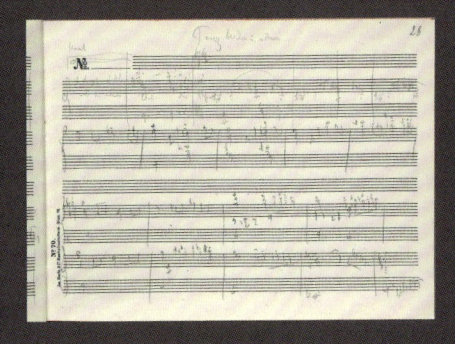

HS_VM323BaM
Entwurf zu *Elektra*
Verfasser: Richard Strauss
ohne Datum
Tinte und Bleistift auf Papier
eigenhändig, 2 Bl., 4 S.

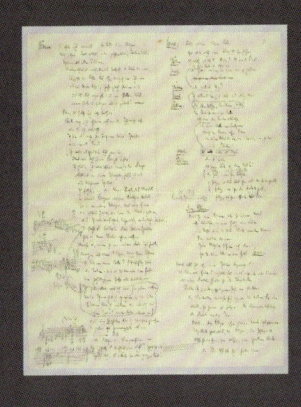

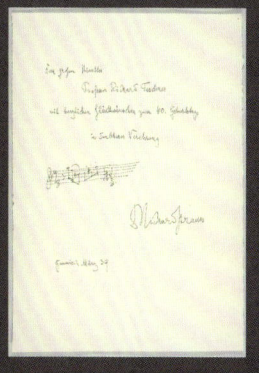

HS_VM324Ba
Skizze zu *Intermezzo*
Verfasser: Richard Strauss
Bezug/Person: Hermann Bahr
9.11.1916
Tinte und Buntstift auf Papier
eigenhändig, 4 Bl., 8 S.

HS_VM325Ba
Skizze zu *Intermezzo*
Verfasser: Richard Strauss
Bezug/Person: Hermann Bahr
ohne Datum
Tinte und Bleistift auf Papier
eigenhändig, 4 Bl., 8 S.

HS_VM779
Nachruf
Verfasser: Richard Strauss
Bezug/Person: Alfred Roller
16.9.1942
Typoskript, Papier
1 Bl., 1 S.

HS_VM981Te_122
Albumblatt
Verfasser: Richard Strauss
Bezug/Person: Richard Teschner
1939
eigenhändig, 1 Bl.

HS_AK40017Ba
Postkarte
Verfasser: Richard Strauss
Empfänger: Hermann Bahr
4.2.1902
Tinte auf Papier
eigenhändig, 1 Bl., 2 S.

HS_AK40018Ba
Ansichtskarte
Verfasser: Richard Strauss
Empfänger: Hermann Bahr
12.4.1903
Tinte auf Papier
eigenhändig, 1 Bl., 2 S.

HS_AK40019Ba
Ansichtskarte
Verfasser/-in: Richard Strauss,
Pauline Strauss-de Ahna,
Hugo von Hofmannsthal,
Gertrud von Hofmannsthal
Empfänger: Hermann Bahr
8.6.1904
Bleistift auf Papier
eigenhändig, 1 Bl., 2 S.

HS_AK40020Ba
Postkarte
Verfasser: Richard Strauss
Empfänger: Hermann Bahr
13.10.1909
Tinte auf Papier
eigenhändig, 1 Bl., 2 S.

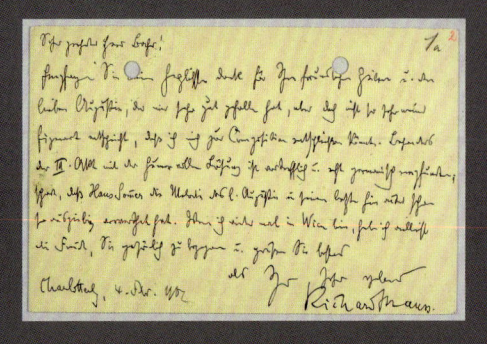

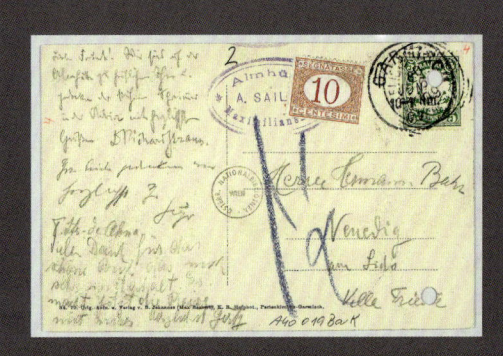

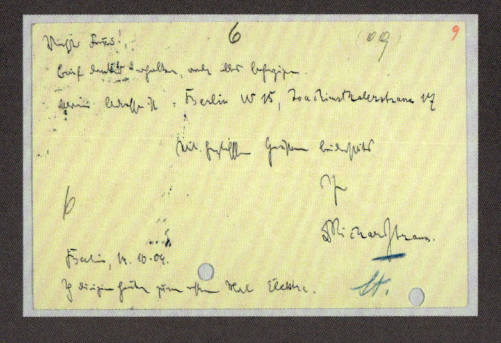

HS_AK40021Ba
Ansichtskarte
Verfasser: Richard Strauss
Empfänger: Hermann Bahr
23.12.1903
Tinte auf Papier
eigenhändig, 1 Bl., 2 S.

HS_AK40022Ba
Postkarte
Verfasser: Richard Strauss
Empfänger: Hermann Bahr
29.5.1910
Tinte auf Papier
eigenhändig, 1 Bl., 1 S.

HS_AK40023Ba
Postkarte
Verfasser: Richard Strauss
Empfänger: Hermann Bahr
7.9.1910
Tinte auf Papier
eigenhändig, 1 Bl., 1 S.

HS_AK40024Ba
Postkarte
Verfasser: Richard Strauss
Empfänger: Hermann Bahr
8.11.1910
Tinte auf Papier
eigenhändig, 1 Bl., 1 S.

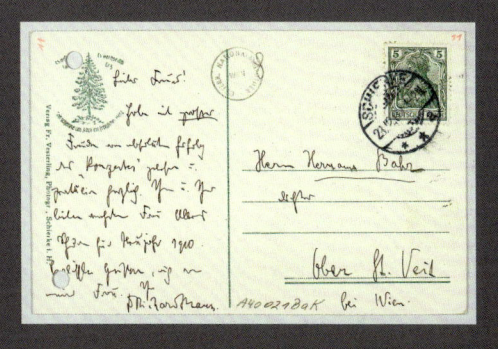

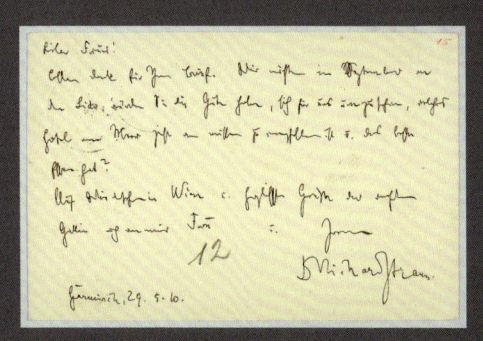

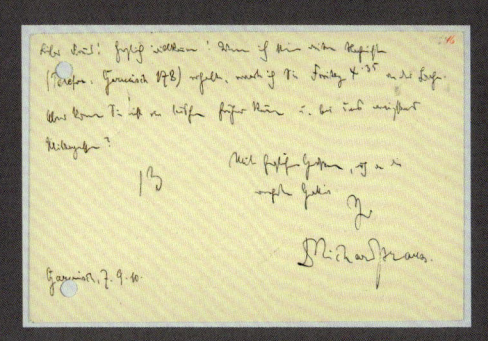

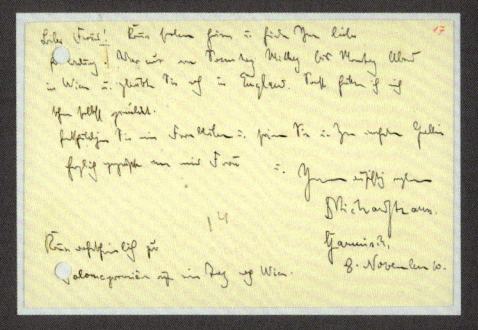

HS_AK40025Ba
Postkarte
Verfasser: Richard Strauss
Empfänger: Hermann Bahr
15.4.1912
Tinte auf Papier
eigenhändig, 1 Bl., 2 S.

HS_AK40026Ba
Ansichtskarte
Verfasser: Richard Strauss
Empfänger: Hermann Bahr
29.6.1913
Tinte auf Papier
eigenhändig, 1 Bl., 2 S.

HS_AK40027Ba
Postkarte
Verfasser/-in: Richard Strauss, Pauline Strauss-de Ahna
Empfänger: Hermann Bahr
9.12.1914
Bleistift auf Papier
eigenhändig, 1 Bl., 2 S.

HS_AK40028Ba
Postkarte
Verfasser: Richard Strauss
Empfänger: Hermann Bahr
30.5.1915
Tinte auf Papier
eigenhändig, 1 Bl., 2 S.

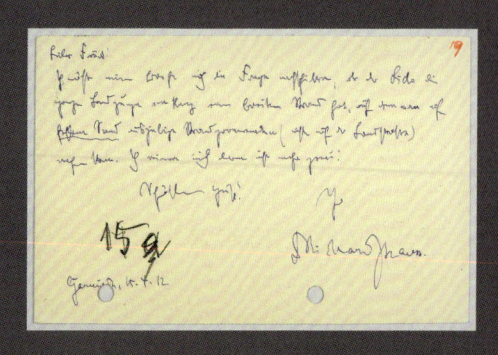

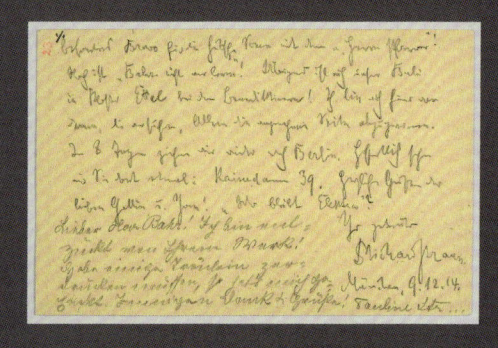

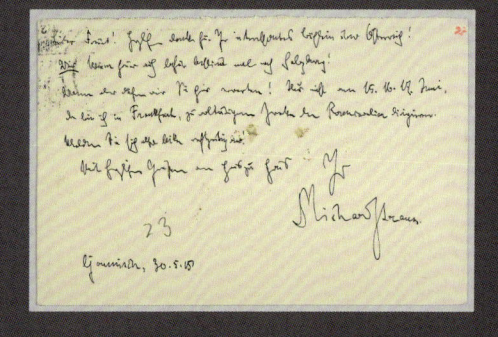

HS_AK40029Ba
Postkarte
Verfasser: Richard Strauss
Empfänger: Hermann Bahr
8.6.1915
Tinte auf Papier
eigenhändig, 1 Bl., 2 S.

HS_AK40030Ba
Postkarte
Verfasser: Richard Strauss
Empfänger: Hermann Bahr
21.11.1915
Tinte auf Papier
eigenhändig, 1 Bl., 2 S.

HS_AK40031Ba
Postkarte
Verfasser: Richard Strauss
Empfänger: Hermann Bahr
5.9.1916
Tinte auf Papier
eigenhändig, 1 Bl., 2 S.

HS_AK40032Ba
Postkarte
Verfasser: Richard Strauss
Empfänger: Hermann Bahr
14.9.1916
Tinte auf Papier
eigenhändig, 1 Bl., 2 S.

HS_AM38285Ba
Telegramm
Verfasser: Richard Strauss
Empfänger: Hermann Bahr
1.1.[1917]
1 Bl., 1 S.

HS_AM38286Ba
Telegramm
Verfasser: Richard Strauss
Empfänger: Hermann Bahr
[3.7.1916]
1 Bl., 1 S.

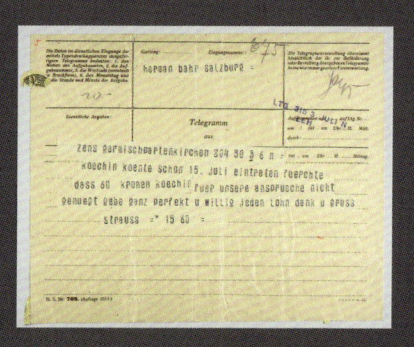

HS_AM38287Ba
Telegramm
Verfasser: Richard Strauss
Empfänger: Hermann Bahr
[16.7.1916]
1 Bl., 1 S.

HS_AM38288Ba
Telegramm
Verfasser: Richard Strauss
Empfänger: Hermann Bahr
18.7.[1916]
1 Bl., 1 S.

HS_AM38289Ba
Telegramm
Verfasser: Richard Strauss
Empfänger: Hermann Bahr
[16.7.1916]
1 Bl., 1 S.

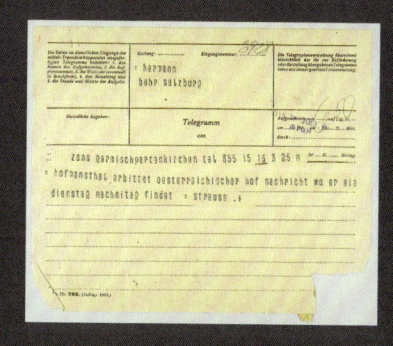

HS_AM38290Ba
Telegramm
Verfasser: Richard Strauss,
Max Reinhardt
Empfänger: Hermann Bahr
17.4.1919
2 Bl., 2 S.

HS_AM38291Ba
Brief
Verfasser: Richard Strauss
Empfänger: Hermann Bahr
23.5.1909
Tinte auf Papier
eigenhändig, 1 Bl., 2 S.

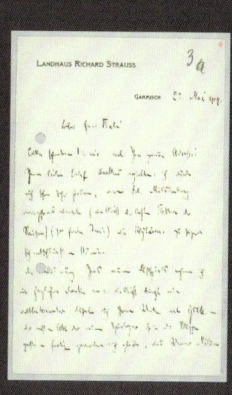

HS_AM38292Ba
Brief
Verfasser: Richard Strauss
Empfänger: Hermann Bahr
ohne Datum [1916]
Tinte auf Papier
eigenhändig, 1 Bl., 1 S.

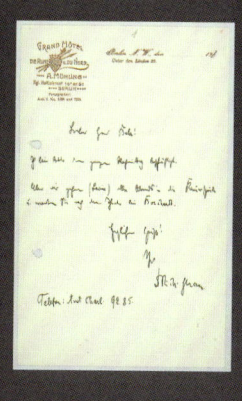

HS_AM38293Ba
Brief
Verfasser: Richard Strauss
Empfänger: Hermann Bahr
10.8.1909
Tinte auf Papier
eigenhändig, 2 Bl., 4 S.

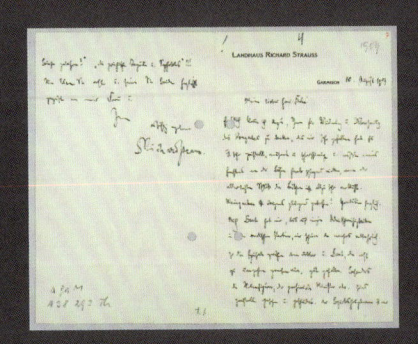

HS_AM38294Ba
Brief
Verfasser: Richard Strauss
Empfänger: Hermann Bahr
12.2.1909
Typoskript, Tinte auf Papier
mit eigenhändiger Unterschrift,
1 Bl., 1 S.

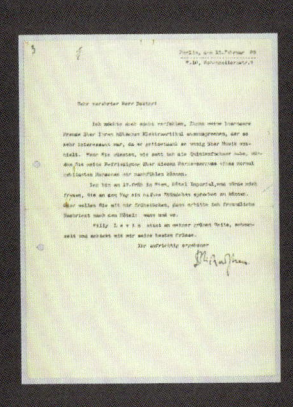

HS_AM38295Ba
Brief
Verfasser: Richard Strauss
Empfänger: Hermann Bahr
25.10.1909
Typoskript, Tinte auf Papier
mit eigenhändiger Unterschrift,
1 Bl., 1 S.

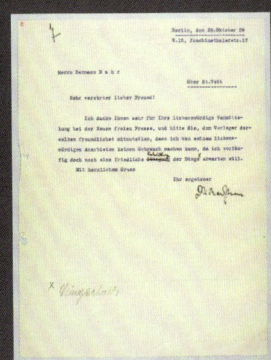

HS_AM38296Ba
Brief
Verfasser: Richard Strauss
Empfänger: Hermann Bahr
18.12.1909
Typoskript, Tinte auf Papier
mit eigenhändiger Unterschrift,
2 Bl., 2 S.

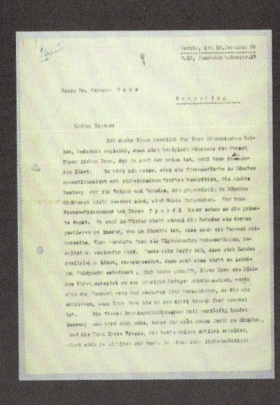

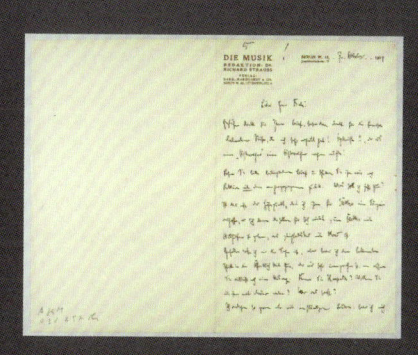

HS_AM38297Ba
Brief
Verfasser: Richard Strauss
Empfänger: Hermann Bahr
7.10.1909
Tinte auf Papier
eigenhändig, 2 Bl., 2 S.

HS_AM38298Ba
Brief
Verfasser: Richard Strauss
Empfänger: Hermann Bahr
8.2.1910
Typoskript, Tinte auf Papier
mit eigenhändiger Unterschrift,
1 Bl., 1 S.

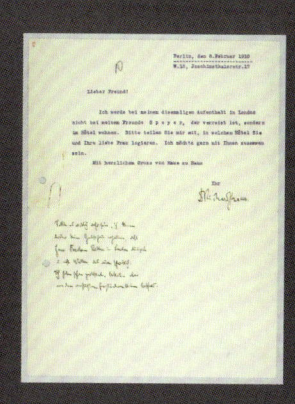

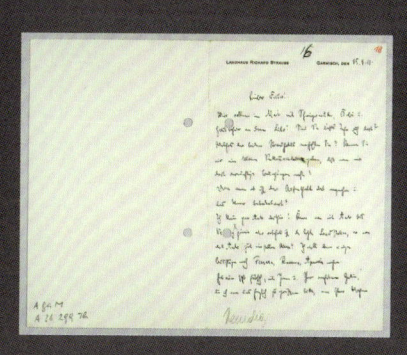

HS_AM38299Ba
Brief
Verfasser: Richard Strauss
Empfänger: Hermann Bahr
15.4.1912
Tinte auf Papier
eigenhändig, 2 Bl., 2 S.

HS_AM38300Ba
Brief
Verfasser: Richard Strauss
Empfänger: Hermann Bahr
18.8.1912
Typoskript, Tinte auf Papier
mit eigenhändiger Unterschrift,
1 Bl., 1 S.

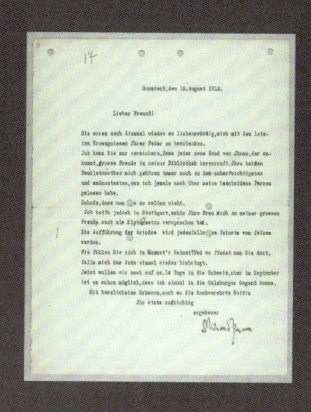

HS_AM38301Ba
Brief
Verfasser: Richard Strauss
Empfänger: Hermann Bahr
17.3.1914
Typoskript, Tinte auf Papier
mit eigenhändiger Unterschrift,
2 Bl., 2 S.

HS_AM38302Ba
Brief
Verfasser: Richard Strauss
Empfänger: Hermann Bahr
8.7.1914
Tinte auf Papier
eigenhändig, 2 Bl., 2 S.

HS_AM38303Ba
Brief
Verfasser: Richard Strauss
Empfänger: Hermann Bahr
17.5.1915
Tinte auf Papier
eigenhändig, 2 Bl., 4 S.

HS_AM38304Ba
Brief
Verfasser: Richard Strauss
Empfänger: Hermann Bahr
23.5.1915
Tinte auf Papier
eigenhändig, 2 Bl., 2 S.

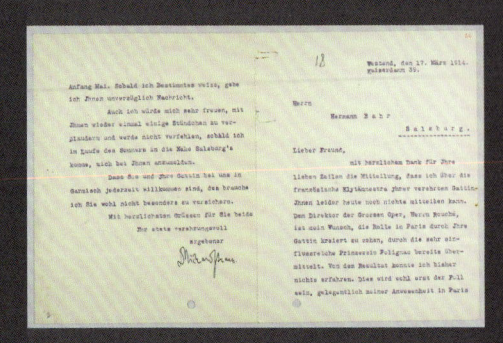

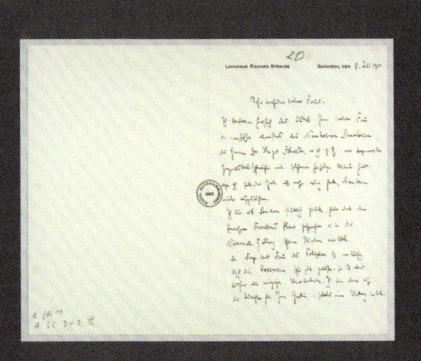

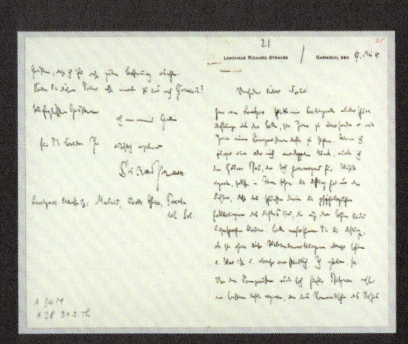

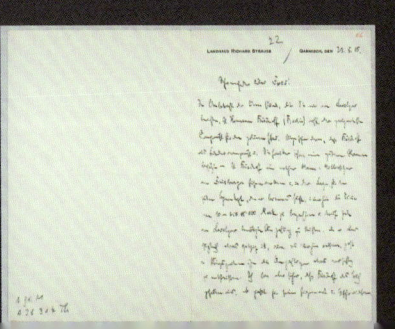

HS_AM38305Ba
Brief
Verfasser: Richard Strauss
Empfänger: Hermann Bahr
28.6.1915
Tinte auf Papier
eigenhändig, 2 Bl., 1 S.

HS_AM38306Ba
Brief
Verfasser: Richard Strauss
Empfänger: Hermann Bahr
10.11.1915
Tinte auf Papier
eigenhändig, 1 Bl., 1 S.

HS_AM38307Ba
Brief
Verfasser: Richard Strauss
Empfänger: Hermann Bahr
21.5.1910
Tinte auf Papier
eigenhändig, 2 Bl., 3 S.

HS_AM38308Ba
Brief
Verfasser: Richard Strauss
Empfänger: Hermann Bahr
30.6.1916
Tinte auf Papier
eigenhändig, 1 Bl., 2 S.

HS_AM38309Ba
Brief
Verfasser: Richard Strauss
Empfänger: Hermann Bahr
18.8.1916
Tinte auf Papier
eigenhändig, 2 Bl., 4 S.

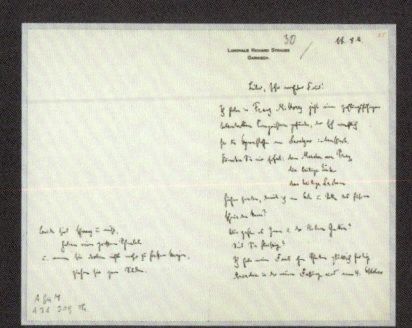

HS_AM38310Ba
Brief
Verfasser: Richard Strauss
Empfänger: Hermann Bahr
28.8.1916
Tinte auf Papier
eigenhändig, 2 Bl., 1 S.

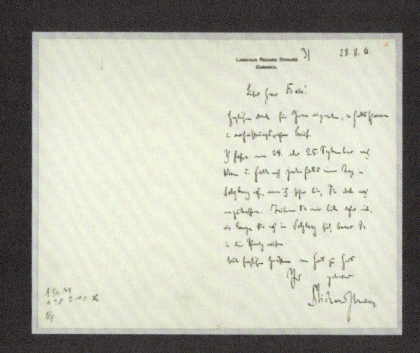

HS_AM38311Ba
Brief
Verfasser: Richard Strauss
Empfänger: Hermann Bahr
21.10.1916
Tinte auf Papier
eigenhändig, 2 Bl., 3 S.

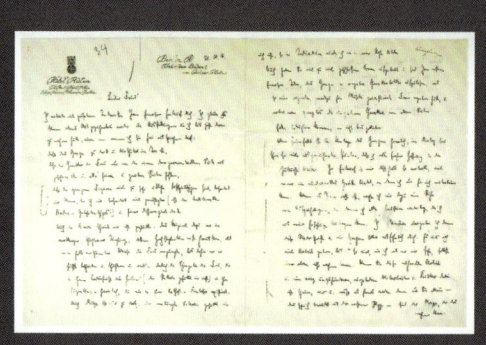

HS_AM38312Ba
Brief
Verfasser: Richard Strauss
Empfänger: Hermann Bahr
1.1.1917
Tinte auf Papier
eigenhändig, 2 Bl., 4 S.

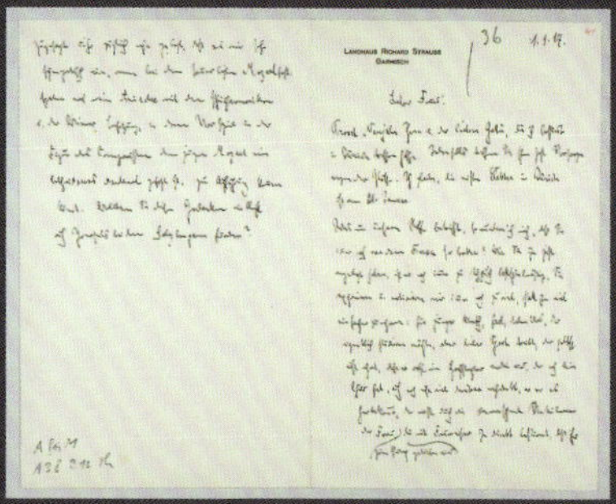

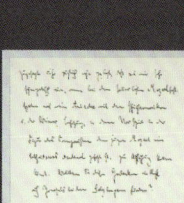

HS_AM38313Ba
Brief
Verfasser: Richard Strauss
Empfänger: Hermann Bahr
13.2.1917
Tinte auf Papier
eigenhändig, 1 Bl., 1 S.

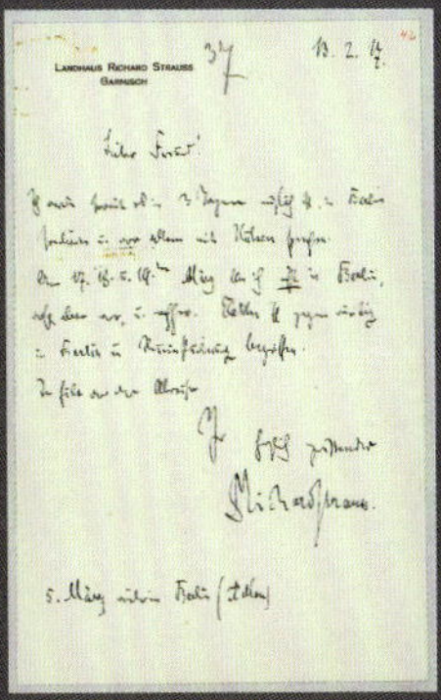

HS_AM38314Ba
Brief
Verfasser: Richard Strauss
Empfänger: Hermann Bahr
30.6.1917
Tinte auf Papier
eigenhändig, 2 Bl., 2 S.

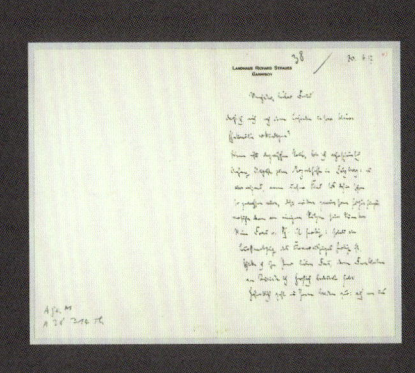

HS_AM38315Ba
Brief
Verfasser: Richard Strauss
Empfänger: Hermann Bahr
10.7.1917
Tinte auf Papier
eigenhändig, 2 Bl., 4 S.

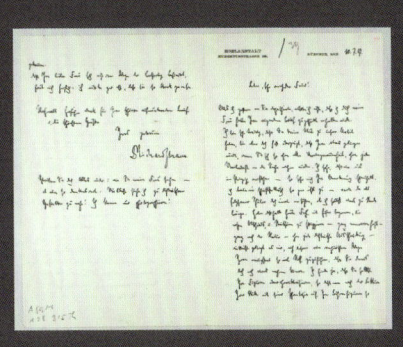

HS_AM38316Ba
Brief
Verfasser: Richard Strauss
Empfänger: Hermann Bahr
12.7.1917
Tinte auf Papier
eigenhändig, 2 Bl., 3 S.

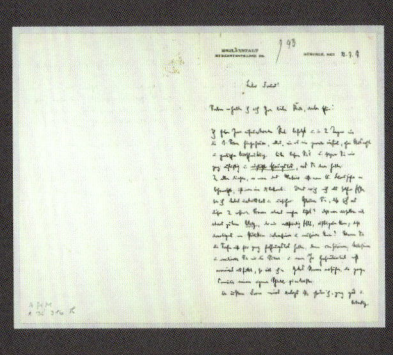

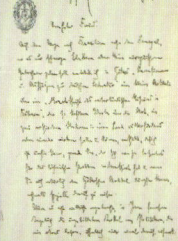

HS_AM38317Ba
Brief
Verfasser: Richard Strauss
Empfänger: Hermann Bahr
25.7.1917
Tinte auf Papier
eigenhändig, 1 Bl., 1 S.

HS_AM38318Ba
Brief
Verfasser: Richard Strauss
Empfänger: Hermann Bahr
19.4.1918
Tinte auf Papier
eigenhändig, 2 Bl., 2 S.

HS_AM38319Ba
Brief
Verfasser: Richard Strauss
Empfänger: Hermann Bahr
22.5.1918
Tinte auf Papier
eigenhändig, 1 Bl., 1 S.

HS_AM38320Ba
Brief
Verfasser: Richard Strauss
Empfänger: Hermann Bahr
18.8.1920
Tinte auf Papier
eigenhändig, 2 Bl., 2 S.

HS_AM38332Ba
Brief
Verfasser: Richard Strauss
Empfänger: Hermann Bahr
9.11.1916
Tinte auf Papier
eigenhändig, 2 Bl., 2 S.

HS_AM49145Ba
Telegramm
Verfasser: Richard Strauss
Empfänger: Hermann Bahr
20.1.1909
1 Bl., 1 S.

HS_AK40033BaM
Postkarte
Verfasser: Richard Strauss
Empfängerin: Anna Bahr-Mildenburg
23.3.1917
Tinte auf Papier
eigenhändig,1 Bl., 2 S.

HS_AM38321BaM
Telegramm
Verfasser: Richard Strauss
Empfängerin: Anna Bahr-Mildenburg
ohne Datum
1 Bl., 2 S.

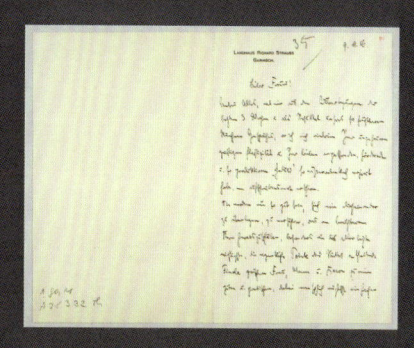

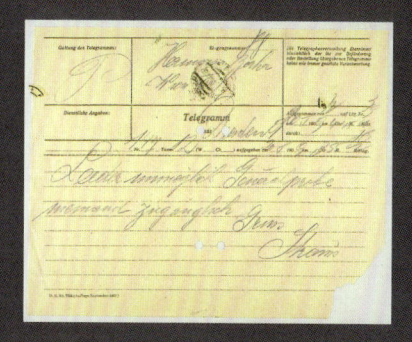

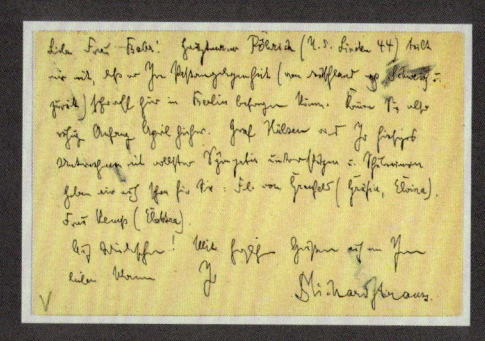

HS_AM38322BaM
Brief
Verfasser: Richard Strauss
Empfängerin: Anna Bahr-Mildenburg
ohne Datum
Tinte auf Papier
eigenhändig, 2 Bl., 1 S.

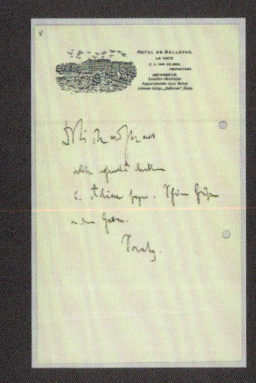

HS_AM38323BaM
Brief
Verfasser: Richard Strauss
Empfängerin: Anna Bahr-Mildenburg
ohne Datum
Bleistift auf Papier
eigenhändig, 2 Bl., 2 S.

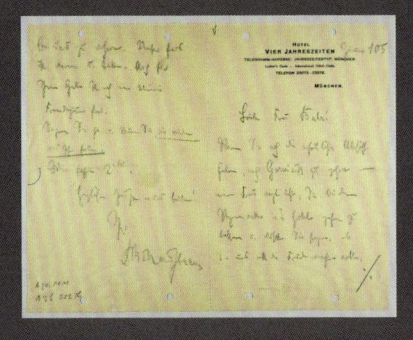

HS_AM38324BaM
Brief
Verfasser: Richard Strauss
Empfängerin: Anna Bahr-Mildenburg
ohne Datum
Tinte auf Papier
eigenhändig, 2 Bl., 1 S.

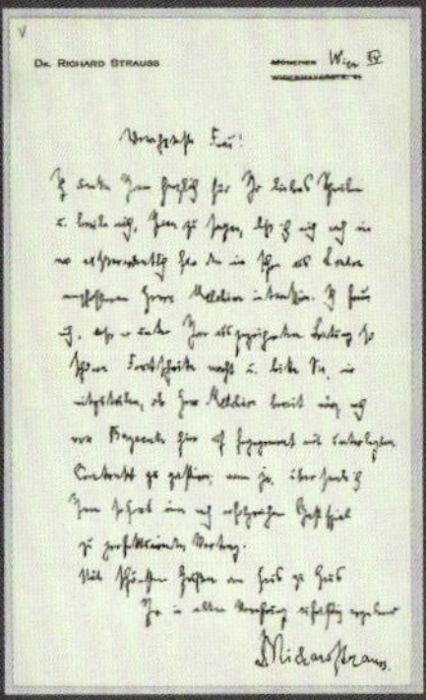

HS_AM38325BaM
Brief
Verfasser: Richard Strauss
Empfängerin: Anna Bahr-Mildenburg
7.5.1909
Tinte auf Papier
eigenhändig, 2 Bl., 3 S., mit Kuvert

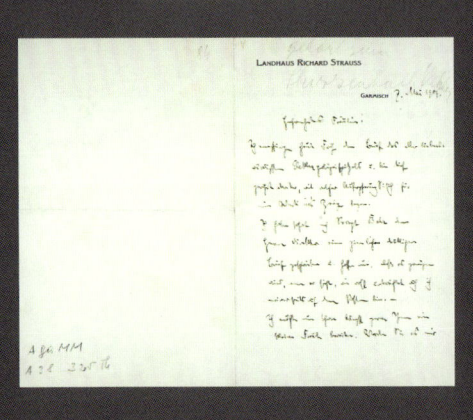

HS_AM38326BaM
Brief
Verfasser: Richard Strauss
Empfängerin: Anna Bahr-Mildenburg
28.8.1910
Tinte auf Papier
eigenhändig, 2 Bl., 2 S.

HS_AM38327BaM
Brief
Verfasser: Richard Strauss
Empfängerin: Anna Bahr-Mildenburg
[1912/1913]
Tinte auf Papier
eigenhändig, 2 Bl., 2 S.

HS_AM38328BaM
Brief
Verfasser: Richard Strauss
Empfängerin: Anna Bahr-Mildenburg
6.1.1913
Tinte auf Papier
eigenhändig, 2 Bl., 1 S.

HS_AM38329BaM
Brief
Verfasser: Richard Strauss
Empfängerin: Anna Bahr-Mildenburg
9.3.1915
Tinte auf Papier
eigenhändig, 2 Bl., 1 S.

HS_AM38330BaM
Brief
Verfasser: Richard Strauss
Empfängerin: Anna Bahr-Mildenburg
13.3.1915
Tinte auf Papier
eigenhändig, 2 Bl., 1 S.

HS_AM38331BaM
Brief
Verfasser: Richard Strauss
Empfängerin: Anna Bahr-Mildenburg
11.4.1915
Tinte auf Papier
eigenhändig, 2 Bl., 2 S.

HS_AM38333BaM
Brief
Verfasser: Richard Strauss
Empfängerin: Anna Bahr-Mildenburg
20.11.1916
Tinte auf Papier
eigenhändig, 2 Bl., 2 S.

HS_AM38334BaM
Brief
Verfasser: Richard Strauss
Empfängerin: Anna Bahr-Mildenburg
24.4.1917
Tinte auf Papier
eigenhändig, 2 Bl., 1 S.

HS_AM38335BaM
Brief
Verfasser: Richard Strauss
Empfängerin: Anna Bahr-Mildenburg
4.1.1917
Tinte auf Papier
eigenhändig, 2 Bl., 1 S.

HS_AM38336BaM
Brief
Verfasser: Richard Strauss
Empfängerin: Anna Bahr-Mildenburg
2.8.1920
Typoskript, Tinte auf Papier
mit eigenhändiger Unterschrift,
1 Bl., 1 S.

HS_AM38337BaM
Brief
Verfasser: Richard Strauss
Empfängerin: Anna Bahr-Mildenburg
12.4.1923
Typoskript, Tinte auf Papier
mit eigenhändiger Unterschrift,
1 Bl., 2 S.

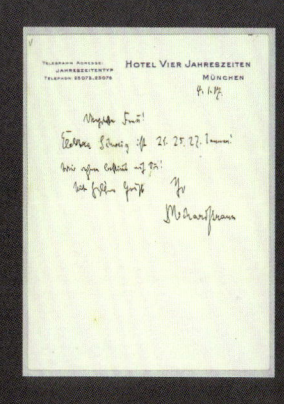

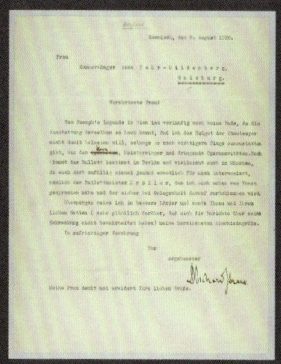

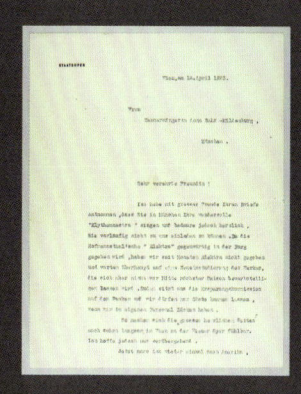

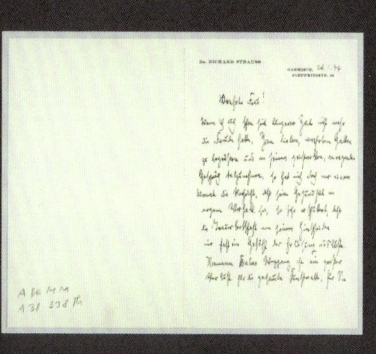

HS_AM38338BaM
Brief
Verfasser: Richard Strauss
Empfängerin: Anna Bahr-Mildenburg
24.1.1934
Tinte auf Papier
eigenhändig, 2 Bl., 2 S., mit Kuvert

HS_AM38339BaM
Brief
Verfasser: Richard Strauss
Empfängerin: Anna Bahr-Mildenburg
26.5.1939
Typoskript, Tinte auf Papier
mit eigenhändiger Unterschrift,
1 Bl., 1 S.

HS_AM49167BaM
Brief
Verfasser: Richard Strauss
Empfängerin: Anna Bahr-Mildenburg
3.7.1935
Tinte auf Papier
eigenhändig, 2 Bl., 1 S., mit Kuvert

HS_AM49168BaM
Ansichtskarte
Verfasser: Richard Strauss
Empfängerin: Anna Bahr-Mildenburg
ohne Datum [1944]
Tinte auf Papier
eigenhändig, 1 Bl., 1 S.

HS_AK43804
Karte
Verfasser: Richard Strauss
Empfänger: Joseph Gregor
26.4.1944
Tinte auf Papier
eigenhändig, 1 Bl., 1 S.

Handschriften

HS_AM38342
Brief
Verfasser: Richard Strauss
Empfänger: Joseph Gregor
13.2.1928
Tinte auf Papier
eigenhändig, 1 Bl., 1 S.

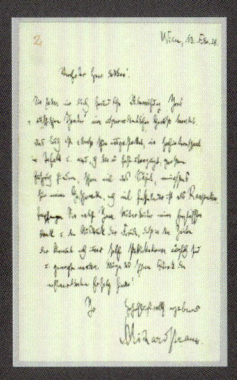

HS_AM55057Gr
Brief
Verfasser: Richard Strauss
Empfänger: Joseph Gregor
28.1.1947
Tinte auf Papier
eigenhändig, 2 Bl., 2 S., mit Kuvert

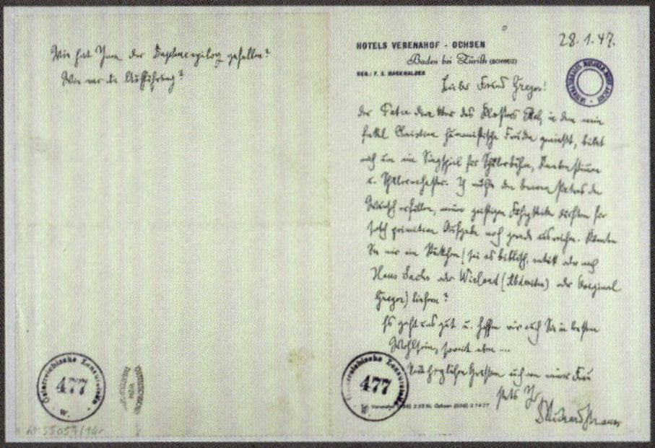

HS_AM55058Gr
Kuvert
Verfasser: Richard Strauss
Empfänger: Joseph Gregor
1947
Tinte auf Papier
eigenhändig, 1 Bl., 2 S.

HS_AM55059Gr
Kuvert
Verfasser: Richard Strauss
Empfänger: Joseph Gregor
28.3.1947
Tinte auf Papier
eigenhändig, 1 Bl., 2 S.

HS_AM55060Gr
Kuvert
Verfasser: Richard Strauss
Empfänger: Joseph Gregor
[1947]
Tinte auf Papier
eigenhändig, 1 Bl., 2 S.

HS_AM55062Gr
Brief
Verfasser: Richard Strauss
Empfänger: Joseph Gregor
9.5.1947
Tinte auf Papier
eigenhändig, 1 Bl., 1 S.

HS_AM55063Gr
Brief
Verfasser: Richard Strauss
Empfänger: Joseph Gregor
17.5.1947
Tinte auf Papier
eigenhändig, 1 Bl., 2 S., mit Kuvert

HS_AM55064Gr
Brief
Verfasser: Richard Strauss
Empfänger: Joseph Gregor
20.5.1947
Tinte auf Papier
eigenhändig, 1 Bl., 2 S., mit Kuvert

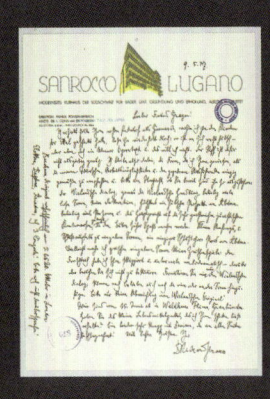

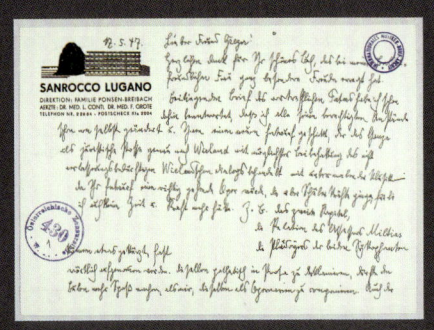

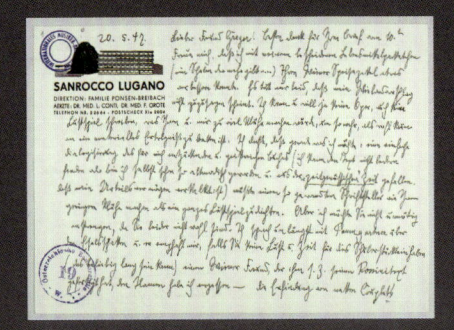

Handschriften 193

HS_AM55065Gr
Brief
Verfasser: Richard Strauss
Empfänger: Joseph Gregor
19.8.1947
Tinte auf Papier
eigenhändig, 2 Bl., 3 S., mit Kuvert

HS_AM55066Gr
Brief
Verfasser: Richard Strauss
Empfänger: Joseph Gregor
9.9.1947
Tinte auf Papier
eigenhändig, 1 Bl., 2 S., mit Kuvert

HS_AM55992Gr
Brief
Verfasser: Richard Strauss
Empfänger: Joseph Gregor
10.12.1933
Tinte auf Papier
eigenhändig, 2 Bl., 2 S.

HS_AM55993aGr
Brief
Verfasser: Richard Strauss
Empfänger: Joseph Gregor
6.2.1937
Tinte auf Papier
eigenhändig, 2 Bl., 1 S.

HS_AM55994Gr
Brief
Verfasser: Richard Strauss
Empfänger: Joseph Gregor
19.3.1938
Tinte auf Papier
eigenhändig, 1 Bl., 2 S.

HS_AM55995Gr
Kuvert
Verfasser: Richard Strauss
Empfänger: Joseph Gregor
5.7.1939 (Poststempel)
Tinte auf Papier
eigenhändig, 1 Bl., 2 S.

HS_AM55996Gr
Telegramm
Verfasser: Richard Strauss
Empfänger: Joseph Gregor
10.10.1939
1 Bl., 1 S.

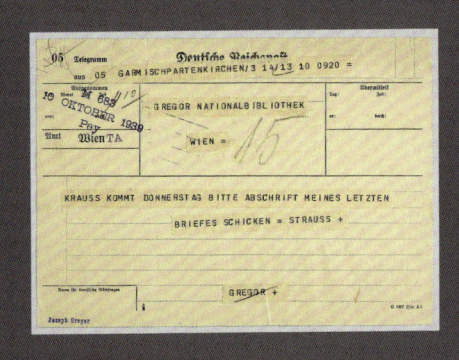

HS_AM55997Gr
Brief
Verfasser: Richard Strauss, Reichsstelle für Musikbearbeitungen, Berlin
Empfänger: Joseph Gregor
17.6.1940
Typoskript
1 Bl., 1 S.

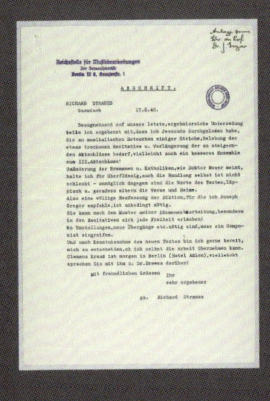

HS_AM55998Gr
Ansichtskarte
Verfasser: Richard Strauss
Empfänger: Joseph Gregor
20.12.1940
Tinte auf Papier
eigenhändig, 1 Bl., 1 S.

HS_AM61746Gr
Brief
Verfasser: Richard Strauss
Empfänger: Joseph Gregor
25.4.1931
Typoskript, Tinte auf Papier
mit eigenhändiger Unterschrift,
1 Bl., 1 S.

HS_AK47798Ro
Ansichtskarte
Verfasser: Richard Strauss
Empfänger: Alfred Roller
2.1.1933
Tinte auf Papier
eigenhändig, 1 Bl., 1 S.

HS_AM47765Ro
Brief
Verfasser: Richard Strauss
Empfänger: Alfred Roller
16.9.1907
Typoskript, Tinte auf Papier
mit eigenhändiger Unterschrift und Nachschrift,
1 Bl., 1 S.

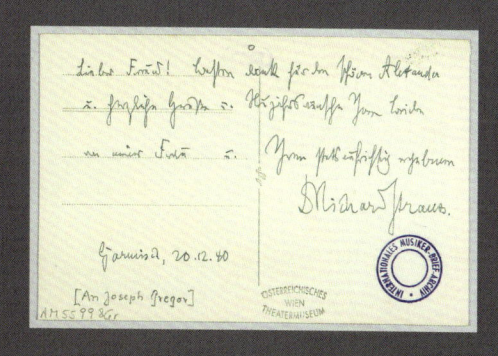

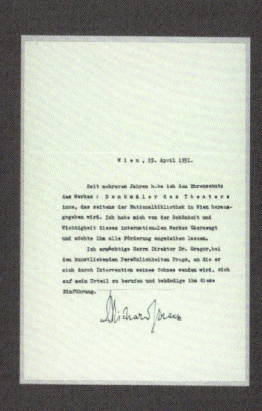

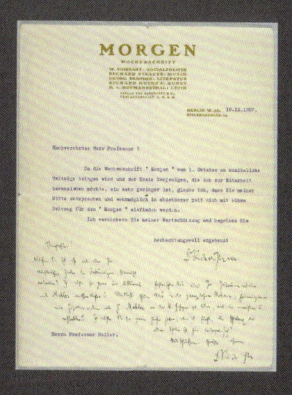

HS_AM47766Ro
Brief
Verfasser: Richard Strauss
Empfänger: Alfred Roller
1.1.1910
Tinte auf Papier
eigenhändig, 1 Bl., 2 S., mit Kuvert

HS_AM47767Ro
Brief
Verfasser: Richard Strauss
Empfänger: Alfred Roller
6.5.1910
Tinte auf Papier
eigenhändig, 2 Bl., 1 S., mit Kuvert

HS_AM47768Ro
Brief
Verfasser: Richard Strauss
Empfänger: Alfred Roller
3.11.1910
Tinte auf Papier
eigenhändig, 2 Bl., 1 S., mit Kuvert

HS_AM47769Ro
Brief
Verfasser: Richard Strauss
Empfänger: Alfred Roller
11.11.1910
Tinte auf Papier
eigenhändig, 2 Bl., 2 S.

HS_AM47770Ro
Brief
Verfasser: Richard Strauss
Empfänger: Alfred Roller
14.11.1910
Tinte auf Papier
eigenhändig, 2 Bl., 3 S., mit Kuvert

HS_AM47771Ro
Brief
Verfasser: Richard Strauss
Empfänger: Alfred Roller
9.12.1910
Tinte auf Papier
eigenhändig, 2 Bl., 3 S., mit Kuvert

HS_AM47772Ro
Brief
Verfasser: Richard Strauss
Empfänger: Alfred Roller
10.12.1910
Tinte auf Papier
handschriftlich (Abschrift Mileva Roller),
1 Bl., 1 S.

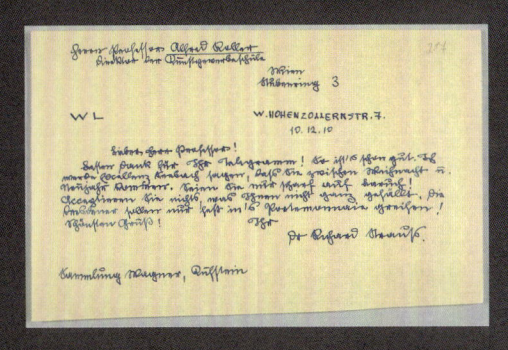

HS_AM47773Ro
Brief
Verfasser: Richard Strauss
Empfänger: Alfred Roller
16.12.1910
Typoskript, Tinte auf Papier
mit eigenhändiger Unterschrift und Nachschrift,
3 Bl., 3 S.

HS_AM47774Ro
Brief
Verfasser: Richard Strauss
Empfänger: Alfred Roller
18.4.1911
Tinte auf Papier
eigenhändig, 2 Bl., 2 S.,
mit Kuvert

HS_AM47775Ro
Brief
Verfasser: Richard Strauss
Empfänger: Alfred Roller
2.8.1912
Tinte auf Papier
eigenhändig, 2 Bl., 1 S.,
mit Kuvert

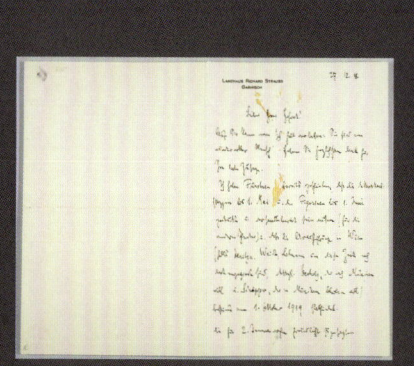

HS_AM47776Ro
Brief
Verfasser: Richard Strauss
Empfänger: Alfred Roller
17.12.1918
Tinte auf Papier
eigenhändig, 2 Bl., 4 S.,
mit Kuvert

HS_AM47777Ro
Brief
Verfasser: Richard Strauss
Empfänger: Alfred Roller
27.12.1918
Tinte auf Papier
eigenhändig, 2 Bl., 2 S.,
mit Kuvert

Handschriften

HS_AM47778Ro
Brief
Verfasser: Richard Strauss
Empfänger: Alfred Roller
7.3.1919
Tinte auf Papier
eigenhändig, 2 Bl., 4 S.,
mit Kuvert

HS_AM47779Ro
Fotokarte
Verfasser: Richard Strauss
Empfänger: Alfred Roller
12.8.1920
Tinte auf Papier
eigenhändig, 1 Bl., 1 S.,
mit Kuvert

HS_AM47780Ro
Ansichtskarte
Verfasser: Richard Strauss
Empfänger: Alfred Roller
20.9.1920
Tinte auf Papier
eigenhändig, 1 Bl., 1 S.

HS_AM47781Ro
Brief
Verfasser: Richard Strauss
Empfänger: Alfred Roller
13.6.1921
Tinte auf Papier
eigenhändig, 2 Bl., 3 S.,
mit Kuvert

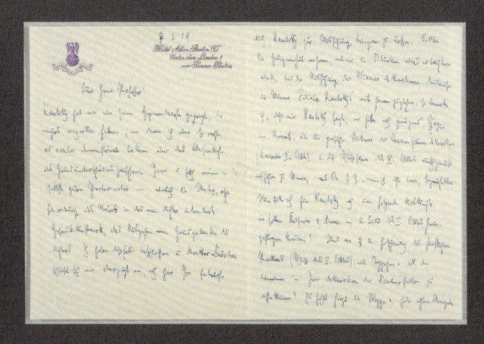

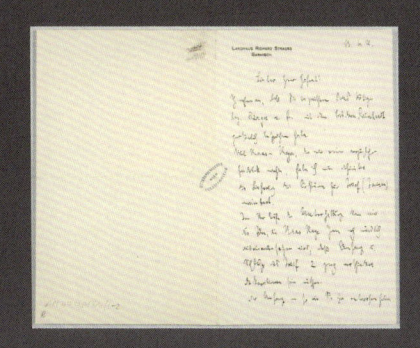

HS_AM47782Ro
Brief
Verfasser: Richard Strauss
Empfänger: Alfred Roller
27.6.1921
Tinte auf Papier
eigenhändig, 2 Bl., 4 S.,
mit Kuvert

HS_AM47783Ro
Brief
Verfasser: Richard Strauss
Empfänger: Alfred Roller
6.7.1921
Tinte auf Papier
eigenhändig, 2 Bl., 3 S.,
mit Kuvert

HS_AM47784Ro
Brief
Verfasser: Richard Strauss
Empfänger: Alfred Roller
5.10.1921
Tinte auf Papier
eigenhändig, 2 Bl., 4 S.,
mit Kuvert

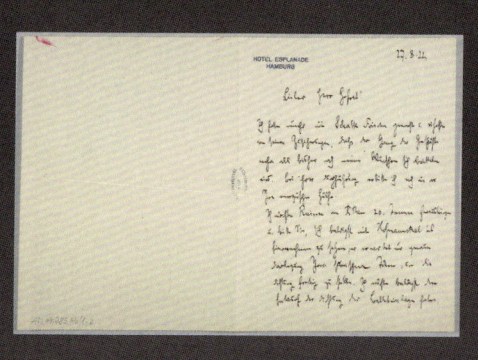

HS_AM47785Ro
Brief
Verfasser: Richard Strauss
Empfänger: Alfred Roller
27.8.1922
Tinte auf Papier
eigenhändig, 2 Bl., 3 S.,
mit Kuvert

HS_AM47786Ro
Ansichtskarte
Verfasser: Richard Strauss
Empfänger: Alfred Roller
12.9.1922
Tinte auf Papier
eigenhändig, 1 Bl., 2 S.

HS_AM47787Ro
Brief
Verfasser: Richard Strauss
Empfänger: Alfred Roller
28.9.1922
Tinte auf Papier
eigenhändig, 2 Bl., 4 S.,
mit Kuvert

HS_AM47788Ro
Brief
Verfasser: Richard Strauss
Empfänger: Alfred Roller
16.10.1922
Tinte auf Papier
eigenhändig, 1 Bl., 2 S.,
mit Kuvert

HS_AM47789Ro
Brief
Verfasser: Richard Strauss
Empfänger: Alfred Roller
8.11.1922
Tinte auf Papier
eigenhändig, 2 Bl., 3 S.

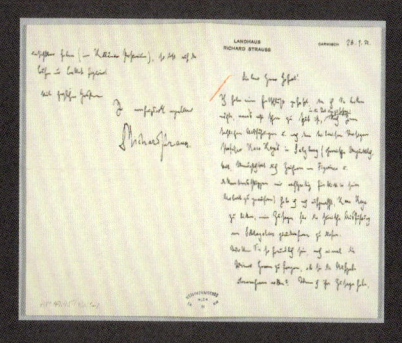

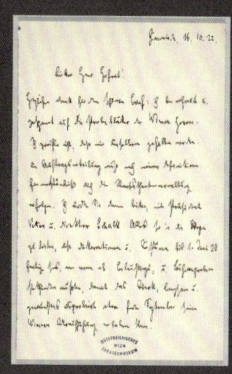

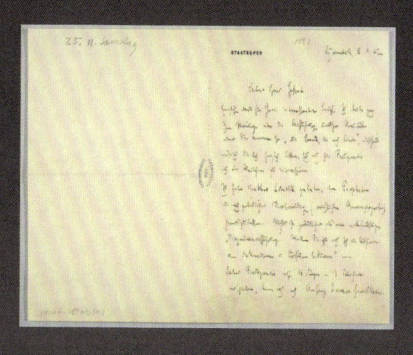

HS_AM47790Ro
Brief
Verfasser: Richard Strauss
Empfänger: Alfred Roller
18.11.1922
Tinte auf Papier
eigenhändig, 2 Bl., 3 S.

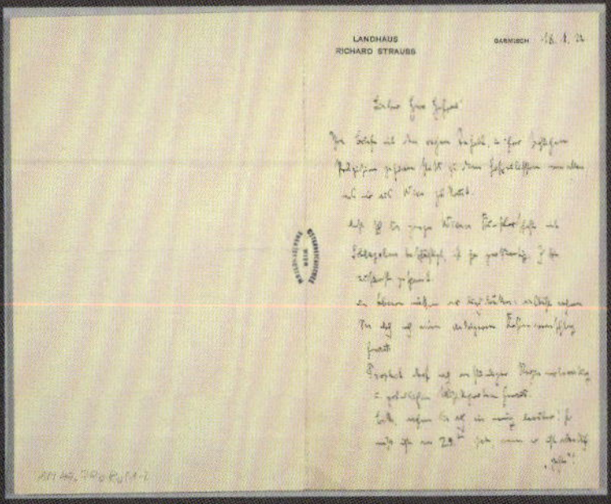

HS_AM47791Ro
Brief
Verfasser: Richard Strauss
Empfänger: Alfred Roller
5.6.1923
Tinte auf Papier
eigenhändig, 2 Bl., 2 S., mit Kuvert

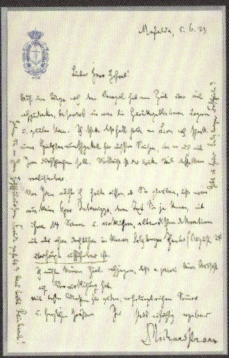

HS_AM47792Ro
Brief
Verfasser: Richard Strauss
Empfänger: Alfred Roller
14.7.1923
Tinte auf Papier
eigenhändig, 2 Bl., 3 S.

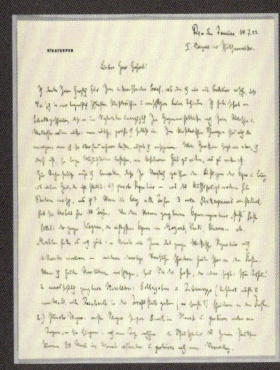

HS_AM47793Ro
Brief
Verfasser: Richard Strauss
Empfänger: Alfred Roller
28.1.1925
Tinte auf Papier
eigenhändig, 2 Bl., 4 S.

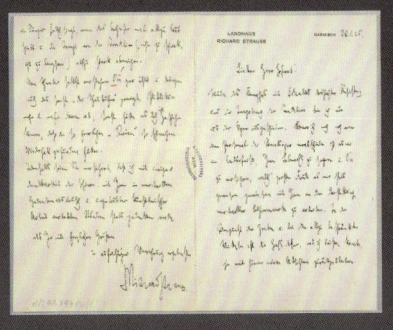

HS_AM47794Ro
Brief
Verfasser: Richard Strauss
Empfänger: Alfred Roller
4.10.1926
Tinte auf Papier
eigenhändig, 2 Bl., 4 S., mit Kuvert

HS_AM47795Ro
Brief
Verfasser: Richard Strauss
Empfänger: Alfred Roller
18.10.1926
Typoskript, Tinte, Blei- und Buntstift auf Papier mit eigenhändiger Unterschrift, 1 Bl., 1 S.

HS_AM47799Ro
Brief
Verfasser: Richard Strauss
Empfänger: Alfred Roller
17.8.1933
Tinte und Bleistift auf Papier
eigenhändig, 2 Bl., 4 S., mit Kuvert

HS_AM47800Ro
Karte
Verfasser: Richard Strauss
Empfängerin: Mileva Roller
25.2.1942
Tinte und Bleistift auf Papier
eigenhändig, 1 Bl., 2 S., mit Kuvert

HS_AM48050Ro
Telegrammentwurf
Verfasser: Richard Strauss
Empfänger: Adolph Fürstner
Bezug/Person: Alfred Roller
[1910]
Bleistift auf Papier
eigenhändig, 1 Bl., 1 S.

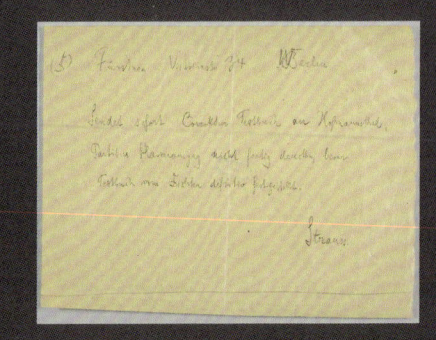

FS_PP75780
Porträtkarte Richard Strauss
Fotograf: Atelier Edith Barakovich, Wien
Verfasser: Richard Strauss
Empfänger: Max Blau
1930
Tinte auf Papier
mit eigenhändiger Widmung

HS_AM61739Lud
Brief
Verfasser: Richard Strauss
Empfänger: Pavel Ludikar
27.5.1914
Tinte auf Papier
eigenhändig, 2 Bl., 3 S., mit Kuvert

HS_AM61740Lud
Brief
Verfasser: Richard Strauss
Empfänger: Pavel Ludikar
6.2.1917
Tinte auf Papier
eigenhändig, 2 Bl., 2 S., mit Kuvert

HS_AM39577Sk
Postkarte
Verfasser: Richard Strauss
Empfänger: Adolph Nagel
22.7.1909
Tinte auf Papier
eigenhändig, 1 Bl., 2 S.

HS_AM39578Sk
Kuvert
Verfasser: Richard Strauss
Empfänger: Dr. Hermann Juch
13.7.1948 (Poststempel)
Tinte auf Papier
eigenhändig

AM36099
Brief
Verfasser: Richard Strauss
Empfänger: Dr. ... Paul
3.7.1919
Tinte auf Papier
eigenhändig, 2 Bl., 2 S., mit Kuvert

HS_AM36100
Brief
Verfasser: Richard Strauss
Empfänger: Dr. ... Rinaldini
19.7.1919
Tinte auf Papier
eigenhändig, 2 Bl., 2 S., mit Kuvert

HS_AM38341
Brief
Verfasser: Richard Strauss
Empfänger: Ernst von Schuch
20.9.1906
Tinte und Bleistift auf Papier
eigenhändig, 2 Bl., 1 S.

HS_AM61748
Telegramm
Verfasser: Richard Strauss
Empfänger: Staatsoper, Wien
7.6.1922
2 Bl., 2 S.

HS_AM1050
Brief
Verfasser: Richard Strauss
Empfänger: Johann Strauß (Sohn)
2.4.189?
Tinte auf Papier
eigenhändig, 1 Bl., 1 S.

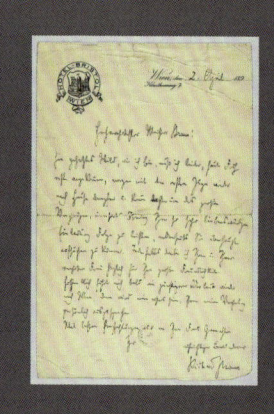

HS_AK43805
Karte
Verfasser: Richard Strauss
Empfänger: unbekannt
17.2.1944
Tinte auf Papier
eigenhändig, 1 Bl., 2 S.

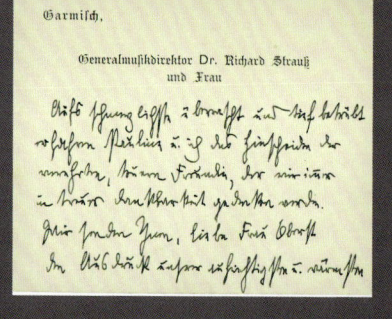

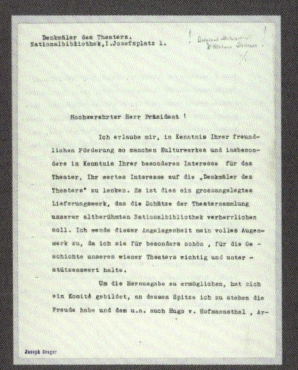

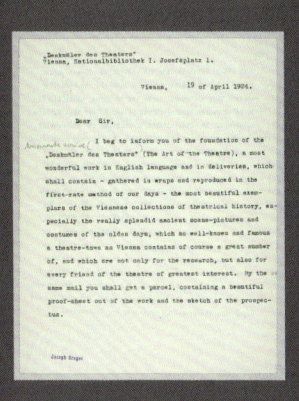

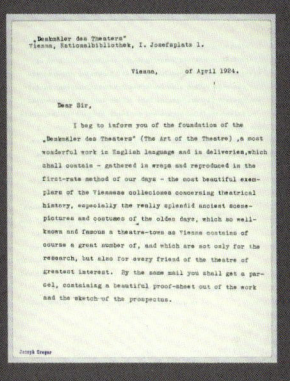

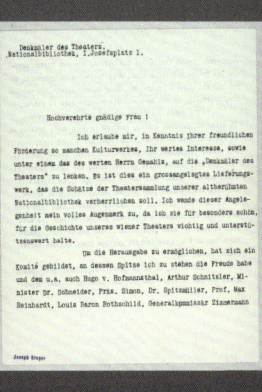

HS_AM56640Gr
Brief
Verfasser: Richard Strauss
Empfänger: unbekannt
Bezug/Person: Joseph Gregor
1924
Typoskript, Tinte auf Papier
mit eigenhändiger Unterschrift,
2 Bl., 3 S.

HS_AM56641Gr
Brief
Verfasser: Richard Strauss
Empfänger: unbekannt
Bezug/Person: Joseph Gregor
1924
Typoskript, Tinte auf Papier
mit eigenhändiger Unterschrift,
2 Bl., 3 S.

HS_AM56642Gr
Brief
Verfasser: Richard Strauss
Empfänger: unbekannt
Bezug/Person: Joseph Gregor
1924
Typoskript, Tinte auf Papier
mit eigenhändiger Unterschrift,
2 Bl., 3 S.

HS_AM56643Gr
Brief
Verfasser: Richard Strauss
Empfänger: unbekannt
Bezug/Person: Joseph Gregor
1924
Typoskript, Tinte auf Papier
mit eigenhändiger Unterschrift,
2 Bl., 3 S.

HS_AM55751Gr
Briefentwurf
Verfasser: Joseph Gregor
Empfänger: Richard Strauss
ohne Datum
Bleistift auf Papier
eigenhändig, 1 Bl., 1 S.

HS_AM55752Gr
Briefentwurf
Verfasser: Joseph Gregor
Empfänger: Richard Strauss
27.7.1941
Typoskript, Bleistift auf Papier
mit eigenhändigen Anmerkungen und Unterschrift,
2 Bl., 2 S.

HS_AM55753Gr
Brief
Verfasser: Joseph Gregor
Empfänger: Richard Strauss
1.6.1947
Typoskript, Tinte auf Papier
mit eigenhändiger Unterschrift,
1 Bl., 1 S.

HS_AM55754Gr
Briefentwurf
Verfasser: Joseph Gregor
Empfänger: Richard Strauss
12.8.[1947]
Typoskript
1 Bl., 2 S.

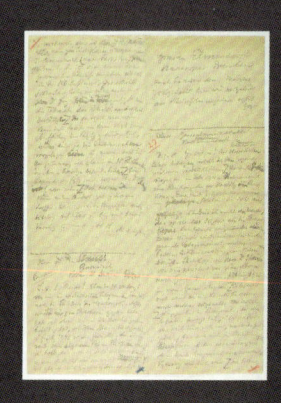

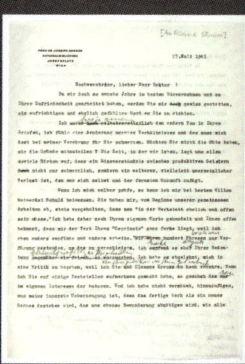

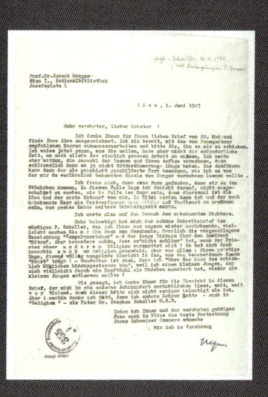

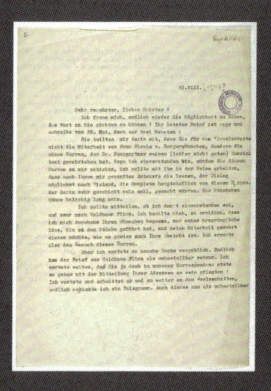

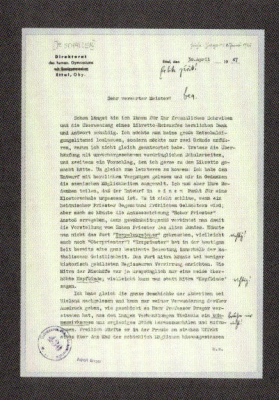

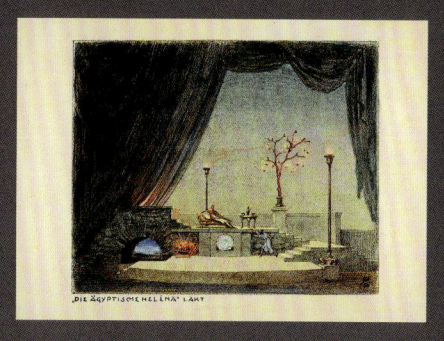

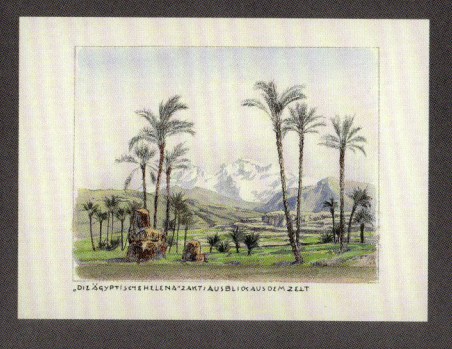

HS_AM47658Ro
Brief
Verfasser: Alfred Roller
Empfänger: Richard Strauss
31.1.1925
Tinte auf Papier
4 Bl., 5 S., Bl. 1 und 2 Abschrift von der Hand
Mileva Rollers, Bl. 3 und 4 eigenhändig

HS_AM55061Gr
Brief
Verfasser: Stephan Schaller
Empfänger: Richard Strauss
Bezug/Person: Joseph Gregor
30.4.1947
Typoskript, Tinte auf Papier
mit eigenhändigen Anmerkungen,
2 Bl., 3 S.

HZ_HG16330
Die ägyptische Helena
Künstler: Alfred Roller
Bühnenbildentwurf 1. Akt
1928 (dat.)/Datum der Aufführung: 1928
Mischtechnik auf Papier
Bildmaß: 20 x 25 cm
Blattmaß: 26 x 35 cm

HZ_HG16331
Die ägyptische Helena
Künstler: Alfred Roller
Bühnenbildentwurf 2. Akt
1928 (dat.)/Datum der Aufführung: 1928
Mischtechnik auf Papier
Bildmaß: 17 x 22,8 cm
Blattmaß: 25,3 x 34,9 cm

HZ_HU45005
Die ägyptische Helena
Künstler: Alfred Roller
Bühnenbildentwurf 1. Akt
1928 (dat.)/Datum der Aufführung: 1928
Mischtechnik auf braunem Papier
31 x 40,2 cm

HZ_HG16333
Die ägyptische Helena
Künstler: Alfred Roller
Bühnenbildentwurf 1. Akt
1928 (dat.)/Datum der Aufführung: 1928
Mischtechnik auf Papier
Bildmaß: 19,8 x 25 cm
Blattmaß: 26 x 35 cm

HZ_HU45004
Die ägyptische Helena
Künstler: Alfred Roller
Bühnenbildentwurf 1. Akt
o.Dat./Datum der Aufführung: 1928
Mischtechnik auf braunem Papier
29,7 x 42,2 cm

HZ_HG16332
Die ägyptische Helena
Künstler: Alfred Roller
Bühnenbildentwurf 2. Akt
1928 (dat.)/Datum der Aufführung: 1928
Mischtechnik auf Papier
Bildmaß: 16,4 x 25 cm
Blattmaß: 26 x 35 cm

HZ_HU45006
Die ägyptische Helena
Künstler: Alfred Roller
Bühnenbildentwurf 1. Akt
1928 (dat.)/Datum der Aufführung: 1928
Mischtechnik auf braunem Papier
30,5 x 40 cm

HZ_HU45010
Die ägyptische Helena
Künstler: Alfred Roller
Bühnenbildentwurf 2. Akt
1928 (dat.)/Datum der Aufführung: 1928
Mischtechnik auf braunem Papier
30,7 x 40,2 cm

HZ_HU45011
Die ägyptische Helena
Künstler: Alfred Roller
Bühnenbildentwurf 2. Akt
1928 (dat.)/Datum der Aufführung: 1928
Mischtechnik auf braunem Papier
31 x 40 cm

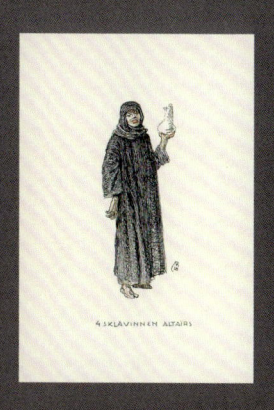

HZ_HG16334
Die ägyptische Helena
Künstler: Alfred Roller
Figurine „Sklavin Altairs"
1928 (dat.)/Datum der Aufführung: 1928
Tusche/Farbstift auf Papier
34,8 x 25,7 cm

HZ_HG16335
Die ägyptische Helena
Künstler: Alfred Roller
Figurine „Krieger der Wüste"
1928 (dat.)/Datum der Aufführung: 1928
Tusche/Farbstift auf Papier
34,8 x 25,7 cm

HZ_HG16336
Die ägyptische Helena
Künstler: Alfred Roller
Figurine „Fackel-Sklaven"
1928 (dat.)/Datum der Aufführung: 1928
Tusche/Farbstift auf Papier
34,8 x 26 cm

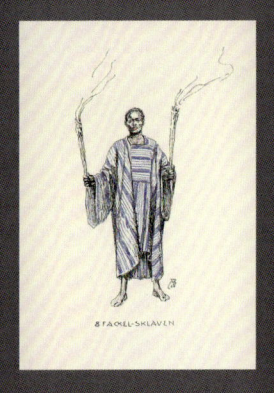

HZ_HG16337
Die ägyptische Helena
Künstler: Alfred Roller
Figurine „Altair"
o.Dat./Datum der Aufführung: 1928
Tusche/Farbstift/Goldfarbe auf Papier
34,8 x 25,7 cm

HZ_HG16338
Die ägyptische Helena
Künstler: Alfred Roller
Figurine „Da-Ud"
o.Dat./Datum der Aufführung: 1928
Tusche/Farbstift/Goldfarbe auf Papier
34,8 x 25,7 cm

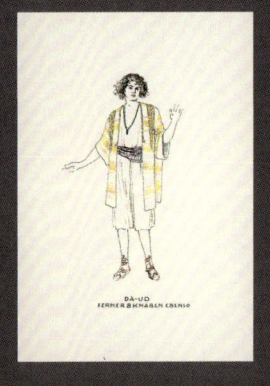

HZ_HG16339
Die ägyptische Helena
Künstler: Alfred Roller
Figurine „Menelas"
1928 (dat.)/Datum der Aufführung: 1928
Tusche/Farbstift/Goldfarbe auf Papier
34,8 x 25,7 cm

HZ_HG16340
Die ägyptische Helena
Künstler: Alfred Roller
Figurine „Aithra"
o.Dat./Datum der Aufführung: 1928
Mischtechnik auf Papier
34,8 x 25,7 cm

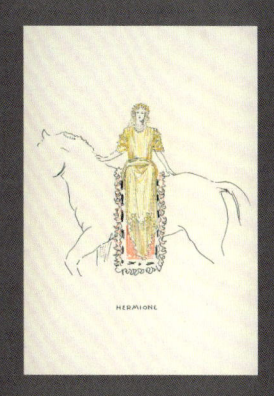

HZ_HG16341
Die ägyptische Helena
Künstler: Alfred Roller
Figurine „Hermione"
o.Dat./Datum der Aufführung: 1928
Tusche/Farbstift/Goldfarbe auf Papier
34,8 x 25,7 cm

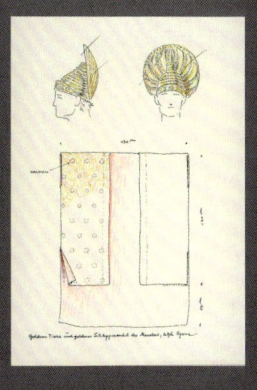

HZ_HG16342
Die ägyptische Helena
Künstler: Alfred Roller
Kostümentwurf zu „Goldene Tiara und goldener
Schleppmantel des Menelas, letzte Szene"
o.Dat./Datum der Aufführung: 1928
Tusche/Farbstift auf Papier
35 x 25,7 cm

HZ_HG16343
Die ägyptische Helena
Künstler: Alfred Roller
Figurine „völlig Verhüllte"
o.Dat./Datum der Aufführung: 1928
Tusche/Farbstift auf Papier
34,8 x 25,7 cm

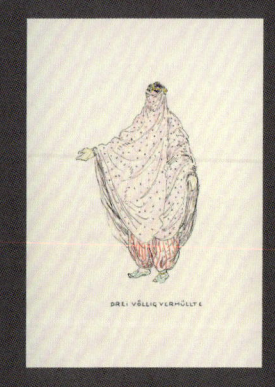

HZ_HG16344
Die ägyptische Helena
Künstler: Alfred Roller
Figurine „Verschnittene"
o.Dat./Datum der Aufführung: 1928
Tusche/Farbstift auf Papier
34,8 x 25,7 cm

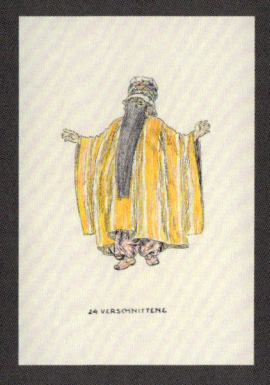

HZ_HG16345
Die ägyptische Helena
Künstler: Alfred Roller
Figurine „Menelas 2"
o.Dat./Datum der Aufführung: 1928
Tusche/Farbstift/Goldfarbe auf Papier
34,5 x 25,7 cm

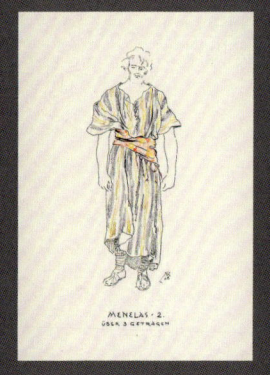

HZ_HG16346
Die ägyptische Helena
Künstler: Alfred Roller
Figurine „Jagdsklaven"
o.Dat./Datum der Aufführung: 1928
Tusche/Farbstift auf Papier
34,5 x 25,7 cm

HZ_HG16347
Die ägyptische Helena
Künstler: Alfred Roller
Figurine „Teppich-Breiterinnen"
o.Dat./Datum der Aufführung: 1928
Tusche/Farbstift/Goldfarbe auf Papier
34,5 x 25,7 cm

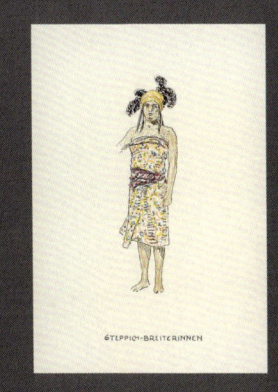

HZ_HG16348
Die ägyptische Helena
Künstler: Alfred Roller
Figurine „Läufer Altairs"
1928 (dat.)/Datum der Aufführung: 1928
Tusche/Farbstift/Goldfarbe auf Papier
35 x 25,7 cm

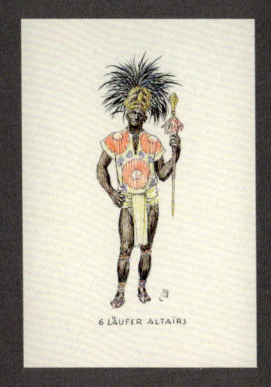

HZ_HG16349
Die ägyptische Helena
Künstler: Alfred Roller
Figurine „Bannerträger Altairs"
1928 (dat.)/Datum der Aufführung: 1928
Tusche/Farbstift auf Papier
35 x 25,7 cm

HZ_HG16350
Die ägyptische Helena
Künstler: Alfred Roller
Figurine „Geschenke-Träger"
o.Dat./Datum der Aufführung: 1928
Tusche/Farbstift auf Papier
35 x 25,7 cm

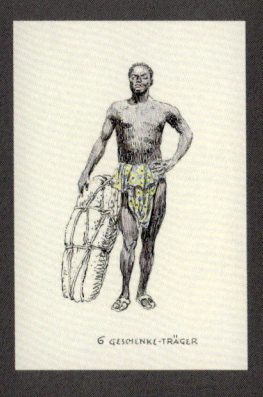

HZ_HG45015
Die ägyptische Helena
Künstler: Alfred Roller
Figurine „Menelas I."
o.Dat./Datum der Aufführung: 1928
Tusche/Bleistift/Farbstift auf kariertem Papier
22,2 x 29 cm

HZ_HG45016
Die ägyptische Helena
Künstler: Alfred Roller
Figurine „Menelas II."
o.Dat./Datum der Aufführung: 1928
Tusche/Bleistift/Farbstift auf kariertem Papier
22,2 x 29 cm

HZ_HG45018
Die ägyptische Helena
Künstler: Alfred Roller
Figurine „Hermione"
o.Dat./Datum der Aufführung: 1928
Tusche/Bleistift/Farbstift auf kariertem Papier
22,2 x 29 cm

HZ_HG45019
Die ägyptische Helena
Künstler: Alfred Roller
männliche Figurine
o.Dat./Datum der Aufführung: 1928
Tusche/Bleistift/Farbstift auf kariertem Papier
22,5 x 29 cm

Handzeichnungen 217

HZ_HG45020
Die ägyptische Helena
Künstler: Alfred Roller
Figurine „Verhüllte"
verso: Skizze
o.Dat./Datum der Aufführung: 1928
Tusche/Bleistift/Farbstift auf kariertem Papier
22,2 x 29 cm

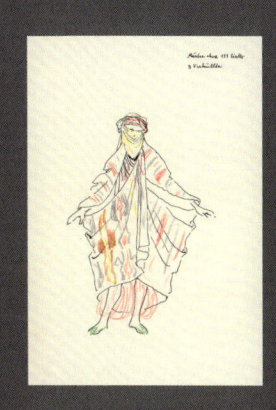

HZ_HG45021
Die ägyptische Helena
Künstler: Alfred Roller
Figurine „Gepanzerter"
o.Dat./Datum der Aufführung: 1928
Tusche/Bleistift/Farbstift auf kariertem Papier
22,2 x 29 cm

HZ_HG45022
Die ägyptische Helena
Künstler: Alfred Roller
Figurine „Bannerträger"
o.Dat./Datum der Aufführung: 1928
Tusche/Bleistift/Farbstift auf kariertem Papier
22,2 x 29 cm

HZ_HG45023
Die ägyptische Helena
Künstler: Alfred Roller
Figurine „Fackelsklaven"
verso: Skizze
o.Dat./Datum der Aufführung: 1928
Tusche/Bleistift/Farbstift auf kariertem Papier
22,2 x 29 cm

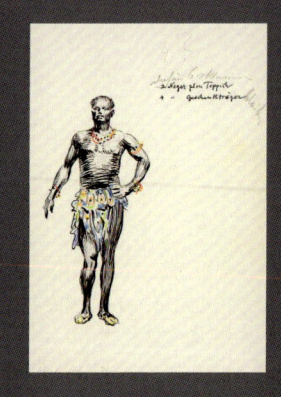

HZ_HG45024
Die ägyptische Helena
Künstler: Alfred Roller
Figurine „Neger"
o.Dat./Datum der Aufführung: 1928
Tusche/Bleistift/Farbstift auf kariertem Papier
22,2 x 29 cm

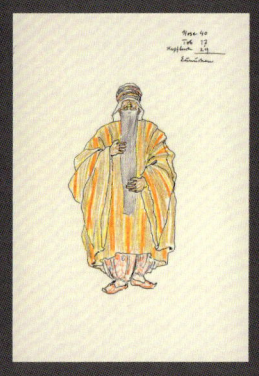

HZ_HG45025
Die ägyptische Helena
Künstler: Alfred Roller
Figurine „Eunuchen"
o.Dat./Datum der Aufführung: 1928
Tusche/Bleistift/Farbstift auf kariertem Papier
22,5 x 29 cm

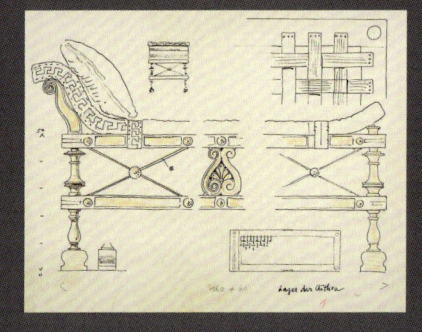

HZ_HG45008
Die ägyptische Helena
Künstler: Alfred Roller
Skizzen zum „Lager der Aithra"
o.Dat./Datum der Aufführung: 1928
Tusche/Bleistift/Farbstift auf kariertem Papier
22,2 x 29 cm

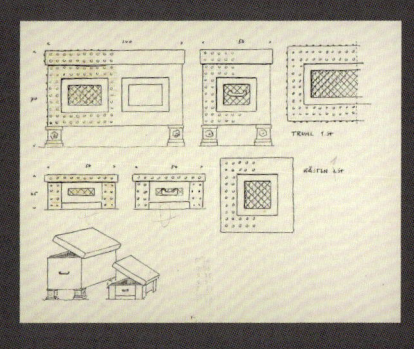

HZ_HG45012
Die ägyptische Helena
Künstler: Alfred Roller
Skizzen zu einer Truhe
o.Dat./Datum der Aufführung: 1928
Tusche/Bleistift/Farbstift auf kariertem Papier
22,2 x 29 cm

HZ_HG45014
Die ägyptische Helena
Künstler: Alfred Roller
Skizzen zu einem Musikinstrument
o.Dat./Datum der Aufführung: 1928
Tusche/Bleistift auf kariertem Papier
29 x 22,2 cm

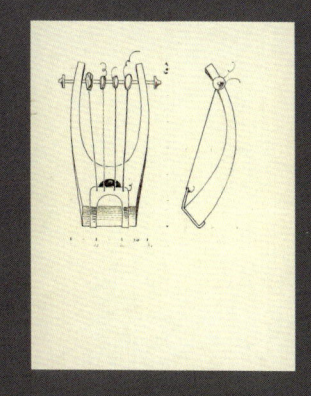

HZ_HG45013
Die ägyptische Helena
Künstler: Alfred Roller
Skizzen zu einem Gefäß
o.Dat./Datum der Aufführung: 1928
Tusche/Bleistift auf kariertem Papier
22,2 x 29 cm

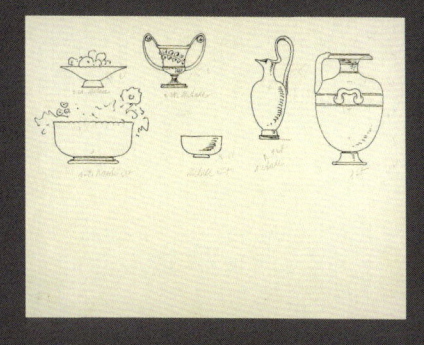

HZ_HG45009
Die ägyptische Helena
Künstler: Alfred Roller
Skizze zu einem Hocker
verso: Skizzen
o.Dat./Datum der Aufführung: 1928
Tusche/Bleistift/Farbstift auf kariertem Papier
29 x 22,2 cm

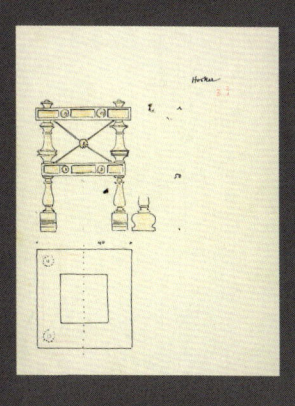

HZ_HG45017
Die ägyptische Helena
Künstler: Alfred Roller
Skizzen zur Waffe des Menelas
(mit Beschreibung)
verso: Skizze
o.Dat./Datum der Aufführung: 1928
Tusche/Bleistift/Farbstift auf kariertem Papier
22,2 x 29 cm

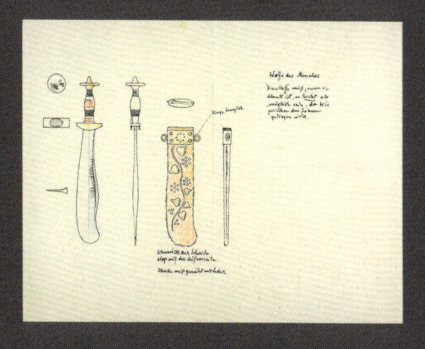

HZ_HU45363
Elektra
Künstler: Alfred Roller
Figurine „Klytämnestra"
verso: Bleistiftskizzen
1909 (dat.)/Datum der Aufführung: 1909
Tusche/Wasserfarben auf Papier
49,5 x 32,8 cm

HZ_HU45366
Elektra
Künstler: Alfred Roller
Figurine „Wasserschöpferin"
1909 (dat.)/Datum der Aufführung: 1909
Tusche/Kohle/Wasserfarben auf Papier
46,7 x 31,8 cm

HZ_HU15713
Elektra
Künstler: Alfred Roller
Figurine „Die Mägde beim Wasserholen"
1909 (dat.)/Datum der Aufführung: 1909
Tusche/Wasserfarben auf Papier
48 x 33 cm

HZ_HU45362
Elektra
Künstler: Alfred Roller
Figurine „Elektra"
1909 (dat.)/Datum der Aufführung: 1909
Farbkreiden/Tusche auf Papier
50 x 35,2 cm

HZ_HU15714
Elektra
Künstler: Alfred Roller
Figurine „Elektra"
1909 (dat.)/Datum der Aufführung: 1909
Tusche/Wasserfarben auf Papier
49,9 x 32,9 cm

HZ_HU15715
Elektra
Künstler: Alfred Roller
Figurine „Chrysothemis" mit Detail- und Musterentwurf sowie schriftlichen Angaben zum Kostüm
1909 (dat.)/Datum der Aufführung: 1909
Bleistift/Tusche/Farbstifte auf kariertem Papier
29,5 x 46 cm

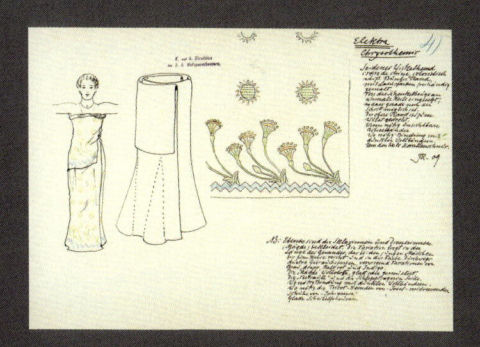

HZ_HU15716
Elektra
Künstler: Alfred Roller
Figurine „Aegisth" mit Detail- und Musterentwürfen sowie schriftlichen Angaben zum Kostüm
o.Dat./Datum der Aufführung: 1909
Bleistift/Tusche/Farbstifte auf Papier
29,5 x 46 cm

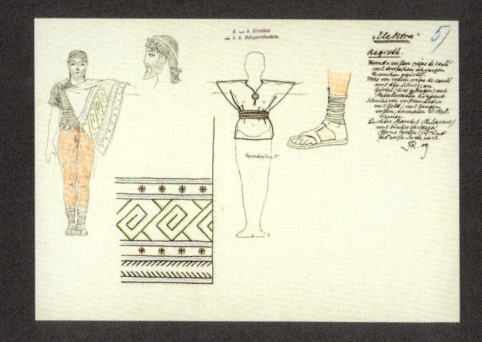

HZ_HU15717
Elektra
Künstler: Alfred Roller
Bühnengrundriss, Aufriss
1909 (dat.)/Datum der Aufführung: 1909
Tusche/Bleistift/Tinte/Farbstift auf kariertem Papier
29,5 x 46 cm

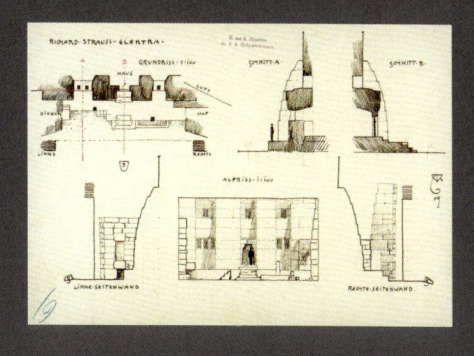

HZ_HU15718
Elektra
Künstler: Alfred Roller
Figurine „Klytämnestra" mit
Detailentwürfen und schriftlichen
Angaben zum Kostüm
verso: Skizze
1909 (dat.)/Datum der Aufführung: 1909
Bleistift/Tusche auf kariertem Papier
29,5 x 46 cm

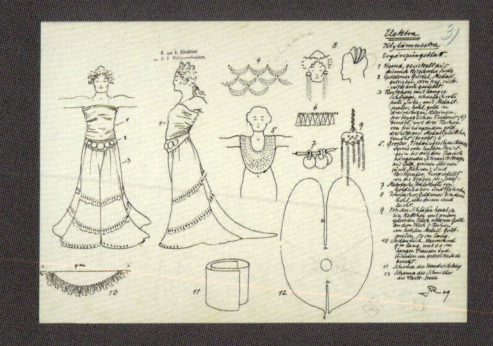

HZ_HU15719
Elektra
Künstler: Alfred Roller
Bühnenbildentwurf
1909 (dat.)/Datum der Aufführung: 1909
Mischtechnik auf Karton
33 x 50 cm

HZ_HG45360
Elektra
Künstler: Alfred Roller
Bühnenbildentwurf
o.Dat./Datum der Aufführung: 1909
Tusche/Bleistift/Wasserfarbe auf Karton
18,6 x 31,2 cm

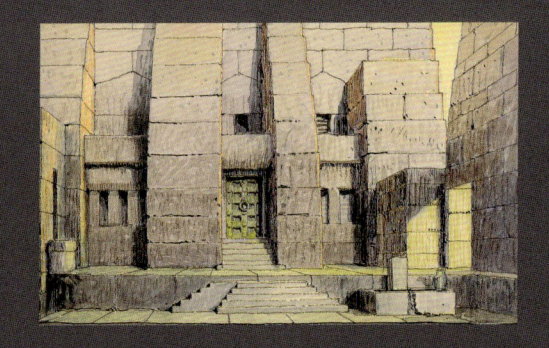

HZ_HU45357
Elektra
Künstler: Alfred Roller
Bühnengrundriss Variante I und II
1909 (dat.)/Datum der Aufführung: 1909
Bleistift/roter Farbstift/Tusche (Tinte) auf
kariertem Papier
29,5 x 46,2 cm

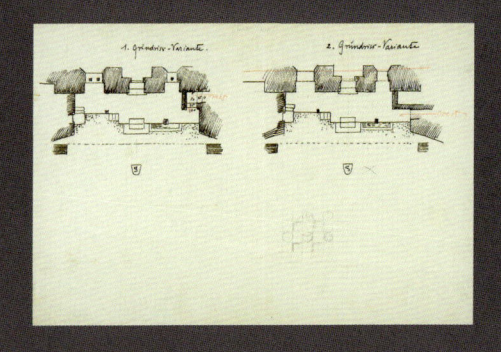

HZ_HU45361
Elektra
Künstler: Alfred Roller
Bühnenbildentwurf und Bühnengrundriss
alte Montierung auf Karton
1909 (dat.)/Datum der Aufführung: 1909
Druck auf Papier/Tinte auf Papier
Bildmaße: 15,7 x 25,5 cm, 13,4 x 21,1 cm
Blattmaß: 47,7 x 32,5 cm

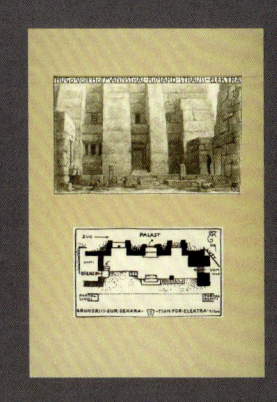

HZ_HG45358
Elektra
Künstler: Alfred Roller
Bühnengrundriss
o.Dat./Datum der Aufführung: 1909
Bleistift auf Transparentpapier
22,5 x 31,4 cm

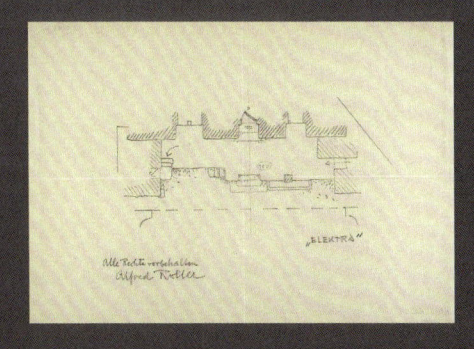

HZ_HG45359
Elektra
Künstler: Alfred Roller
Bühnenbildskizze
o.Dat./Datum der Aufführung: 1909
Bleistift/Tinte auf Transparentpapier,
Stempel rechts oben
Bildmaß: 11 x 19,7 cm
Blattmaß: 22,4 x 31,7 cm

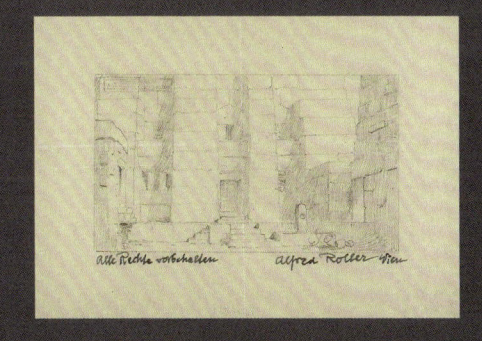

HZ_HG45365
Elektra
Künstler: Alfred Roller
weibliche Figurine
o.Dat./Datum der Aufführung: 1909
Bleistift auf Papier
34,2 x 21,1 cm

HZ_HG18656
Elektra
Künstler: Alfred Roller
Figurine „Orest" mit eigenhändigen Erläuterungen
zum Kostüm und Bleistiftskizze
o.Dat./Datum der Aufführung: 1909
Tusche/Farbstift auf kariertem Papier,
Stempel oben Mitte: K. und k. Direktion des
k.k. Hofoperntheaters
29,5 x 21 cm

HZ_HK18660
Elektra
Künstler: Alfred Roller
Figurine „Klytämnestra"
o.Dat./Datum der Aufführung: 1909
Tinte/Bleistift/Farbstift auf kariertem Papier
14,1 x 21,2 cm

HZ_HG18657
Elektra
Künstler: Alfred Roller
Figurine „Diener" mit eigenhändigen
Erläuterungen zum Kostüm
1909 (dat.)/Datum der Aufführung: 1909
Tusche/Farbstift auf kariertem Papier,
Stempel oben Mitte: K. und k. Direktion des
k.k. Hofoperntheaters
29,5 x 25 cm

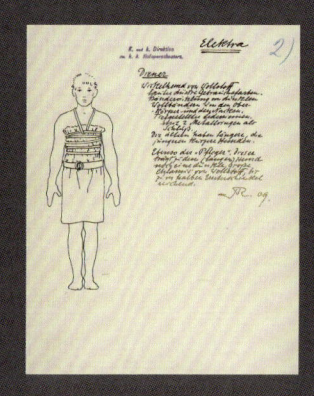

HZ_HG18658
Elektra
Künstler: Alfred Roller
Figurine „Klytämnestra"
o.Dat./Datum der Aufführung: 1909
Tusche/Bleistift/Wasserfarbe auf Karton
33 x 24,4 cm

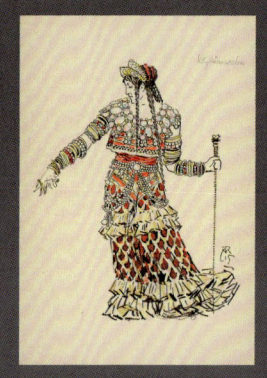

HZ_HG46179
Salome
Künstler: Alfred Roller
Bühnenbildskizze
Terrasse vor dem Palast
12.12.1905 (dat.)
Tusche auf kariertem Papier
14,2 x 20,7 cm

HZ_HU54111
Salome
Künstler: Hans Pühringer
Figurine „Salome" (Kostümentwurf für Maria Jeritza)
o.Dat./Datum der Aufführung: 1918
Wasserfarben/Bleistift/Deckweiß auf Papier
44,4 x 26,3 cm

HZ_HU54112
Salome
Künstler: Hans Pühringer
Figurine „Salome" (Kostümentwurf für Maria Jeritza)
o.Dat./Datum der Aufführung: 1918
Wasserfarben/Bleistift auf Papier
45,2 x 22,5 cm

HZ_HU54113
Salome
Künstler: Hans Pühringer
Figurine „Salome" (Kostümentwurf für Maria Jeritza)
o.Dat./Datum der Aufführung: 1918
Wasserfarben/Bleistift auf Papier
50 x 21,7 cm

HZ_HG53862
Salome
Künstler: Hans Pühringer
Figurine „Herodes"
o.Dat./Datum der Aufführung: 1918
Bleistift/Wasserfarben/Goldfarbe auf Papier
33,4 x 22 cm

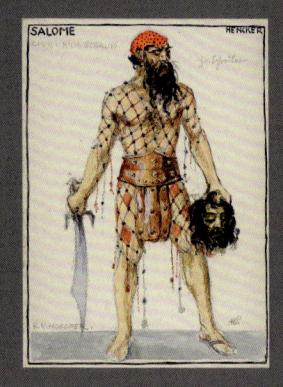

HZ_HG38985
Salome
Künstler: Hans Pühringer
Figurine „Henker"
o.Dat./Datum der Aufführung: 1918
Bleistift/Wasserfarben auf Papier
29,5 x 22 cm

HZ_HG38986
Salome
Künstler: Hans Pühringer
Figurine „Salome" (Kostümentwurf für Maria Jeritza)
o.Dat./Datum der Aufführung: 1918
Bleistift/Wasserfarben/Goldfarben auf Papier
27,7 x 20 cm

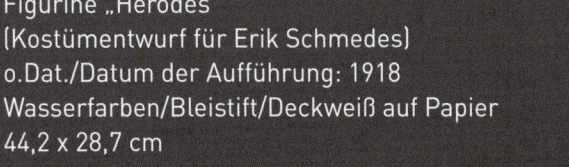

HZ_HU54110
Salome
Künstler: Hans Pühringer
Figurine „Herodes"
(Kostümentwurf für Erik Schmedes)
o.Dat./Datum der Aufführung: 1918
Wasserfarben/Bleistift/Deckweiß auf Papier
44,2 x 28,7 cm

HZ_HOpU4623
Arabella
Entwurf: Alfred Roller
Künstler: Robert Kautsky
Bühnenbildentwurf 1. Bild, „Zimmer"
o.Dat./Datum der Aufführung: 1933
Wasserfarbe/Bleistift/Tusche auf Papier,
kaschiert auf Karton
Blattmaß: 37,2 x 49,2 cm,
Bildmaß: 20,5 x 28,5 cm

HZ_HOpU4624
Arabella
Entwurf: Alfred Roller
Künstler: Robert Kautsky
Bühnenbildentwurf 2. Akt, 2. Bild, „Saal"
o.Dat./Datum der Aufführung: 1933
Wasserfarbe/Bleistift/Tusche auf Papier,
kaschiert auf Karton
Blattmaß: 37 x 49,4 cm
Bildmaß: 22,2 x 35 cm

HZ_HG45146
Arabella
Künstler: Alfred Roller
Bühnengrundriss 1. und 2. Akt
o.Dat./Datum der Aufführung: 1933
Tusche/Bleistift/Farbstift auf
Transparentpapier
25 x 16,4 cm

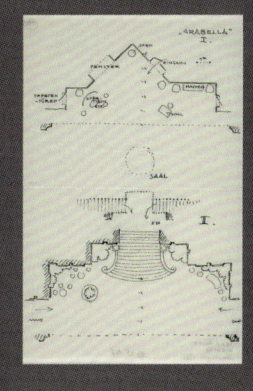

HZ_HG45147
Arabella
Künstler: Alfred Roller
Bühnengrundriss
o.Dat./Datum der Aufführung: 1933
Tusche/Bleistift/Farbstift auf kariertem Papier
29,5 x 23,2 cm

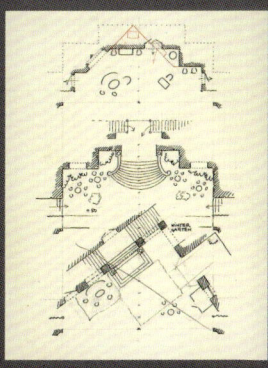

HZ_HG45148
Arabella
Künstler: Alfred Roller
Bühnenbildskizze 1. Akt
1933 (dat.)/Datum der Aufführung: 1933
Tusche/Bleistift auf kariertem Papier
23 x 29 cm

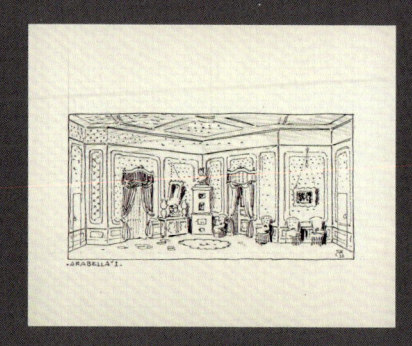

HZ_HG45149
Arabella
Künstler: Alfred Roller
Bühnenbildskizze 2. Akt
o.Dat./Datum der Aufführung: 1933
Tusche/Bleistift auf kariertem Papier
23,2 x 29 cm

HZ_HG45150
Arabella
Künstler: Alfred Roller
Bühnenbildskizze 3. Akt
o.Dat./Datum der Aufführung: 1933
Tusche/Bleistift/Farbstift auf kariertem Papier
23,2 x 29 cm

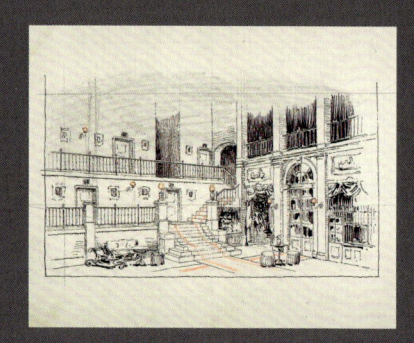

HZ_HG45151
Arabella
Künstler: Alfred Roller
Bühnenbildskizze 3. Akt
1933 (dat.)/Datum der Aufführung: 1933
Tusche/Bleistift/Farbstift auf
Transparentpapier
17,4 x 27,1 cm

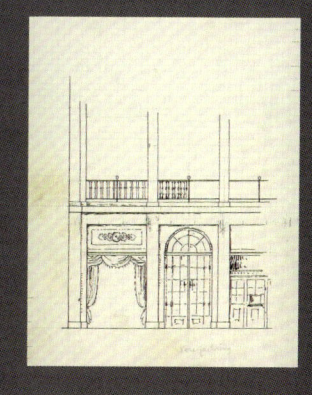

HZ_HG45152
Arabella
Künstler: Alfred Roller
Bühnenbildskizze (Detail)
verso: Skizze
o.Dat./Datum der Aufführung: 1933
Tusche/Bleistift auf kariertem Papier
29,5 x 23 cm

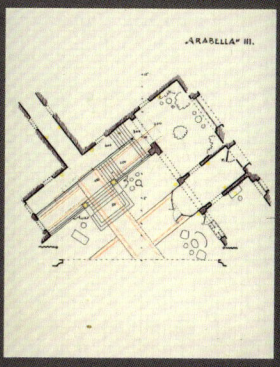

HZ_HG45155
Arabella
Künstler: Alfred Roller
Bühnengrundriss 3. Akt
o.Dat./Datum der Aufführung: 1933
Tusche/Bleistift/Farbstift auf kariertem Papier
29,5 x 23 cm

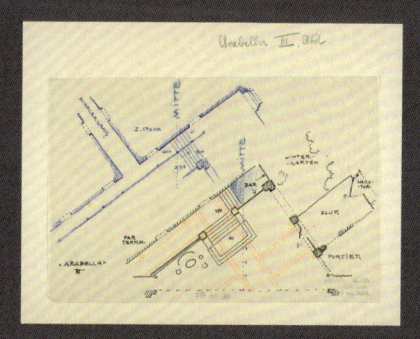

HZ_HG45156
Arabella
Künstler: Alfred Roller
Bühnengrundriss 3. Akt
beiliegend: gefaltetes Blatt Papier
mit eigenhändigen Bemerkungen
o.Dat./Datum der Aufführung: 1933
Tusche/Bleistift/Farbstift/Tinte auf
Transparentpapier
16,5 x 25 cm

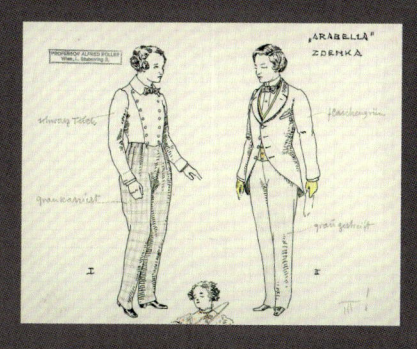

HZ_HG45157
Arabella
Künstler: Alfred Roller
Figurine „Zdenka" mit eigenhändigen
Bemerkungen
o.Dat./Datum der Aufführung: 1933
Tusche/Bleistift/Farbstift auf kariertem Papier,
Stempel
18,5 x 23 cm

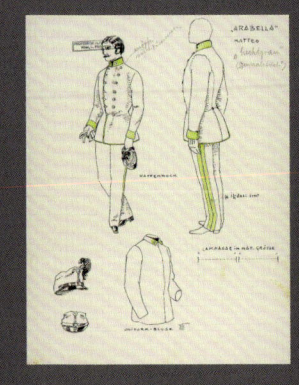

HZ_HG45158
Arabella
Künstler: Alfred Roller
Figurine „Matteo" mit eigenhändigen
Bemerkungen, Kostümdetails
o.Dat./Datum der Aufführung: 1933
Tusche/Bleistift/Farbstift auf
kariertem Papier
29,5 x 23 cm

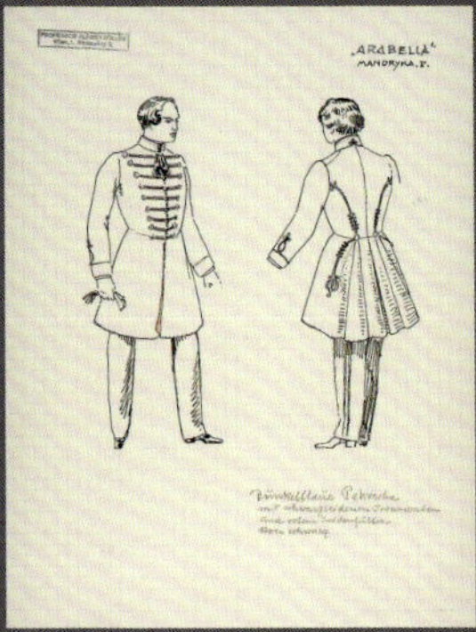

HZ_HG45159
Arabella
Künstler: Alfred Roller
Figurine „Mandryka" mit eigenhändigen
Bemerkungen
o.Dat./Datum der Aufführung: 1933
Tusche/Bleistift/Farbstift auf kariertem Papier
29,5 x 23 cm

HZ_HG45160
Arabella
Künstler: Alfred Roller
3 männliche Figurinen mit eigenhändigen
Bemerkungen („Besuch", „Ball", „Kellner"),
Kostümdetails
o.Dat./Datum der Aufführung: 1933
Tusche/Bleistift/Farbstift auf kariertem Papier
29,5 x 23 cm

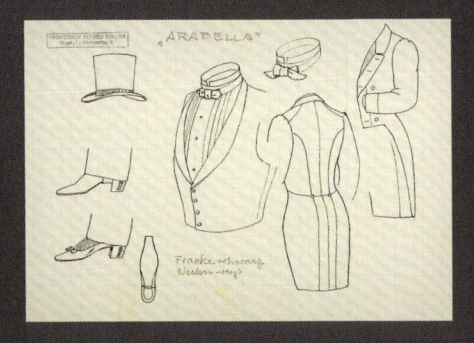

HZ_HG45161
Arabella
Künstler: Alfred Roller
Kostümdetails zu einem Frack
o.Dat./Datum der Aufführung: 1933
Tusche/Bleistift auf kariertem Papier
15,5 x 23 cm

HZ_HOpU4780
Daphne
Entwurf: Ulrich Roller
Künstler: Robert Kautsky
Bühnenbildentwurf „Landschaft"
o.Dat./Datum der Aufführung: 25.4.1940
Wasserfarbe/Bleistift/Tusche auf Papier,
kaschiert auf Karton
Blattmaß: 38 x 49,5 cm
Bildmaß: 22,5 x 32,9 cm

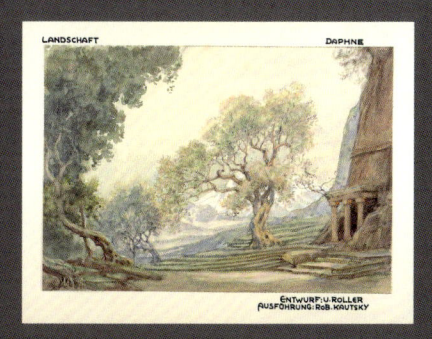

HZ_HOpU4781
Daphne
Entwurf: Ulrich Roller
Bühnenbildentwurf „Gebirgsgegend"
o.Dat./Datum der Aufführung: 25.4.1940
Wasserfarbe/Bleistift/Tusche auf Papier,
kaschiert auf Karton
Blattmaß: 38 x 50 cm
Bildmaß: 26,3 x 38,4 cm

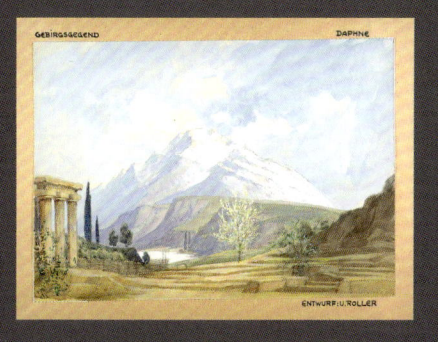

HZ_HU57144
Daphne
Künstler: Ulrich Roller
Figurine „Apollo"
1940 (dat.)/Datum der Aufführung: 25.4.1940
Kohle/Wasserfarben/Bleistift/Deckweiß auf Papier
Stoffmuster angehängt
40,6 x 26,5 cm

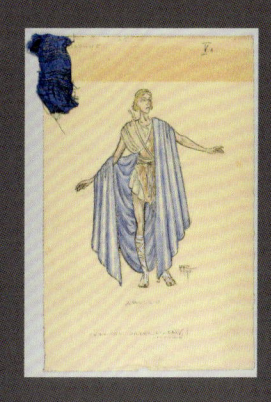

HZ_HU51226
Daphne
Künstler: Ulrich Roller
Figurine „Daphne"
1940 (dat.)/Datum der Aufführung: 25.4.1940
Kohle/Wasserfarben/Deckweiß/Bleistift auf Papier
43 x 30,2 cm

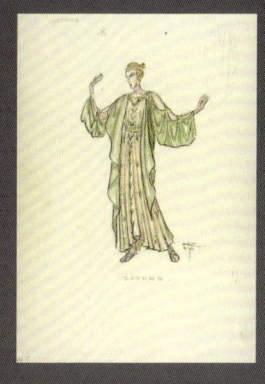

HZ_HOpU5014
Friedenstag
Entwurf: Ulrich Roller
Künstler: Robert Kautsky
Bühnenbildentwurf „Burghof"
o.Dat./Datum der Aufführung: 1939
Wasserfarbe/Bleistift/Tusche auf Papier,
kaschiert auf Karton
Blattmaß: 37 x 48,6 cm
Bildmaß: 25,5 x 36 cm

HZ_HG51437
Friedenstag
Künstler: Ulrich Roller
weibliche Figurine
1939 (dat.)/Datum der Aufführung: 1939
Tusche/Wasserfarben auf Papier
30 x 20 cm

HZ_HOpU5157
Intermezzo
Entwurf: Alfred Roller
Künstler: Robert Kautsky
Bühnenbildentwurf 1. Akt, 1. Bild,
2. Akt, 4.Bild, „Ankleidezimmer"
o.Dat./Datum der Aufführung: 1927
Wasserfarben/Deckfarbe/Tusche/Bleistift
auf Papier, kaschiert auf Karton
Bildmaß: 23 x 33,7 cm
Blattmaß: 37,6 x 49 cm

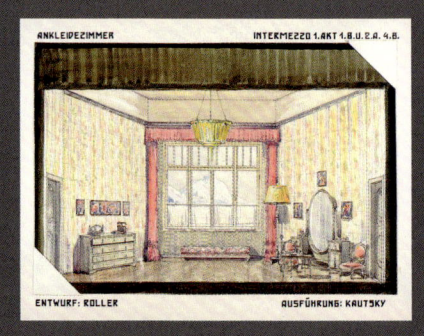

HZ_HOpU5158
Intermezzo
Entwurf: Alfred Roller
Künstler: Robert Kautsky
Bühnenbildentwurf 1. Akt, 2. Bild, „Rodelbahn"
o.Dat./Datum der Aufführung: 1927
Farbkreide auf Papier, kaschiert auf Karton
Bildmaß: 24,5 x 34 cm
Blattmaß: 37,6 x 49 cm

HZ_HOpU5159
Intermezzo
Entwurf: Alfred Roller
Künstler: Robert Kautsky
Bühnenbildentwurf 1. Akt, 3. Bild, „Schenke"
o.Dat./Datum der Aufführung: 1927
Wasserfarben/Bleistift/Tusche/Deckfarbe
auf Papier, kaschiert auf Karton
Bildmaß: 22,5 x 32,5 cm
Blattmaß: 37,4 x 49,2 cm

HZ_HOpU5160
Intermezzo
Entwurf: Alfred Roller
Künstler: Robert Kautsky
Bühnenbildentwurf 1. Akt, 4. Bild, 1. Akt, 6. Bild,
„Zimmer im Hause des Notars"
o.Dat./Datum der Aufführung: 1927
Wasserfarben/Tusche/Bleistift auf Papier,
kaschiert auf Karton
Bildmaß: 21 x 32 cm
Blattmaß: 37,2 x 49,2 cm

HZ_HOpU5161
Intermezzo
Entwurf: Alfred Roller
Künstler: Robert Kautsky
Bühnenbildentwurf 5., 7. und 13. Bild,
„Speisezimmer"
o.Dat./Datum der Aufführung: 1927
Wasserfarben/Tusche/Bleistift auf Papier,
kaschiert auf Karton
Bildmaß: 20,2 x 31,6 cm
Blattmaß: 37,5 x 49 cm

HZ_HOpU5162
Intermezzo
Entwurf: Alfred Roller
Künstler: Robert Kautsky
Bühnenbildentwurf 1. Akt, 8. Bild,
„Kinderzimmer"
o.Dat./Datum der Aufführung: 1927
Wasserfarben/Tusche/Deckfarben auf Papier,
kaschiert auf Karton
Bildmaß: 21,9 x 31 cm
Blattmaß: 37,2 x 49 cm

HZ_HOpU5163
Intermezzo
Entwurf: Alfred Roller
Künstler: Robert Kautsky
Bühnenbildentwurf 2. Akt, 1. Bild,
„Skatzimmer"
o.Dat./Datum der Aufführung: 1927
Mischtechnik auf Papier, kaschiert auf Karton
Bildmaß: 21,4 x 31,2 cm
Blattmaß: 37,2 x 49 cm

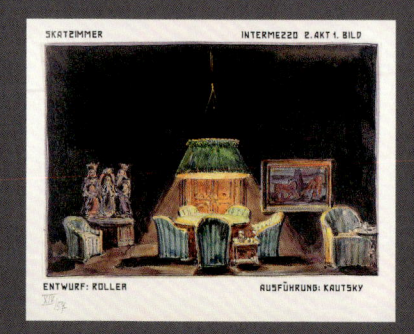

HZ_HOpU5164
Intermezzo
Entwurf: Alfred Roller
Künstler: Robert Kautsky
Bühnenbildentwurf 2. Akt, 3. Bild, „Praterbank"
o.Dat./Datum der Aufführung: 1927
Mischtechnik auf Papier, kaschiert auf Karton
Bildmaß: 22,5 x 30 cm
Blattmaß: 37,2 x 49,2 cm

HZ_HOpU5165
Intermezzo
Entwurf: Alfred Roller
Künstler: Robert Kautsky
Bühnenbildentwurf 2. Akt, 2. Bild,
„Büro des Notars"
o.Dat./Datum der Aufführung: 1927
Wasserfarben/Tusche/Deckfarbe auf Papier,
kaschiert auf Karton
Bildmaß: 21,4 x 29,5 cm
Blattmaß: 37 x 49 cm

HZ_HOpU5656
Die Ruinen von Athen
Entwurf: Alfred Roller
Bühnenbildentwurf 3. Bild, „Akropolis"
o.Dat./Datum der Aufführung: 1924
Aquarell über Bleistift auf Papier,
montiert auf Karton
Bildmaß: 24,5 x 34,3 cm
Blattmaß: 37 x 48,7 cm

HZ_HopU5657
Die Ruinen von Athen
Entwurf: Alfred Roller
Bühnenbildentwurf 1. Bild, „Auf den Ruinen"
o.Dat./Datum der Aufführung: 1924
Aquarell/Kohle über Bleistift auf Papier,
montiert auf Karton
Bildmaß: 24,5 x 28 cm
Blattmaß: 35,5 x 48,7 cm

HZ_HG19046
Die Ruinen von Athen
Künstler: Alfred Roller
Bühnenbildentwurf Parklandschaft
1924 (dat.)/Datum der Aufführung: 1924
Mischtechnik auf Papier
Bildmaß: 20 x 22,8 cm
Blattmaß: 25 x 35 cm

HZ_HG19045
Die Ruinen von Athen
Künstler: Alfred Roller
Bühnenbildentwurf Blick auf Akropolis
„Ruinen von Athen Transparent Einsätze"
1924 (dat.)/Datum der Aufführung: 1924
Mischtechnik auf Papier
Bildmaß: 20 x 27,8 cm
Blattmaß: 25 x 35 cm

HZ_HOpU5683
Schlagobers
Künstler: Ada Nigrin
Bühnenbildentwurf 2. Akt, 2. Bild,
„Prinzessin Pralinée"
o.Dat./Datum der Aufführung: 1924
Wasserfarben/Bleistift/Tusche auf Papier
Bildmaß: 26,6 x 37 cm
Blattmaß: 37 x 49 cm

HZ_HOpU5684
Schlagobers
Künstler: Ada Nigrin
Bühnenbildentwurf 5. Akt, 2. Bild, „Feerie"
o.Dat./Datum der Aufführung: 1924
Wasserfarben/Bleistift/Tusche auf Papier
Bildmaß: 26,6 x 37 cm
Blattmaß: 37 x 49 cm

HZ_HOpU5685
Schlagobers
Entwurf: Robert Kautsky
Bühnenbildentwurf 1. Bild, „Konditorei"
o.Dat./Datum der Aufführung: 1924
Tusche/Wasserfarben auf Papier
Bildmaß: 20,6 x 33 cm
Blattmaß: 36,9 x 49 cm

HZ_HOpU5686
Schlagobers
Künstler: Robert Kautsky
Bühnenbildentwurf 2. Bild,
„Konditorei Auslage"
o.Dat./Datum der Aufführung: 1924
Wasserfarbe/Bleistift auf Papier
Bildmaß: 22,9 x 33 cm
Blattmaß: 30 x 40 cm

HZ_HOpU5687
Schlagobers
Entwurf: Robert Kautsky
Bühnenbildentwurf 3. Bild,
„Tee, Cacao, Kaffee"
o.Dat./Datum der Aufführung: 1924
Wasserfarben/Tusche auf Papier
Bildmaß: 22,1 x 32,2 cm
Blattmaß: 36,9 x 49 cm

HZ_HOpU5688
Schlagobers
Künstler: Robert Kautsky
Bühnenbildentwurf 4. Bild, „Koch"
o.Dat./Datum der Aufführung: 1924
Bleistift/Wasserfarbe auf Papier
Bildmaß: 24,4 x 32,6 cm
Blattmaß: 36,9 x 49 cm

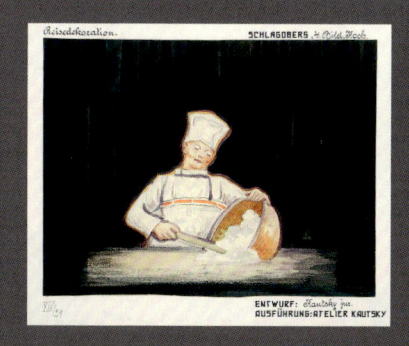

HZ_HOpU5690
Schlagobers
Künstler: Robert Kautsky
Bühnenbildentwurf 6. Bild
o.Dat./Datum der Aufführung: 1924
Goldfarbe/Wasserfarbe/Bleistift auf Papier,
Farbpapiere aufgeklebt
Bildmaß: 19,9 x 31,6 cm
Blattmaß: 37 x 49 cm

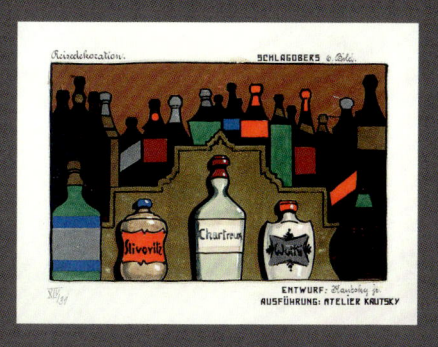

HZ_HOpU5691
Schlagobers
Künstler: Robert Kautsky
Bühnenbildentwurf 7. Bild, „Straße"
o.Dat./Datum der Aufführung: 1924
Tusche/Wasserfarben auf Papier
Bildmaß: 21,2 x 29,6 cm
Blattmaß: 37 x 49 cm

HZ_HOpU5689
Schlagobers
Entwurf: Robert Kautsky
Bühnenbildentwurf 5. Bild, „Prinzessin Praliné"
o.Dat./Datum der Aufführung: 1924
Tusche/Wasserfarben auf Papier
Bildmaß: 23,4 x 35,6 cm
Blattmaß: 37 x 48,9 cm

HZ_HG56767
Schlagobers
Künstler: Ada Nigrin
Figurine „Schlagobers"
o.Dat./Datum der Aufführung: 1924
Tusche/Bleistift/Wasserfarben/
Silberfarbe auf Papier
29,5 x 21,7 cm

HZ_HG45542
Die Frau ohne Schatten
Künstler: Alfred Roller
Bühnenbildgrundriss und -skizze
o.Dat./Datum der Aufführung: 1931
Bleistift/Tusche/Tinte auf Transparentpapier
31,9 x 27,2 cm

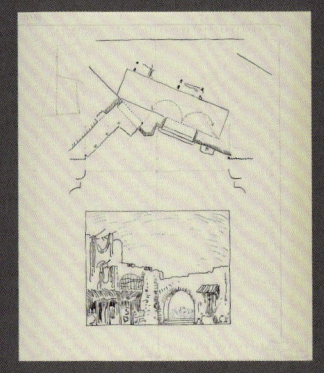

HZ_HG18669
Die Frau ohne Schatten
Künstler: Alfred Roller
Skizzen zu 1. Akt, 1. Bild
Bühnenbildgrundriss und -skizze Färberhaus
o.Dat./Datum der Aufführung: 1931
Bleistift/Tinte/Farbstift/Kreide auf kariertem Papier
29,5 x 22,7 cm

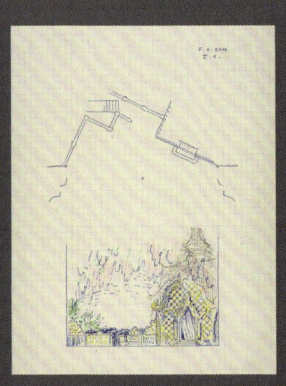

HZ_HG18670
Die Frau ohne Schatten
Künstler: Alfred Roller
Bühnenbildgrundriss und -skizze Färberhaus
o.Dat./Datum der Aufführung: 1931
Bleistift/Tusche/Tinte auf kariertem Papier
29,5 x 22,7 cm

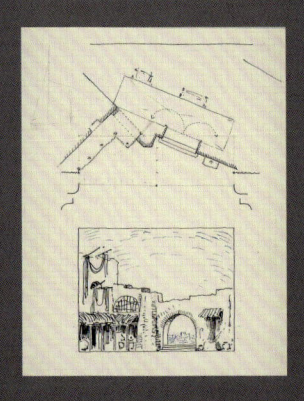

HZ_HG18671
Die Frau ohne Schatten
Künstler: Alfred Roller
Bühnenbildgrundriss und -skizze
Unterirdisches Gewölbe
1931 (dat.)/Datum der Aufführung: 1931
Bleistift/Tusche auf kariertem Papier
29,5 x 22,7 cm

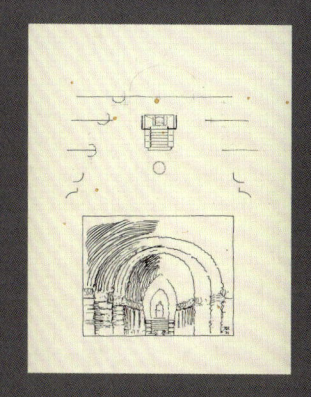

HZ_HG45545
Die Frau ohne Schatten
Künstler: Alfred Roller
Bühnenbild-Detailentwürfe (frontal, seitlich)
zur Statue des versteinerten Kaisers
o.Dat./Datum der Aufführung: 1931
Tusche/Bleistift auf Transparentpapier
28,6 x 33,5 cm

HZ_HG45541
Die Frau ohne Schatten
Künstler: Alfred Roller
Bühnenbildgrundriss und -skizze 1. Akt, 1. Bild
o.Dat./Datum der Aufführung: 1931
Bleistift/Tusche/Farbstift/Kreide auf
Transparentpapier
32,2 x 27,5 cm

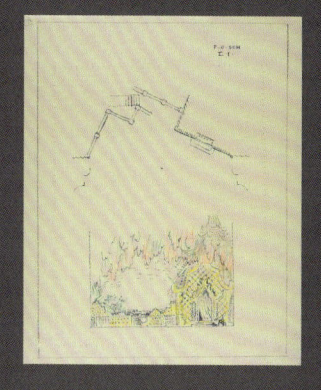

HZ_HG45544
Die Frau ohne Schatten
Künstler: Alfred Roller
Bühnenbildgrundriss und -skizze
1931 (dat.)/Datum der Aufführung: 1931
Bleistift/Tusche auf Transparentpapier
32 x 27,2 cm

HZ_HG45543
Die Frau ohne Schatten
Künstler: Alfred Roller
Bühnenbildgrundriss und -skizze 1. Akt, 2. Bild
und 2. Akt, 3. Bild
1931 (dat.)/Datum der Aufführung: 1931
Bleistift/Tusche auf Transparentpapier
32 x 27,5 cm

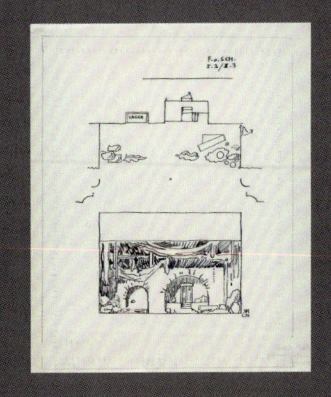

HZ_HU15586
Die Frau ohne Schatten
Künstler: Alfred Roller
Figurine „Die Erscheinung eines Jünglings"
1919 (dat.)/Datum der Aufführung: 1919
Kohle/Wasserfarben auf Papier
42 x 22,5 cm

HZ_HU15587
Die Frau ohne Schatten
Künstler: Alfred Roller
Figurine „Die Kaiserin im Magdkleid"
1919 (dat.)/Datum der Aufführung: 1919
Kohle/Wasserfarben/Deckweiß auf Papier
42,7 x 22,5 cm

HZ_HU15588
Die Frau ohne Schatten
Künstler: Alfred Roller
Figurine „Die Amme der Kaiserin"
1908 (dat.)/Datum der Aufführung: 1919
Kohle/Wasserfarbe auf Papier
44,5 x 23 cm

HZ_HU15589
Die Frau ohne Schatten
Künstler: Alfred Roller
Figurine „Die drei Brüder des Färbers"
1919 (dat.)/Datum der Aufführung: 1919
Kohle auf Papier
43 x 23 cm

HZ_HU15590
Die Frau ohne Schatten
Künstler: Alfred Roller
Figurine „Die Brüder des Färbers"
o.Dat./Datum der Aufführung: 1919
Kohle/Wasserfarben auf Papier
49,7 x 32,5 cm

HZ_HU15591
Die Frau ohne Schatten
Künstler: Alfred Roller
Figurine „Der Kaiser im Jagdgewand"
1919 (dat.)/Datum der Aufführung: 1919
Kohle/Wasserfarben/Deckweiß auf Papier
42,7 x 22,7 cm

HZ_HU15592
Die Frau ohne Schatten
Künstler: Alfred Roller
Figurine „Straßenvolk und Kinder"
o.Dat./Datum der Aufführung: 1919
Kohle auf Papier
42,7 x 23 cm

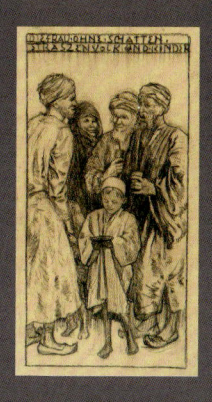

HZ_HU15593
Die Frau ohne Schatten
Künstler: Alfred Roller
Figurine „Der Bote Keikobads"
1919 (dat.)/Datum der Aufführung: 1919
Kohle auf Papier
43 x 23 cm

HZ_HU15594
Die Frau ohne Schatten
Künstler: Alfred Roller
Figurine „Fremde Kinder"
o.Dat./Datum der Aufführung: 1919
Kohle auf Papier
42,5 x 23 cm

HZ_HU15595
Die Frau ohne Schatten
Künstler: Alfred Roller
Figurine „Der Kaiser"
1917 (dat.)/Datum der Aufführung: 1919
Kohle auf Papier
47,5 x 31,4 cm

HZ_HU15596
Die Frau ohne Schatten
Künstler: Alfred Roller
Figurine „Des Färbers Weib"
1918 (dat.)/Datum der Aufführung: 1919
Kohle/Wasserfarben auf Papier
44,2 x 22,7 cm

HZ_HU15635
Die Frau ohne Schatten
Künstler: Alfred Roller
Bühnenbildentwurf 2. Akt, „Der Kaiserin Schlafgemach im Falknerhaus"
1919 (dat.)/Datum der Aufführung: 1919
Gouache/Tusche auf Karton
33 x 49,8 cm

HZ_HU15636
Die Frau ohne Schatten
Künstler: Alfred Roller
Bühnenbildentwurf 1. Akt,
„Haus des Färbers"
1919 (dat.)/Datum der Aufführung: 1919
Gouache/Tusche auf Karton
33 x 49,6 cm

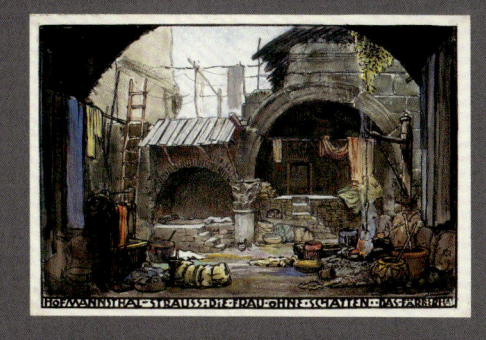

HZ_HU15637
Die Frau ohne Schatten
Künstler: Alfred Roller
Bühnenbildentwurf 3. Akt,
„Unterirdisches Verliesz"
1919 (dat.)/Datum der Aufführung: 1919
Gouache/Bleistift auf Karton
33 x 49,5 cm

HZ_HU15638
Die Frau ohne Schatten
Künstler: Alfred Roller
Bühnenbildentwurf 3. Akt,
„Eingang zum Tempel des Gerichts"
1918 (dat.)/Datum der Aufführung: 1919
Gouache/Tusche auf Karton
32,7 x 49,5 cm

HZ_HU18676
Die Frau ohne Schatten
Künstler: Alfred Roller
Bühnenbildentwurf Falknerhaus
1919 (dat.)/Datum der Aufführung: 1919
Wasserfarben auf Karton
32,7 x 49,6 cm

HZ_HU18677
Die Frau ohne Schatten
Künstler: Alfred Roller
Bühnenbildentwurf Verwandlung
o.Dat./Datum der Aufführung: 1919
Gouache/Tusche auf Karton
33 x 49,7 cm

HZ_HU18678
Die Frau ohne Schatten
Künstler: Alfred Roller
Bühnenbildskizze Färberhaus
o.Dat./Datum der Aufführung: 1919
Bleistift/Farbstift/Wasserfarbe auf Papier
32,8 x 49,5 cm

HZ_HU54195
Die Frau ohne Schatten
Künstler: Alfred Roller
Bühnenbildentwurf 2. Akt, 2. Bild,
„Das Falknerhaus im Walde"
Entwurf zur Fürstner-Mappe
1914 (dat.)/1919 (dat.)
Lithografie auf Papier, mit Deckweiß
und Tusche nachbearbeitet
32,3 x 47,5 cm

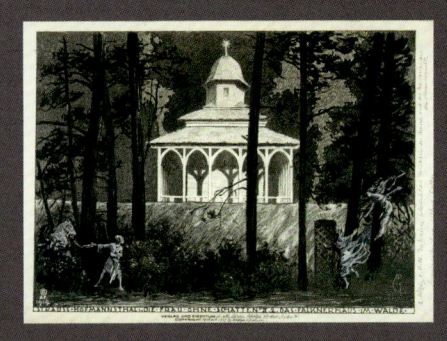

HZ_HR47732
Der Rosenkavalier
Künstler: Alfred Roller
Plakatentwurf
Octavian mit der Rose in der Hand
1911 (dat.)
Deckweiß auf schwarzem Papier,
über Bleistiftrastrierung
82,5 x 49,5 cm

HZ_HU54205
Der Rosenkavalier
Künstler: Alfred Roller
Figurine Octavian (mit Wiederholung des Motivs),
Skizzen zu Möbel
15.1.1924 (dat.)
Bleistift auf Transparentpapier
39,2 x 31 cm

HZ_HU54384
Der Rosenkavalier
Künstler: Alfred Roller
Figurine „Octavian Rofrano"
1910 (dat.)/Datum der Aufführung: 1911
Druck, koloriert mit Aquarell und Kreide
auf Papier
48,4 x 32,7 cm

HZ_HU54382
Der Rosenkavalier
Künstler: Alfred Roller
Figurine „Octavian Rofrano"
1910 (dat.)/Datum der Aufführung: 1911
Tusche, Kreide, Deckweiß auf Papier
50 x 32,8 cm

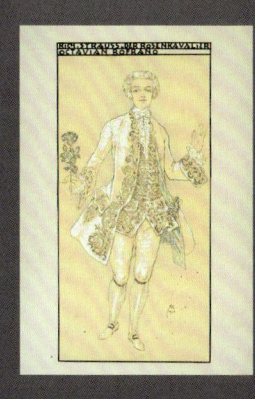

HZ_HU54387
Der Rosenkavalier
Künstler: Alfred Roller
Figurine „Octavian Rofrano"
o.Dat./Datum der Aufführung: 1911
Tuschfeder, Aquarell auf Papier
53,1 x 32,6 cm

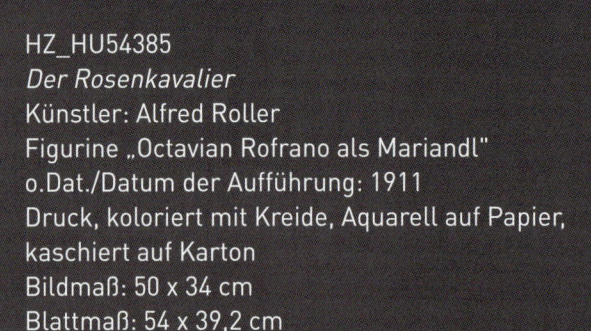

HZ_HU54385
Der Rosenkavalier
Künstler: Alfred Roller
Figurine „Octavian Rofrano als Mariandl"
o.Dat./Datum der Aufführung: 1911
Druck, koloriert mit Kreide, Aquarell auf Papier, kaschiert auf Karton
Bildmaß: 50 x 34 cm
Blattmaß: 54 x 39,2 cm

HZ_HU54386
Der Rosenkavalier
Künstler: Alfred Roller
Figurine „Octavian Rofrano als Zofe"
1910 (dat.)/Datum der Aufführung: 1911
Druck, koloriert mit Aquarell und Deckweiß, auf Papier
48,6 x 32,5 cm

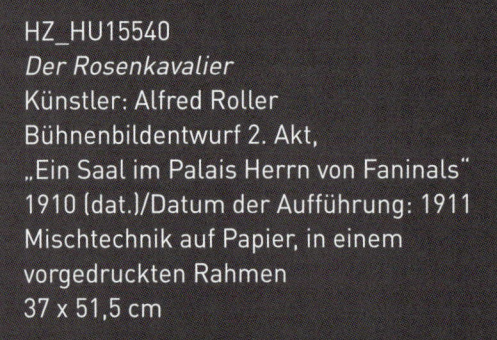

HZ_HU15540
Der Rosenkavalier
Künstler: Alfred Roller
Bühnenbildentwurf 2. Akt,
„Ein Saal im Palais Herrn von Faninals"
1910 (dat.)/Datum der Aufführung: 1911
Mischtechnik auf Papier, in einem vorgedruckten Rahmen
37 x 51,5 cm

HZ_HU15539
Der Rosenkavalier
Künstler: Alfred Roller
Bühnenbildentwurf 1. Akt,
„Das Schlafzimmer der Feldmarschallin"
1910 (dat.)/Datum der Aufführung: 1911
Mischtechnik auf Papier, in einem
vorgedruckten Rahmen
34,5 x 52 cm

HZ_HU15585
Der Rosenkavalier
Künstler: Alfred Roller
Bühnenbildentwurf 3. Akt, „Separiertes
Zimmer in einem kleinen Gasthof"
Druckvorlage zur Fürstner-Mappe
1910 (dat.)
Tusche/Deckweiß/Bleistift auf Karton
33 x 50,5 cm

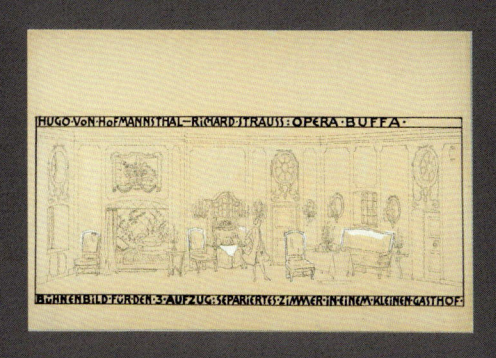

HZ_HU15541
Der Rosenkavalier
Künstler: Alfred Roller
Bühnenbildentwurf 3. Akt, „Separiertes
Zimmer in einem kleinen Gasthof"
o.Dat./Datum der Aufführung: 1911
Mischtechnik auf Papier, in einem
vorgedruckten Rahmen
31 x 48,5 cm

HZ_HU15494
Der Rosenkavalier
Künstler: Alfred Roller
Figurine „Feldmarschallin Fürstin Werdenberg"
(2. Kostüm, 1. Akt)
Druckvorlage zur Fürstner-Mappe
1910 (dat.)/Datum der Aufführung: 1911
Tusche/Deckweiß auf Karton
49,4 x 33 cm

HZ_HU15495
Der Rosenkavalier
Künstler: Alfred Roller
Figurine „Ochs auf Lerchenau" (2. Kostüm, 2. Akt)
Druckvorlage zur Fürstner-Mappe
1910 (dat.)/Datum der Aufführung: 1911
Tusche/Bleistift/Deckweiß auf Karton,
Maschinschrift auf Papier, aufgeklebt auf Karton
49,3 x 33 cm

HZ_HU15496
Der Rosenkavalier
Künstler: Alfred Roller
Figurine „Octavian Rofrano genannt Quin-Quin"
(1. Kostüm, 1. Akt)
Druckvorlage zur Fürstner-Mappe
1910 (dat.)/Datum der Aufführung: 1911
Tusche/Bleistift/Deckweiß auf Karton
50 x 33 cm

HZ_HU46151
Der Rosenkavalier
Künstler: Alfred Roller
Szenenentwurf für den Film
Der Rosenkavalier, Hoher Markt mit
Theaterbude
1925 (dat.)
Pastell auf Papier
34,8 x 49,4 cm

HZ_HG46150
Der Rosenkavalier
Künstler: Alfred Roller
Karikatur: Alfred Roller als Rosenkavalier
überreicht Mileva Roller seine
Skizzen zum *Rosenkavalier*-Film
24.12.1925 (dat.)
Feder in Schwarz auf Karton
26,9 x 35,1 cm

HZ_HG46154
Der Rosenkavalier
Künstler: Alfred Roller
Szenenentwurf für den Film
Der Rosenkavalier, „Stadt-Tor von innen"
1925 (dat.)/Datum der Aufführung: 1926
Feder in Schwarz auf kariertem Papier
24,4 x 30 cm

HZ_HG46155
Der Rosenkavalier
Künstler: Alfred Roller
Szenenentwurf für den Film
Der Rosenkavalier, Straße in Wien
1925 (dat.)/Datum der Aufführung: 1926
Feder in Schwarz auf kariertem Papier
23,7 x 29,9 cm

HZ_HU54435
Der Rosenkavalier
Künstler: Alfred Roller
Bühnenbild-Detailskizze für den 1. Akt,
„Das Schlafzimmer der Feldmarschallin"
o.Dat./Datum der Aufführung: 1929
Feder in Schwarz auf kariertem Papier
29 x 452 cm

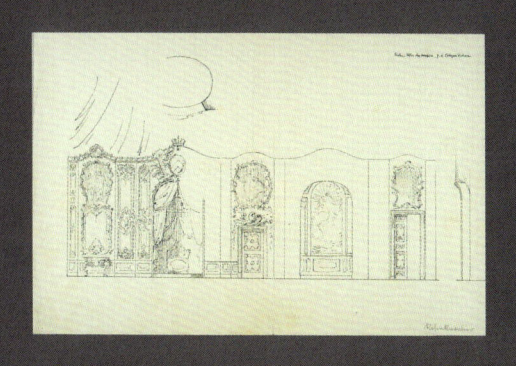

HZ_HU54437
Der Rosenkavalier
Künstler: Alfred Roller
Bühnenbild-Detailskizze für den 2. Akt,
„Saal bei Herrn von Faninal"
o.Dat./Datum der Aufführung: 1929
Feder auf kariertem Papier
45,2 x 29 cm

HZ_HU54436
Der Rosenkavalier
Künstler: Alfred Roller
Bühnenbild-Detailskizze für den 2. Akt,
„Saal bei Herrn von Faninal" (Treppenhaus)
o.Dat./Datum der Aufführung: 1929
Feder in Schwarz auf kariertem Papier
29 x 45 cm

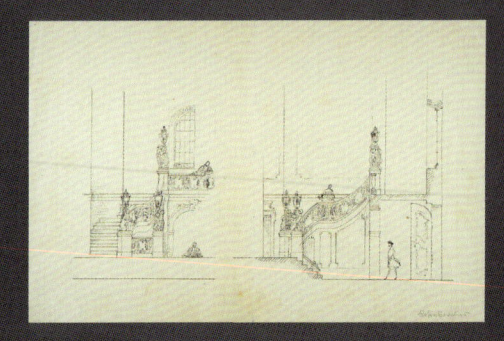

HZ_HOpU4925
Feuersnot
Künstler: Anton Brioschi
Bühnenbildentwurf „Straße in München"
o.Dat./Datum der Aufführung: 1902
Feder/Aquarell/Deckfarben auf Papier
37 x 49 cm

HZ_HG4715
Feuersnot
Künstler: Heinrich Lefler
Figurine „Schweiker von Gundelfingen der Burgvogt"
o.Dat./Datum der Aufführung: 1902
Feder/Aquarell auf Papier
42 x 32 cm

HZ_HG4717
Feuersnot
Künstler: Heinrich Lefler
Figurine „Elsbeth"
o.Dat./Datum der Aufführung: 1902
Feder/Aquarell auf Papier
42 x 32 cm

HZ_HG4714
Feuersnot
Künstler: Heinrich Lefler
Figurine „Kunz Gilgenstock der Bäcker"
o.Dat./Datum der Aufführung: 1902
Feder/Aquarell auf Papier
42 x 32 cm

HZ_HG4713
Feuersnot
Künstler: Heinrich Lefler
Figurine „Hämmerlein der Fragner"
o.Dat./Datum der Aufführung: 1902
Feder/Aquarell auf Papier
42 x 32 cm

HZ_HG4716
Feuersnot
Künstler: Heinrich Lefler
Figurine „Diemuth"
o.Dat./Datum der Aufführung: 1902
Aquarell/ Feder auf Papier
42 x 32 cm

HZ_HG4718
Feuersnot
Künstler: Heinrich Lefler
Figurine „Margret"
o.Dat./Datum der Aufführung: 1902
Feder/Aquarell auf Papier
42 x 32 cm

HZ_HOpU4625
Ariadne auf Naxos
Künstler: Anton Brioschi
Bühnenbildentwurf 3. Bild, „Gloriole"
o.Dat./Datum der Aufführung: 1916
Wasserfarben/Bleistift/Tusche auf Papier,
kaschiert auf Karton
Blattmaß: 37,4 x 49,6 cm
Bildmaß: 28 x 31,5 cm

HZ_HOpU4626
Ariadne auf Naxos
Entwurf: Oskar Strnad
Künstler: Robert Kautsky
Bühnenbildentwurf Vorspiel, „Vorraum"
o.Dat./Datum der Aufführung: 1935
Wasserfarben/Bleistift/Tusche auf Papier,
kaschiert auf Karton
Blattmaß: 37,4 x 49,2 cm
Bildmaß: 24,6 x 39,5 cm

HZ_HOpU4627
Ariadne auf Naxos
Künstler: Oskar Strnad
Bühnenbildentwurf 1. Bild,
„Landschaft am Meer"
o.Dat./Datum der Aufführung: 1935
Wasserfarben/Bleistift/Tusche auf Papier,
kaschiert auf Karton
Blattmaß: 37,3 x 49,6 cm
Bildmaß: 26,4 x 41 cm

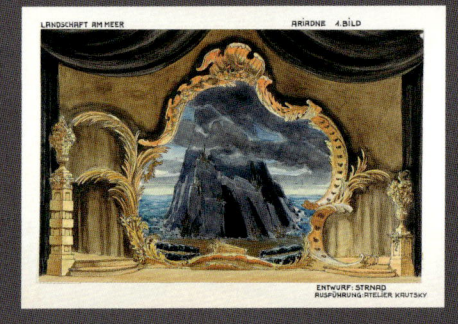

HZ_HOpU4628
Ariadne auf Naxos
Künstler: Oskar Strnad
Bühnenbildentwurf 2. Bild, „Grotte"
o.Dat./Datum der Aufführung: 1935
Wasserfarben/Tusche auf Papier,
kaschiert auf Karton
Blattmaß: 37,3 x 49,6 cm
Bildmaß: 26,4 x 41 cm

HZ_HS40376
Ariadne auf Naxos
Künstler: Oskar Strnad
Szenenbild
Nachdokumentation des Bühnenbildes
o.Dat./Datum der Aufführung: 10.5.1935
Deckfarben/Tusche auf Papier
65,3 x 50 cm

HZ_HU54794
Ariadne auf Naxos
Künstler: Oskar Strnad
Figurinen „Ariadne" und „Bacchus" mit
Kostümskizzen und eigenhändigen Erläuterungen
verso: Skizzen zu 3 Figurinen
o.Dat./Datum der Aufführung: 18.8.1926
Salzburg, Stadttheater
Gouache/Tinte/Bleistift auf Papier
42,5 x 29 cm

HZ_HU54795
Ariadne auf Naxos
Künstler: Oskar Strnad
Figurine „Ariadne" mit Kostümskizzen und
eigenhändigen Erläuterungen
o.Dat./Datum der Aufführung: 18.8.1926
Salzburg, Stadttheater
Mischtechnik auf braunem Papier
43,4 x 30 cm

HZ_HU54796
Ariadne auf Naxos
Künstler: Oskar Strnad
Rocaille-Rahmen und kleine
Entwurfsskizzen
o.Dat./Datum der Aufführung: 18.8.1926
Salzburg, Stadttheater
Wasserfarben/Bleistift auf Papier
29,7 x 49,7 cm

HZ_HU54797
Ariadne auf Naxos
Künstler: Oskar Strnad
Rocaille-Rahmen und technische Zeichnung
für den Bühnengrundriss mit eigenhändigen
Erläuterungen
verso: Zwei Bühnenbild-Detailskizzen
o.Dat./Datum der Aufführung: 18.8.1926
Salzburg, Stadttheater
Tusche/Bleistift auf Papier
49 x 33 cm

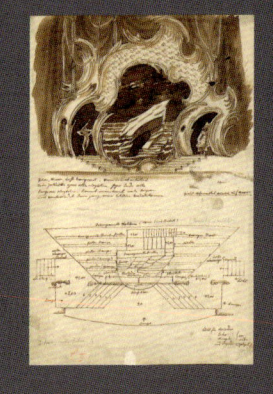

HZ_HU54799
Ariadne auf Naxos
Künstler: Oskar Strnad
Bühnenbildskizze mit Commedia dell'arte-
Figurinen zum Vorspiel in Rocaille-Rahmen
o.Dat./Datum der Aufführung: 18.8.1926
Salzburg, Stadttheater
Bleistift auf Transparentpapier, rastriert
32,6 x 42 cm

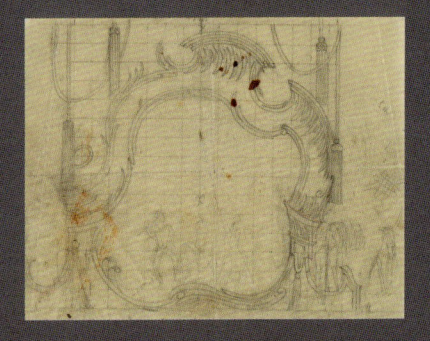

HZ_HU17232
Ariadne auf Naxos
Künstler: Oskar Strnad
Bühnenbildentwurf und technische Zeichnung
o.Dat./Datum der Aufführung: 18.8.1926
Salzburg, Stadttheater
Braune Tinte auf Papier
43,2 x 29 cm

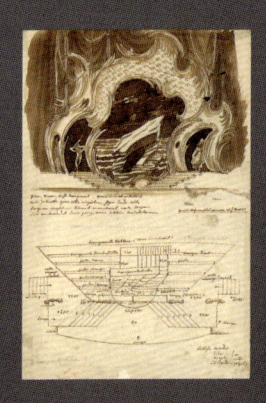

HZ_HU17231
Ariadne auf Naxos
Künstler: Oskar Strnad
Commedia dell'arte-Figurinen
verso: Figurinenskizzen und Beschriftungen
o.Dat./Datum der Aufführung:18.8.1926
Salzburg, Stadttheater
Gouache/Bleistift auf Papier
43 x 29 cm

HZ_HU45162
Ariadne auf Naxos
Künstler: Alfred Roller
Bühnenbildentwurf Vorspiel
1918 (dat.)
Mischtechnik auf Karton
31,6 x 38,7 cm

HZ_HG18862
Josephs Legende
Künstler: Alfred Roller
Bühnenbildentwurf Palast
1922 (dat.)/Datum der Aufführung: 18.3.1922
Wasserfarben/Tusche auf Karton
24,8 x 33 cm

HZ_HU14903
Josephs Legende
Künstler: Emil Pirchan
„Dekorationsskizze zu Josefslegende",
Potiphars Palast
o.Dat./Datum der Aufführung: 4.2.1921
Berlin, Staatsoper
Wasserfarben/Bleistift auf Papier,
montiert auf Papier
45,8 x 34,5 cm

HZ_HG14063
Josephs Legende
Künstler: Emil Pirchan
Figurine „Herr Potiphar"
Werkskizze mit Anweisungen für die Schneiderei
o.Dat./Datum der Aufführung: 4.2.1921
Berlin, Staatsoper
Wasserfarben/Bleistift auf Papier
25,2 x 20,1 cm

Impressum

Dieses Buch enthält die Beiträge zum Symposium „Worte klingen, Töne sprechen" – Richard Strauss und die Oper, veranstaltet am 22. und 23.1.2015 anlässlich der Ausstellung „Trägt die Sprache schon Gesang in sich…". Richard Strauss und die Oper im Theatermuseum, Wien.

Konzept, Redaktion und Herausgabe:
Christiane Mühlegger-Henhapel,
Alexandra Steiner-Strauss
Leiter des Publikationswesens: Franz Pichorner
Lektorat: Annette Schäfer
Grafische Gestaltung: Gerhard Marschik
Bildbearbeitung: Sanela Antic, Thomas Ritter
Datenbank: Christina Abzieher

Abbildungsnachweis:
Die Bildrechte liegen bei den in den Bildlegenden angeführten Institutionen. Bei Angabe des Theatermuseums: © KHM-Museumsverband.
Abb. auf dem Cover:
Links: Fassade des Theatermuseums im Palais Lobkowitz, Wien; rechts: Richard Strauss, um 1920. Foto: Ellinger, Salzburg. Theatermuseum

Druck und Bindung:
Verlag Holzhausen GmbH
Verlagsleitung: Robert Lichtner

Kurztitel: „Worte klingen, Töne sprechen" – Richard Strauss und die Oper, Symposium im Theatermuseum, Wien 2015

ISBN 978-3-902976-55-0

1. Auflage 2015
Verlagsort: Wien – Printed in Austria

© 2015 KHM-Museumsverband
sowie Verlag Holzhausen GmbH, Wien
Alle Rechte vorbehalten.

Verlag Holzhausen GmbH
Leberstraße 122
1110 Wien, Austria
Tel.: +43 (1) 740 95 - 452
Fax: +43 (1) 740 95 - 111
office@verlagholzhausen.at
www.verlagholzhausen.at

Soweit in dieser Publikation personenbezogene Ausdrücke verwendet werden, umfassen sie Frauen und Männer gleichermaßen.

Bibliografische Informationen der Österreichischen Nationalbibliothek und der Deutschen Nationalbibliothek: Die ÖNB und die DNB verzeichnen diese Publikation in den Nationalbibliografien; detaillierte bibliografische Daten sind im Internet abrufbar. Für die Österreichische Bibliothek: http://onb.ac.at, für die Deutsche Bibliothek: http://dnb.ddb.de.

Alle Rechte, insbesondere das Recht der Vervielfältigung und Verbreitung sowie der Übersetzung sind dem Verlag vorbehalten. Kein Teil des Werks darf in irgendeiner Form (durch Fotokopie, Mikrofilm oder ein anderes Verfahren) ohne schriftliche Genehmigung des Verlags reproduziert oder unter Verwendung elektronischer Systeme gespeichert, verarbeitet, vervielfältigt oder verbreitet werden.

Wir danken dem
Verein der Freunde des Kunsthistorischen Museums
für die großzügige Unterstützung.

**KUNST
HISTORISCHES
MUSEUM
WIEN**

VEREIN DER FREUNDE

www.theatermuseum.at